臺灣研究叢刊

臺灣土著文化研究

陳奇祿著

序

　　一九四九年春天我進入國立臺灣大學歷史學系，同年八月考古人類學系成立，轉入考古人類學系任教。考古人類學系的設立，蓋因臺灣有兩個人種文化層，即南島系土著文化層和漢人文化層，為人類學研究的不可多得佳良園地。我的研究範圍是臺灣的人類學研究，也就包括了土著和漢人兩方面。

　　二十世紀是一個變遷的年代，土著初與外界接觸，其文化變遷尤為快速。及時予以記錄研究實為人類學者應從事的首要工作，我在前輩學者的策勵和指導下，在臺灣山地間進行田野調查，也在博物館做一些器物研究，寫成調查報告、標本圖錄和研究專文，散見於雜誌刊物，也完成了《臺灣排灣群諸族木彫標本圖錄》、《*Material Culture of the Formosan Aborigines*》、《*Social Organization of the Formosan Aborigines*》、《臺灣高山族裝飾品的研究》、《臺灣土著織繡研究》幾本書。（前二書已出版）

　　一九六五年起，我擔任學校的行政工作，其後更參加政府工作，這些工作剝奪了我從事田野工作的機會，我也就轉而研究漢文化了。

　　由於我寫的大多是學術性的論文或報告，刊載的地方也多是一些比較專門性的雜誌和學術會議論文集，因此一般讀者也就不容易找到它們。一九七九年聯經出版公司出版臺灣研究叢刊，以陳紹馨先生的《臺灣的人口變遷與社會變遷》為該刊之首卷，約我寫序，並邀我將我過去研究臺灣的文章，輯成一書，收為該叢刊之一冊。我因為感覺這樣做，可使我的文稿不至於散失，一般讀者也可較容易找到它們，我欣然同意，並且把書名定為《臺灣土著文化研究》。沒有想到一再延擱，到現在纔整理出版，但是我還是十分感謝聯經公司劉國瑞、林載爵和東年三位先生的好意，沒有他們的容忍和敦促，這本集子是不可能和讀者見面的。

　　際茲本書付梓，我要感謝幾位引導我走上這條研究之路的先輩，李濟教授、凌純聲教授、陳紹馨教授、金關丈夫教授、和國分直一教授，沒有他們循循善誘的指導，我是不會成為一個人類學者的。我更懷念我的妹夫唐美君教授，在我跋涉於臺灣山地間做田野調查的那幾年間，他是人類學系的系主任，陪伴我走過高山深谷，也時時啟發我的思維。他現在已離開我們，這本集子未能在他逝世前出版，真是遺憾的事。

　　本書的出版，得到邱秀堂小姐提供編輯上的寶貴意見，並替我仔細校讀，在此敬誌謝忱。另外，如果沒有內子張若女士給我不斷的鼓勵，本書是不會和讀者見面的，一併附記。

陳奇祿

中華民國八十一年四月二十二日

目　次

序

第 一 篇　臺灣土著文化的特質……………………………………　1

第 二 篇　臺灣的博物館和人類學的發達…………………………　11

第 三 篇　臺灣高山族的編器………………………………………　27

第 四 篇　屏東霧台魯凱族的家屋和木彫…………………………　69

第 五 篇　猫公阿美族的製陶、石煮和竹煮………………………　91

第 六 篇　國立臺灣大學所藏臺灣土著竹木器與天然器…………103

第 七 篇　屏東霧台魯凱族的家族和婚姻…………………………169

第 八 篇　臺灣土著的年齡組織和會所制度………………………201

第 九 篇　日月潭的邵族社會………………………………………227

第 十 篇　東南亞區的主食區和主食層—兼論臺灣土著諸族
　　　　　農作物的來源…………………………………………291

第十一篇　臺灣土著長盾和東南亞各地長盾的比較研究…………313

第十二篇　臺灣排灣群的古瑠璃珠及其傳入年代的推測…………395

第十三篇　臺灣土著藝術及其在太平洋區文化史上的意義………405

第十四篇　中國民族學研究的回顧和前瞻…………………………459

第十五篇　「臨時臺灣舊慣調查會」與臺灣土著研究………………473

第十六篇　我和臺灣研究…………………………………………491

第一篇
臺灣土著文化的特質

　　中華民族以漢族為其主體,但漢族並不是一個同質的群體,在數千年的歷史過程中,漢族以其涵化的力量,融合了中國境內的異質成分,構成了博大的漢民族。這種涵化的過程,現在還在繼續中。漢族所操語言屬漢藏語族（Sino-Tibetan Linguistic Family）。這個語族,除漢語外,包括藏緬語、洞台語、苗傜語等諸支。我國境內,除漢藏語族外,還有阿爾泰語族（Altaic Linguistic Family）、南亞語族（Austroasian Linguistic Family）、南島語族（Austronesian Linguistic Family）、和印歐語族（Indo-European Linguistic Family）的族群。這些族群人口或多或少,分布或廣或狹,但與漢民族都有頻繁的接觸。他們有些雖仍保有若干固有的特質,但其間所形成密切不可分離的關係,構成了偉大的中華民族。

　　臺灣是中華民國的一個行省,但上述我國境內的諸族群都可在臺灣找到其代表,由於這種民族的匯合,今日的臺灣實已成為中華文化薈萃的處所。不過就人口的數量而言,臺灣的居民仍以漢族為其主體,漢族之外,則推操南島語的土著諸族。土著諸族的總人口,民國五十三年有二十三萬四千九百十九人[①]，現在應已超過三十萬人。

　　臺灣在漢民族移入以前為南島語系的人口所佔居，其居住地區遍及全島。即晚至十九世紀末年，現在漢人所居住的東北部和西部平地地區，還有為數約五、六萬人的所謂平埔族人口居住着。他們大概可以分為十個族群。例如居住在宜蘭平原的叫做噶瑪蘭或蛤仔難族（Kavalan），因此清代在宜蘭設治時，稱之為噶瑪蘭廳；在基隆、淡水臺北一帶，則有凱達加蘭族（Ketagalan）的居住。新竹以下，自北而南，有雷朗（Luilang）、道卡斯（Taokas）、巴宰（Pazeh）、巴波拉（Papora）、邵（Thao）、猫霧拺（Babusa）、荷安耶（Hoanya）、和西拉耶（Siraya）等各族[②]。平埔各族在漢人移入本島以後，先後為漢人所同化。現在絕大部分和漢人幾乎沒有分別，已被歸入於漢人人口之中。（圖1）

　　現在居住在臺灣中央山脈和東部狹谷和海岸地區的南島系人口的分類，因時因人而異。山地行政方面，多採七族的分法，即泰雅（Atayal）、賽夏（Saisiat）、布農（Bunun）、鄒（Tsou，昔以臺語發音譯作曹）、排灣（Paiwan）、阿美（Ami）、和雅美（Yami）；但是在學術上，則多採九族的分法。所謂九族的分法，就是把排灣族分為排灣（Paiwan）、魯凱（Rukai）、和卑南（Puyuma），便構成了九族。最先作九族的分類法的是臺北帝國大學土俗人種學研究室（即國立臺灣大學考古人類學系前身）的移

----

①國立臺灣大學考古人類學系所作調查，參看衞惠林、王人英，《臺灣土著各族近年人口增加與聚落移動調查報告》（國立臺灣大學考古人類學專刊第三種，民國55年7月）。

②移川子之藏，〈臺灣の土俗と人種〉，載《日本地理大系》（改造社版，1927），文中估計當時平埔族總人口為52,598人。

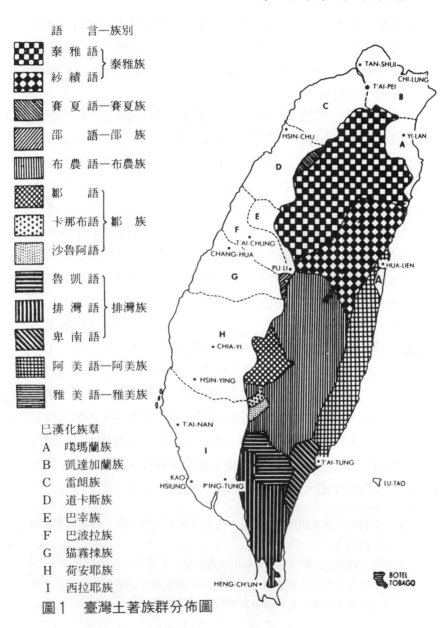

語　言─族別

泰雅語 ┐
紗績語 ┘ 泰雅族

賽夏語─賽夏族

邵　語─邵　族

布農語─布農族

鄒　語 ┐
卡那布語 ├ 鄒　族
沙魯阿語 ┘

魯凱語 ┐
排灣語 ├ 排灣族
卑南語 ┘

阿美語─阿美族

雅美語─雅美族

巳漢化族羣

A　噶瑪蘭族
B　凱達加蘭族
C　雷朗族
D　道卡斯族
E　巴宰族
F　巴波拉族
G　猫霧抹族
H　荷安耶族
I　西拉耶族

圖1　臺灣土著族群分佈圖

川子之藏、宮本延人、和馬淵東一。他們在其合著《臺灣高砂族系統所屬的研究》③中提出這種分類法。其後國立臺灣大學、中央研究院民族學研究所、和臺灣省文獻委員會，乃至於山地行政方面④也都相繼予以採用。

　　但是不管七族分法或九族分法，都沒有把日月潭德化村的居民包括在裡面。德化村的居民屬於南島系是無可置疑的。這種分類上的疏漏，是有其歷史原因的。在清代，漢人和臺灣土著開始接觸的時候，他們被分為二群：一群叫山番、野番、或生番；另一群叫平埔番、化番、或熟番。原住在日月潭一帶的「水番」，因為和漢人接觸較多，在清末便已歸入於化番、熟番、或平埔番的範圍內。很顯然的，這並不是根據其文化，而是根據其漢化程度的分法；同時也是無視其居地的地理環境的分法。所以居住在海拔七四〇公尺以上的日月潭畔的邵族，便也包括入於平埔族了。

　　平埔各族，和漢人有二、三百年的交往，半世紀來，接觸尤為頻繁，所以除了日月潭的邵族以外，可說大部分都已完全漢化了。至少，他們的日常生活和使用語言，已和漢人無甚差異了。換言之，昔人之所謂「平埔族」，邵族已是僅存的一群了。因此我想，臺灣的土著分類，為什麼不能打破昔日以漢化為其標準的方法呢？我主張把邵族加入於九族的分類中去，而謂：臺灣仍保有其固有的語言和文化的土著，包括十族，他們是：泰雅、賽夏、邵、布農、鄒、魯凱、排灣、卑南、阿美、和雅美⑤。

─────────────

③《臺灣高砂族系統所屬の研究》（臺北帝國大學土俗人種學研究室出版，1935）。

④臺灣省政府民政廳，《進步中的本省山地》（臺北，民國43年）。

⑤陳奇祿、李亦園、唐美君，〈日月潭邵族民族學調查初步報告〉，《國立臺灣大學考古人類學刊》第6期（民國44年11月）。

臺灣的土著，除阿美族和雅美族外，都居住於山區。1938年，日本學者鹿野忠雄曾經作過臺灣土著居地標高（即海拔）分布的研究。根據他的調查，在那時候，只有六個村落低於海拔五十公尺，都屬於蘭嶼雅美族；只有四個村落高於海拔二千公尺，都屬於布農族。布農族有百分之六十八的村落，泰雅族有百分之四十五的村落在海拔一千公尺以上。排灣族和魯凱族的居地都在一千三百公尺以下，半數在五百至一千公尺海拔之間。阿美族和卑南族的居地大多在一百公尺以下[6]。

由於他們大多居住山區，因此一般都以為這是後來遷入臺灣的漢人把他們逼上山地的。甚至民族學家宮本延人也說：他們不顧山岳地帶的不便，繼續居住的理由，可能乃由於漢人或其他民族的壓迫[7]。我想這種說法是很不小心的。我並非故意駁斥，但是我想這個觀念是必須澄清的。

臺灣土著入居於山地間，其原因正和東南亞各地的山地民族一樣，因為他們從事山地耕作，也即我國文獻上之所謂刀耕火種[8]。山耕適合於山坡地，所以也許臺灣高山族在到達臺灣的時候，便擇居於山區，也未可知。

另一個可能的理由也許是為了迴避瘧疾的侵害。瘧蚊為瘧疾的

---

⑥鹿野忠雄，〈台灣原住民族の人口密度分布並に高度分布〉，《地理學評論》第14卷（1938）第1號，頁84-85；第8號，頁1-19；第9號，頁761-796。

⑦宮本延人，〈高砂族の物質文化〉，《民族學研究》，第18卷，第1、2號（1953），頁42。

⑧《東齋記事》：沅湘多山，布種時，先伐林木，焚之，俟成灰，布種，謂之刀耕火種，此火耕之遺意也。

媒介。瘧蚊的分布很少高於海拔一千公尺。低於此高度的土著村落，大多遠離溪流，顯然有違於一般選定居地的原則，但是卻可能因為經驗而求遠離瘧害有關。一直到光復後，臺灣纔成為一個無瘧害的地區，我們對山胞的移住計畫能夠未受阻力，順利推行，自然與瘧疾的消滅，不無關係。

高山族從遠古漢人移入前便居住於臺灣山地，漢人自十七、八世紀以後，開始大量移入臺灣。漢人移入臺灣時，臺灣西部平原地區，如前文所述，有數萬人的平埔族。二、三百年前，這數萬平埔族因漢化而融入於漢人口之中，但是歷史卻從沒有漢人將高山族迫逼入山的記載，所以我們可以不遲疑的駁斥，漢人把高山族迫入山地的說法是不正確的。

關於南島系土著在何時移入臺灣，學者們的意見尚未趨於一致。近年更因考古工作的進展，史前遺址陸續發現，更把臺灣有人類佔居的年代推溯到更遠古的時期。晚近臺灣出土遺物所得的碳十四年代超過萬年[9]。這些遺物的主人為誰？它們跟臺灣南島系土著的關係如何？是等待臺灣文史學界的同仁們來探討和解決的新問題，在這裡且不作討論。

一般相信現存臺灣土著移入臺灣，最早可能在公元前的第三個千年（third millennium B.C.）間，即距今約五千年前。臺灣北部山地的泰雅族和賽夏族，可能就是最早移民的後裔。他們移入時也許還是先陶時代（pre-ceramic age），也許因其原居地無陶器的製作，所以他們一直不製作陶器。另一特色是臺灣只有這兩族有黥面

---

[9]參看宋文薰；〈長濱文化——臺灣首次發現的先陶文化〉（簡報），《中國民族學通訊》第9期（民國58年1月）。

風習。泰雅族尤為著名，稱為黥面番或王字番。男子刺上額和下顎，女子則兼刺雙頰。昔日，他們以黥面為美觀，但黥面也是成年的標識。男子要有刺黥，必須有獵首的經驗。獵首稱出草，即殺人取其首級，而保存其頭骨。女子則必須善於機織，始有紋面的資格。因此在臺灣各族中，此二族最善織布，昔日獵首之風也最盛。數十年前獵首被禁止，黥面習俗也跟着被廢棄。

繼泰雅族和賽夏族之後移入臺灣的，可能是中部山地的布農族、邵族，和鄒族。這三族的移入可能在三千多年前。他們帶來頗為複雜的氏族制度，有三級。所謂三級，就是在氏族（clan）之下有亞氏族（sub-clan），而氏族又結合成為聯族（phratry）。他們的氏族制度和漢人的姓氏制度一樣，是規範擇偶的外婚單位（exogamous unit），所以他們的婚姻規定是相當繁複的。例如在布農族間，一個人㈠不能和同聯族的成員結婚，㈡不能和母親所屬氏族的成員結婚，㈢同時也不能和母方的平行從表（parallel cousin），即母親之姊妹的子女結婚。

再晚約一千年，在東南亞一帶巨石文化（megalithic culture）興盛的時代，有南部山地排灣群諸族，即魯凱族、排灣族、和卑南族的移入。這些族群有類似我國周代的階級社會。頭目階級、士族階級，和平民階級都是世代承襲。在理論上，頭目就是地主，因此平民耕作土地，應向頭目納租，頭目也就相當富有，所以能夠享用豪屋美服。排灣群諸族頭目階級的家屋桁柱、壁板，和木製器用多施刻有文樣。最常見的文樣是人像文、人頭文、蛇形文，和鹿形文。其他動物文的飾用則可能較為晚近。幾何形文多用作邊飾，可能由人頭文和蛇形文演變而成。排灣群的木彫人像均頗式樣化：圓頭、長鼻、小眼、細口、兩手舉於胸前或在肩側、雙腳直立或略彎、足尖多指向兩側、性別特徵明顯。式樣化之人像多為祖先像，限為貴族所享用。人頭文也代表祖先，但也可能和獵頭有關：有些人像，身首分開，另有些人像，手執人頭。鹿形文為排灣群木彫的常見文樣，因為昔日其住地多鹿。但蛇形文的應用特多，則值得注意。排灣群相信劇毒的百步蛇是頭目的祖先。他們虔敬百步蛇，並守多種關於百步蛇的禁忌。

排灣群的男子善木彫，其女子則在織繡方面表現其藝術才能。其技法相當複雜，除也見於其他族群的夾織（in-weaving）外，有貼飾（appliqué）、綴珠（beadwork）、和刺繡（embroidery）。刺繡包括：十字繡（cross-stitch）、直線繡（lining-stitch）、緞面繡（satin-stitch），和鎖鏈繡（chain-stitch）等諸種。這些技法因較不受織布的經線和緯線關係的限制，其表現比較自由，因之文樣的變化也就較為多樣。

東部阿美族移入較晚，可能已是公元以後了。這一年代的推定是根據其文化與菲律賓金屬器文化（Philippine Metal Culture）[10] 的相似得來的。今日阿美族雖以其歌舞聞名，但其特色在於其母系氏族制度（matrilineal clan system）。阿美族和其南鄰卑南族的氏族組織雖不能稱為嚴密，但為母系社會：家系和家產由女嗣繼承，婚姻也以招贅婚為主，在家庭生活和親屬關係上，母系親屬佔有優勢。不過，在社會生活和部落政治上卻仍是以男性為中心的。他們的男子，因年齡分組，人類學者稱這種組織為年齡階級（age-grade）。年齡階級的成員負責處理部落公共事務。這種以男子為中心的組織，

---

[10] 研究菲律賓史前文化的 O. T. Beyer 教授分菲律賓金屬器文化為三期；早期公元200-300年，中期公元300-400年，晚期公元600-900年。鹿野忠雄博士推定此文化導入臺灣屬其晚期。鹿野忠雄，〈東南亞細亞民族學先史學研究〉，第二卷（1952）。

和他們的母系親屬組織，發生了制衡的作用，是很有趣的。

　　雅美族移到蘭嶼最晚，可能在唐宋之間，由於居地孤懸海外，保存原始文化成分特別多。雅美族的社會組織，對人類學者而言，是最饒興味的，因此可以討論的地方也很多。早期的人類學者，在雅美族間找不到氏族、階級等組織，他們在報告中，乃指出其社會組織為「漁團組織」，其社會權威，則為「長老制度」（geron-tocracy）。衛惠林先生以其有父系世系群（patrilineal lineage），王崧興先生則以其為一雙系社會。值得注意的是，雅美族的環境雖不富裕，但其藝術卻頗可觀。他們在屋柱、舷板，和舢艫上刻劃文樣：鋸齒文、曲折文、菱形連續文、同心圓文、和人像文。文樣均相當式樣化，大多塗施以白灰、紅土，和黑炭三顏色，相當美觀。

　　以上所述，是一般相信的臺灣南島系土著移入的年代表和其文化的大概。所謂南島系（Austronesian），當然指與南島，即我們通常所謂南洋有關。一般相信他們的祖先大部分來自南島，雖然並不限定於某一地區。如前所述，他們是分批進入臺灣的。他們的移入，帶來了南島不同地區不同時期的文化成分，也即人類學者之所謂文化特質（culture trait）。人類學者所謂文化特質指文化組成分子中可以界說的單位。美國人類學者克婁伯教授（Professor A. L. Kroeber）研究東南亞文化，發現這地區至少有二十六種共有的文化特質⑪。值得注意的是這許多東南亞共有的文化特質，絕大部分見於臺灣土著之間。凌純聲先生也研究東南亞文化，他在二十六種之外，增加了另二十四種，合計五十種之多。不但如此，凌先生更指出這些文化特質，大部分也見於古代我國長江以南地區。因此

---

⑪A. L. Kroeber, *Peoples of the Philippines*（New,York, 1943），pp.227-228.）

凌先生以東南亞的古文化發祥於華南一帶，可能為兩湖地區⑫。這一學說已漸得到中外學界的支持。則臺灣土著文化實也為我中華文化的一支流。

談到臺灣土著文化，有幾點重要的事實，值得指出。臺灣土著文化代表南島文化的古型，也即其基本型態。臺灣山地是南島文化區的北限，就是說：臺灣以北便沒有南島文化。臺灣土著，如前所述，在五千年前至一千年前之間，分批進入臺灣。由於臺灣的特殊歷史地理位置，他們在臺灣定居以後，一直到漢人大量移入時止，頗為孤立，與外界甚少接觸。而在這段時期，南島本區，即東南亞和太平洋區卻不然，由於地處民族移動的要衝，先有印度佛教文化，繼有阿拉伯伊斯蘭文化，其間還有我中華文化的衝擊，文化數經變遷。臺灣土著則由於孤懸海隅，獨能不受影響。因此臺灣土著獨能保存純淨的南島文化。在這意義上，臺灣土著，在東南亞和太平洋文化的研究中，特具重要性。

—— 本文原題〈臺灣山地文化的特質〉，載《中央月刊》第10卷第5期，（中華民國67年3月），頁71—76，此處略經刪節。

⑫凌純聲，〈東南亞古文化發凡〉，《主義與國策》，第44期（民國44年），頁1-5。

第二篇

臺灣的博物館和人類學的發達

一、博物館和人類學

博物館（Museum）一詞的原義是文藝美術的女神的殿堂（Temple of Muses），不過它的真正的開始卻是雜物，尤其是珍奇品或骨董的蒐集；而人類學（Anthropology）的開始亦是一些瑣碎的知識，尤其是遠地異域的奇怪風習的紀錄。所以博物館和人類學可以說從它們的搖籃時代，便因具有類似的性質而有了關係。

慢慢地，博物館因可供蒐集的物品越來越多，加之因為實際上的需要和限制，乃不得不因收集者的興趣和目的而對藏品有所選擇取捨，而漸漸地專門化了。有些專事收集美術品的便成為美術館，有些專事收集歷史文物的便成為歷史文物館，更有些專事收集某一特殊項目，某一地區或族群的物品便成為各種專門博物館，如美國密西根州大急流城（Grand Rapids, Michigan），因其為家具業中心地而有「家具博物館」（Furniture Museum），新墨西哥州聖太菲城（Santa Fe, New Mexico），因地近那瓦賀族（Navajo）居地而有「那瓦賀博物館」（Navajo Museum），日本京都西陣因其為織物中心而有「織物博物館」等等，即為其例。但是，在歐美諸

國，最普遍而規模最大的一種博物館是「自然歷史博物館」（Natural
History Museum），其蒐藏品通常包括下列四個部門：⑴地質學，
⑵植物學，⑶動物學，和⑷人類學。臺灣省立博物館的藏品除若干
有關地方歷史者外，大體均可包括於上舉四部門之中，所以我們可
以說該館是一個自然歷史博物館，而人類學為其一重要部門。人類
學的開始可以追溯至希臘羅馬時代。「史學之父」希羅多德
（Herodotus），就因其有過對於異族風習的記述，亦同時被推崇
為「人類學或民族學之父」。不過，人類學的成為一門有明確範圍
和目的的學問，卻是以後的事。現代的人類學主要包括體質人類學
（Physical Anthropology）、民族學或文化人類學（Ethnology or
Cultural Anthropology）、考古學（Archeology）、民俗學（Folk
-lore）和語言學（Linguistics）等諸門。體質人類學是研究人類本
身在體質上的特徵及其他有關問題的一門學問，其注意化石材料而
研究人類的起源和演化的一部分，稱為化石人類學（Human
Palaeontology）；其注意現代人類的體質特性，而作人種分類、遺
傳因素、種族成長或成熟率及種族環境適應等研究的一部分，稱為
人體生理解剖學（Somatology）。民族學或文化人類學研究現存人
群社會的生活方式。無論簡單或複雜的人群社會，都有其特有的生
活方式，人類學者稱其為「文化」（Culture）。民族學者的職責，
就是在比較研究各不同民族的文化，而求出其運行和變化的通則，
進而更冀求得能予推測並在可能的限度內控制其發展的方向。在現
階段，民族學者的對象多是一些比較原始或簡單的人群社會，這不
過是因為研究分析工作，一般多自簡單而複雜，而且因為人類社會
的研究不能採用核對的實驗方法（Control Experimental Techniques），
自一個比較簡單細小的社會，更易看出文化的整體，民族學者固不
自囿於原始民族的範圍之內，他們研究的最終目的，自然亦在於整

個人類社會文化的瞭解。考古學研究文化的起源和已經滅亡的文化。換言之，考古學的目的在於發現或詮釋未見於文字記載的人類的過去的活動及其所產。民俗學以研究殘賸於文明社會中之原始成分為其主要目的。但今日的民俗學側重於神話傳說及其他口傳文學的比較研究。語言學為人類學中一個比較獨立的分科。直至最近，語言學的主要目的，在於分析和類別人類的各種語言。

　　以上我們所提到的是人類學的五個主要分科。除了最後的語言學外，均與博物館有相當的關係，因為它們的研究基礎，有形的材料佔有相當重要的比例。這些有形的材料同時亦就是博物館的主要收藏品。

二、博物館和人類學的關係——以美國為例

　　上面我們把本文的題目略作解釋。這裡我們想更進一步的指出，人類學不但構成了博物館的一個部門，它的成長與博物館實有最密切的關係。它可以說是在博物館裡孕育成長出來的一門學問。

　　人類學在歐美最先被確立為一門獨立的學問。英國的牛津和劍橋均有人類學博物館之設；法國巴黎有人類博物館（ Musée de l' Homme ）；德國柏林有民族學博物館（ Museum für Völkerkunde ）。這幾個博物館均為各該國人類學的苗圃。在美國尤然，美國初期的人類學者，更幾乎全都是博物館的工作者。茲再以美國為例，說明人類學和博物館的關係。

　　如果說人類學博物館的目的和任務在於蒐藏關於原始人的各種零碎物品的話，則它的肇端可以追溯至十六、七世紀；不過具有現代規模和型式的人類學博物館的出現，即使在歐美諸國，亦只是十九世紀末葉以後的事。在這意義上，我們可以說，哈佛大學的披波

蒂博物館（Peabody Museum）和紐約自然歷史博物館（American
Museum of Natural History）是美國最早的兩個人類學博物館。人
類學博物館之確立於美國，可說是普特南（Putnam）和鮑亞士（Boas）
二氏的功績。在十九世紀的末年，普特南氏開始他的「人類學博物
館設立運動」，除了上述的兩個博物館外，在加州大學，他設立了
一個人類學系，並在系的下面設立了一個人類學標本陳列室；在斯
密遜研究院（Smithsonian Institution）設立了人類學部門（後來成
立為「民族學研究所」（Bureau of Ethnology），開啟了印地安人
研究的端緒；同時在1893年，他還主持芝加哥世界博覽會民族人種
學部分，收集了龐大數量的標本，而奠定了芝加哥菲爾特博物館（Field
Museum）現改稱芝加哥自然歷史博物館（Chicago Natural History
Museum）的基礎。鮑亞士原是一個德國人，亦是一個物理學者，
但是他到美國後，卻將美國的人類學導進了一個新的科學的領域。
鮑亞士到美國時亦正是普特南致力於人類學機構創設的時候。在很
多場合，鮑氏給予普氏以莫大的助力。鮑亞士參加了北極巴芬蘭和
北太平洋岸區的調查以後，決心成為一個人類學者，而於1887年定
居於美國，1888年任教於克拉克大學（Clark University），1892
年授給A. F. Chamberlian第一個人類學哲學博士的學位。鮑亞士與
普特南不同的地方，是他著重人才的訓練。現在美國長一輩的人類
學家，幾乎沒有一個不直接或間接和鮑亞士發生關係的。如A. L.
Kroeber, A. B. Lewis, F. G. Speck, R. H. Lowie, A. A. Goldenweiser,
P. Radin, E. Sapir, F. C. Cole, L. Spier, M. Herskovits G. Herzog,
A. Lesser均是鮑氏的門人；A. M. Tozzer, R. B. Dixon, C. Wissler,
S. A. Barrett, J. A. Mason, J. B. Swanton, R. Linton均間接受到鮑
氏的指導；而B. Laufer, P. E. Goddard, E. C. Parsons, G. Hatt, T.
Michelson等亦多與鮑氏有過親密的交往。

　　十九世紀的九十年代，不但是普、鮑二氏的出現年代，亦是人類學田野工作的真正開始時代。在1891-92年，紐約美國自然歷史博物館曾把Lumholtz氏送到墨西哥去，把Bandelier送到秘魯去，從事土著文化的研究與標本採集；哈佛大學亦在這時期設立人類學系研究部於披波蒂博物館內，而遣派調查發掘隊到中美洲Copan, Honduras等地去工作。稍後1891至1902年間，鮑亞士自己主持Jesup North Pacific Expeditions，調查研究西北太平洋岸區和西伯利亞地方，同時紐約美國自然歷史博物館、芝加哥菲爾特博物館、費城大學博物館（University Museum, Philadelphia）亦均遣派人員（包括Holmes, Dorsey, Uhle等人）工作於大平原區（The Plains Area）和中南美諸地。這些調查工作，不但為美國人類學立下田野研究的里程碑，同時亦採集得汗牛充棟的標本，大大的充實了各該博物館的內容。

　　十九世紀和二十世紀交接年代所奠定的人類學在博物館裡的地位，在美國至少繼續了三十年之久，如果我們把這個美國人類學的時期稱為「博物館時期」，亦實非過言；雖然此後人類學的重心，慢慢移轉到大學的研究室裡。在這幾十年中，博物館不但陳列人類學標本，採錄人類學資料，進行人類學研究，出版人類學書刊，同時亦主持了不少人類學講座。人類學在美國之所以能夠確立成為一門獨立的學問，其知識之所以能夠推廣而為一般所認識，他們的博物館實居首功。不但如此，我們知道美國人類學多數理論，如文化區說（Culture Areas），人類與環境關係的解釋，新世界文化自生說等等，其大多數亦是從博物館裡孕育出來的。在這時期中，博物館的人類學家且不願故步自封於他們本身的職務中，他們大多數並且在各大學執教，為人類學的宣揚盡力。這時期裡很多人類學教授，如我們在前文中所舉出與鮑氏有直接或間接關係的諸人類學者和Starr,

Sullivan, Hrdlička等人，便都是博物館的工作者。

三、臺灣的人類學博物館

上面所述為美國人類學與博物館的關係，以下談談臺灣的人類學博物館。在臺灣，和人類學具有深切關係的博物館，有臺灣省立博物館、國立臺灣大學考古人類學系附設標本陳列室、和中央研究院民族學研究所標本陳列室等三處①。省立博物館在性質上屬於所謂「自然歷史博物館」，人類學為其重要之一部分；臺大陳列室為一專門的人類學博物館，其藏品包括人類學諸重要部門（體質人類學、民族學、和考古學）的標本；中研院民族所陳列室則為一民族學博物館。茲分別略作說明。

有很多博物館的設立緣起是為保存和處置產業博覽會所採集下來的標本，前面所提到的美國最大博物館之一的芝加哥自然歷史博物館，即其一例。臺灣省立博物館的由來，亦可視為屬於這一類。關於省博物館的設立經過，森丑之助氏在其〈臺北博物館回憶〉②一文中記述得很詳細。省博物館設立的動機，在於紀念臺灣縱貫鐵路的落成，而欲藉此介紹並宣傳臺灣的產業情況，故在其開始的時候，產業標本佔有絕大的比例。省博物館創設於1908年（民國前四

①中央研究院歷史語言研究所有考古館，收藏陳列安陽發掘出土標本，為我國最重要的考古博物館，但因與臺灣人類學沒有直接關係，故略而不記。

②森丙牛生，〈臺灣博物館の思ひ出〉，原載《實業臺灣》，大正14年9月號至12月號，後轉載《科學の臺灣》，第4卷第2號（臺北，昭和12年）。

年）10月24日，其最初的館址在現總統府後面原圖書館舊址，其時為彩票局的抽籤場。設館當時的收藏品包括有十一部門③一萬二千餘件；人類學標本佔七百餘件。1915年（民國四年）遷至今址，藏品累積至二萬三千餘件；人類學標本佔一千九百餘件。移入新館後，舊館專供陳列南洋諸島參考品，為博物館分館。1917年（民國六年）分館廢止，在本館中闢「南洋室」，但卻將產業關係標本移交商品陳列館（即現歷史博物館之前身），該館乃自一綜合博物館變成一「自然歷史博物館」。藏品其後頗有增加，據該館《創立三十年紀念論文集》④所載，1939（民國二十八年）藏品達一萬三千六百餘件，分七部：歷史部二千八百七十六件，高山族部三千零七十四件，華南南洋部一千一百九十件，地質礦物部二千二百二十五件，動物部三千五百十六件，植物部四百四十八件，雜部二百八十六件。高山族部和華南南洋部的標本均為人類學標本，歷史部及雜部的標本如臺北市郊圓山貝塚出土石器陶片等，亦為人類學標本，故人類學標本的總數實超過四千五百件以上。爾後，標本陸續增加；光復以後，更有原臺東鄉土館之大部標本移置該館，故人類學標本實佔該館藏品之最大部分。

　　人類學標本以高山族部分為最重要，尤以其衣飾為最寶貴，以今日保存在各該族間的衣飾而言，該館衣飾標本實可謂代表高山族固有物質文化的精華。這些標本的採集，功績最大的應推森丑之助（森丙牛）氏。森氏通高山族語，在山地時期很長，他不但搜集了

---

③十一部門為：(1)地質地文及礦物；(2)植物；(3)動物；(4)人類；(5)歷史及教育；(6)農業；(7)農業；(8)水產；(9)礦業；(10)工藝；(11)貿易。
④昭和14年，臺北臺灣博物館協會出版。

很多標本，同時亦採錄了很多資料，只可惜他的著述不多⑤。1926
年（民國十五年）森氏離開了博物館，乘船歸日，而在途中失蹤後，
他所採得的資料，亦就終於未能整理出來而公諸於世。這些標本的
原始紀錄的不幸佚失，不但是博物館的損失，亦是臺灣人類學界的
莫大遺憾。

　　臺灣省立博物館不但收集保存了大量的人類學標本，亦同時出
版了不少有關人類學的文字。在日據時期，博物館的人事制度未能
確立，以致頗多工作未能展開，在該館創立二十五週年的時候，臺
北帝國大學（現臺大之前身）的若干與博物館有關的教授及該館人
員乃發起組織「博物館學會」，並發行雙月刊《科學臺灣》，以作
有關博物學文字之發表園地。該刊自創刊（1933年，民國二十二年）
至停刊（1943年，民國三十二年）共出版了十一卷。其中刊載有關
於人類學的文字，有如下二十餘篇：

　　移川子之藏，〈土俗博物館陳列型式二種〉（創刊號）
　　宮本延人，〈關於貝塚〉（第2卷第2號）
　　小川尚義，〈鄒族的傳說故事〉（第2卷第3號）
　　岡田謙，〈鄒族和星〉（第2卷第3號）
　　石坂莊作、宮本延人，〈基隆附近之石器〉（第2卷第5、6號）
　　移川子之藏，〈凱達加蘭族之大雞社〉（第2卷第5、6號）
　　堀川安市，〈臺灣的蕃人和鳥〉（第2卷第2號）
　　宮原敦，〈墾丁寮石器時代遺跡〉（第3卷第3、4號）
　　宮本延人，〈恆春地方的高砂族〉（第3卷第3、4號）
　　藤澤茽，〈以高砂族為被驗者之心理學實驗之情況〉（第3卷
　　　　第6號）

⑤有《臺灣蕃族志》一冊，《臺灣蕃族圖譜》二冊。

宮本延人，〈峇厘島之雕刻〉（第4卷第2號）

新井英夫，〈關於平埔蕃之木雕〉（第4卷第4號）

石坂莊作，〈凱達加蘭之番歌〉（第4卷第5號）

安倍明義，〈岸裡大社〉（第5卷第3號）

宮本延人，〈原始人的住居〉（第5卷第3號）

宮本延人，〈蘭陽之幾處史蹟〉（第5卷第4號）

山田金治，〈泰雅族的造酒用植物〉（第5卷第5號）

國分直一、翁長林正、荻原直哉，〈臺南地方之石器時代遺跡〉
　　　　（第6卷第6號）

宮本延人，〈最近發現之臺灣先史時代遺跡〉（第7卷第1號）

丹桂之助、黑田德米、宮本延人，〈臺灣郊外宮下貝塚〉（第
　　　　7卷第2號）

飯沼龍遠，〈臺灣之迷信——童乩〉（第7卷第3號）

須藤利一，〈關於結繩〉（第7卷第6號）

國分直一，〈關於東埔段丘上之石器〉（第8卷第4號）

金子壽衛男，〈新竹州竹南郡後龍的貝塚〉（第11卷第1號）

崛川安市，〈關於南洋的樹皮製衣服〉（第11卷第3號）

〈布農族之曆板〉（第11卷第4號）

　　光復以後，該館出版《臺灣省立博物館季刊》一種（英譯名
Quarterly Journal of the Taiwan Museum），創刊於民國三十七年，
至今已出版至十一卷，文稿均用英文，在質量方面均已超過日據時
期，只是人類學方面的成績，則遠不及之，僅載有陳奇祿、柯麥可，
〈花蓮太巴塱阿美族之宗教〉（第7卷第3、4號合刊）；哈鴻潛，
〈海南人之顱顬骨在人類學與解剖學上的研究〉（第8卷第2號）；
侯炎，〈臺灣角板地區泰雅族之手掌紋〉（第9卷第1號）等三文。

　　談到臺灣的人類學和人類學博物館，自然應該提到國立臺灣大

學文學院考古人類學系及其附屬的標本室。臺大考古人類學系設立於民國三十八年，以原屬該校史學系的民族學研究室及其附屬圖書室和標本室為其設備基礎。民族學研究室的前身為臺北帝國大學文政學部的土俗人種學講座，故其附屬標本室藏品之採集，自1928年（民國十七年）該講座成立時開始。芮逸夫先生在該室標本搜藏簡史⑥，把其搜藏的經過分為三個時期：㈠土俗人種學講座時期；㈡史學系民族學研究室時期；㈢考古人類學系時期。茲引記其大概如下。

標本室在第一期的最初一批標本，是1928年（民國17年）土俗人種學講座教授移川子之藏氏在臺北圓山動物園西側貝塚，搜採苦力拾集的石器和陶片百餘件。翌年3月得到該大學總長幣原坦氏所贈送排灣族頭飾足飾十件；同時又收購烏來交易所搜藏的泰雅族標本六十餘件，伊能嘉矩氏搜藏之平埔及高山各族的標本近三百件。其後雖曾由標本室直接搜採，但大批入藏標本，仍多為由收購私人之藏品，如該室現藏最惹人注目的排灣族木彫二百餘件，即為1933年（民國22年）由藏家宮川次郎氏購入者。在第一期的上半期，即現在的陳列室竣工的1934年（民國二十三年）以前，標本室所藏入的標本已達1997種，約二千六百件，有了相當的規模。標本室築成後，標本移置新廈，其後更不斷的搜採和受贈。在第一期的下半期裡，考古學方面的收穫增多，為此期入藏標本的特色。經過此期的努力，我們對先史遺址在臺灣的分佈情況，獲得了一個大概。下半期入藏的民族學方面標本，重要的有收購自宮川次郎氏之各族陶器七十九件，宮原敦氏所藏泰雅族標本五十餘件，伊東實氏所藏埔里平埔族標本二十餘件，松山虔三氏經手之阿美族衣飾八十餘件，該

---

⑥載國立臺灣大學《考古人類學刊》第1期（臺北，民國42年）。

室宮本延人氏參加舊臺北帝國大學海南島綜合學術調查團所採集標本近百件，日本海軍所贈送黎族等標本百餘件，及南洋各島標本數百件。總之，在第一期的下半期裡，標本又增加了一千五百餘種，其範圍則擴及海南島及南洋各地。第一期，即土俗人種學講座時期，前後共十七年，在這長時期中，標本室的實際負責人是宮本延人氏，這些標本的積聚和保藏，都是宮本氏的功績。

第二期是一個比較困難的時期，因為在第一個時期行將結束的時候（民國三十四年五月）臺北遭受大轟炸，標本室不幸被波及，所以在這個時期的開始，最重要的工作是標本的重新整理，這一繁重的工作，由宮本延人和國分直一二氏負責。不過，因為日本學者或藏家的歸日，曾將其所蒐藏標本贈予或售予標本室，又國分氏亦仍繼續進行考古調查工作，故標本仍得有若干增加。

民國三十八年八月考古人類學系成立。成立以來，由於教學和研究的需要，該系每年均派遣有調查團或發掘隊至島內各地作民族學和考古學的調查和發掘。自民國三十八年以來，進行過的民族學調查研究的地點有：瑞岩泰雅族（三十八年七月，李濟等）、南勢阿美族（四十二年二月，凌純聲、衛惠林等）、霧台魯凱族（四十二月五月，陳奇祿）、南王卑南族（四十三年二月，衛惠林、陳奇祿等）、泰安泰雅族（四十三年二月，芮逸夫等）、蘭嶼雅美族（四十三年七月，陳奇祿等）、來義排灣族（四十四年二月，凌純聲、衛惠林等）、日月潭邵族（四十四年一月、三月，陳奇祿、李亦園、唐美君）、信義布農族（四十六年二月，衛惠林、何廷瑞等）、泰武排灣族（四十七年一月，凌純聲等）。考古學的調查和發掘，均由石璋如和宋文薰二位先生領導進行，先後有：南投大馬璘遺址發掘（三十八年五月）、桃園大園鄉考古調查（四十一年十二月）、環島調查（四十二年五月）、臺中水尾溪畔史前遺址試掘（四十三

年一月)、臺北圓山貝塚發掘(四十二年十一月,四十三年三月)、
臺北樹林狗蹄山史前遺址試掘(四十四年五月)、臺中鐵砧山番仔園
貝塚試掘(四十四年六月)、東海岸史前遺址調查(四十五年四月、
四十七年四月)。這些調查和發掘,其大部分均曾有報告發表,刊
載於該系出版之《考古人類學刊》[7]。因教學和研究而舉行定期的
調查和發掘,為第三期的特色,這些調查和發掘,自然亦為標本室
搜採了很多標本。以標本的數量而言,第三期的增加速度不及第一
期,但因均屬該系人員所直接搜採,其在學術上的價值卻較增高。
至本文執筆為止,第三期增加的民族學標本,達數百件,考古學標
本甚多,但因多為破碎陶片、石器,其確數尚未統計。

　　中央研究院民族學研究所創立於民國四十四年八月,成立以後,
由該所所長凌純聲先生的策劃,銳意於臺灣高山各族之研究和標本
之搜集,經常有人員出入山地間,四十六年且派遣多數人員至蘭嶼
對雅美族作較長期的研究,並採得標本甚多,已達數千件。該所出
版有《集刊》[8]一種,刊載有不少關於臺灣土著文化研究的文稿。
民族學研究所致力於土著文化的研究和標本的搜採,為臺灣人類學
的一支生力軍。我們希望對臺灣土著文化的紀錄和研究,其研究人
員在數目上會漸漸的增加,其工作範圍亦會慢慢的擴大。我們希望
臺灣的博物館能夠積極的參加這一工作,下面我們要進一步的討論
臺灣博物館對人類學的發達能作些什麼貢獻。

四、臺灣的博物館對人類學的發達能作些什麼

---

[7]自民國42年5月創刊,年出二期。
[8]自民國45年3月創刊。

　　如我們在前文中指出，人類學在歐美較先被確立為一門獨立的學問。經過了博物館人類學家的努力，已有不少關於世界各地的原始民族的標本和知識被採錄保存下來，於是經過了一個「博物館」時代，它漸漸的離開了它的育苗場，進入了大學研究室，而冀望在新的環境裡開花結果，形成有關人類及其文化的理論。人類學離開了博物館，其研究範圍亦便漸而起了變化。近年來，歐美的人類學者，漸漸的自比較側重物質文化的民族誌研究（Ethnographical Studies）而轉移至社會人類學研究（Social Anthropological Studies）方面；注意俗群文化（Folk Cultures）、小社區（Small Communities）、和文化涵變（Culture Change or Acculturation）等等之問題，即為其例。但是，我們以為，這並不是意味著現階段民族誌的採錄和物質文化的研究，已失去了它們的重要性，相反的，我們以為正確理論的形成，需要更多的可靠的材料。歐美人類學界之所以有些興趣上的轉移，實不無其客觀上的因素：昔日殖民地區的民族主義的勃興，和若干與西方文明接觸長久的土著文化的消滅，使歐美諸國的人類學界失去了實地研究的場所。

　　臺灣是從事人類學研究的優良場地——在臺灣，我們的情形和上面所述的不同，因為我們的場地仍然是很廣闊的。我們的人類學博物館時期，不但沒有過去，而且應該是從此開始的。在臺灣山區東海岸和蘭嶼一帶，現在仍存在有為數近二十萬的土著民族，這個數字與北美洲（Rio Grande以北）只有三四十萬印地安人比較，是一個很大的數字。北美的人類學家已作了那麼多的記述工作，我們呢？

　　我們的場地不但很廣闊而且是很好的。在臺灣的土著民族間，在社會組織方面，我們既可以找到父系氏族社會（如賽夏族、布農族、和鄒族），亦可以找到母系氏族社會（如東海岸的阿美族和卑南族）；既可以找到民主的長老制社會（如蘭嶼的雅美族）；亦可以找到封建的階級制社會（如排灣族和魯凱族）；同時亦可以找到二分組織制（如卑南族卑南社、布農族）、年齡階級制（如阿美族、卑南族、魯凱族大南社等）、親子聯名制（如泰雅族、賽夏族、阿美族、和鄒族之一部），親從子名制（如雅美族）、家名制（如排灣族和魯凱族）、圖騰制遺痕（如賽夏族）等等。在物質文化方面，我們既可以找到豎穴式家屋（如泰雅族和布農族），亦可以找到干欄式家屋（各族穀倉，雅美族涼台和工作屋，而以卑南族卑南社的少年會所為最顯著例證）；我們還可以找到其他重要文化特質，如嚼酒、檳榔、吸菸、水平式背帶織機、貝珠、珠工、刺繡、貼布、編籃、刳木、杵臼、脫頭槍、弓矢、長盾、腰刀等等。在宗教習俗方面，則各族雖多屬祖靈崇拜，但其所代表的形式各不相同，有泛靈崇拜（北部諸族）、原始多神崇拜（南部諸族）和頗具複雜性的神統觀念（東海岸阿美族）等等。各族所行的祭儀雖多與農耕時令有關，而以收穫祭為最重要，但各族亦有其重要的特殊祭儀，如矮靈祭（賽夏族）、船祭（阿美族）、五年祭（排灣族）。我們更可在各族間找到室內葬、崖葬、獵首、禁忌、夢卜、鳥占、竹筮、拔毛、缺齒、穿耳、刺墨等等風俗習慣，不勝一一舉述。總之，臺灣土著文化的多樣性，以其所居住的地區的闊度比較而言，堪稱為世界上最好的人類學的調查工作場地之一。人類學理論中的很多重要假說，如果我們能夠對這些土著文化作一詳盡的研究，則多可自此得到正確的解答。

　　臺灣的博物館應加緊從事土著文化的採錄和保藏工作——我們有這麼好的一個場地，但是優良的情況是不會恆久不變的。在十年來，臺灣的土著民族與族外的接觸頻仍了，其文化的改變亦因之而加倍快速。例如母系制的瓦解，階級制的崩潰，若干祭儀的廢除，和家屋形式的改變等等。文化的演進是不可抑止的，土著民族的生活改善，更是最可喜的事。不過，我們卻希望行將消失的文化，能夠被詳細記錄下來，或被移至博物館裡去保藏起來。我們希望博物館能夠加緊進行土著文化，尤其物質文化之有形標本的採集工作。

物質文化的涵變研究——如我們在前文中提及，文化涵變（Acculturation）的研究，是現代人類學家所從事的一個新的題目，不過，至最近為止，人類學家在這方面所作的努力多是偏於社會組織方面，很少有人注意到其他物質文化方面。文化涵變的研究，只偏重於其社會組織方面，自然是不夠的，我們以為很多文化涵變的現象或其步驟，可自有形的物質文化方面的研究，得到更具體的解明。在這方面，博物館是最能發揮其功能的。如果我們在從事標本的收集的時候，不但收集所謂「固有」的，同時亦收集其因外來影響而具有新形式的。將這些標本排置在一起，則我們可得到文化涵變的具體實例。這種物質文化的涵變的研究，很能幫助我們解釋過去的很多器物形制變遷的問題，對於考古學家可以說是尤具價值的。

根據涵變的過程來排列博物館的標本，有時會使我們看出有趣的文化傳播方向的現象。一般人多易於相信文化傳播或文化涵變的方向，常是自文明的民族傳至原始民族。但是，如果我們把北美印第安人的**moccasins**和現在我們常見的若干皮鞋陳列在一起，或把世界各地的煙斗陳列在一起，或把非洲土人、美洲土人，和現代歐洲的美術品陳列在一起，我們將可很容易的看出，一般所相信的文化傳播或文明涵變的方向是不一定正確的。

人類學博物館的兩種陳列方式——通常的人類學博物館，其陳列方式可分為二種。其比較普遍的一種，是以地理區域或種族文化為單位，分類陳列的。這種陳列方式能看出各地區和各民族的文的整體性，同時亦可看出文化和地理環境的關係，是一種很方便的陳列法，故為大多數博物館所採用，同時亦給與美德二國的人類學理論形成以相當的影響，如德國學派的文化圈（Culture circle 或 Kulturkreise）之理論，和美國學派的文化區（Culture area）之理論，即均從博物館的陳列獲得其觀念。另一種陳列法是以標本的性質，功能或型體的類似為分類標準的陳列法，這種陳列法的目的，常在於尋出人類生活的各項有形所產的發展的系統所屬的關係。其排列以具有最原始或最普通形態的標本為出發點，順次依其分化發展，而排列具有特殊形式的標本，這是與進化論有關的陳列法，其最好的具體實例為英國牛津大學的匹特・雷佛斯博物館（Pitt-Rivers Museum, Oxford University）。

人類學博物館的陳列方式與人類學理論——博物館的陳列方法與理論有關，如上面所述依地理文化為分類標準的陳列法，曾引導文化圈和文化區說的形成，依物品可能的發展過程為序的陳列法，可以用以證明進化論的假設。我們今提出，把同一區域的不同種族文化或同一種族文化的不同時期的標本，作有規則的陳列，可以看出文化涵變的關係和方向。所以，我們以後陳列方式的改變，可能會引出新的理論上的假設的形成和探究。最近（1949年）紐約的美國自然歷史博物館研究員Gordon F. Ekholm氏在他所屬的博物館所策劃的一個「橫越太平洋」（Across the Pacific）文化展覽，曾刺激了人類學界再度掀起汎太平洋文化關係的研究。我們以為諸如先史時代，臺灣與中國大陸的關係，花彩列島的文化傳播關係，臺灣與西太平洋諸文化的關係等等，均可由博物館的陳列得到提示，在這方面，我們謹佇候臺灣博物館界的貢獻。

——本文原載《臺灣省立博物館科學年刊》創刊號（民國47年12月），頁1-8。

第三篇

臺灣高山族的編器

　　原始人的日用容器，有陶壺、木碗、匏瓢、皮囊、和編籃等等，其中編籃最為重要。臺灣各族，平埔族幾已全部漢化，姑且勿論，高山族間，今日尚行陶器製作者，僅孤懸海外比較被隔離的雅美族而已①。木器文化，在排灣、魯凱、和雅美三族間雖頗發達，但因製作技術和工具的關係，其形制缺少變化，所以其應用未能普遍。匏瓢之屬，見於各族，則因容量和形態之使然，用途不免受到限制。皮類雖被應用，惟多止於衣帽的製作。只有編器一項，不但各族均有，而且小者供作炊具食器，大者用以貯藏運搬，應用之廣泛與普遍，實遠超過陶壺、木器諸項之上。

　　編器在臺灣各族之重要雖如上述，但迄今民族學家似甚少予以注意，亦未見有研究專文的發表；舊志器用一欄對籠簍之屬記載至為簡單，或竟隻字不提，因習見為常歟？筆者撰寫本文，即因前此乏人報導，所以以為將國立臺灣大學所藏標本作一通盤的查檢，分

---

①參看國分直一；〈臺灣原住民族における土器製作〉，《鹿兒島縣考古學會紀要》第三號（鹿兒島，1953），頁35。

析其編法，記述其形制，進而與其周圍地區的是項資料比較研究，由其分布情形而論及文化關聯，想對臺灣原始文化之物質生活之一面的研究，或可稍有貢獻。

一、臺灣高山族的編製技術

編製技術的分析和記述，以國立臺灣大學所藏編器標本115件為主要材料，但因恐標本採集上有遺漏，故並參考臨時臺灣舊慣調查會之報告[2]，和其他有關論著圖冊。魯凱、卑南和雅美三族，或因國立臺灣大學藏品之紀錄未盡清楚，或因所集材料不足，所以以筆者的田野調查紀錄為依據。

A.編製材料

在未記述編製技術之前，我們應先提一提他們所用的材料，因為材料的不同影響到其編製方法。例如沒有扁平的材料，則很少編製斜紋編法；沒有柔靭的材料，則不可能作螺旋編法。臺灣各族所用以編製的材料，有竹、籐（Calamus margaritae, Hance）、月桃（Languas speciosa, Merr.），但漢人所常用的大甲藺（Euphorbia formosana, Hayata）、七島藺（Cyperus malaccensis, Lam.）及林投葉（Pandanus tectorius, Sol.）則未見為他們所應用。諸種材料之中，以竹為最重要。竹為熱帶植物，出產於亞、非、美各洲，而以印度、印尼、中國南部、琉球、日本南部及中部一帶的產量為最

---

[2] 佐山融吉，《蕃族調查報告書》，八冊（臺北：臨時臺灣舊慣調查會出版，1913-1921）。小島由道、河野喜六，《番族慣習調查報告書》，五卷八冊（臺北：臨時臺灣舊慣調查會出版，1915-1922）。

多，在這一區域內，竹材的應用亦最普遍，用以製作用器，甚至用以編製籃舟③ 等等，正如**Robert von Heine-Geldern**所言，竹材的應用規定了東南亞文化的方向④ 。

　　臺灣各族的編器，因其大部分以竹材編製，其編法和形制，亦自受到材料性質的規定和限制。竹材的應用，多取用其竹皮，削劈成編條。竹篾扁闊硬直，宜作交織編法（woven），此當為交織編法特為多見的原因。籐材為次於竹材的材料，亦多取用其籐皮而少用籐心。籐皮堅靭可曲，適於螺旋編法（coiled），但比諸草蕨之類（如北美加利福尼亞土人之所用者），卻較硬厚，故其編製，難臻密致。臺灣各族之螺旋編法，均用籐皮製作，其作單心條型（見下），蓋因材料而使然也。月桃多用以織蓆，但亦有用以編製方盒的。

B. 編製技法

　　一個編器，普通包括底部、身部和緣部三部分，茲分編織法、起底法、和修緣法記之，並附述其縫紮及縛結方法。

　　⑴**編織法**　編織法向來被歸納為編織編法（woven or plaited）與螺旋編法（coiled）二大類⑤ 。在此二大類下，更細分為若干種

---

③國立臺灣大學考古人類學標本陳列室藏有採用中南半島之籃舟一件。

④R. von Heine-Geldern, *Südostasien, Illustriete Völkerkunde*（Stuttgart, 1923）, p. 858.

⑤A Committee of the Royal Anthropological Institute of Great Britian and Ireland, *Notes and Queries on Anthropology,* 6th Ed.（London, 1951）, pp.272-276.

Otis T. Mason, *Aboriginal American Basketry, U. S. National Museum Report for 1902*（Washington, D. C., 1904）。

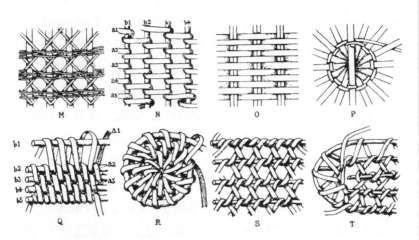

圖2　臺灣高山族編器編織法

A-B. 方格編法；C-D. 斜紋編法；E. 透孔六角編法，F. 實格六角編法；
G-H. 三角編法或雙重六角編法；I. 有骨斜紋編法；J-L. 絞織編法；M.
輔條絞織編法；N. 繞織編法；O-P. 柳條編法；Q-R. 簡單合縫螺旋編法；
S-T. 相交螺旋編法。F與P僅見於臺灣漢人而未見於高山族之編器。

屬。茲記述見於臺灣高山族的各種：

(A)交織編法（woven） 編織編法又可分為三種，即（甲）交織編法，（乙）絞織編法（twined），（丙）繞織編法（wrapped）。交織編法是以二組或二組以上的各相平行的材料相交編製而成的，其較簡單的種類，與細布及斜紋布的織法相同，就是以二組編條（即經條和緯條）互成直角編織而成的。這種編法，其每一編條和每一與其垂直的編條均作交織而成方格編紋的（看圖2：A-B，如依圖2：A說明之，即先將a_1插於b_1之下，b_2之上，b_3之下，b_4之上……而與各該條垂直，次織入a_2於b_1之上，b_2之下，b_3之上，b_4之下……，再次織入a_3，與a_1同，在b_1之下，b_2之上，b_3之下，b_4之上……，如此順次織入而成），在術語上叫做方格編法（check or checker）；每一編條各隔一條或一條以上之編條和與其垂直的編條交織，而相鄰的平行編條與其垂直編條之交織僅隔一條之差，因而形成斜紋編紋的（看圖2：C-D。如依圖2：C 說明之，即先將 a_1 插於 b_1，，b_2之上，b_3，b_4之下，b_5，b_6之上……，次織入a_2於b_1之下，b_2，b_3之上，b_4，b_5之下，b_6，b_7之上……，再次織入a_3於b_1，b_2之下，b_3，b_4之上，b_5，b_6之下……，如此順次織入），在術語上叫做斜紋編法（twilled）。這兩種編法，如表1所示，斜紋編法見於各族，而方格編法則未見於賽夏、和雅美二族。後者未見於各該二族可能因為標本的缺少和採集的遺漏，而不表示在此二族無此編法。因為即在有方格編法的各族，方格編法的數量亦遠較斜紋編法為少，這可能是由於編製者的偏好，因為斜紋編法比方格編法在紋樣上較為美觀而可有變化。但亦可能與編製材料有關係，如月桃製品，由於材料的柔軟可曲，其全部均為方格編法而無例外；而若用堅硬的竹材，則宜少作屈折以求緊密，故多作斜紋編法。

　　以三組以上各相平行的材料交織而形成多角形的編法，我們叫它做多角編法（polygonal）。以此定義，其種類自甚繁多，但見於臺灣的主要為透孔六角編法（latticed or open-hexagonal），三角編法或雙重六角編法（triangular or double-hexagonal），和有骨斜紋編法（twilled with foundation rod）三種。

　　透孔六角編法，其編條非如方格編法和斜紋編法互作垂直，而自三方向交織形成六角形編紋（看圖2：E。如依圖2：E說明之，即a組編條交織於b組編條之下，c組編條之上；b組編條交織於c組編條之下，a組編條之上；而c組編條則交織於a組編條之下，b組編條之上），這種編法見於臺灣各族。

　　三角編法則為在六角編法之每二平行編條間各加織入一編條而形成三角編紋（看圖2：G。即a_1與a_2之間加入d_1；b_1與b_2之間加入e_1；c_1與c_2之間加入f_1。d_1，e_1和f_1之關係與a，b，c三組編條之關係同）。因為這種編法可視為透孔六角編法的重疊，而且事實上，如雅美族人的三角編法，便是先編製了透孔六角編，然後再在其平行編條間依次加插入新的編條而成的，所以我們又叫它做雙重六角編法。三角編法在臺灣見於排灣、卑南、阿美、和雅美等族，其分布偏於東南，但亦見於平埔族間。

　　有骨斜紋編法的外表編紋與斜紋編法完全相同，但因有與此二組顯露於外表的編條方向不同的夾編於其間的第三組編條（看圖2：I。即在a，b二組編條外，有c組編條夾編於其間為筋骨），所以叫它做有骨斜紋編法。有骨斜紋編法多見於平埔族。高山族間僅阿美和雅美二族有此編法。

　　我們查檢臺灣高山族的編器，值得我們注意的一現象，就是柳條編法（wicker）（看圖2：O）的缺少。柳條編法未見於國立臺灣大學所藏標本，調查報告書亦報告得很少，僅見於排灣和卑南二族而已⑥。

　　(B)絞織編法（twined）　絞織編法為以兩組材料絞織編製而成的。所謂絞織，即將其一組材料絞轉於另一組材料上的意思（看圖2：J-L。如依圖2：J說明之，即a_1之一對編條在經過b_1，b_2，b_3……各作一叉絞，a_2亦然），其編法和蚊帳布或紗的織造相似。這種編法，依筆者的調查及國立臺灣大學藏品所示，僅見於魯凱、排灣、卑南、和阿美四族，且其應用至不普遍，雖有時亦用以編製全器，但普通多用於魚籠的頸部或竹豆的足部。絞織編法由其編製方法的關係，其所用材料與第一類交織編法不同，即交織編法的材料宜扁闊，而絞織編法的材料宜細圓。如上所說，臺灣各族的編製材料以竹篾為主，竹篾硬直扁闊，宜作交織編法而不適於絞織編法，這或許是絞織編法少見於臺灣的理由。

　　在臺灣各族的編器中，除了上述的簡單絞織編法，尚有一種輔以交叉斜篾的絞織編法（看圖2：M），這種編法，即以每二對絞織編法為一組，各組之間輔隔以交叉竹篾。這種編法，造成優美的編紋，筆者在魯凱族調查時，見到幾個用這種編法編製的竹豆，但國立臺灣大學的藏品未有其例。我們稱這種編法為輔條絞織編法（twined with auxiliary splints）。

　　(C)繞織編法（wrapped）　繞織編法以一組編條繞卷於另一組編條之上而成（看圖2：N，依圖2：N說明之，即a_1經過b_1，b_2，b_3……各作繞卷一次，a_2，a_3……亦然）。這種編法，在臺灣高山族僅見於雅美族，雅美族之籐盔用此編法。

---

　　⑥《番族慣習調查報告書》卷五之三，p1.40，及p.391揭有排灣族柳條編法頂載搬運用編籠之照片；卑南族為筆者調查時所見。

⑩螺旋編法（coiled）　如果我們說上述的三類編法和織造的技術類似，則螺旋編法可說是與縫綴（sewing）的技術有關。螺旋編法的製作，常以針錐之屬的工具輔助編條的穿卷。穿卷的方法，為以一編條作螺旋狀卷繞，而以另一編條將卷繞成螺旋狀的編條縫繞在一起。見於泰雅、排灣、卑南、阿美、和雅美各族的螺旋編法為簡單合縫螺旋編法（simple oversewn coiled），就是每一針（stitch）縫繞於一新卷繞的編條上，而後穿綴於舊繞的編條之兩針縫繞編條之間（看圖2：Q-R，如依圖2：Q說明之，即 a_1 縫繞編條穿繞於 b_1，b_2 二卷繞編條之上，a_2 縫繞編條穿繞於 b_2 ，b_3 二卷繞編條之上……）。

如上面所提及，因為臺灣的編製材料以竹篾為多，而籐條較少，故螺旋編法頗不多見，依國立臺灣大學標本所示，除見於上記五族外，僅見於平埔族，但為一古老編法，則屬無疑（見下）。

螺旋編法的種類很多，如《人類學調查問題手冊》⑦於上記簡單合縫螺旋編法之外，有分叉螺旋編法（furcate coiled）、蜂房螺旋編法（bee-skep coiled）等均屬於同種項下。又，除此三種外，更列有8字螺旋編法（figure of eight coiled）、長縫螺旋編法（"Lazy squaw" coiled）、和圈狀螺旋編法（cycloid coiled）等。法人G. Montandon氏⑧研究編製技術的分佈，所揭螺旋編法的種類更多。但，這些螺旋編法的異種均不見於臺灣，唯臺灣卻另有一種螺旋編法。這種編法僅見於賽夏族之一標本（國立臺灣大學藏品，標本號數1035），和布農族竹邊之器緣（國立臺灣大學藏品，標本號數927）。其編

---

⑦A Committee of the Royal Anthropological Institute, *Op. cit.*

⑧G. Montandon, *Traité D'ethnologie Culturelle*（Paris: Payot, 1934），pp.493-510。

法為卷繞編條之相間距離比一般者為大，而縫繞編條則在此間隙間相交，其編成之編紋相對於透孔六角編法（看圖2：S-T）。筆者稱這種編法為相交螺旋編法（crossed-splint coiled）。賽夏族之一例以籐皮編製。

上面我們把臺灣高山族的編織法記述過，茲再將其種類和分佈列如下表：

表1　臺灣高山族的編織法

A.交織編法（Woven）
- 方格編法（Checker）——泰雅、布農、鄒、魯凱、排灣、卑南、阿美
- 斜紋編法（Twilled）——泰雅、賽夏、布農、鄒、魯凱、排灣、卑南、阿美、雅美
- 透孔六角編法（Latticed or open-hexagonal）——泰雅、賽夏、布農、鄒、魯凱、排灣、卑南、阿美、雅美
- 三角編法（Triangular）——排灣、卑南、阿美、雅美
- 有骨斜紋編法（Twilled with foundation-rod）——阿美、雅美
- 柳條編法（Wicker）——排灣、卑南
- 絞織編法（Twined）——魯凱、排灣、卑南、阿美
- 繞織編法（Wrapped）——雅美

B.螺旋編法（Coiled）
- 簡單合縫螺旋編法（Simple oversewn coiled）——泰雅、排灣、卑南、阿美、雅美
- 相交螺旋編法（Crossed-splint coiled）——賽夏、布農

⑵**起底法**　編製技法的研究，其底部的編製最為重要，因為底部的編法及其形態常影響及於全器，又編織法如方格編法、斜紋編法、及柳條編法等廣見於世界各地，但其底部編法則未必相同，故我們倘同時考慮底部的編法，當可有助於編製技法的分佈研究。我們查檢國立臺灣大學所藏標本，常見於漢人間的柳條編底（日本稱為箒桶編），角形編底（日本稱為角底編，此種編底多數以竹片作交叉支撐底部，以使底部堅硬），均未見於臺灣高山族，而菊形編底亦甚少見，是值得注意的。

㈠方格編底　臺灣高山族編器的起底法以方格編底法為最多。底部作方格編法，其身部可仍為方格編法，或轉而為斜紋編法、透孔六角編法、柳條編法等等（看圖3：A）。

圖3：F所示的編底為方格編底的一變種，即a組編條斷於C_8處，B組編條斷於C_1處，如果b組編條抽去，則為方格編底，故可視為乃方格編底而加插以b組編條者。

㈡斜紋編底　斜紋編法編器的底部多即為斜紋編法。斜紋編底有普通斜紋編底與「四分斜紋編底」之不同。四分斜紋編底（圖3：B）、即底部全體分為相等之四部分，作輪輻狀對稱。四分斜紋編底的編織自底部之中央起編而及於周圍，而普通斜紋編底則可不必自底部之中央部起編。

㈢六角編底　六角編法編器的底部亦可用六角編法，但如底部作方形則多為方格編底。雅美族的三角編法編器，其起底法為六角編法（看圖3：C），即以六角編法編製全器，而後將剩餘於器緣的編條倒插入於器壁中，而使成為三角編法或雙重六角編法。起底即用三角編法的編底（圖3：D）僅見於阿美族。

㈣六分編底　如圖3：G所示，筆者稱之為「六分編底」，見於雅美族。起底先以編條六條（a_{1-6}）作六角編法之交織，而後在中

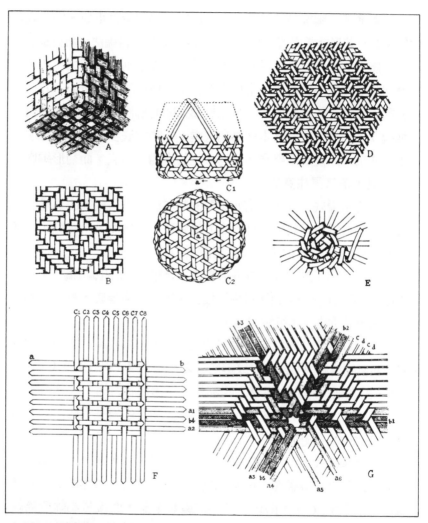

圖3　臺灣高山族編器起底法

A. 方格編底之底部與身部之編條關係；B. 四分斜紋編底；C. 六角編底；
D. 三角編底；E. 繞織編底；F. 排灣族壺形編器底部編製法；G. 雅美族
盛檳榔用籐製淺籃之六分編底。

心之六角之每角上各套以一折曲之編條（b_1，b_2，b_3……），然後依次織入其他編條。器底編條之織入，分六部分進行，其每部分之編條可分c，d兩種，c條通貫全底，d條則僅織入於器底之六部分之一部分之一部，即於此一部分與他部分之交界處切斷之，所以我們如果細察其編織紋路，便可看出其六部分各自成一單位而不相混淆。底部的編製至所需的闊度後，則將各邊所瞠剩突出之編條向上屈折而為籃壁。

　　(E)菊形編底　圖2：L所示為絞織編法之菊形編底，這種編底，在臺灣高山族間，見於魯凱族。其編製為以粗扁編條八條，各二條垂直交叉，相疊成輪輻狀，然後將一對較細圓之編條作螺旋狀屈曲絞織於輻射軸上。這種編底因其編紋如菊花，故稱「菊形編底」。菊形編底的編製，至相當闊度時，如輻射軸間之相距過寬時，則在各兩輻射軸間各加插一軸，而又復作同樣環繞絞編，至所預定之大小為止。底部編成後，乃將輻射軸向上彎屈，使各平行，而為身部之基礎編條。輻射軸其作扇狀展開者（圖2：P），稱「扇狀菊形編底」。扇狀菊形編底不見於高山族編器而見於臺灣漢人者。

　　(F)繞織編底　圖3：E所示為繞織編底，其基本編條與菊形編底同，相疊作輪輻狀，然後以一編條（多為籐篾）繞織於輻射軸上。此種編法如前文已指出，僅見於雅美族。

　　(G)螺旋編底　圖2：R與圖2：T所示為螺旋編底，即以一基本編條作螺旋捲曲，而以另一編條縫綴之者，其編底與上節螺旋編法所述相同。

　　(3)**修緣法**　臺灣各族的修緣技術種類頗多，筆者自國立臺灣大學所藏標本，得四種十四式，第一種可視為交織編法之延長，第二種至第四種則實為螺旋編法。茲各試擬定其名稱，分記如下：

　　(A)第一種：剩篾倒插法　編器的最簡單的一種修緣法，就是將

突出於口緣的編條倒插於器壁內，使口緣齊整，而不另加編條。見
於臺灣高山族的剩篾倒插法有三式：(甲)斜紋編法垂直剩篾倒插法
（看圖4：A）；(乙)斜紋編法斜出剩篾倒插法（看圖4：B）；(丙)
六角編法剩篾倒插法（看圖4：C）。

　　(B)第二種：加篾紮邊法　加篾紮編法為以另一編條紮邊者，多
用於絞織編法和螺旋編法，又分下列二式：(甲)單篾紮邊法（看圖
4：D）；(乙)複篾紮邊法（看圖4：E）。

　　(C)第三種：夾條縫紮法　夾條縫紮法為於口緣夾附編條，有時
僅用一編條附於其內緣或外緣，有時以一對編條夾於口緣內外，而
以另一編條將此夾附之編條縫紮於口緣上之方法，分七式：(甲)夾
條單篾紮邊法——單篾紮邊法而有夾條者（看圖4：F）；(乙)夾條
複篾紮邊法——複篾紮邊法而有夾條者（看圖4：G）；(丙)夾條一
次相交縫邊法（看圖4：H）[9]；(丁)夾條二次相交縫邊法（看圖4：
I）；(戊)夾條八字形穿縫法（看圖4：J）；(己)附條打結縫綴法（看
圖4：K）。

　　(D)第四種：8字形編邊法　8字形編邊法（Figure of eight
borderwork）即將修緣的編條作8字形卷紮或編織而為籃緣者，分
三式：(甲)8字形辮狀編邊法（看圖4：M）[10]，因籃邊之上緣有辮
狀物，故名；(乙)8字形絞轉紮縫法（看圖4：L，N），此法在東南
亞一帶為常見於盾牌的縛結法[11]；(丙)8字形索狀編邊法（看圖4:O）。

　　[9]此種修緣法與O. T. Mason之所謂"Fuegian coiled"相同，但為太平洋區
　　所常見之一編法。參看O. T.Mason,上引書（1904）。

　　[10]此一修緣法，O.T. Mason稱為"Looped and braided borderwork"，參
　　看O.T. Mason, *Vocabulary of Malaysian Basket-work: A Study in the
　　W. L. Abbott Collections*（Washington, D. C. 1908），p.9。

　　[11]O.T. Mason,（1928），p.28。

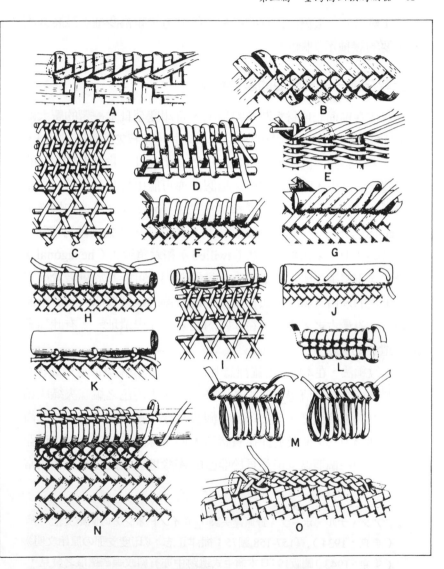

圖4　臺灣高山族編器修緣法

A-C. 剩篾倒插法；D-E. 加篾紮邊法；F-K. 夾條縫紮法；L-O. 8字形編邊法。

(4)**縛結法**　臺灣高山族的縫紮及縛結方法頗為多種，茲將其比較主要的幾種示如圖5。

C.比較記述――東南亞的編製技術

我們在前面記述材料時曾經指出，自印度至日本一帶的廣大區域是竹材的應用區，因竹材的應用，本區中有若干文化面甚為相似，所以筆者以為此一區域實可命名為「竹文化區」。我們考察本區的編器文化，發現本區編製技術之相似，亦可能由於其應用材料之相同。值得注意的一現象，就是編織編法（woven）之普遍和螺旋編法（coiled）的缺少。而螺旋編法因材料的關係，其編法甚為特殊。在編織編法中，尤以斜紋編法（twilled）和六角編法（hexagonal）為最多。方格編法比斜紋編法為少見的原因，可能基於筆者於前文中所申述的理由。斜紋編法在本區為最普遍的編製技法，見於全區各地，且為最古老者之一，在本區內之若干先史遺址[12]，有此種編法之遺存的發現。

斜紋編法，在本區以婆羅洲為中心，其編製技術發展至最高峰。其編製技術之特別值得注意的是以染成紅、黑兩色之編條夾織成相交渦卷紋的細篾編籃，其技巧及美觀實足令人嘆佩。這種織紋技術以婆羅洲為中心，北及於菲律賓諸島，西至蘇門答臘，形成東南亞編器文化的一個亞區。但是見於亞區的邊緣地區之此種編織花紋常

---

[12] フアン・テル・ホープ、野原達夫譯，《インドネシアの原始文化》，（東京，1934），頁157-158,圖75；禰津正志，《印度支那の原始文明》（東京，1943）圖版19；日本彌生式遺跡中亦有斜紋編法遺痕之發見，見《京都帝國大學文學部考古學研究報告》第16冊，《大和唐古彌生式遺跡の研究》，pp.172-174,圖版80-81。

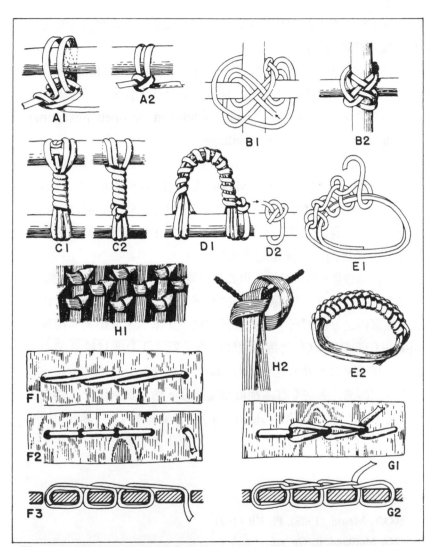

圖 5　臺灣高山族編器縛結法

A₁. 表示縛結步驟，A₂. 表示縛好情形；B₁. 表示縛結步驟，B₂. 表示縛好情形；C₁. 與C₂. 爲同一縛結法之正面與背面；D₁. 爲籐耳縛法，D₂. 表示此一縛法之籐篾末端之打結法；E₁. 表示提耳作法之步驟，E₂. 爲其縛好情形。F-G. 排灣族木盾之兩種縫縛法，F₁. 表示縫縛法之正面，F₂. 表示反面，F₃. 表示剖面；G₁. 表示縫縛法之正面，G₂. 表示剖面。H₁. 排灣族葉蘭雨蓑之縛結法，H₂. 表示縛結步驟。

較呆板工整,不如其中心地婆羅洲者之流動活潑。臺灣高山族未見有此種織紋斜紋編法。

透孔六角編法為本區之一特色,法人G. Montandon氏研究編製技術的分布,以本區雖有其他種種編製技法,但分布於全區而未見於其周圍地域者為透孔六角編法(latticed or open hexagonal, Montandon氏稱之為Canné treillagé)[13]。

見於本區的另一特殊的編法為實格六角編法(G. Montandon稱之為Cannés compact, O.T. Mason稱之為Mad weave)[14](圖2:F),這種實格六角編法見於中國南部、中南半島、婆羅洲、西里伯斯、和大小巽他一帶[15],但未見於菲律賓諸島和臺灣高山族間,在本區中可視為乃一後起的文化特質。

三角編法見於區內各地,但如見於雅美族之先編製透孔六角編,而後加插編條而成三角編紋之編法(筆者在上文稱之為雙重六角編法)在區內之分佈如何,由於資料的缺乏,筆者未敢斷言。複篾三角編法(即圖 2:G 之每一編條均為一對者)為廣見於臺灣漢人間之一種編製法,但未見於高山族間。此法亦見於日本,所謂砂利籠之編法即屬此編法(日本稱麻型編[16]),西村真次氏[17]以為此法(西村氏稱之為左綾,讀作hidari-aya)乃自臺灣傳入者,未知何據。

有骨斜紋編法見於雅美族,在本島高山族間僅見於阿美族,唯

---

[13]G. Montandon, *Op. cit.*

[14]O.T. Mason, (1908), Pl. Xll;p.31.

[15]G. Montandon, *Op. cit.*

[16]佐藤庄五郎,《竹細工の實際》,(東京,1953)。

[17]西村真次,《日本古代船舶研究》,第五冊,《無目籠》(東京,1928),
  p. 26.

平埔族則多用此法。平埔族者可能得自漢人，但雅美族者似與其南
鄰有關，但因缺乏資料，亦無法確言。繞織編法僅見於雅美族。

　　見於臺灣之諸種編法中之最值得注意的是螺旋編法，這種編法
更仔細的稱呼應作「單心條型螺旋編法」（single-rod foundation
coiled），除臺灣外見於菲律賓[18]、婆羅洲[19]、西里伯斯[20]、西蘭
[21]，但亦見於泰國[22]。A.L. Kroeber氏在其菲律賓的民族[23]記述菲
律賓的編製技術時說：這種編法（筆者按：汎指螺旋編法）被廣泛
應用；其分佈雖非各處均有，但卻至為普遍。從技術上說，螺旋編
法可分為二主型：單心條型和多心條型。後者乃以一束的心條代替
了前者的單一心條。以整個世界的分佈說，多心條型較屬普遍。所
以在菲律賓未見有多心條型編器的報告，實值得注意。島人偏好這
種單心條型的方法可能由於他們易於獲得較長而易於剖成粗細平勻
的材料的緣故。卷繞編條如不均勻會使編器之編目不平勻和形態不
端正，所以在材料使用前，仔細的修整工作至為重要。但如以多心

---

[18]A. L. Kroeber, *Peoples of Philippines*, (New York, 1934), p.124, fig.
　　26；A.B. Meyer und A. Schadenberg, *Die Philippinen K. Ethnographisch*
　　Museum zu Dresden, Nol. VIII（1890）Tafelix, XIII.

[19]Henry Ling Roth.*The Natives of Sarawak and British North Borneo,*
　　（London, 1896）, Vol. II, p. 59.

[20]Paul and Fritz Sarasin, *Reisen in Celebes*, Vol. II, （Wiesbaden, 1905）,
　　pp. 23, 171.

[21]Odo Deodatus Tavern, *Patasiwa und Patalima* （Leipzig, 1918）, Tafel
　　100.

[22]The Ministry of Commerce and Communications, *Siam, Nature and*
　　Industry, （Bangkok, 1930）, p. 242.

[23]A. L. Krolber, *Op. cit.*, pp. 125-126.

條紮成一束則自可補此編條粗細不勻之缺陷，單葉子植物之叢生於菲島，實為造成他們對這種技術偏好的原因。我們以為這種情形，不但菲島為然，其相鄰地區亦應皆然。O.T. Mason氏亦以為此種編法盛行於東南亞，乃由於藤材豐富的緣故[24]。Kroeber與O.T. Mason二氏的見解，是很正確的。這種編法見於上面指出的幾個地方，由其相似的程度，和其編成的器物（見下文）的相似證之，筆者以為見於各地的這種編法，不但應釋為因材料之相同而然，實應視為同一起源。

　　見於賽夏族魚籠標本之相交螺旋編法（crossed splint coiled），O.T. Mason氏稱之為double-lacing[25]，亦見於婆羅洲[26]、恩加奴[27]和日本。相交螺旋編法見於日本，前此似未有人報告過，筆者曾在臺灣省建設廳工藝研究室見過數例，詢諸顏水龍先生，答以乃彼購自日本長野縣者。這種編法見於相離頗遠之數地，而互相類似，其來源是很值得研究的。

　　柳條編法（wicker）在臺灣高山族間很少見，是特別值得指出的。柳條編法廣見於本區北部，且其被應用的年代甚早[28]，可能與

---

[24] O. T. Mason, （1908），pp.16-17.

[25] Ibid., pp. 29-30.

[26] H. Ling Roth, *Op. cit.,* Illustration in p. 59, 《Wicker-work Foundation of a Kanowit Fur Cap."

[27] O. T. Mason, （1908），pp. 29-30.

[28] 《京都帝國大學文學部考古學研究報告》第16冊《大和唐古彌生式遺跡の研究》，pl.83揭有柳條編法遺痕照片。日本考古協會編，《登呂》（東京, 1949），p.50 揭有第一礎板群附近出土之笊之照片，屬柳條編法。

斜紋編法同為本區最古老之二種編製技法。柳條編法也為臺灣漢人
所常用，但在本區東部之分佈則至貧弱。筆者以為，臺灣高山族，
以對於印度尼西亞文化而言，屬於「邊緣民族」（Marginal tribes），
當印度尼西亞的中心部在長久的歲月中由於一度又一度的文化接觸
而逐漸改容，臺灣高山族因其孤懸於此文化區的僻遠邊緣，一直株
守著他們原來的文化遺產。今日我們研究印度尼西亞文化，臺灣高
山族實代表其最古老的一層。所以我們以為，依柳條編法幾可說不
見於臺灣，而在印度尼西亞區之分佈又甚弱之一現象，我們似可斷
言柳條編法之傳入印度尼西亞區，以其與斜紋編法及透孔六角編法
之比較而言，為一新傳入要素。換句話說，在臺灣高山族離開他們
的故居地而向臺灣移動時，柳條編法可能尚未傳入。

二、臺灣高山族的編器形制

　　臺灣高山族的編器形制頗屬多樣，因形態與用途有關，故依用
途分項記述，並每項試自其鄰接地區尋求它的相似者：

A.運搬用編器

　　臺灣各族，除東部平地及接近平地的若干狹小區域有以牛車運
搬者外，均為人力運搬。臺灣高山族的人力運搬的最普遍的二種方
法為背負與頂載。背負即將運搬物靠背搬運。背負在臺灣高山族間
又可再分為（甲）以單一背帶縛結於運搬物，而將背帶頂載於前頭
者；和（乙）以一對背帶縛結於搬運物，而將背帶套於雙肩者之二
類。頂載即將運搬物直接頂載於頭頂之運搬法。從分佈上看，後者
見於平地，前者用於山區。又背負法之（甲）類見於泰雅、賽夏、
布農、鄒、魯凱、排灣、和雅美，間亦見於阿美；（乙）類見於鄒

族[29]、排灣、卑南。

金關丈夫氏在其關於泰雅族婦女的頭部變形[30]一文中討論背負法之（甲）類，謂：

> 使用法為其（筆者註：指攔在頭上的背帶）兩端通有細繩，以縛背負之物，通常固定於背負籠的兩耳上。在背負著背負物時，把這帶子置於前額上，說得更仔細點，是前頭的近頭頂的地方。其姿勢，背負物越重則身體越向前彎。但是兩腕卻是自由的，在運搬著東西的時候，雙手還能搓撚麻線，或做其他的事。這種運搬法也許是適合於走傾斜的道路的。

伊能嘉矩氏以為這種運搬法只為缺少武力的女性們所應用，也許是因為便於在遭遇外敵時，趕快把背負物卸下以逃避的緣故[31]的推測，筆者不能同意，因為相反的現象見於魯凱、排灣、和雅美三族，壯強的男人們多以同樣的方法搬運他們的行李或收穫物，而女人卻用頂載運搬法。

因運搬方式的不同，臺灣高山族的運搬用編器可分二型，即背負型和頂載型。背負型較細長，頂載型多矮闊。

臺灣的背負型編器（或稱背簍）大體可分二類：其一類口部與底部之大小相同，即作圓柱（cylinder）形，編法屬斜紋編法；另一類口部比底部大，即作圓錐（cone）形，或截頭圓錐（frustum

---

[29]衛惠林、余錦泉、林衡立，《同冑志・曹族篇》，（臺北：臺灣省文獻委員會出版，1951），頁96。

[30]金關丈夫，〈タイヤル婦女の頭部變形に就いろ〉，《臺灣總督府博物館創立三十年紀念論文集》（臺北，1939），頁227-228。

[31]伊能嘉矩，〈頭上運搬法に就きて〉，《東京人類學會雜誌》，第34卷（1919），頁126。

of a cone）之形，編法為六角編法。前者我們稱之為圓柱式，見於除阿美族外之本島各族，但見於北部（泰雅、賽夏）者較細長（看圖6：A），見於南部（布農、鄒、魯凱）者較矮闊（看圖6：B）。後者我們稱之為圓錐形，僅見於鄒族以北諸族，其A式（截頭圓錐式，圖6：C）見於全分佈區，而B式（全圓錐式，圖7：E）則多見於分佈區之南半。賽夏族之一器，口部作漏斗形，而身部作圓柱形，可謂合圓柱式與圓錐式於一器者（看圖7：A）。泰雅、賽夏、布農、邵族（Thao）、和阿美等族有以籐條屈曲作倒置U字形為背簍之角柱者（看圖6：A，6：C），但未見於其他各族。雅美族之背簍最為矮短（看圖6：D），在臺灣高山族間，當視為特例。卑南族依筆者所調查，僅有背簍一種（看圖7：B），小型，女用，編法為絞織編法，自形態上言，屬於圓柱式，但以小繩佩之於一肩，而未如其他各族之以背帶頂於前頭或套於雙肩。

　　頂載型編器見於排灣、卑南、阿美三族，均斜紋編法。矮闊，口部比底部大。卑南族者與阿美族者同，附有籐耳四（看圖7：D），排灣族者則無籐耳，且編製較粗糙（看圖7：C）。

　　上記見於臺灣的兩種運搬法廣見於世界各地而形成若干分佈區。背負法之（甲）類（即以單一背帶（tumpline）頂於前頭部之運搬法）在臺灣以南見於呂宋島[32]、岷答那峨[33]、西蘭[34]、冉棱那[35]、

---

[32]A.E. Jenks, *The Bontoc Igorot*（Manila, 1905），p.121.

[33]Fay-Cooper Cole, *The Wild Tribes of Davao District, Mindanao*（Chicago, 1913），p.72, Fig.16.

[34]Ods Deodatus Tauern, *Op. cit.,* Tafel 98, 114.

[35]P. Drabbe, *Het Leven van den Tanémbarees, Internationalen Archiv Für Ethnographie,* Supplement zu Band ⅩⅩⅧ (1990), pls. Ⅷ, Ⅹ.

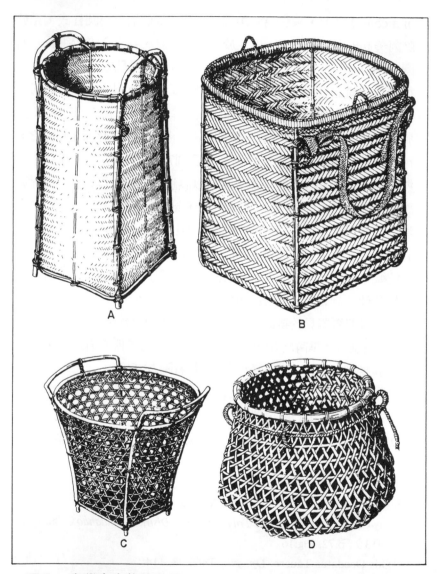

圖6　臺灣高山族的編器㈠

背負型運搬用編器。A. 泰雅族；B. 鄒族；C. 布農族；D. 雅美族，均國
立臺灣大學人類學標本室藏品。

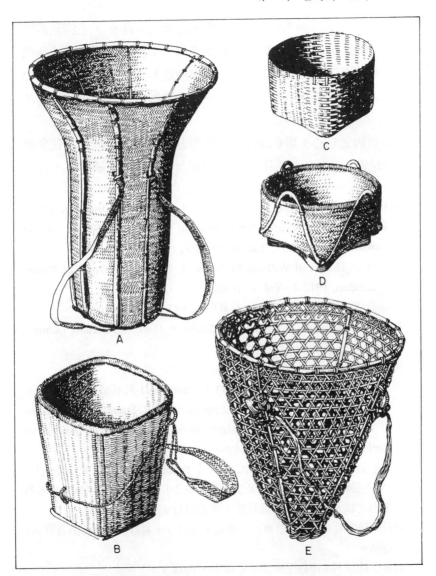

圖7　臺灣高山族的編器(二)

A-B.，E. 背負型運搬用編器；C-D. 頂載型運搬用編器。A. 賽夏族；B.
卑南族；C-D. 排灣族；E. 鄒族，均國立臺灣大學人類學標本室藏品。

西里伯斯[36]、婆羅洲[37]、蘇門答臘[38]，經馬來半島[39]，上溯至泰國北部[40]、阿薩姆地方[41]，而及於我國西南[42]；在臺灣以北見於沖繩本島、奄美大島、伊豆諸島[43]、小笠原群島[44]，而經北海道[45]與美洲大陸之分佈區相連，其環繞著太平洋作頗稠密的分佈，是值得注意的。

　　背負法之（乙）類（即以一對背帶套於雙肩之運搬法）在臺灣的周圍地區，其分佈與（甲）類大體相同，但未見於菲律賓，其分

[36]Paul und Fritz Sarasin, *Op. cit .,* Vol. I , p.328; N. Adriani en Alb. C. Kruyt: Platen en Kaarten Behoorende Bij, *De Bare'e-sprekende Toradja's van Midden-Celebes*（Batavia, 1912）, Nos. 28, 29.

[37]Charles Hose and William McDougall, *The Pagan Tribes of Borneo*（London, 1912）, Vol. I , p.56.

[38]清野謙次《スマトラ研究》（東京，1943）頁259, 414。

[39]William-Hunt, *An Introduction to Malayan Aborigines*（Kuala Lumpur, 1952）, p.56.

[40]Wilhelm Credner, *Siam*（1935）, Tafel 13, abb. 20.

[41]J. H. Hutton, *The Angami Nagas*（London, 1921）, p.65; J. H. Hutton, *The Sema Nagas*（London, 1921）,pp.56, 64; C. R. Steen, *Material Culture of the Langsing Nagas, Northern Burma, Southwestern Journal of Anthropology*, Vol.4, No.3（1948）, pl. II, p.288.

[42]《粵述》（清閔敍崔輯）記猺人，有：「負戴者悉著背上，繩繫於額。」；《峒谿纖志》（清陸次雲著）中卷，有：「諸苗負物不以肩，用木為半枷之狀，箝其項，繫帶於額，背籠以行。」

[43]民俗研究所《民俗學辭典》（東京，1951），卷首所附分佈圖及頁305 -306。

[44]本山桂川，《海島民俗誌》（東京，1934）。

[45]金關丈夫、田幡丈夫，〈一アイヌ婦人の頭部變形に就いて〉，《民族》第4卷第3號（東京，1929），頁464-455。

佈亦不若（甲）類之稠密，在臺灣以南見於哈瑪希拉[46]、西里伯斯[47]、婆羅洲[48]、蘇門答臘及其附近小島[49]、馬來半島[50]諸地。在婆羅洲、蘇門答臘和馬來半島諸地有時（甲）（乙）二類同時使用，即同一背簍同時附有頂頭背帶和套肩背帶，是值得注意的。

　　頂載法在世界各地的分佈更為普遍，但在東南亞的分佈則不若背負法之廣闊。這可能因為東南亞的土著民族雖作水行但多山處的緣故。據筆者所得材料，頂載法在本區中，南於臺灣者，有呂宋島[51]、峇里島[52]、蘇門答臘[53]、印度支那[54]等地，但臺灣以北則分佈至為稠密[55]。

---

[46]*Helmahera en Morotai, Mededeelingen van het bereau voor de bestuurszaken der buitenberittingen bewerkt door het Encyclopaedisch Bureau,* Aflevering, ⅩⅢ，1917 pl. ⅩⅥ.

[47]Paul und Fritz Sarasin, *Op. cit.,* p.217.

[48]Hose and McDougall, Vol, Ⅰ, pp.56, 212, fig, 41; C. Lumholtz, *Through Central Borneo*（London, 1920），Ⅰ, pp.81, 90.

[49]J. P. Kleiweg de Zwaan, *Die Insel Nias bei Sumatra*（Hagg, 1915），Vol. Ⅲ, p. 79; Wilhelm Volz, *Nord-Sumatra,* Berlin, 1913, Band Ⅱ, p. 23; 日本厚生省研究所人口民族部編，《南方民族圖譜》，（東京，1934），頁640.

[50]Williams-Hunt, Op. cit.; W. W. Skeat and Charles Otto Blagden, *Pagan Races of the Malay Peninsula,*（London,1906），Vol. Ⅰ, pp. 218, 386.

[51]Fay-Cooper Cole, *The Peoples of Malaysia,*（New York, 1945），pp. 129, 150; R. F. Barton, *The Kalinga*（Chicago, 1949），pl. Ⅶ.

[52]日本厚生省研究所人口民族部，前揭書，頁80.

[53]清野謙次，前揭書，頁47, 414.

[54]Captain Henry Baudesson（Tr. by E. A. Holt），*Indo-china and Its Primitive People*（London），pp. 26, 54, 55, 78.

[55]民俗研究所，上引書。

東南亞的人力搬運，除了上舉二種外，另一種為挑擔法。挑擔法是屬於漢文化的一種最普遍的搬運法，在臺灣見於東西岸平原地區之漢人間，在東南亞雖亦有頗廣闊的分佈，但分佈地均為漢文化之影響較強之區，如爪哇、蘇門答臘、越南、海南島等地，其在東南亞為一較新的運搬法，是很明顯的。日本東京伊豆諸島所見之一種合挑擔與頂載法為一的搬運法㊱，是很有趣的。

B.提帶用編器

如上節所說，臺灣高山族既多用背負及頂載之運搬法，故少提籃。筆者自國立臺灣大學藏品及諸報告書僅得三例。一為國立臺灣大學所藏，吉池芳平氏採自阿美族大港口，稱nonokaam，竹製，為一淺籃附提手，淺籃用六角編法，高僅5.0cm，底作六角形，對角長29.0cm；二見《蕃族調查報告書阿眉族奇密社》㊲，稱kotegai；三為筆者在卑南族調查時所見，稱dariapan，為播種用籃之義，比阿美族者略深。上記三件提籃，雖均具土名，但自其形態及其使用地區，可斷定其為受漢化者無疑。如果我們將討論的範圍擴大，而包括平埔族，則可知提帶用編器在平埔族間至為重要，其地位已取背簍之地位而代之了。

C.貯存用編器

臺灣各族之貯存用具，多屬編器。各族間，運搬用編器同時亦被用作貯存用編器，在若干族間，這兩種編器可說是毫無分別的，即均為一器兩用。但運搬用編器多編製較粗糙而無蓋，故亦多另有

㊱民俗研究所，上引書。
㊲頁55。

貯存用編器，以供久藏或收藏較貴重之物品。本節所指貯存用編器，指用以兼作運搬用以外之專用為貯存用者。

　　臺灣的貯存用編器可分三型：（甲）桶形；（乙）壺形；（丙）盒形。桶形多兼用以運搬，但如國立臺灣大學所藏布農族之一例（看圖8：A）及筆者見於卑南族之一例則為專用以貯存者。又國立臺灣大學所藏泰雅族之有蓋圓柱形編器，雖亦用以運搬，但想其主要用途當為貯存。壺形之無蓋而小，三角編法而編製粗糙者，用以藏肉或放置食具，如勺子、湯匙等，見於各族。唯國立臺灣大學有採自排灣族之二例，屬絞織編法，編製頗為堅牢，為國立臺灣大學所藏僅有的二件以絞織編法編製全器的例子（看圖9：D）。壺形有蓋者其例較少，國立臺灣大學藏有屬泰雅族（圖8：B），及後壠平埔族之壺形籐籠各一例，均屬螺旋編法。螺旋編法，如上所記，在臺灣見於泰雅、排灣、卑南、阿美、雅美、和平埔各族，但多用以編製半球形帽，獨泰雅族和後壠平埔族以此法編製壺形籐籠。不過，我們在呂宋島發見有與此在編法和形態上完全相同的標本[58]，可知這種器物的編法和形態自非屬於新近的了。阿美族的壺形籐籃一例，則與泰雅族及平埔族者不同，方底方口，底大口小，底部與蓋頂屬方格編法（看圖9：E）。盒形其見於卑南族者，為加蓋於頂載型運搬用編器而成，其作「柳條行李包」形者，見於雅美族以外之各族，但是否為日人所影響，則待考證。雅美族用以儲存銀盔之螺旋編法圓柱形有蓋籐製編器（看圖8：C），在編法與器形上，與見於南洋二、三地方[59] 者相同。

---

[58] A. L. Kroeber, *Op. cit.*, p. 124, fig. 26; A. B. Meyer and A. Schadenberg, *Op. cit*, Tafel XⅢ.

[59] A. L. Kroeber, *Op. cit.*; The Ministry of Commerce and Communications, *Op. cit.*, p. 242.

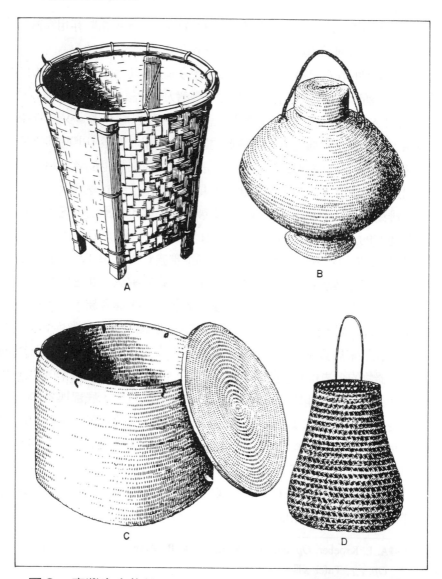

A

B

C

D

圖8　臺灣高山族的編器㈢

A. 布農族桶形貯存用編器；B. 泰雅族壺形貯存用編器；C. 雅美族圓柱形貯存用編器；D. 賽夏族藤製魚籠，均國立臺灣大學人類學標本室藏品。

圖9　臺灣高山族的編器㈣

A. 阿美族提籃；B. 雅美族盛檳榔用藤製淺籃；C. 魯凱族竹邊；D. 排灣
族壺形貯存用編器；E. 阿美族壺形貯存用編器；F. 阿美族竹製魚籠。均
國立臺灣大學人類學標本室藏品。

D.盛置用編器

盛置用編器除了一二盛置煙草或檳榔者有因使用者之愛好而賦以比較特殊的形態外，以淺邊為主。臺灣高山族的淺邊，各族所有者在形態上大體相同，且均屬斜紋編法。但因用途不同，其編製有精粗之別，而名稱亦互異。一般而言，臺灣高山族之淺邊，編製技術是簡單而熟巧的。茲以圖9：C所揭筆者採自魯凱族霧台村之一例予以說明。

本標本之製作者為杜巴麗玉，筆者曾觀察本器之製作。魯凱族的最重要的編製材料為竹材。竹於其徑約2cm時即可砍下，每段長約2m左右。竹材剖成竹篾，竹篾之厚度因應用而異，但通常在1-3mm之間。除編製比較粗糙用器，如鍋蓋等外，均用竹皮。竹於未乾時即用以編製，因其含水溼而柔軟易曲也。編製時之工具僅有小剖刀、小鐵錐、及小木槌而已。在編製本器時，編製者先縱列竹篾五條於地上，以其一足踏壓以安定之，然後以竹篾垂直織入於此五編篾上，其編法為斜紋編法。編至相當闊度時，乃調轉方向繼續編織，直至其所欲之大小，即可開始修邊。修邊之前，編製者將每隔三四條編篾之突出部分倒插於已織好之斜紋編織上，然後以棕繩穿綴於由此形成圓形之由倒插編條所屈成之穿孔中，當拉緊此棕繩時，則圓邊縮小而器成邊形。然後以一小鐵錐穿孔，用竹篾縫邊。本器之修邊法為索狀編邊法。

魯凱族之竹邊因其大小及用途可分三種：一稱utsukoro，即圖9：C所示之小竹邊，其大小普通在20.0-30.0cm之間，用以盛置乾糧；一稱 barako，為大竹邊，其大小在50.0-60.0cm之間，用作簸箕；另一稱satsautsauban，亦為大竹邊，但其編製較為粗糙，用以為鍋蓋。上述三種竹邊之編法均屬斜紋編法，但修邊法則不盡相同，

utsukoro及barako多用索狀編邊法，而satsautsauban多用加篾紮邊法或夾條縫紮法。

　　圖9：C所示之小竹邊，如附有圈足，則成竹豆。竹豆在魯凱族亦至普遍，稱kadapaə，用以盛置乾飯或稀飯。竹豆亦見於排灣、卑南、和阿美三族，但其圈足均不若魯凱者之高。

　　臺灣高山族之值得報告的另一種盛置用編器，為雅美族之用以盛檳榔之淺籃。國立臺灣大學所藏之一例（圖9：B）全器高11.0cm，口部徑37.0cm，底部作六角形，其對角長32.0cm。以寬5mm之籐篾編成。編法乍看似為斜紋編法，但實屬有骨斜紋編法。其起底屬六分編底法，甚為特殊，修緣法則為夾條二次相交縫邊法。

E.漁撈用編器

　　漁撈用編器包括二項，即魚籠和魚笙。

　　魚籠作扁壺狀，長方底，身部多以方格編法編製，頸部縮小，口部則多以絞織編法編製。國立臺灣大學所藏泰雅、排灣、阿美標本，及筆者見於魯凱、卑南者均屬此形態（圖9：F）。但賽夏族之一例，不但在形態上相異，其編法亦不同，屬相交螺旋編法，為我們所得在臺灣用此種編法以編全器的唯一例子（圖8：D）。又《臺灣蕃界展望》[60] 所示賽夏族川漁之圖片，該川漁者則懸掛著匙插型編器（參看圖9：D）為魚籠。

　　臺灣各族所用的魚笙，與東南亞其他各地所見者相似，用細竹條以絞織編法縛紮而成，作漏斗狀，其內側有縛附以刺籐者（見下節）。國立臺灣大學藏有阿美族魚笙二件（圖10：G-H）。筆者在卑南族所見之一例，其形態與阿美族者相同，但以竹段剖其一端而

---

[60]頁29。

60 • 臺灣土著文化研究

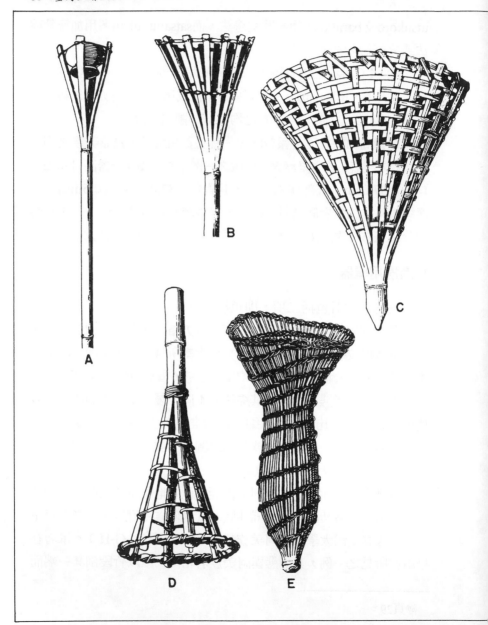

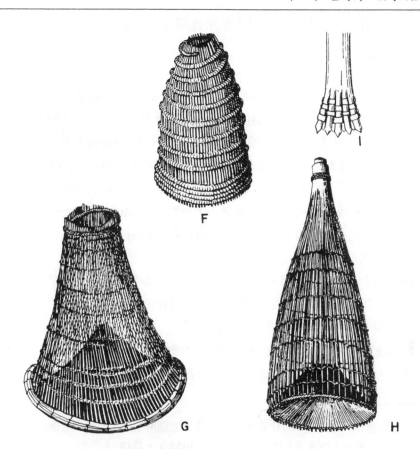

圖10　臺灣高山族的編器㈤

A. 菲律賓明大諾Bagobo族的漏斗形竹器(採自Fay-Cooper Cole, 1913,
p.66)；B. 南勢阿美族的漏斗形竹器(國立臺灣大學人類學標本室藏品)；
C. 北緬甸Langsing Nagas之漏斗形竹器(摹自C. R. Steen, 1948, pl.2)；
D. 阿薩姆Nagas族之漏斗形竹器，用作魚筌(摹自H. Balfour 1925,
pl.C)；E. 海南島樂安黎族的漏斗形竹器，用作魚筌(國立臺灣大學人類
學標本室藏品)；F. 卑南族的魚筌(筆者調查)；G-H, 阿美族魚筌(國立
臺灣大學人類學標本室藏品)。

成（圖10：H），在構造上實與下節所述漏斗形竹器有關。

F. 漏斗形竹器

圖10：B所示為阿美族的漏斗形竹器，阿美族的土稱作patotoan。以長竹一根剖其一端至竹節處為止，將剖開之竹片，用細篾編紮撐開而成漏斗形，其大小為：全器長178cm，漏斗部長40cm，漏斗口徑26cm。本標本為何廷瑞兄在花蓮調查南勢阿美族所採得的，據何兄告訴我：「獵得首級後之翌日，將首級中之腦漿取去。取去腦漿後，則將首級放置於此patotoan之上，而將此patotoan立於baoru（即置首級處之意）。直至翌年之mirisin（在八月間，可釋作收穫祭）始將首級取下埋葬。」

民國四十三年筆者和何兄在卑南族調查時，亦見到大小不同的同樣竹器，其大者現在卑南族人用作儲藏器或雞窩；小者置於靈屋內之祭壇旁，以供插置祭神用之水勺[61]。

值得注意的是，這種竹器在東南亞的分佈頗為廣闊，呂宋島[62]，明大諾[63]，西里伯斯[64]，婆羅洲[65]，蘇門答臘[66]，阿薩姆地方[67]，

[61] 參看衛惠林、陳奇祿、何廷瑞，〈臺東縣卑南鄉南王村民族學調查簡報〉，《考古人類學刊》第三期（臺北：1954），頁18.

[62] R. Heine-Geldern; *Op. cit.*, p. 860.

[63] Fay-Cooper Cole, *The Wild Tribes of Davao District, Mindanao,* （Chicago）, p. 66, Fig, 12.

[64] R. Heine-Geldern, *Op. cit.*

[65] Henry Ling Roth, *Op. cit.* Frontispiece; Eric Mjöberg, *Durch die Insel der Kopfjäger*（Leipzig, 1929, p. 272.）

[66] R. Heine-Geldern, *Op. cit.*

[67] R. Heine-Geldern, *Op. cit.*; J. H. Hutton, *Sema Nagas,* p. 56; C. R. Steen, *Op. cit.*

和印度支那[68] 及我國西南[69] 諸地均有之。其用途多被用作祭壇；緬甸之卡瓦族，呂宋島之Kalinga族和Tingian族，蘇門答臘之Battak族和我國西南的卡瓦族則與臺灣阿美族者同樣，被用以作暫時或永久放置獵頭所得之首級（卑南族的這種竹器，放置於靈屋中為祭器之匙插，可能與上記用作祭壇及用以放置首級之用途有關。又在阿薩姆地方，這種竹器用作背簍，可視為其用途上的另一變化。

　　Henry Ling Roth氏在他的報告中，載有如圖10：I所示之稱為"Scuppet"之竹器，並謂此種竹器於建屋立柱時用以挖洞取土[70]。因為漏斗形竹器之形態類似此種"Scuppet"，故Roth氏在說明該書卷首圖版"A Rejang River Dyak House"所示之漏斗形竹器時，亦註作"Scuppet"，而謂乃立柱挖洞之用者。筆者觀察圖中所示竹器，因其剖開部分甚長，故其力量薄弱，實為本文之所謂漏斗形器，以為當無挖洞之功能，故以為應是Roth氏調查之疏漏。但漏斗形竹器見於婆羅洲，應無疑問。

　　從純粹的技術和形態的觀點而言，筆者以漏斗形器一方面與魚笙具有類緣關係，另一方面又為東南亞的一種圓錐形背簍之雛形。H. Balfour氏所指廣見於東南亞一帶（同時亦見於臺灣），而為東南亞一重要文化特質的有刺魚笙（thorn-lined trap），其大部分，尤其見於阿薩姆地方之Nagas諸族者（圖10：D），實即我們之所謂漏斗形竹器，而於內側附結以有刺雀籐之屬（Calamus Doemono-

[68] R. Heine-Geldern, *Op. cit.*

[69] 凌純聲，〈雲南卡瓦族與臺灣高山族的獵頭祭〉，《考古人類學刊》第二期（臺北，1953），p. 3, pl. face to p. 4.

[70] Henry Ling Roth, *Op. cit.*, p. 21.

rops, etc.）者[71]。筆者在卑南族間所見一魚筌（圖10：H），以一粗竹，將其一端剖成細片至其另一端之竹節處為止，然後用細篾作絞織編法編織於剖開竹片之上而成。此一魚筌乍見之，與其他魚筌無異，但其編製法實與我們之所謂「漏斗形竹器」相同。以此一錐筒形魚筌而言，其製作法與漏斗形竹器具有類緣，實可斷言。

　　Steen氏的報告[72] 中所揭見於阿薩姆地方之Langsing Nagas之背簍二件（見圖10：C），其形態與我們之所謂漏斗形竹器至為相似，而圖10：C所示實即漏斗形竹器而無其下端之竹柄者。Steen氏稱之為採集籃，可謂乃最簡單之一種編器。這種編製簡單的編器，可能漸次演變而為較工細的背簍，Hutton氏在 *The Sema Nagas* 一書[73] 中所示之米簍，旁證了這種演變過程的可能。

G. 冠物和雨具

　　鹿野忠雄氏在他的〈臺灣高山族物質文化的類緣關係〉一文中，列碗形籐帽為東南亞的最古冠物之一[74]。這種籐帽以螺旋編法編製，在臺灣見於泰雅、排灣、阿美、和雅美四族。在形態上，有：（甲）無鍔型（without brim），（乙）有鍔型（with brim），和（丙）前庇型（with peak）三種。（甲）種見於泰雅和阿美；（乙）種

---

[71] Henry Balfour, *Thorn-lined Traps and their Distribution," Man,* Vol－ⅩⅩⅤ（1925），pp. 33-37; J. C. Swayne,: "Thorn-lined Traps," *Man,* Vol. ⅩⅩⅤⅡ（1927），p. 141.

[72] Charlie R. Steen; *Op. cit.,* Pl. 2.

[73] 對p. 56之圖版。

[74] 鹿野忠雄，《東南亞細亞民族學先史學研究》，Vol. Ⅱ.（東京，1952），p. 226.

圖版 1　A.魯凱族(霧台村)婦女編製竹蓆；B.魯凱族婦女的頭上運搬法；
　　　　C.雅美族婦女的頭上運搬法；D.魯凱族(霧台村)的龜甲型雨笠。

見於阿美和雅美；（丙）種見於泰雅和排灣。無鍔型應屬最古，廣見於菲島，惟菲島者較小而為倒U形，戴於腦後；臺灣者較大而多屬倒V形，頂戴於頭上。（乙）、（丙）兩種較為新型；或可能為受日人或漢人所影響者。

　　見於臺灣高山族之雨笠有三種：（甲）尖頂型；（乙）菌傘型；（丙）龜甲型。尖頂型最為普遍，見於魯凱、排灣、和阿美各族，又，或因漢人之影響，今日已廣見於各族；菌傘型見於卑南，女用，筆者所見者上覆以布，並繪畫有紅黑二色幾何形紋。龜甲型見於魯凱和排灣，但亦見於阿薩姆地方和菲島[75]，亦為東南亞之一文化特質。

　　雅美族有一種編盔。這種編盔，其內層為椰子之外皮，外層以籐皮，或益以竹篾編製而成，其形狀有與碗形籐帽相同者，但笨大粗糙；亦有與白色蓪帽類似者，惟不作橢圓形。與編盔配合，雅美族有一種編甲。這種編甲或以竹篾用斜紋編法製作，或更蓋覆以魚皮，至為堅牢。

附　記

　　筆者在寫作本文之初，原擬將臺灣高山族的材料和臺灣漢人，及其北方之琉球、日本的材料，作一較為詳細的比較研究，今因琉球諸島材料的缺乏，又因篇幅和時間的關係，故擬俟諸他日，另文論述。筆者在本文中多將臺灣高山族的材料與印度尼西亞文化區，即古東南亞文化區的材料比較記述，蓋因筆者研究本題，以此二者

---

[75]鹿野忠雄，*Op. cit.*, Vol. I, pp. 303-306.

間之類緣關係比較深遠且實可視為一編器文化區故也。自本文所記述，我們知道，在編製技術上，由於本區出產豐富用供編製的材料，本區編製技術之多種，為世界各地冠。在技巧方面，以全體而言，本區之工緻程度雖不若北美椎實區土人，然婆羅洲之渦卷紋籃，則實可與加利福尼亞州者相提並論。在本區之多樣編製技法中，除渦卷織紋編法外，透孔六角編法，實格六角編法，單心條螺旋編法，相交螺旋編法等均稠密分佈於本區，而少見於其相連地域。在器物形態的記述上，我們指出：背負型及頂戴型運搬用編器均廣見於本區，而單心條型螺旋編法之壺形貯存用編器，單心條型螺旋編法之碗形籐帽，龜甲型雨笠，漏斗形竹器（包括有刺魚筌）等均為本區所有之特殊形態編器。印度尼西亞文化區（或稱古東南亞文化區）在文化上有其統一性與特有性，學者論列已多，本文所討論，對本區的文化系統所屬問題，雖無何新貢獻，但卻作了若干補足。

——本文原載《國立臺灣大學考古人類學刊》第 4 期，（民國43年11月），頁1-15。

第四篇

屏東霧台魯凱族的家屋和木彫

　　民國四十二年初夏，作者在臺灣屏東縣霧台鄉調查魯凱族，其結果之若干部分曾經發表於《臺灣研究》、《中國民族學報》及《考古人類學刊》①，本文為其另一部分，專記述其家屋和木彫。把家屋和木彫合記在一起，因魯凱族之若干家屋施有彫刻，而今日其所保留之木彫，多見於家屋之桁柱之故。

一、家屋之營建

　　在記述家屋之前，須先說明他們所用的長度標準，以便明瞭其家屋的體積。霧台人以自己的雙手為長度之準則，有六個不同的單位：

---

①〈屏東霧台村民族學調查簡報〉，載《考古人類學刊》第2期，（臺北，民國42年11月）；〈臺灣屏東霧台魯凱族的家族和婚姻〉，載《中國民族學報》第1期（臺北，民國44年8月）：〈臺灣屏東霧台魯凱族的農耕方法和農耕儀禮〉，《臺灣研究》第1輯（臺北，民國45年6月）。

1. taru——尋（即兩臂伸展所及之長度）
2. sabitsurak——半尋（即自胸部正中至指尖之長度）
3. guakaiki tali或guakaiki tabaragan———一臂（即成人之臂長）
4. guakaiki piku——半臂（即前膊部之長度）
5. riakuatsi———一指距（即伸開拇指與小指間之距離）
6. guakaiki parakan——自小指尖端至拇指根部之長度。

　　家屋之建造的第一步驟是集材，稱waroburobunai，其意謂「準備建屋」。材料有：石板石（其用作屋頂者稱aribi，其用作敷石者稱dari），木柱（大柱稱tari，小柱稱wurolu）木桁（wagen），及木板（bari）。霧台村的家屋，平面多作矩形，寬常比深為大。屋內及前庭在同一水平面上，且均敷舖以石板石。屋建於坡地上，故在建屋時，應先掘平坡地之憑高之一部，即將基地勻平之，以使成「糞斗形」，這一步驟稱為waroko，其意為「整地」。基地之背後及兩側緊接切直之土地，疊石片以為牆，稱rauru。築牆法只是將大小石塊或石片相間重疊，而不用灰泥（mortar）。在後牆與邊牆疊好後，即可立柱。立柱稱poaroru，先立大柱，以架大樑，而後依次豎立小柱支架屋桁。因屋之大小有支柱（即在屋中間之大柱）一至二支。主柱稱tari，主柱長約2.5-3.0m。靠前牆之小柱則長僅1.0m左右。柱架好後，即豎立大塊之石板石為前牆。然後在前牆上套架以簷桁。簷桁以扣柱支立之。霧台人之居屋均屬山牆式。大多數屋頂有二層，內層為木板，外層則以石板石蓋成。不過，亦有僅有外層（即石板石層）之居屋。有若干家屋以茅草蓋頂，但為數甚少。頂蓋好後，其上壓以石塊若干，以防風害。最後就是開鑿雨水的溝路於居屋之四周，以防下雨時，山水下沖，損害其家屋。

　　霧台村沒有專業的木匠，亦沒有泥水匠，但每個成年男子都能建屋。建屋之先，沒有什麼宗教儀式，不過家屋完成後，他們卻多舉宴招待那些協助的人。在酒宴開始時，行簡單的禱告。屋主以粟飯及豬皮（稱kiren）獻諸神明，禱告：

boara muaki ka tuamas ra patarumara najan koaki tarukanunai
　來　　這裡　啊　神　和　　成功　　我們　和　　豐穰
apananunai atsukutsurarunai ka tuamas
　豐獵　　　　人畜平安　　啊　神

"來這裡啊！神！賜我們成功，豐穰，豐獵，人畜平安，啊！神！"

二、居屋

本節記述居屋各部構造：

1.居屋之大小常因家族成員之多寡而異。 小者其地基平面僅4×4m；大者13×10m。

2.入口在前牆之一端。寬約90cm，高與簷之高度相同，約1m。入口通路之地面與前庭之地面屬於同一水平面。單扉，板多以單木板（即不是拼合木板）製成。

3.居室分二部，高低不相同。後半較入口通路之地面低10-15cm；前半則與入口通路等高。後半為家族成員們日常進膳，及雨天時作業之處所；前半之全部在家族成員數多時，亦可用以充作寢床。

4.前半之兩側有寢床各一。寢床多與居室之地面相同，蓋覆以石板石，但亦有一二用木板蓋覆者。寢床比前半之地面高出20-30cm，長2m，寬自1m至1.5m不等。近入口之一端之寢床為男用者，稱tororan，其相對之一側者為女用者，稱tariritson。家族成員數多時，年長者睡在兩床中間之地面上。

5.在居室之前半之靠前牆部分，有與寢床高度相同，寬約30cm，用石板石或木板舖架而成之臺階狀坐凳，為備休息坐用者。

6.灶在近廁所入口處，大小約1sq. m，以石板石蓋成，其中央有小穴，以備燒火。灶上有木架或竹架，備供烘乾種子及食物之用。

7.廁所同時用作豚寮，為一深約2-4m，寬約1m之與居室隔開之小室，其入口在灶旁。廁所之方向與居屋之方向相反，有溝道可通前庭，糞便可自此溝道流至前庭之小穴中。前庭之小穴亦蓋有石板石。廁所內通常置有石塊二，約60cm高，備供蹲踞之用。霧台人將豚飼養於廁所內，廁所牆上開有一大洞，以供豚隻進出。

8.霧台人的穀倉有另設於居屋之外者（請參看次節所記），但多數均設於居屋之內。居屋內之穀倉為以木板或石板圍成之方形箱狀物，其大約2-3m立方。位置在主柱後面。

9.主柱以大木為之，用以承樑。頭目家之主柱施有人像雕刻。（請參看第四節所記）

10.前牆開窗一個至三個，其數因屋之大小而異。窗之大小約50sq. cm。附有木板一片，以備天黑後遮蓋窗洞。

11.棟木大樑用徑粗約30cm之丸木。如丸木較短，可於相接處立一柱以支之。其他橫梁亦均用丸木，但多比較細小。

12.簷桁之剖面作長方形。其上方內側有嵌口，以支容屋頂木板（即石板下之木板）；下方中央有溝，以嵌夾前壁石板。其前方有施有頗為精美之雕刻者（請參看圖版3）。在從前，其社會階級仍未廢弛時，僅頭目階級之居屋可飾以雕刻花紋，但今此制已廢，村中有若干較具勢力之家戶，亦施有此類雕刻。

13.簷桁在前庭之一方以二三斜柱（扣柱）支之。此類支柱，或用木柱或用石板石柱。多數之支柱，在其向外之一面，刻有缺口若干，備在昇登屋頂時，作腳踏之用。

14.在近入口處之牆上，有備供掛置獸類顎骨之木架。

15.後牆上設有置物架,以竹等材料為之,以放置古陶壺及其他
甕罐之類。放置衣物之架,則多設於寢床之上方。刀類多懸掛於主
柱或寢床側之柱上。

千千岩助太郎在其調查北部排灣族(包括魯凱族)之居屋的報
告中更列有頭骨架及靈龕,今均不存。據千千岩氏之報導,頭骨架
設於住屋前方之左右兩側石疊壁中(有時設於前方壁上),為大20‐
30 sq. cm,深約25cm之龕狀架;靈龕在居室背面,大小約30sq. cm,
深約20cm,為供奉家族守護神之處所。

茲揭示實例三例,如圖11-13。

圖11 霧台魯凱族居屋實例一:祭司(barakarai)的家屋

位於霧台村舊址之Kavudadan。今舊址已廢,僅保留本家屋
作為祭司之居所及每年行占卜之處所。在形式上,本家屋與其他
霧台村居屋完全相同,且代表其比較保守之形式,但其底部有以
石板圍成之箱形蛇籠,則為祭司家屋所特有者。

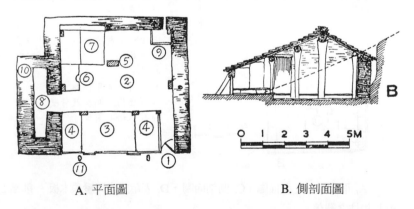

A. 平面圖   B. 側剖面圖

①入口,②正室,③前室,④寢床,⑤主柱,⑥灶,⑦堆物架, ⑧廁所,
⑨蛇籠,⑩石疊牆,⑪扣柱。

圖12　霧台魯凱族居屋實例二：大頭目羅媽達的家屋

位於Kabararayan 3：1（參看〈臺灣屏東霧台魯凱族的農耕
方法和農耕儀禮〉所揭霧台村地圖，《臺灣研究》第1輯，頁55）

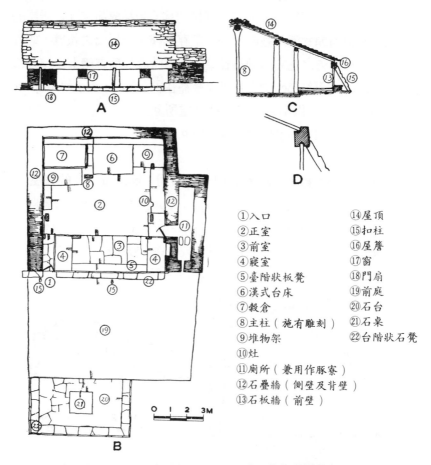

①入口　　　　　　　　⑭屋頂
②正室　　　　　　　　⑮扣柱
③前室　　　　　　　　⑯屋簷
④寢室　　　　　　　　⑰窗
⑤臺階狀板凳　　　　　⑱門扇
⑥漢式台床　　　　　　⑲前庭
⑦穀倉　　　　　　　　⑳石台
⑧主柱（施有雕刻）　　㉑石桌
⑨堆物架　　　　　　　㉒台階狀石凳
⑩灶
⑪廁所（兼用作豚寮）
⑫石疊牆（側壁及背壁）
⑬石板牆（前壁）

A. 正面圖，B. 平面圖，C. 側剖面圖，D. 表示簷桁與屋頂木板、前牆石
板及扣柱之關係。

附註：平面圖中每對短線附短線記號，其中間距離表示兩平面之相差高度，
左側及上側之短線表示高之一方，右側及下側之短線則表示低之一方。

圖13　霧台魯凱族居屋實例三：大頭目唐水明的家屋

位於霧台本村Sarosan 11：4（參看〈臺灣屏東霧台魯凱族的農耕方法和農耕儀禮〉所揭霧台村地圖）

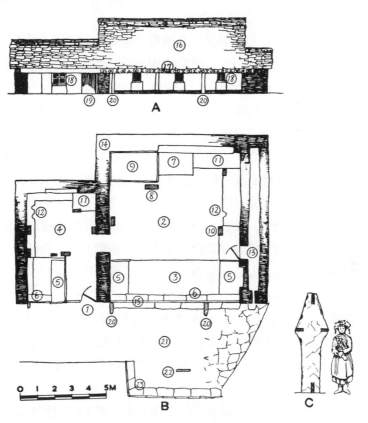

A. 正面圖　　　B. 平面圖　　　C. 表示石柱之大小

①入口，②正室，③前室，④側室，⑤寢床，⑥台階狀板凳，⑦漢式台床，⑧主柱（施有雕刻），⑨穀倉，⑩側柱（施有雕刻），⑪堆物架，⑫灶，⑬廁所（兼用作豚寮），⑭石疊牆（側壁及背壁），⑮石板牆（前壁）；⑯屋頂，⑰簷桁（施有雕刻），⑱窗，⑲門扉，⑳扣柱，㉑前庭，㉒石柱，㉓台階狀石凳。

三、附屬建造物

本節記居屋以外之建造物：

1.前庭與石臺　每間居屋均有前庭。前庭全面舖以石板石，寬與屋之寬度同，深度不一。除與家屋相連之一面外，有石板石豎立之短欄。大頭目羅媽達之前庭之前端有石臺（看圖12）。石臺疊石而成。平面大4×6m，高約1m，上面亦蓋覆以石板石。除向著家屋之一邊外，臺之其他三邊植有大榕樹。此處為村之集會處所。但今日因有國民學校之設立，而頭目制度亦早經廢棄，故集會多行於國民學校之課室中，此石臺亦便失去了它原有的功能，而成了村民納涼之處所了。另一大頭目唐水明之家屋前，沒有石臺，但卻立有石柱（看圖13，圖版2），這一石柱亦是為表示頭目的威權而立的。

2.倉廩　倉廩用供儲存穀物，雖然有時他們亦將衣飾類等物存放於倉廩之中。霧台人之倉廩為一小型的干欄式建築。每一倉廩有木樁四至八支。每一木樁之上端離地面約1m處套有徑約60cm中央有孔之圓形石板石各一。此一圓形石板石乃用供防止鼠類之侵入者。在此套有石板石之木樁上，建造一方形木室以儲穀物。木室之上為茅草頂。（參看〈臺灣屏東霧台魯凱族的農耕方法和農耕儀禮〉所揭倉廩照片，《臺灣研究》第1輯頁58）

3.織布小屋　織布為婦女們的工作。男人們不但絕對不能從事紡織，即手觸織機亦被信為不祥之事，所以婦女們不得在住屋中織布，而另蓋小屋為織布之場地。這種專供織布之用之小屋稱為taburagan。霧台村有taburagan十五處，pogarə，tabarobaroran和kabararayan各有三處；pinairiri和tategaran各有二處；dainino則僅有一處（請參看〈臺灣屏東霧台魯凱族的農耕方法和農耕儀禮〉所

圖版 2：大頭目唐水明居屋的外觀(民國42年5月)

圖版 3：頭目沙三吉居屋之簷桁彫刻(民國42年5月)

圖版 4：織布小屋

圖版 5：冶鍛小屋

揭霧台村地圖，《臺灣研究》第1輯頁55）。（看圖版４）

織布小屋（taburagan）為一簡單小屋，多蓋以石板石頂（但亦有以茅草蓋頂的），牆以石塊疊砌而成，通常其一面或二面留有開口，以供出入之用。泥地，但在織布時，則敷以月桃蓆。織布小屋之大小通常為十尺四方，可容三四人同時工作。

4. 冶鍛小屋　臺灣北部的高山族所用之鐵器雖多仰給自漢人，魯凱族與排灣族則多自鍛冶其農耕及狩獵用之鐵鋤或槍頭等。在每一個魯凱族的村落間，我們都可找到一二間至五六間的冶鍛小屋。霧台村有冶鍛小屋六間。冶鍛小屋為與織布小屋大小約略相同之草頂小屋，但多僅用柱而無牆，其屋頂亦較高，簷側高約五尺，中央最高處高約八尺。冶鍛小屋內之一側有灶，灶口裝置有風箱。霧台村之風箱為立筒式，與臺灣通常所見之橫箱式不同，值得注意。（圖版5）

5. 雨天工作場或休息場　在居屋前，有時建造有一僅有支柱，而蓋以草頂之小棚，作為雨天工作或休息之場所。此種小棚稱 tasbaru，其平面之大小在2.5-3.0 sq.m之間。此處並為男人們晝寢之地方。

6. 牛欄　在作者調查時，霧台村全村僅畜養有牛二匹，所以全村亦只有二間牛欄。牛養以助耕水田。水田與耕牛同由日人所導入。牛欄之建築可謂屬於現代式。立有柱四，以水泥黏石塊疊為矮垣，上蓋以草頂。其平面之大小約3.5 sq.m。

7. 豚寮　豚普通飼養於居屋內之廁所中，但亦有在屋外另立小寮（稱tabugan）以養之者。以雜木圍大小約2-4 sq.m之地方，其一端設一小屋，小屋之大小約1m立方，以石板石或木板為牆，而蓋以茅草或石片以為頂，留一入口，而備石板一片以堵塞關閉之。豚於晚間趕入小屋中休息。近來因政府之獎勵，在居屋外另設豚寮者漸多。

8.雞寮 雞寮的形狀種類甚多,有竹枝圍成的,亦有以石板或木板蓋成的,但其大小均在1m立方左右。

9.田間小屋 他們的田園,有的離開他們的村落(即居屋之所在地)很遠,所以在農忙的季節,每天往返於田間及村落間是既不方便而亦是時間上所不允許的事。所以他們在離村落較遠的田間蓋了田間小屋,備作農忙期間泊夜及暫時貯存收穫所得之諸芋類收穫物之用。田間小屋稱danu。構造很簡單。多為石片疊牆,泥地,草頂,有一個或二個入口,內設有火坑,有時有木架或竹架。田間小屋內常貯存有乾茅枝若干束。報道人謂乃備作薪材或火把之用者。

10.烘芋棚 在種芋旱田間,除田間小屋外,常更設有烘芋棚,以供在芋收穫期間,作烘芋之用。

千千岩助太郎在他的調查報告中,載魯凱族有「頭骨架」之設[2],但與室內之頭骨架及靈龕同,今均已不見於霧台村。千千岩助太郎記頭骨架有各戶專用者和全村共同者二種。專用者設於各家之內,共用者有石垣式,鍔棚式,和石函式等三式。千千岩氏所見過者,僅石垣式而已。石垣式為疊石而成者,石相疊作函狀,用以納置頭骨。這種頭骨架,或獨立建於居屋附近,或利用傾斜地,而築成矩形小建築物。亦有不另設頭骨架,於石臺之石垣上作函狀架,以納頭骨。千千岩氏謂鍔棚式及石函式於其調查時,已不得見。

四、家屋上的木彫

魯凱族在家屋上所施的木彫,是魯凱族的諸文化特質中之最引人注意者。

---

[2]千千岩助太郎,《臺灣高砂族住家の研究》,第1報,(臺北,昭和12年6月),頁20-21。

　　作者曾遍訪霧台村各家戶，得家屋柱桁上的彫刻20例，茲一一圖示如圖14-16，並略作說明。

　　圖14所示者為施於主柱及其他屋柱上之彫刻。圖14：A為頭目家唐水明的居屋之主柱（參看圖13平面圖）的彫刻，為唐水明之弟**Maitsius**所刻。彫刻之主要部為人像。人像之兩手舉起齊肩，兩足尖端外向，表示性別部分明顯，頭上與足尖均連有百步蛇一對。這是見於魯凱族人像彫刻之特殊式樣，圖14：D,15：A,C之所示，均與此相同。不過，本彫刻由於木料厚大，故其人像部份彫刻比較深入，亦比較寫實迫真。胸前有人像及蛇紋，雙臂上有鋸齒紋，均屬線彫，為象徵文身之文樣者。足下彫刻有犬一對，甚寫實。百步蛇之菱紋及犬身均施有白黑兩色油漆。

圖14　霧台魯凱族居屋上所施彫刻㈠

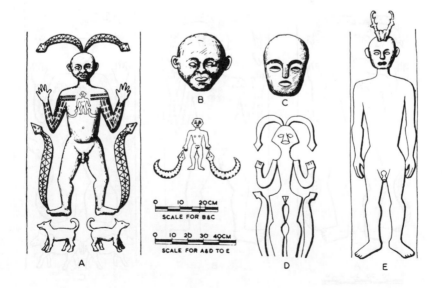

　　圖15：A為頭目家步松吉居屋前半部天花板上所施的彫刻；圖14：D則為其後半部天花板上所施之彫刻。在式樣上屬於同一類，且均彫入不深，但圖15：A所示者，其彫刻較為仔細而整齊，圖14：D所示者則粗糙而簡略。圖15：B所示者為步松吉居屋之主柱上的彫刻，除無蛇紋與人像之足尖相連，而臂上則因其代表男性而象徵文身花紋之菱形紋外，其除均與圖15：A一致。頭部之彫刻比較凸出而寫實，可能乃由於用作主柱之木料，厚度較大之故。

　　圖15：C為大頭目羅媽達的居屋之主柱（參看圖12平面圖）的彫刻。在彫刻手法上，除人像足下所刻之牛一對外，與圖15：A-B完全相同，蓋因其出於同一人步松吉之手也。

圖15　霧台魯凱族居屋上所施彫刻㈡

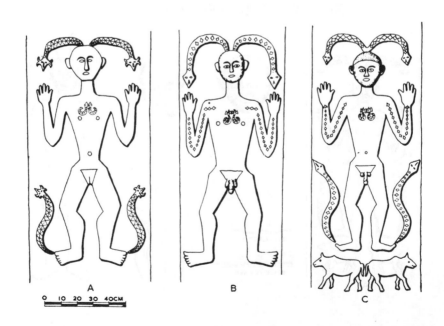

圖16　霧台魯凱族居屋上所施彫刻(三)

圖14：E為唐水明居屋之灶旁立柱上的彫刻（參看圖13平面圖）。彫刻式樣，除人像之兩手下垂外，與上述諸例相同。兩手下垂之式樣，比較少見，可能並非霧台彫刻家所愛好的式樣。本彫刻作此式樣，可能由於木料闊度所限。頭上所嵌鹿角為真鹿角。本彫刻亦Maitsius所製作。

圖14：B之人頭為唐水明之居屋靠近入口處之床邊立柱上所施之彫刻。頗為寫實，與圖14：A立像之頭部相類，亦Maitsius所刻者。圖14：C則為羅媽達居屋之天花板上之彫刻，無雙耳，與圖14：B相比，較為形式化。可能為步松吉之作品。

簷桁上彫刻有人頭和蛇紋，使魯凱族的居屋顯得美觀而神祕。很可惜的，由於行政當局的禁止，這種彫刻已漸見減少。霧台村於作者調查時，尚存8例，即圖16：A-C，F-J之所示。這8例之主人為：圖16：A為頭目賴順安，圖16：B為村長杜金盛，圖16：C為頭目沙三吉，圖16：F為沙秋香，圖16：G為大頭目唐水明，圖16：H為沙碧桃，圖16：I為柯甚市，圖16：J為步明農。

主柱之彫刻意匠（motif）以人像為主，簷桁之彫刻意匠則以人頭與蛇紋配列而成。圖16：A, B, G均由人頭二個與蛇紋一對配列而成，但圖16：B之一端刻有相當寫實之重疊蝴蝶一對。圖16：C, F以相連之人頭三個與蛇紋一對配列而成。圖16：H自左至右為頭二，蛇二，無頭人身二，頭二，附有豬紋之蛇二，頭二，蛇二，顛倒無頭人身一，頭一，顛倒無頭人身一，頭二，附有野豬紋之蛇二，頭二，無頭人身二，蛇二，頭二。圖16：I, J之排列法則更不規則。圖16：I自左至右為蛇一對，蛇頭相向，蛇身上各有人頭一；人頭二；蛇一對，蛇身上各有人頭二，各人頭為正反之兩人頭組合而成者；人頭三；蛇一對，左方蛇身上有小人像一，正反人頭組合之人頭一對；蛇一對；人頭四；蛇一。本簷桁為柯甚市所刻。圖16：

J自左至右為人頭三；相向蛇紋二對；人頭二，橫臥人像一，人頭二，各單位文樣之間隔有菱形凹入彫刻。

　　圖16：E為羅媽達居屋內穀倉木板上的彫刻，正中有相連人頭三，兩旁各有蛇一……其意匠與圖16：C沙三吉之簷桁彫刻同。步松吉居屋內穀倉上亦有與此同樣之彫刻，但中間僅有人頭二個。圖16：D為包金治之廢屋之門板，中間刻有相連人頭三，上下各有相向蛇一對。

　　圖16：K為步松吉居屋內附於寢床上方之彫刻，本彫刻之凹入度甚淺，但彫劃卻甚仔細。本件除人頭和蛇紋外，有可視為自蛇紋演變而來之金錢紋。這種金錢紋，作者調查所得雖僅一例，但在昔日，想為頗廣泛被應用之一種文樣，尤屢見於其木盾之盾面上[3]。

　　現在我們可以綜論霧台魯凱族的彫刻形式。

　　魯凱族的彫刻意匠（motif）以人像及蛇紋為主，絕大多數的文樣，都可歸納於此二類意匠之中，人像之普遍形式為正面彫像，雙手舉起齊肩，兩足略彎，足尖外向，表示性別部分彫劃明顯。上面所揭諸人像，雖有二例雙手下垂者（圖14：E, 16：J），但此種舉手齊肩之式樣為魯凱族木彫人像的最主要之式樣，則可無疑。人頭彫刻之式樣較為繁多，但眉鼻之彫線多相連，而鼻樑在整個顏面所佔地位在比例上較屬重要，為其特色。在霧台村，因所得彫刻均頗寫實，我們雖未得到此類人面彫刻之極端例子，但國立臺灣大學考古人類學系標本室卻收藏有二件僅以鼻樑代表顏面之彫刻[4]。在

----

[3]請參看拙作〈臺灣高山族長盾與東南亞各地長盾之比較研究〉，載《國立臺灣大學文史哲學報》第2期（臺北，民國40年2月）。

[4]新井英夫氏曾發表其一例。請參看新井英夫，〈パイワン族の木彫の一考察〉，《南方土俗》，第3卷第3號（臺北：昭和10年）。

簷桁上之人像彫刻橫置及將人頭與人身分開彫刻，亦是常見於魯凱族及排灣族的一種彫刻式樣。國立臺灣大學考古人類學系標本室亦藏有頭身分開彫刻之好例。

蛇紋之應用至為普遍。魯凱族現存彫刻之蛇紋之種類雖不多，但自文獻所載及國立臺灣大學考古人類學系藏品所示，我們知道其蛇紋之式樣至為繁多，而其變化無窮。常見於魯凱族和排灣族的若干意匠（motif），鋸齒紋（或櫛齒紋）、相連菱形紋，竹節紋，金錢紋，均可能自蛇紋變化而來⑤。

臺灣多毒蛇，魯凱族與排灣族所採為其主要意匠之百步蛇即其一種。百步蛇因具有劇毒，被咬者行不百步，便會死亡，故而得名。魯凱族與排灣族人對於蛇類可能由畏而生敬，因而更將其與祖靈之觀念相連結。在魯凱族間，雖無一般之所謂「圖騰」之存在，但蛇紋之廣泛被應用，見到蛇類每迴避而忌予殺害，及以蛇類為祖靈而供奉之（祭司barakarai之家屋內有石板箱，用以供養蛇類，見上述（圖11），又魯凱族有百步蛇為頭目家之祖先，青蛇為一般村民之祖先之傳說⑥）等等卻與圖騰制度之諸要件一致。

如果我們將見於霧台魯凱族之彫刻紋樣，與排灣族者作一比較，我們很容易見出魯凱族者較屬寫實，但卻亦是頗形式化了的。在上面我們所舉出的諸彫刻，並非同一人之所刻者，我們很容易見出各個人在彫刻手法上之差異，如Maitsius所刻者很顯然與步松吉和柯甚市所刻者不同，但我們亦可見出他們之間之共通特點。我們相信，如果我們再進一步的調查魯凱族與排灣族的文樣，互作比較，則我

⑤關於魯凱族和排灣族之文樣變化，作者擬另文論述。
⑥佐山融吉、大西壽吉《生蕃傳說集》（臺北：日本大正12年11月），頁20。

們當可見出各地之式樣上的差異，而能將魯凱族和排灣族劃分為若干「文樣區」。不過，這不是本報告所能包括與討論的。

　　上面我們略論魯凱族的彫刻式樣。我們在這裡應該附帶提及的（在報告其社會組織時，我們擬作更詳細的討論）是，在昔日魯凱族和排灣族的社會階級制度尚確立未墮時，此類木彫的施用，是僅限於頭目階級的家屋；一般村民的家屋是不能彫刻有此類文樣的。不過，這種禁制現時已經弛廢了。圖16所示之若干例（B杜金盛，D包金治，F沙秋香，H沙碧桃，I柯甚市，J步明農）均非屬於頭目階級之家屋。

五、附記

　　關於臺灣高山族的家屋，千千岩助太郎曾作過很詳盡的調查和記述[7]。現在我們將之作一個大體之分類：建築基地地面之高低看，可分為豎穴式、地上式，與干欄式三類。第一類見於布農族和泰雅族、排灣族及魯凱族之一部，第二類見於其他各族，而第三類有泰雅族之望樓，鄒族及阿美族之會所，雅美族之工作屋、涼臺等等。從其築牆技術及材料看，可分為竹條牆、木薪牆、木板牆、疊石牆、石板牆及泥磚牆等。木板牆及泥磚牆為較新傳入之文化要素，姑且勿論；竹條牆見於泰雅、賽夏、阿美等族；木薪牆見於泰雅族；疊石及石板牆則見於魯凱族與排灣族，而尤以魯凱族者為其特色。由於石板及石塊耐久不壞，及其在山地間的運搬困難，魯凱族的村落多恆久不移，其家屋雖亦經改建移築，但多在於相去不遠之間。今日臺灣各族之村落，由於行政當局的獎勵及文明的侵入，多向山腳

---

　　[7]千千岩助太郎，前揭書。

地帶遷移,獨魯凱族甘於蟄居於深山之間,此種家屋上所具之特殊性質,實亦其要因之一。

豎穴式、地上式與干欄式之差異,在建築技術上,以表現於柱之應用為最顯著。在干欄式的家屋,柱的應用多,豎穴式則少。魯凱族的家屋,如我們在上面所記,雖有柱之應用,但多入地不深,其支力亦弱。

東南亞的干欄式家屋,其來源是一個值得研究的問題,但其為東南亞最重要的建築式樣,卻是昭然的事實。豎穴式甚少見於東南亞,但見於臺灣以北諸地,且在分佈上點點相連經白令海峽而及於美洲北太平洋沿岸一帶。這兩種建築式樣分屬於兩個不同的來源,正如Heine-Geldern博士所說,在了解東南亞的家屋的式樣上,臺灣土著民族的家屋,是最值得重視的材料[8]。豎穴式家屋當可視於臺灣先住民族文化的遺存。則臺灣住居於豎穴式家屋之諸族,似可視為先於具有干欄式之建築諸族移入本島。

材料之應用,常與其地理環境有關,但式樣則較能不為地理環境所影響。與家屋式樣有關,有一重要事實,值得我們注意:即,豎穴式諸族(布農、泰雅、排灣和魯凱)似原無會所制度。會所制度在東南亞似與干欄式家屋有關,我們在臺灣所得到的會所建築諸例亦多為干欄建築,而現存卑南族卑南社(南王村)之少年會所尤為其代表形式[9]。魯凱族大南社年齡階級與會所制度發達,而同族之霧台鄉諸社均無會所制度,使我們推想大南社之年齡階級與會所

[8]Heine-Geldern, Robert von, *Südostasien, Illustriete Völkerkunde*,(Stuttgart, 1923);小崛甚二譯本,《東南アジアの民族と文化》,頁210-211。

[9]參看衛惠林、陳奇祿、何廷瑞,〈臺東縣卑南鄉南王村民族學調查簡報〉,載《考古人類學刊》,第3期(臺北,民國43年5月)。

制度可能為因阿美族與卑南族之影響而發達者。我們並以為在有堅強的社會階級，如魯凱族之有貴族階級與平民階級，發達之諸族間，其年齡階級與會所制度不發達，似為一種頗屬自然的傾向。

在很多文化面上，魯凱族與排灣族是很相似的，在家屋方面亦然。不過這種相似卻非在所有地域均一致的。在家屋方面，排灣族有若干地方差異，如士文溪內文社（獅子鄉）一帶的家屋，深比廣大，分前後二室，茅頂作龜甲形；牡丹社（牡丹鄉）一帶的居屋則因受漢式家屋之影響，其牆均以泥磚建造；故與霧台魯凱族之家屋最相像者，僅限於士文溪以北諸社而已。這一分佈狀況，由於其與陶器、酒盃形式及彫刻式樣之分佈範圍相符，是頗具重要的意義的。

——本文原載《臺灣研究》第二輯（民國46年6月），頁17-30。

第五篇
猫公阿美族的製陶、石煮和竹煮

　　民國四十八年三月底，國立臺灣大學民族學調查實習課同學①，
曾在臺灣東部作了為時約半月的實習調查，在猫公社居留了五天。
猫公社是阿美族海岸群②的一個村落，現屬豐濱鄉豐濱村。豐濱鄉
是臺灣東部的最僻遠的地區，其行政區劃雖屬花蓮縣，但自花蓮縣
治到豐濱現在可說沒有道路可通。我們自花蓮市至該地，要搭火車
南下至光復站，從光復步行經馬太鞍和太巴塱二社，然後溯溪流涉
水而上至分水嶺之茶亭，又自茶亭沿溪以下，乃達目的地，全程十
三公里。我們去時適逢雨後，溪道泥濘不堪，幾乎走了五個半小時。
豐濱村與其南的大港口距離十九公里，雖有舊道，但無車行，步行
亦需四小時許。

　　實習調查因欲使同學多所接觸，又因興趣各不相同，所以我們
觀察查詢並未限於某一專題。以短短的五天時間，要了解一個村落

①此次實習調查，由筆者和唐美君先生率領，參加者有林宗源、許傳紫、
　黃書實、粟竹松、蔡國助、施振民和洪秀桂諸人。
②阿美族因居地和文化的不同，分南勢、秀姑巒、海岸、卑南，和恆春諸群。

的文化和生活各方面，是不可能的事。

我們所得的資料很為散漫零瑣。較為完整的報告，應俟他日有充分時間時，再作詳盡的調查，使有其可能；但是現在正是臺灣人口增加遽速，在不久的將來，交通較為暢達，若干我們所見的舊習和文化特質，自不能不趨於消滅。所以我們擬借這個機會把我們所見的碩果僅存的一二項，報導於此。

一、製陶

臺灣高山各族，除泰雅和賽夏族外，均持有陶器；鄒族、布農、阿美和雅美諸族且至晚近仍有陶器的製作，不過今日繼續製陶的，恐怕只有阿美和雅美二族了。

關於阿美族的陶器製作，曾有馬偕、鳥居龍藏、古野清人諸氏和《蕃族調查報告書》報告過[3]。馬偕氏和蕃族調查報告書所記甚簡；鳥居多論列陶器的源流和分佈；而古野則以記述祭器為主，又上記四文獻均以南勢群為其記述對象，所以我們再就我們調查所得，報告如下：

猫公社製陶為女人的工作。現在猫公社年紀在五十歲以上的婦人，還都會製陶。三月三十日，我們請了五位老太太[4] 特為我們表

---

[3]Geo. L. Mackay, *From Far Formosa, the Island, Its People and Missions*（New York, 1896），p.244；鳥居龍藏，〈東部台灣阿眉族の土器製造に就て〉，《東京人類學會雜誌》X11：135（明治30年），344-359；古野清人；《原始文化の探求》（昭和17年），頁115-125；《蕃族調查報告書‧阿眉族南勢蕃》，頁41-43。
[4]他們是Sauma?, alik, doŋi?, desi? ，和panaj，均約六十歲。

圖版 8　A.-B.猫公阿美族婦女製作陶器：燒陶。C.-D.猫公阿美族的石煮和竹煮：用檳榔葉製作容器。

圖版 9　猫公阿美族的石煮和竹煮。A.置盛米竹筒於柴堆中，B.-C.以石塊燙熟食物，D.自竹筒中取出熟飯。

圖18　阿美族陶器

A. 水壺；B. 陶甌；C-E. 飯鍋；F-I. 祭器。

　　飯鍋如圖18：C所示，闊口圓底，近口緣有雙耳，以供持執，我們在猫公社所測量之一例，高16cm，口徑12cm，腰圍55cm。

　　陶甑如圖18：B所示，其製作是以一個底部具有圓孔約二十個之飯鍋同型之陶器，疊於另一同型陶器之上而成的。因為由兩個陶器結合而成，故作葫蘆形。這種特有形態的陶器，雖最常見於阿美族間，但在昔日，曾傳至宜蘭平原羅東區利澤簡的平埔族間，伊能嘉矩氏曾作報道⑤。這種陶甑亦曾見於海南島⑥。又這似與日本九州串島往時所使用者相同，串島昔日有甑島之稱⑦。根據國分先生所報道，這種甑形陶器的斷片曾發見於臺灣南部的先史遺址，不過其盛水部分與盛食物（被蒸食物）部分尚未結合在一起，所以在使用時，也許只把這兩部分疊在一起而已。國分先生以為把兩部分黏合在一起，也許只是為了防止蒸氣漏出的緣故⑧。我們在猫公社所測量之一例，高31.5cm，口徑19.5cm，最大徑25.0cm，上層深17.5cm。

　　有蓋鍋（圖18：D）除蓋外，其形態大體與飯鍋相同，但較粗矮，而兩耳在腰部。蓋作半圓形，上有提耳。我們在猫公社所測量之一例，高21.5cm，口徑20.5cm，腰圍94.0cm，蓋底徑22cm，提耳4×4cm。與有蓋鍋同型式而無蓋者，我們這次調查猫公社，雖未見到，但鳥居龍藏氏曾有報道⑨。國立臺灣大學標本室亦藏有這種

---

⑤伊能嘉矩，〈臺灣通信〉第十四回，《東京人類學會雜誌》第12卷第123號（明治30年）。。

⑥臺灣大學標本室藏本，採自海南島黎族之陶甑一件，請參看。

⑦陳麒、國分直一，〈臺灣原住民族工藝圖譜〉⑾；載《公論報》「臺灣風土」，民國38年2月21日。

⑧陳麒、國分直一，前揭文。

⑨鳥居龍藏，前揭文。

型式的陶器數件（圖18：E），可見其為阿美族常見陶器型式之一。這種用以煮水的，稱vokao。其名稱與舊志所記「木扣」[10] 音近，可能木扣即指這種陶器。

水壺（圖18：A）在型態上與vokao相近，但有頸，兩側亦有耳。用以盛水。在運搬時，如未盛水，常倒置頂於頭上。但如盛水，則多以布圈墊底，亦頂於頭上，水壺小者高約15cm，腰圍約60cm，大者高可達30cm，腰圍100cm。與水壺形式相同，小形而無耳者，阿美族用以貯藏食鹽。在攜帶時，以細藤縛其頸部。

祭器，大小形態各不相同，國立臺灣大學標本室所藏阿美族的祭器，其大者可達30cm，小者則僅5-6cm。在我們調查時，村中所存祭器已不多，但在以前各戶均持有若干祭器是沒有問題的。根據古野氏的記載，祭器製作的衰微，是由於漢人所製容器的侵入，新式容器也漸漸地代替了舊式的祭器。祭器如果依其名稱分類，可有兩種。一種稱dewas（圖18：F-I），另一種則稱tsiukan；dewas為男性所持有，故亦被視作男性，tsiukan則為女性所持有，故視作女性。這種性別的觀念，可能影響到陶器的型態，大體，dewas多較粗厚，而tsiukan則較細薄。又dewas用以祭祀與獵頭有關之男神Maratau，故不在農耕儀禮時使用；tsiukan之名稱很明顯的，乃來自「酒矸」，故這種名稱上的分別始自何時，仍待查考。祭器為個人的所有物，所以在死亡時用作殉葬品，與屍首同埋於墓中[12]。

從前，鐵鍋之類的炊具不容易得到的時候，貓公社每年集體製陶一次，通常在五月舉行，幾乎每戶都有一個婦女參加，每人一次製作二三十個不等，以供自用。近年因為鋁製品的普遍，陶器的製

---

⑩《噶瑪蘭廳誌》卷5下，（臺灣銀行本），頁116。

⑪古野清人，前揭書，頁115。

⑫古野清人，前揭書，頁120-125。

⑬《蕃族調查報告書・奇密社》，頁50。

作亦便成偶一而行的事了。去年五月國立臺灣大學田野考古實習團到該社時，該社的婦人為考古團製作一次陶器，今年又為我們作一次。我們在社中所見的若干陶器，還是去年所製作的。

二、石煮和竹煮

石煮和竹煮的分佈是很廣的，尤其在沒有陶器的原始民族間，這種煮法更為重要。在臺灣石煮和竹煮法似乎只見於阿美族間，《蕃族調查報告書》載奇密社用這種方法燒煮食物。茲將我們在貓公社所見，報導如下：

為我們表演石煮和竹煮法的是村中長老Kilag，他說這種方法今日仍頗普遍使用，尤其在出獵或出漁中未攜帶炊具的時候。石煮法（stone boiling），貓公社人稱為bokuro。準備時應先集乾草、柴薪、卵石和檳榔葉；將檳榔或椰子葉（papa）附於幹部之部分切下長方形之一塊，折成船形，以備盛水及青菜或魚肉（圖版 8：C-D）然後將撿來的卵石一一洗淨。一切準備就緒，乃疊柴點火，把卵石放入火中燃燒，約二十分鐘，卵石燒熱，乃用竹箸將卵石一一夾來置入於盛水及青菜或魚肉之容器中，這樣慢慢地把這些食物燙熟，然後加鹽少許調味，即可食用。Kilag為我們表演時，在容器中置水甚少，故石塊多直接燙及食物，但去年喬健兄貓公社之所見者則置水頗多，故石塊燙水，水沸而食物乃熟。（圖版9：B-C）

竹煮法貓公社人稱 a'ol為以竹節盛米加水，然後以樹葉封口，直接放置火中。因為竹節為新採來者含有水份且節中亦有水，故不易燒焦。在竹節將被燒焦時，則節中所盛置之米已熟。一般竹煮與石煮多同時進行，即在燒石時可即將竹節置於火中燒煮（圖版9：A）。故飯菜可同時煮熟食用。

——本文原載《國立臺灣大學考古人類學刊》第13、14期合刊，（民國48年11月），頁125-127。

第六篇

國立臺灣大學所藏臺灣土著竹木器與天然器

　　國立臺灣大學人類學標本室所收藏臺灣土著各族標本，器用為其大宗。器用標本依其製作材料分類，可得：陶器、編器、竹木器、果殼器、角骨器、和貝殼器等。陶器和編器將於另文記述，本文記其餘各項。果殼器、角骨器和貝殼器因利用其天然形態，故在文題合稱為天然器。茲分：㈠木盤和木椀（附螺椀）；㈡竹筒、竹杯和木杯；㈢竹罐、木罐、和角罐；㈣木桶和桶形木箱；㈤漁具盒；㈥臼、杵、和木虘；㈦連杯；㈧骨杓、木杓、和竹勺；㈨瓢勺、椰殼匙、和木匙（附瓢器）；㈩木梳；㈡煙斗，和㈢占卜道具箱和祭罐等各節，分別記述之。

一、木盤和木椀（附螺椀）

　　雖然舊報告書記載木盤者不多，但國立臺灣大學收藏有雅美族、阿美族、噶瑪蘭族、道卡斯族、和巴則海族[①] 的木盤。在昔日，其應用可能比上記為廣。臺灣各族的木盤，均以一整木雕鑿而成，形制大小不一，有圓的，有橢圓的，有正方的，有長方的，有長方附柄的，有鏟形附柄的，亦有圓形附雙柄的。

　　國立臺灣大學收藏有木盤十七件，茲依其形態說明如下：

㈠ 圓形木盤

　　圓形木盤見於道卡斯、噶瑪蘭、和雅美諸族，均頗屬大型。其直徑多在半公尺以上。

　　圖19：A所示圓形木盤，伊藤景文氏採自宜蘭礁溪附近之大竹圍社，原為噶瑪蘭族人所有，民國二十一年四月入藏。平底，週壁外傾，與底面僅作15度傾斜，口徑53.0cm，唇部厚1.3-2.1cm，底部厚3.5cm。標本年代已甚古舊，木質鬆朽，中心部有刀切文，可能於用供盛置食物外，同時用作俎砧。本標本標本編號1502。

　　圖19：B所示圓形木盤為伊能嘉矩氏採自道卡斯族新港社，民國十八年三月入藏。略作橢圓形，其較長之直徑40.0cm，較短之直徑34.2 cm。平底，週壁外傾，但比前一器角度略大。唇部1.2-2.5cm，底部2.7cm。本標本以木質比較堅實的楠木刻成，保存狀態尚稱良好，唯中心部有裂隙。標本號301。

　　國立臺灣大學未有巴則海族圓形木盤之收藏，但伊能嘉矩記巴

---

①臺灣土著，仍保有其固有的文化和語言者，現存七族，即泰雅（Atayal），賽夏（Saisiat）、邵（Thao）、布農（Bunun）、鄒（Tsou）、魯凱（Rukai）、排灣（Paiwan）、卑南（Puyuma）、阿美（Ami）、和雅美（Yami）。昔日居住於現漢人居住地區，而其文化和語言均已遺佚者，另有九族，為凱達加蘭（Ketagalan）、雷朗（Luilang）、噶瑪蘭（Kavalan）、道卡斯（Taokas）、巴則海（Pazeh）、巴布拉（Papora）、猫霧拺（Babusa）、荷安雅（Hoanya）、和西拉雅（Siraya）。

則海族舊俗時，記有木製圓盤（Saruhakarelehe）[2] 之應用。

　　魚類為雅美族的主食之一。但是有一些魚類是禁忌女子食用的。兩性均可食用的魚類，叫做Oyul；僅限於男性食用的魚類，叫做Ragut。Oyul的種屬約有百種之多；煮炊Oyul之陶壺叫做Amagan；用以盛置煮熟的Oyul的圓形木盤，叫做Rarig。

　　Rarig為圓形淺木盤，平底，週壁外傾。盤面中央刻有浮出圓圈，盤緣高出部有刻有雙曲線折文，底面全面刻有作圓圈狀排列之交錯平行線刻文者。週壁外側附有一紐，以供縛附小繩，作為懸吊之用（圖19：C）。

　　Ragut的種屬更多，約有二百種，包括Aragu（海豚），Akunasai（鰡）等。Ragut在稱為Akoran的陶壺中炊煮，而盛置於叫做Raratan或Arayuwan的木盤中。

　　Raratan是長方形的木盤；Arayuwan則為圓形的木盤。在形制上，Arayuwan與前述的Rarig相似，均為圓形淺木盤，但如上面所述Rarig之器面有圓形浮出，器底有刻文；Arayuwan則器面器底均平滑無文，但器底附有浮出甚淺之圈足，又器緣附耳，故與Rarig不同（圖：19：D）。

　　雅美族有另外一種圓形木盤，在形制上與Arayuwan相同，但無圈足者，叫做Nanatuganan。這種圓形木盤用以盛置貝類。貝類男女均可食用，故無禁忌[3]。

---

②伊能嘉矩，〈臺灣ピイポイ蕃の一支族パゼツへの舊俗及び思想の一斑〉，《東京人類學會雜誌》第24卷，272-273號（東京，1909）。

③關於雅美族的魚類的食用及其禁忌，看Kano, T. and Segawa, K., *An Illustrated Ethnography of Formosan Aborigines*, Vol. 1, *The Yami*,（*Tokyo, 1956*）, *pp. 246-259*。

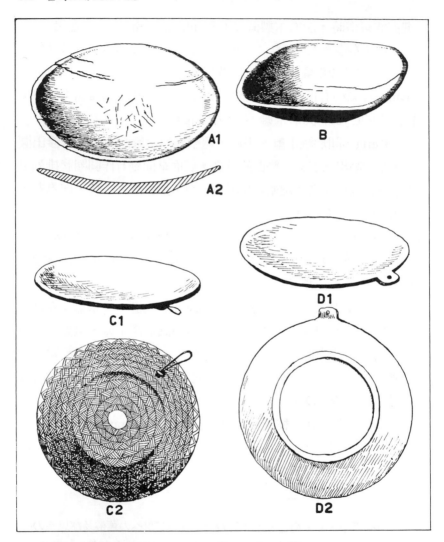

圖19　圓形木盤

A. 噶瑪蘭族；B. 道卡斯族；C-D. 雅美族。

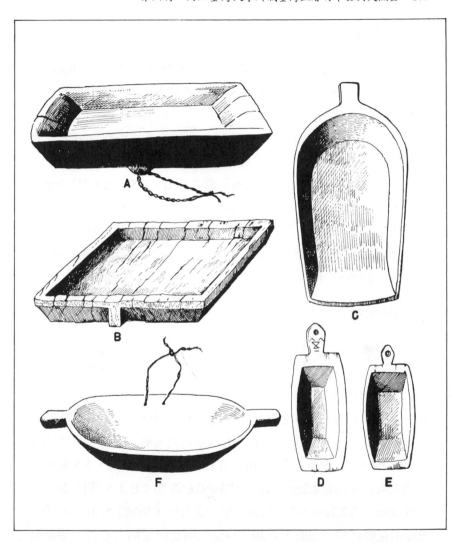

圖20　方形及附柄木盤

A. 雅美族；B. 道卡斯族；C. 雅美族；D-E. 平埔族（可能屬凱達加蘭族）；
F. 雅美族。

㈡ 方形木盤

上面我們記述雅美族用以盛置Rayut魚類時，提到稱為Raratan
的方形木盤的使用（圖20：A所示即為其例），但形態工整的方形
木盤見於道卡斯族。

圖20：B所示木盤，標本號298，為伊能嘉矩氏採自道卡斯族
新港社者，民國十八年三月入藏。全器面積45.0×43.5 cm，近正方
形。平底，底部面積30.0×30.0 cm。週壁外傾，高5.5cm，深3.0cm，
唇厚3.0cm。器較長之一邊之週壁有一小突出，作耳狀。標本記載
這一木盤為道卡斯族人用以盛鹿肉者。方形木盤亦見於阿美族，但
阿美族者作長方形，類雅美族之Raratan，其測量為高6.0cm，長47.0
cm ，寬22.0cm。

㈢ 附柄木盤

附柄木盤可分三種：其一見於平埔族，為長方形木盤而附柄者。
木盤本身，週壁外傾而淺，柄附於較狹之一端，木盤多屬小形，故
類似木匙（圖20：D-E）。國立臺灣大學收藏有三件，均尾崎秀真
氏所採集，採自平埔族之何族，未有記載，但作者推定其可能屬於
臺北附近之凱達加蘭族，民國三十六年六月入藏。這三件標本的測
量為：標本號3459，長36.0cm，寬16.8cm，高5.8cm，深3.8cm，
柄長6.4cm，柄寬4.2cm，標本號3460（圖20：E），長17.2cm，
寬8.0cm，高2.2cm，深1.5cm，柄長2.7cm，柄寬2.5cm。圖20：
E標本在盤底刻有記號，圖20：D標木則在柄部刻有記號，想為原
有者之記號。

附柄木盤的另一種見於雅美族，其形狀雖與見於平埔族者相似，
但其附柄之一端作圓形，相對之一端外傾更甚，故全體作鏟形（圖

20：C）。這種鏟形木盤與Rarig圓盤的用途相同，用以盛置Oyul魚（男女均可食用的飛魚），稱Amogan與用以炊煮Oyul魚之陶壺同名。這種Amogan有大型小型之分，大人用大型者，小孩用小型者，且各人均備有一個。國立臺灣大學收藏有這種木盤三件，其測量為：標本號455，高5.0cm，長48.0cm，寬28.0cm，柄長3.3cm，柄長3.3cm，柄寬2.7cm；標本號456-1，高5.0cm，長40.0cm，寬23.0cm，柄長4.5cm，柄寬3.3cm；標本號456-2，寬8.0cm，長40.0cm，寬25.0cm，柄長5.5cm，柄寬4.5cm。這三件標本均為民國十八年四月入藏。

這種魚盤用臺灣相思木，番龍眼等堅質木料製作，故至為堅密，與上記平埔族之鬆軟木盤，在感覺上不同，但其在形態相類，則可能並非偶然。

另一類附柄木盤亦見於雅美族，為圓形木盤而附有雙柄者。這種木盤稱Gabian，其製作多比較粗糙，用以在切割魚類時放置內臟或剩餘之物，有時亦用以運土。國立臺灣大學所藏一件（標本號542，圖20：F），其測量為高6.0cm，長55.0cm，寬36.0cm，雙柄各長6.0cm，寬4.0cm。亦在民國十八年四月入藏。

㈣ 木椀

木盤淺闊製作比較容易，木椀則深且高，刳刻比較困難，故各族多木盤而少木椀，尤其在使用陶器各族，更為少見。

圖21：A所示為泰雅族木椀，國立臺灣大學藏品，標木號1225，採自角板山、形態作半球形，有圈足。高17.0cm，口徑38.5cm，頗屬大型。這種形式的木椀亦見於排灣族，但國立臺灣大學所藏採自排灣族牡丹社之一例，標本號3945，則甚為小型。高僅6.0cm，口徑13.2cm，與我們平常所用木椀大小相若。

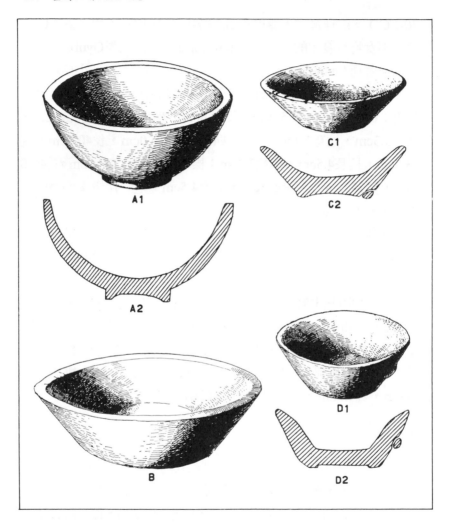

圖21　木椀

A. 泰雅族；B. 布農族；C-D. 雅美族。

圖21：B所示為布農族木椀，亦國立臺灣大學藏品，標本號3970，採自干卓萬社。本件與泰雅族者不同，器壁不作內彎，故比較淺闊，又平底無足，故器身亦較低。高9.0cm，口徑32.0cm，亦屬大型。

圖21：C-D所示二例，採自雅美族，C圖者標本號452，D圖者449，形態大體與布農族者相同，但底部略向上凹，故可視為略帶圈足。器壁穿有小孔，以供穿繩而作懸吊之用。C圖者孔在圈足；D圖者則在器壁，由於略有突起，故作耳狀。這種木椀，雅美族稱之為Wagato，用以盛置芋頭，以供食用。④。

㈤ 螺碗

圖22所示三標本均為伊能嘉矩氏採自淡北平埔族者。其中A，B圖二標本有伊能氏親筆的採集紀錄貼於器上。C圖者亦有紙條黏附之跡，但紙條已脫落。A圖《標本記錄》記云：「螺碗，淡北平埔蕃里族社。」以椰子貝，學名Cymbium melo（Solander）製作，頗屬大型，口徑最長處達20.5cm。B圖《標本記錄》記云：「螺碗，淡北平埔蕃武勝灣社。」以夜光貝，學名"Turbo marmorata"（Linné）製作，口徑9.5cm。C圖原始紀錄已失，但《標本記錄》載為武勝灣社之採集品。以天狗螺，學名Hemifusus colosseus（Lamarck）製作，口徑最長處18.0cm。

平埔族人撿拾海螺，而以其外殼為碗，舊志上屢見記載。《蕃俗六考》有「螺蛤殼為椀」。《淡水廳志．番俗篇．器用》有：「所用木扣螺碗之類。」可見昔日頗多應用。但舊志記載簡略，究為何種螺類，不得知悉。研究臺灣貝類的金子壽衛男氏，以此種貝類在淡水附近之淺海不易獲得，而多產於高雄壽山以南沿海。其為淡水

---

④ Kano, T. and Segawa, K., *Op. cit.*, p.245。

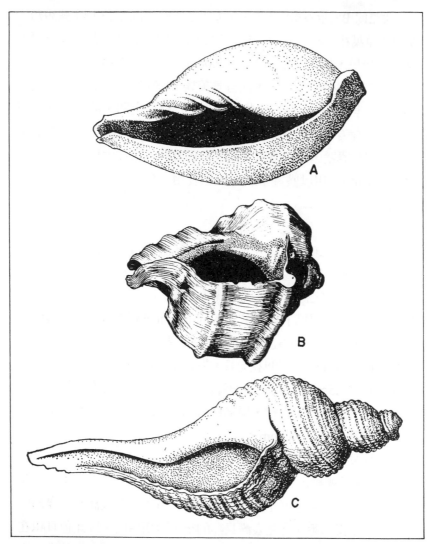

圖22　螺碗

平埔族所用，值得注意。伊能嘉矩氏調查淡北平埔族，記云「平埔族用螺碗作酒杯，平時飲酒兩人共持一螺碗，相抱貼臉而飲；但遇有儀式時，則二螺碗併列放置於一木盤上而飲。」貼臉而飲的風習，今日尚見於泰雅族；二碗並列，李亦園先生以其為連杯之原始[5]，但連杯僅見於南部排灣族，一南一北，其間關連如何，仍值得進一步考察。

二、竹筒、竹杯、和木杯

原始民族多喜歡利用天然物為容器，如螺碗、瓢單、椰殼等。東南亞為竹的產區和使用區，故竹筒的應用相當普遍。竹筒多用以盛鹽或汲水，臺灣各族用以盛鹽的竹筒，多附蓋而作罐狀，這種罐狀竹筒，我們稱之為竹罐，另節記述，本節記述無蓋之竹筒。

㈠竹筒

臺灣各族雖均有竹筒的應用，但因其形態簡單，故博物館多無此類標本之收藏。國立臺灣大學僅收有採自鄒族者二件，採自卑南族者五件，而採自卑南族多屬花紋雕劃比較複雜者。

圖23：A-B所示為採自鄒族的竹筒，以徑約十公分之粗麻竹一節製成。A圖所示者長25.0cm，徑11.0cm；B圖所示者長15.0cm，徑9.0cm。這二件竹筒均用以貯鹽，其上縛有竹製提耳，以供提帶或懸吊之用。

---

⑤李亦園，〈記國立臺灣大學所藏平埔各族器用標本〉，《考古人類學刊》第3期（臺北，1954）。

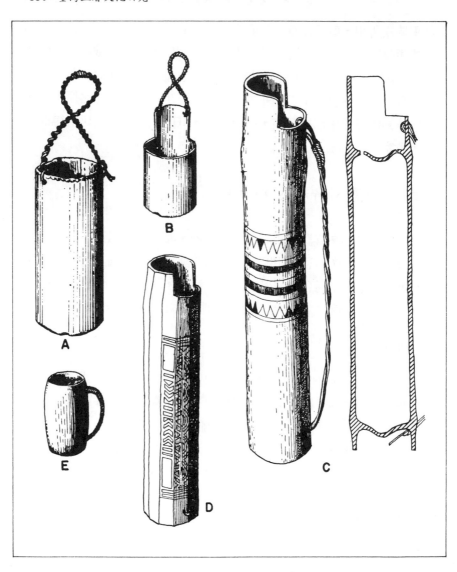

圖23　竹筒　A-B. 鄒族；C-E. 卑南族。

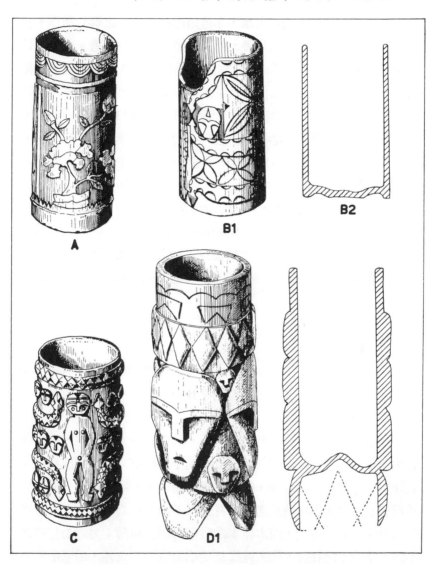

圖24　竹杯　A. 平埔族(頭社)；B-D. 排灣族。

卑南族的竹筒，用以汲水，亦選用徑約十公分之麻竹製作，長短不同，有數節長達一公尺者，亦有一節長僅十公分者。竹筒之竹節除底部者外，均予穿孔（圖23：C剖面圖所示）或予打通，以便盛水。竹筒有時附耳，以便持執；亦有塗繪文樣，以增美觀，如圖23：C者以紅黃黑三色塗繪以簡單幾何形文，圖23：D者則以紅黑二色繪畫有自人頭文演變而來之文樣。圖23：E所示標本比較細小，可能亦用以盛酒或其他飲料，其表面全面塗施有紅漆。國立臺灣大學所藏五件採自卑南族竹筒的測量為：標本號596（圖23：C）：器高68.0cm，外徑11.5cm，口深64.5cm；標本號597：器高68.0cm，外徑11.0cm，口深61.5cm；標本號580（圖23：D）：器高47.0cm，外徑9.7cm，口深44.0cm；標本號1657：器高19.5cm，外徑11.0cm，口深14.5cm；標本號577（圖23：E）：器高12.3cm，外徑7.0cm，口深10.5cm。

(二)竹杯

竹筒的短者可以用以盛置飲料，作為酒杯。圖24：A所示採自四社平埔族的頭社之標本和圖24：B-D所示宮川次郎氏原藏之三標本即為其例。

圖24：A所示竹杯，為飲酒用杯，國立臺灣大學所藏，標本號1401。以麻竹截斷，加以修飾而成，其下端竹節之橫隔構成杯底。此類竹杯常見於臺灣各族，但有花紋之彫畫者，除平埔族外僅見於排灣族。本標本與排灣族之竹杯有二點不同：一為排灣族之竹杯唇部均為原竹管之厚度，而本標本之唇部卻削至極薄；另一為花紋之不同，本標本之花紋，除去純緣及足部為幾何形紋外，週壁中部之花紋為二株浮刻寫實花枝，此種寫實花文，為各族間所罕見者。本標本高20.5cm，口徑9.0cm[6]。

　　圖24：B-D所示竹杯，均採自排灣族，國立臺灣大學藏品。圖24：B（標本號1652）者，口緣有缺口，以供附於口邊之用。這種構造與我國古代銅爵之長流之作用恰屬相反，反使用飲用時酒漿易於漏出，使用不甚方便，其形態可能得自水筒（圖23：A-D），而非因經驗屢積而得的形制。環杯有線刻人頭，蛇紋和葉紋之組合紋。葉形紋為排灣族較屬少見之紋樣，值得注意。葉形紋亦金錢紋之變種，但可視為自人頭和蛇紋變化而來的紋樣。器面塗有紅漆，部分剝落。圖24：C（標本號1653）所示者，雕刻方法屬於木器之雕刻方法，與圖24：B之線刻不同，為浮刻，刻度頗深，達3-4mm。雕刻紋樣為人像，人頭，和蛇文的組合文，配列對稱工整。器面施塗紅漆，但已燻成黑色，一見頗難覺察其為竹製。圖24：D所示者（標本號1651），有三足，器面浮刻有人面三組。其大型人面之雕刻刀法頗為雄厚。大型人面之間上下各配有小型人面。上方菱形紋採取自最常見之百步蛇的背紋。最上部近口緣處所施之線刻為簡略人頭之連續文。這三件竹杯，因用竹之粗細相同，故其大小亦相去不多。圖24：B者高16.0cm，外徑9.0cm；圖24：C者高16.2cm，外徑8.5cm ；圖24：D者因附足，故較高，高27.5cm，外徑10.0cm。

㈢木杯

　　筒形木杯，國立臺灣大學僅收藏一件，採自排灣族，標本號1658，示如圖25：A。這件標本從其剖面（圖25：A剖面圖）所示；其底部凹入，形成圈足形態，可以推測其形制乃得自竹杯者。環杯所刻紋樣由人頭和蛇紋所組成，未施塗料，但已燻成黑色。本標本高12.0 cm，外徑 9.0cm。

──────────

⑥李亦園，前引文，曾有記述。

　　模做竹器的另一好例為圖25：C所示臺中張氏木杯。這杯的形態和圖24：D所示竹杯完全相同，所以可以推測其出自同一地，也許可能還是同一人的作品。自其三足的形態，我們還可以進一步的推斷木杯為模做竹杯而製作的。具有這種三足形態的大杯，我們還可以得到另一例，揭載於宮川次郎氏著作中[7]。宮川氏所揭木杯，環器所刻亦為人頭和蛇紋的組合紋，其大型人面以蛇紋代表人面之髮部，將嘴刻在杯足上，故杯足構成人面之下顎，其意匠可謂奇拔（看圖25：D）。

　　圖25：B所示為排灣族的有足木杯，為伊能嘉矩氏收集品，現藏國立臺灣大學，標本號269。本標本頗新，似未為族人所久用，但自其彫刻手法和文樣看，其為排灣族所刻製可無置疑。杯下附四足，略僂曲而有力。本標本高16.3cm，外徑10.0cm。宮川次郎氏在其著作中揭有另二件木杯[8]。環杯浮刻有人像四，人像牽手相連，頭部突出杯口，其腳部則下伸而成杯足（圖25：E-F）。這種形態的木杯，其所附刻人像的頭突出杯口，想非用以盛置飲料而供飲用者，但圖25：B所示木杯的足部，乃自木偶的腳部得其形態，則可由此說明。以圖25：B所示的木杯比諸圖25：E-F之所示者，前者不但在器形上較具實用，其彫刻意匠亦較幾何型化且洗鍊修整，堪稱為上乘之作。

　　圖25：G為伊能嘉矩氏採自巴則海族的木杯[9]，圈足而略作臼形。全器高13.0cm，分為身與足二部。身高8.0 cm，足高5.0 cm，口徑9.7 cm，為全器最大橫徑；週壁自口部起漸縮小，至底部為全

[7]宮川次郎，《臺灣の原始藝術》（1930），圖版8，圖17。
[8]宮川次郎，前引書，圖版7，圖16，圖版6，圖14。
[9]李亦園，前引文，曾有記述。

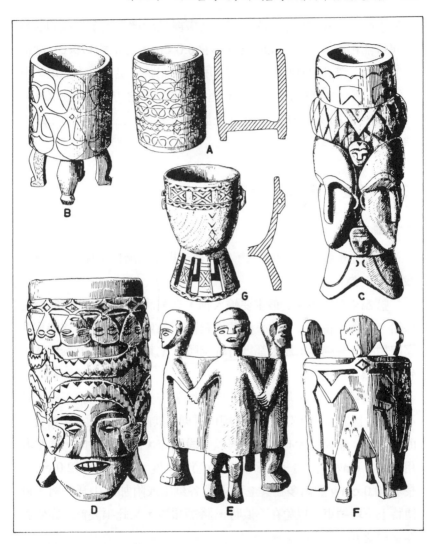

圖25　木杯　A-F. 排灣族；G. 巴則海族。

器最小橫徑。底部以下，圈足部分之橫徑又漸增大，至足底的橫徑幾與口部相近。唇部厚0.8 cm，器深6.0 cm，容量約170cc。身部週壁上有二帶孔附耳相對，並刻有所有者記號。足部雖為圈足，但已鏤空。器之文飾在足部及身部近唇處，為陰刻之方格紋及交叉紋。

本標本之形制頗為奇特，與上記各件不同，在外形上與下述木臼和木甌相類。

三、竹罐、木罐、和角罐

㈠竹罐

竹筒之無蓋者，用以汲水，其有蓋者則用供儲物。有蓋之竹筒，我們稱之為竹罐。

鹽為臺灣高山族的最主要輸入物，在前清時代，政府控制鹽之供給，以穩「番情」，故臺灣各族對鹽至為重視，鹽罐亦遂為重要家庭用品。臺灣高山族大都以竹罐儲鹽，尤其在無陶器的泰雅族，竹罐尤為重要的貯存器具。

鹽筒通常以上下均有竹節之桂竹段製作。將竹段切為二段，其下段近口部處削去竹皮，上段近切口處則削其內側，以便上下錯合，即成鹽筒。鹽筒有大有小，但因以竹段製作，故粗與竹同，通常取用徑10.0 cm左右者；長則不超過竹節之長度，通常短者12.0 cm，長者30.0 cm。鹽筒多在其上下兩段各刻出或附加以小耳一對，以便將上下段縛束，以免在不慎時，將鹽傾溢，又此項裝置，亦便於作懸吊之用。

圖26：A-F，27：B所示為鹽筒的諸型式。圖26：A為平埔族之鹽筒，但屬平埔族之何族，不明。矮身，全器高僅11.6 cm，徑9.8 cm -9.5 cm，故略作橢圓形。器身和器蓋約略相等，但器身內側凸出

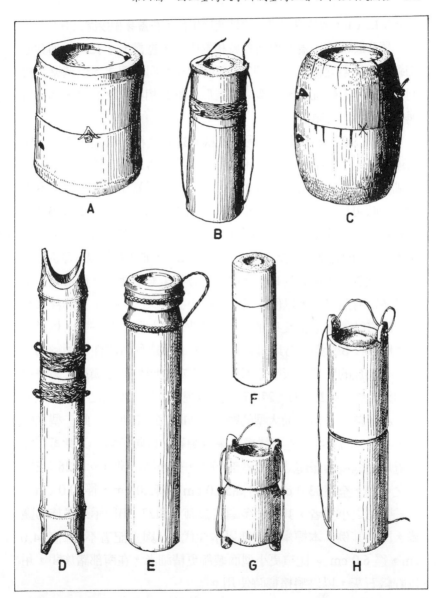

圖26 竹罐

A.、C.、G. 平埔族；B-E. 泰雅族；D. 阿美族；F. 布農族；H. 雅美族。

部分長1.5 cm，故器身略高。為使便於扣合，在蓋身相接處刻有「合」字。器身腰部和器蓋近頂部各於相對兩側器壁鑽有小孔，以備穿通細繩，緊縛器之兩部分。圖26：C所示亦屬同一型式，但週壁竹皮削去，兩端亦較細小，全體略作蛋形。蓋身相接處之╳紋，其用處與上記「合」字相同。

圖26：B所示為鹽筒之另一式樣。這種式樣，其製作方法，與前述者同，但較細長，其穿通細繩之小孔在器之上下兩端，縱走，故細繩經器底，穿出於兩側而上引，復穿經器蓋小孔，可將蓋身緊縛，同時可作吊繩，又對準小繩，蓋合亦比較容易。圖26：B者採自泰雅族，但同樣型式鹽罐，見於賽夏、布農、阿美、和卑南各族。同式而小型的竹罐，見於雅美族（圖27：E），雅美族用以貯藏漁具。

阿美族的另一種鹽罐，在構造上亦與上記者相同，但器之上下兩端各留有凸出部，以便於鑽通穿繩小孔。又，為防止小繩浮長易於紊亂打結，在上蓋及身部之近口緣地方各另附小耳一對，以供穿繩。圖26：B所示即為其例。阿美族亦有用這種竹罐作為油罐的。又，平埔族的小型石灰罐（圖26：G）亦屬同型。雅美族之另一型式的釣具罐（圖26：H，27：D）則可視為上記二型式之中間型式。

泰雅族的最常見而大型的鹽罐，如圖26：F所示。此一型式鹽罐，身長蓋短，身蓋近口緣處各束以編藤，以防破裂。又身蓋在編環處以麻繩或藤條連結，故蓋部揭開，仍連結於身部。圖26：E所示之一例，全高53.0 cm，身高50.0 cm，蓋5.0 cm，徑10.0 cm。

鹽罐之小型者，其表面多編藤為飾。圖27：B所示泰雅族的鹽罐，即為其例。本標本之蓋部以木栓代替，與上記者不同，高14.0 cm，徑 6.0 cm。比這更小型而裝飾更精細者，在南部諸族間，用以貯藏石灰，以供嚼檳榔時使用。

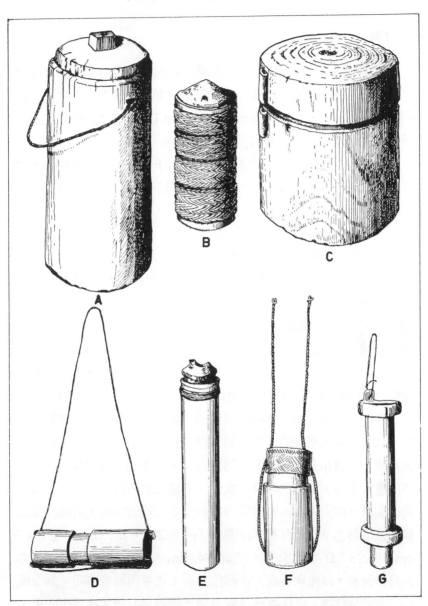

圖27　木罐　A. 泰雅族木罐；B. 泰雅族木罐；C. 鄒族木罐；
D，F，G. 雅美族竹罐；E. 布農族竹罐。

㈡ 木罐

圖27：A，27：C所示者為木罐。這種木罐自竹罐得其形態，殆無疑問。木罐用以貯藏食物，如醃肉之類，但晚近已很少用。圖27：C者採自鄒族，高16.2cm，徑14.5cm；圖27：A為作者見於泰雅族間者，高43.0cm，徑17.0×21.0cm。

竹罐亦用以貯存其他物品，如圖26：F所示採自布農族者，用以收藏口琴；圖27：E所示，亦採自布農族，則用以放置火藥。

㈢ 角罐

臺灣高山族雖有用竹罐盛置火藥者，但火藥罐大多以獸角製作。火藥罐用以盛置火藥，故與火槍有關。火槍自漢人輸入，故火藥罐的形式亦與漢人昔日之所用者相同，是很自然的事。漢人昔日的火藥罐，有以水牛角製作者，這種水牛角製作的火藥罐，亦見於臺灣東部的諸族，圖28：A採自花蓮縣太巴塱社，圖28：B採自東部泰雅族；即為其例。此二標本的測量：A圖全高28.0cm，底寬12.0cm；B圖全高9.5cm，底寬4.0cm。圖28：C-D所示二標本為排灣族的木製火藥罐。貯藏火藥，在防止濕潤的用途上，角製品當比木製品為佳，故這二件火藥罐的形態想為來自其較常用的角製品。這種木製火藥罐，常選用最堅緻的木材為其材料，仿牛角，刳空其中心部，下端塞以木栓，上端則有筒形塞蓋，不過我們所得這二例，其塞蓋均已失落。這兩件標本的器面均有百步蛇紋樣的鑲嵌，這種紋樣為排灣族的特色。這兩件標本的測量為：圖28：C高15.0cm，底寬4.0cm；圖28：D 高10.5cm，底寬亦4.0cm。圖28：E之火藥罐，亦採自排灣族，以鹿角製成，在形態上與上述牛角製者不同。其表面刻線有細緻紋樣。這種紋樣自戴有豬牙帽飾之人頭文樣變化而來，

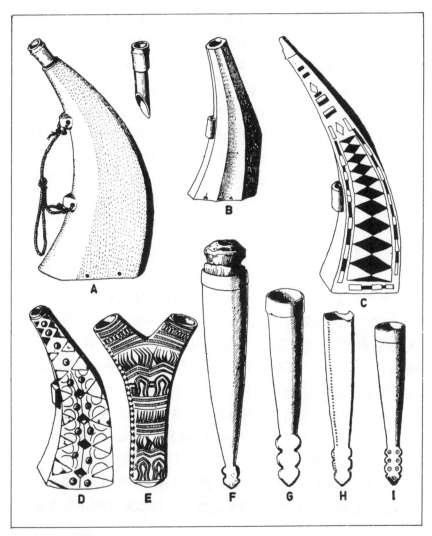

圖28　角罐

A-E. 火藥罐；A. 阿美族；B. 泰雅族；C-E. 排灣族。F-I. 雅美族山羊角製貯金筒。

與常見於排灣族上衣之珠飾文樣相同。本標本高9.8cm。

山羊角製成的角罐,雅美族用以貯藏金物,圖28:F-I所示為其四例。F圖所示者,為宮本延人氏的採集品,G-I圖三標本則為國分直一氏的採集品。F圖標本全長14.7cm,並附有長3.5cm之木栓。木栓中央有徑約1.0cm之穿孔。穿孔貫通兩端,故可由此與容器內部相通。也許小孔原來更附有小木栓,也未可知。G圖標本全長12.7 cm,H圖標本全長11.3cm,I圖標本全長10.8cm。

淺井惠倫氏以這種角罐與見於巴丹島者相同,證明巴丹與雅美屬同系;他並從語言學的立場,予以佐證[⑩]。

四、木桶、桶形木箱

木桶的構造大體和木杯相同,通常均在容器部分下附有矮足。

圖29:A-C所示為排灣族木桶。圖29:A所示者為宮川次郎氏舊藏品,曾著錄於氏之著作[⑪];圖29:B所示者現為臺中張氏所珍藏;圖29:C者則為國立臺灣大學考古人類學系民族調查實習班於民國四十四年調查排灣族時採自來義村者。根據實習班的報告,這種木桶用以盛置祭物,但宮川氏則以其為「粟桝」,即用以計量穀物的容器。不過,自其刻有人頭和蛇紋,我們可以知道它們都是頭目家系之所持有。圖29:A-B所示二標本,其彫刻面頗為粗糙,但卻更能表現出原始彫刻的樸野的情趣。圖29:A標本所刻文樣為人頭和半身人像的組合紋,全面填滿,幾無空隙;圖29:B標本刻有並立

---

⑩淺井惠倫,〈バタンとヤミの比較,その土俗品について〉,《南方土俗》第5卷第3、4號(臺北,1939)。

⑪宮川次郎,《臺灣の原始藝術》(1930),圖版10、14。

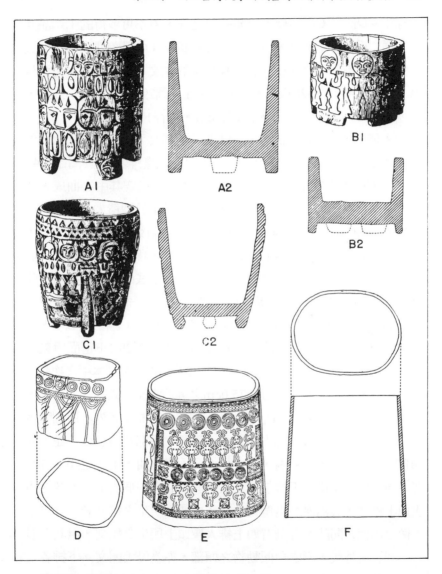

圖29　木桶

A-C. 排灣群小型木桶；D-F. 排灣群大型貯穀木桶。

人樣十。圖29：C所示標本為頗純熟之作，為不可多得的木彫品。
其文樣：近口緣處有連續三角形文和曲折文；中段刻並列傳統形式
人像；下段有菱形文、鹿文和各種形式的蛇文。上記三標本之測量
為：圖29：A者，高26.0cm，口徑19.5cm；圖29：B者，高14.0cm，
口徑18.0cm；圖29：C者，高22.5cm，口徑17.5cm。

　　木桶之大者可以用供貯藏穀類及其他糧食。排灣族和魯凱族的
穀桶甚屬大型。圖29：E-F所示採自魯凱族阿禮村之一例，高達124.0
cm ，外徑 118.0 cm。這種穀桶均利用大木挖空其中心而成，無
底，下墊以木板以為底。無底的理由可能是由於體積太大，附底不
易堅牢。如依小型木桶形制製作，要能容受如許體積之穀物的重量，
其底部必須甚厚，則容器的重量大大的增加，移動至不方便。無底
的另一理由可能在於清除殘穀的方便。這種無底的容器，如擬清除
殘穀，只須把桶移去或上提，而不必將全器倒翻，甚為便利。

　　穀桶的桶面，有不施彫刻或只有簡單文樣者（圖29：D），但
亦有刻有相當整齊的文樣如圖29：E所示者。圖29：E正面所刻文
樣之變化和配列，至為整齊巧妙，堪稱為排灣群木彫標本中之逸品。
全面刻有人像十，除其右方高75.0cm之屬於常見型式之大型者外，
其餘九個人像均在30.0cm左右。上排六個，除靠左者外，性別表示
明顯，三男二女。這六個人像均兩手叉腰；頭部左右各生一蛇，向
頭頂彎曲；頭頂生蛇一對，向上生而向兩邊彎曲，兩蛇之間形成心
形，構成優美文樣。下排三個人樣，其中間之一個為上排人像之省
去頭上蛇文，其兩邊之兩個則為又省去頸上所生之蛇文者。下排三
人像之兩個之間隙，各刻有如上排人像頭上所生之蛇文，但其心形
為二圓孔所替代，形成類似動物之頭部，亦為優美圖文。下排各人
像間及其兩旁之靠下方，刻有方形及弧文組成之葉文，人像兩旁之
靠上方刻有蜷蛇文，下排左方另有一半身像，其下身接有雙弧形文

（double-curve design），又中段靠左方亦有雙弧形文，均為排灣群木彫上之不常見之變化文樣。靠上端中段各刻有重心圓（concentric circles）一排，上七下六，由其完整之圓形，我們可推知有圓規之應用。重心圓之中心部及上排人像近肩部處釘飾有螺錢形瓷片。瓷片可能自漢人購得。

　　圖30：A所示為泰雅族的桶，在形制上，與上述排灣族的木桶（圖29：A所示者）相似，但器身較高，而有蓋。又器面雖有三道橫繞曲折文，但無排灣族所施刻之複雜文樣。本標本高41.0cm，徑23.0cm。

　　圖30：B所示為雅美族用以貯粟的木桶，作長筒形，有蓋而無足，其形制可能得自竹罐者。高約70-80cm，口徑22-24cm，雅美族人稱之為anaravan[12]。

　　圖30：C所示布農族的木桶，作缸形，原來可能有蓋，但現已失落。這種形態，可能得自陶器。高48.0cm，口徑18.0cm，腰徑34.0cm，底徑18.0cm。

　　布農族的另一種木桶，如圖30：E所示，其形態與木罐相同，有蓋，以「錯口」蓋合。其上結有藤編網，以使其更為堅牢。國立臺灣大學所藏之一件，高48.0cm，頂徑43.0cm×29.0cm；腰徑48.0cm×32.0cm；底徑42.0cm×28.0cm。布農族人用以貯藏衣服。

　　圖30：D所示為平埔族的桶形木箱。此一標本製作和刻文均甚精美，故想亦為用以貯藏重要衣物者。標本簿記其採自噶瑪蘭族，其器面所刻文樣，亦甚具噶瑪蘭族木彫的特色。全器作有蓋圓桶狀，高33.0cm，口部外徑41.0cm，內徑36.0cm。平底，橫徑較口部略

---

[12]Kano and Segawa, *An Illustrated Ethnography of Formosan Aborigines*, Vol. I, *The Yami*（Tokyo, 1956），p.239。

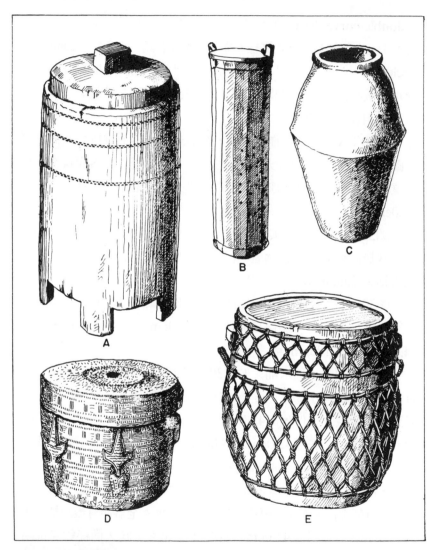

圖30　桶形木箱

A. 泰雅族；B. 雅美族；C-E. 布農族；D. 噶瑪蘭族。

小，為34.0cm。口部有「錯口」用以扣蓋。蓋高7.0cm，蓋頂中心有一圓孔，沿圓孔外周有環形突起，但多破損，僅剩痕跡而已。全器外表除蓋頂與底部外，密刻有陰文幾何形文，以波狀文和縱線文為主。器身及蓋之週壁，有二對長耳相對，耳上亦刻有花紋。器身週壁除二耳外，又有二對象徵人形之浮刻，均戴有頗高大之羽冠，兩手高舉於冠之兩旁，兩足併攏，額前及手足均有陰文之裝飾刻劃。惜因器物古舊，多有破損，雕像之手足多模糊不清。關於此種形式之人形雕像，常見於噶瑪蘭族之家屋雕刻上，伊能嘉矩和新井英夫諸氏，在其討論平埔族的木彫時均論及之[13]。本標本中所刻人像，屬同一型式。

五、漁具盒

蘭嶼雅美族以捕魚為其主要生產手段，故對漁具相當重視，製造各種不同形態的容器，以供貯藏。用以放置漁鈎的，稱tataivan，有竹製和木製兩種，上文中，我們已記述其竹罐，本節記其木盒。

貯藏魚鈎的木盒，大體可分為二式，一種為扁平式，一種為豎立式。

扁平式的普通作長方形，圖31：A-B所示，即為其例，A圖示其揭開狀態，B圖則示其蓋合狀態。這種木盒，盒身和盒蓋各以一整片木料刳刻而成，身蓋之大小相同，但口緣內側上凸，以便與蓋部錯合。身蓋之兩端各有小突出部，其上鑽有小孔，以便通繩將器

---

[13]伊能嘉矩，〈宜蘭地方に於ける平埔蕃の彫刻畫〉，《東京人類學會雜誌》，第12卷第129號（1896）。新井英夫，〈平埔蕃の木彫に就いて〉，《科學の臺灣》，第4卷第4號（1936）。

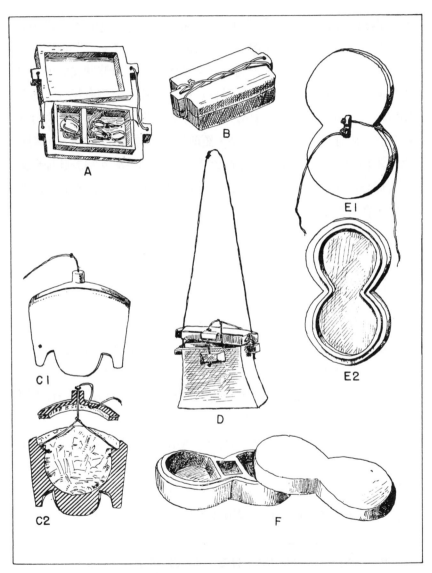

圖31　雅美族漁具盒

之兩部分緊縛。身部通常分為二隔，一大一小，大者以容釣繩，小者以容釣鈎。其測量通常為高3.0cm，長16.0cm，寬8.0cm。

蘭嶼雅美族最喜歡的一種造型形態，是繭形，雅美族稱這種形態為Obai。他們常常用銀片，銅片作成這種形態，懸掛於胸前以為裝飾。由於對這種形態的喜愛。他們的漁具盒亦頗多彫作這種形態，圖31：E-F所示即為其例。Obai形木盒的製作方法與方形者同，但其兩端無突出。為縛緊器身與器蓋，通常以小繩紮纏器腰（即繭形之細腰），但亦有如圖13：E所示，其器蓋上附刻以小鈕，以供縛繩者。這種木盒的一般測量為，高3.3cm，長14.0cm，寬7.0cm。器面上常施有各種刻文，但以交錯平行線文為常。

豎立式如圖31：D所示者，可視為扁平式將其器身增高的形態、下身長而上蓋短，但身部兩端寬而中腰狹的形態，值得注意。這亦是雅美族所喜愛的一種造型形態，他們的以鸚鵡螺貝製作的胸飾，以棕樹皮製作的日遮，主要人像胴體文樣的家屋主柱（Tomok）均作此形態。圖31：D所示木盒，高8.0cm，上端寬6.0cm，底部寬8.0 cm，厚3.5cm。

豎立式的另一種形態如圖31：C所示，其側面亦作上下寬中腰狹的形態，但上端比下底大，並附有足部。蓋之構造亦與上述者不同，作「陷入」式而非「錯口」式。圖示木盒高6.0cm，上寬6.0cm，下底寬5.0cm，厚2.5cm。與這種木盒同樣形態的木盒見於巴丹島[14]。

---

⑭淺井惠倫，〈バタンとヤミの比較、その土俗品について〉，《南方土俗》第5卷第3、4號（1939）。

六、臼杵和木甑

　　臺灣高山族，除雅美族外，均以穀食為主，即雅美族亦視粟為最神聖的農作物，而有粟祭和共同搗粟的祭儀[⑮]。穀類的食用，在準備過程中，臼杵為其一重要道具，所以臺灣高山族均有臼杵的應用。臺灣高山族的舂臼多為木製，多作筒形。

　　筒形臼見於各族，但在形式上各略有不同。泰雅（圖33：A）、鄒族、和阿美族者，在構造的比例上，較為短闊；但泰雅者細腰，鄒族者無腰，而阿美者則低腰。排灣群之一般木臼均較細長，但亦有粗矮者（圖32：A）；賽夏者碗部淺闊而足部較高（圖33：C），布農者口細而腰低，邵族者有提耳，雅美者則體長而口淺（圖33：D-E）[⑯]。

　　國立臺灣大學藏有排灣族大小型木臼八件，雅美族大小型四件，泰雅族大型木臼一件，和賽夏族大型木臼一件，茲分別說明如下：

　　圖32所示木臼為排灣群諸族最常見的舂臼型式。排灣群的每一家戶均持有一個或一個以上的這種形態的木臼，以備搗穀之用。排灣群諸島和臺灣其他土著一樣，差不多每天都是要食一點纔搗一點，因為穀穗比較容易保存，所以木臼是不能一日或缺的家庭用具。圖32：A所示者採自卑南族卑南鄉知本村，圖32：C者採自排灣族來義鄉來義村，從這二例，我們可以看出排灣群木臼在地域上的型式

---

⑮鹿野忠雄，〈紅頭嶼ヤミ族の粟に關する農耕儀禮〉，《民族學研究》第4卷第3號（1938）。

⑯關於臺灣高山族木臼的諸型式，請參閱陳奇祿，《臺灣排灣群諸族木彫標本圖錄》（1961），頁66-73。

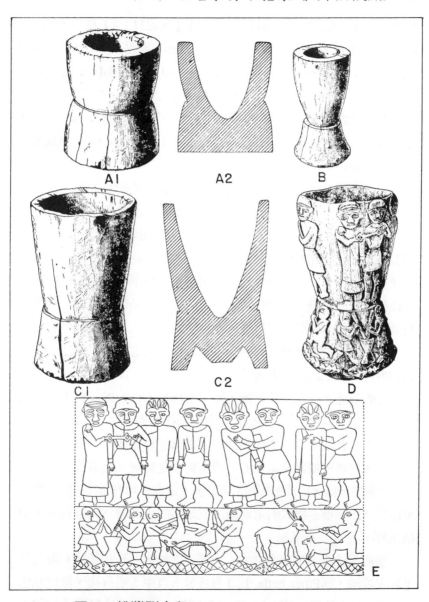

圖32　排灣群木臼

的不同。這二例是排灣群搗穀木臼的中型者，圖32：A（標本號2921）者器高29.5cm，腰高13.0cm，口徑25.0cm，腰徑21.0cm，底徑24.0cm，口深20.0cm；圖32：C（標本號760）者器高44.5cm，腰高15.0cm，口徑27.0cm，腰徑21.0cm，底徑24.0cm，口深31.0cm。排灣群木臼的大型者高可五、六十公分、小型者如圖32：B所示（標本號3944-2），器高26.8cm，腰高8.6cm，口徑15.0cm，腰徑8.0cm，底徑14.5cm，口深15.5cm。

排灣群的族人，尤其是頭目階級，喜歡在他們的木器上施刻文樣，即家庭日常用具如搗穀木臼，亦每銳意彫劃，圖32：D所示即其一例。器面所施浮刻，題材取自他們之最親切熟習的生活事象（看圖32：E）。上段彫有成對的男女四組：男女並立者一組；男子把手繞攔於女肩，好像表示愛情者兩組；另一組則刻兩人手執連杯。下段刻有另外一種情趣的生活景象三組：一組是帶著獵犬的男子在打獵，一組是兩個男子把獵獲的鹿倒懸着放在火上，一面燒着，一面宰割着他們的獵獲物，另一組則為男子持執着木杵，正在搗穀。我們可以說：上段的主題是情趣的生活的寫照，而下段的則是生產的生活的描述。繞在臼的下緣，彫刻有蜿蜒的百步蛇一對，這二條百步蛇，好像是用來聯繫着下段的諸圖樣似的。

東南亞住民所喜用的嗜好品中，檳榔是最重要的一種，所以人類學者多以嚼檳榔為東南亞的一種重要文化特質。在臺灣，尤其在嘉義以南的地區，由於檳榔的出產甚多，故各族均有嚼檳榔的習慣，卑南族且以檳榔為儀式的重要祭品或婚事的主要聘物，其村落多環植檳榔，另有一番風味。

檳榔果的咀嚼年輕齒健的人，多以之加入石灰和蒟醬（漢人稱荖藤或蔞藤，即Piper betle, L.）直接放入口中，嚼碎後，滲出紅色的果汁，其味甚澀。老年人的咀嚼力衰退，而檳榔果似乎過為堅硬，所以用小臼先把它們搗碎，然後加上石灰和蒟醬，同置入口中。圖34：A-D，F所示五例，便是排灣族用以搗碎檳榔果的小臼。這五例均頗細小，其三例之測量為：圖34：A（標本號3595）器高13.4 cm，腰高5.3cm，口徑8.5cm，腰徑5.5cm，底徑8.5cm，口深4.2 cm，圖34：B（標本號1659）器高10.5cm，腰高4.0cm，口徑7.4 cm，腰徑4.5cm，底徑7.1cm，口深5.5cm，圖34：D（標本號3454）器高16.6cm，腰高7.0cm，口徑12.1cm，腰徑12.5cm，底徑9.6cm，口深8.8cm。

　　臺灣高山族，除排灣群外，蘭嶼的雅美族亦有搗檳榔小臼。圖34：E，H所示為雅美族人用以搗檳榔果的小臼。其測量為：圖34：E（標本號524-1），器高9.5cm，腰高3.8cm，口徑8.5cm，腰徑5.0 cm，底徑7.3cm，口徑3.0cm，另一標本（標本號524-2），器高8.5cm，腰高4.2cm，口徑6.2cm，腰徑4.0cm，底徑5.6cm。圖34：H（標本號524-3）在型式上與前二件不同，闊矮無腰，但附有耳部，耳部有穿孔。其測量為高3.8cm，口徑7.0cm，底徑6.0cm，口深2.5cm。

　　雅美族的大型木臼用於搗粟儀禮。國立臺灣大學所藏一例，標本號519（圖33：E），口淺，細腰，環腰有帶狀突起，為未見於臺灣其他各族之形態。其測量為：器高55.0cm，腰高20.0cm，口徑38.0cm，腰徑20.0cm，底徑31.0cm，口深13.0cm。

　　泰雅族的木臼可分為兩種型式。其一式口闊，大底，細腰，此式較屬大型，其測量為器高50.0cm，腰高20.0cm，口徑38.0cm，腰徑15.0cm，底徑50.0cm，口深20.0cm者為常，國立臺灣大學無此一型式木臼之收藏。泰雅族木臼的另一式樣。如圖33：A（標本號670）所示，矮身而腰徑亦較大。本標本之測量：器高24.0cm，腰高9.0cm，口徑27.0cm，腰徑15.0cm，底徑25.0cm，口深10.0cm。

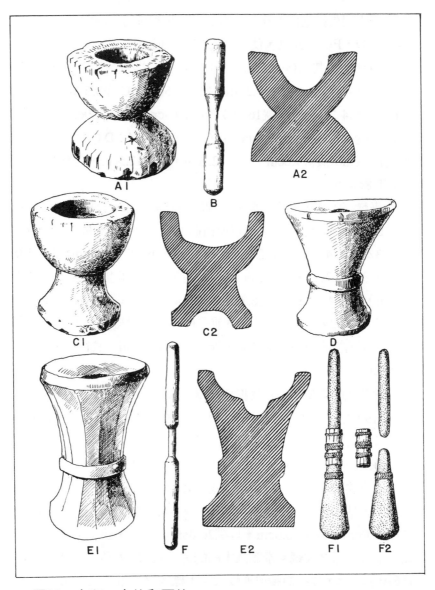

圖33　木臼、木杵和石杵

A-B. 泰雅族；C. 賽夏族；D-F. 雅美族；F. 阿美族。

圖34　搗檳榔果小臼

A-D，F. 排灣群；E-H. 雅美族；G. 雅美族搗檳榔用石杵。

　　賽夏族的木臼，如圖33：C所示，其形態如我國上代之木豆或陶豆。本標本採自十八兒社，其測量為：器高55.0cm，腰高28.0cm，口徑48.0cm，腰徑22.0cm，底徑40.0cm，口深17.0cm。器面塗施有紅綠油彩，作幾何文樣，可能為儀式時所使用者。

　　臺灣各族所用的杵，雖亦有用石板石製成的，如圖33：F所示採自卑南族知本村，現藏國立臺灣大學的石杵，但大部分均為木製，且各族所用者其形態均頗一致，均以中腰細兩端大之木段為杵。杵之長短，泰雅族、賽夏族者最矮，長約40.0cm（標本號670，圖33：B），雅美族、排灣族、卑南族、魯凱族等者較長，約在100.0cm左右（圖33：F）；阿美族邵族者最長，多在100.0cm以上，長者可及200.0cm。排灣族的木杵施刻有文樣者，國立臺灣大學所藏標本號2428木杵，其上下段均刻有男女人像一對。

　　搗檳榔小臼所用的杵則常用小塊長石磨成，或利用天然石，如圖34：G所示。

　　甑為臺灣土著各族的一種文化特質。臺灣各族的甑可分為四種，一種陶製，作葫蘆形，見於宜蘭平埔族和東岸阿美族[17]，阿美族現仍製作這種陶甑[18]；一種樹皮製，見於阿里山鄒族[19]；一種竹製，為漢人所輸入者，於晚近普遍為各族所用；另一種為木製，見於平埔，泰雅、布農、阿美、和卑南各族。

　　《彰化縣志・番俗篇》記云：「甑以大木刳，虛其中若桶，編

[17]陳麒，國分直一，〈甑，臺灣原住民族工藝圖譜〉，載《臺灣風土》（1949年2月21日）。

[18]陳奇祿，〈猫公阿美族的製陶、石煮和竹煮〉，《考古人類學刊》第13、14合刊（1959）。

[19]衛惠林、余錦泉、林衡立，《曹族志》（1949年）。

箆為臍。」各族所用的木甑則屬此類。

　　國立臺灣大學收藏有平埔族木甑兩件。圖35：A所示者，標本號273，採自道卡斯族後壠社。器以整段木頭刳成，外形甚類各族所用木臼，但有腰無底，故身部與足部相通。使用時，在腰部置箆編中隔，將甑分為上下兩部，食物放置於中隔上之上部。然後將全器放置於盛水之鐵鍋之上，而將鍋置火上，而木甑之上則罩以木蓋。當鍋中水沸，蒸氣經中隔上昇，則放置於中隔之上的食物為蒸氣所蒸熟。本標本之測量為：器高28.2cm，口徑20.0cm，腰徑14.7cm，底徑21.0cm。

　　圖35：B所示者，屬平埔族之何族，不明。在形態上與見於後壠社者相若，但腰低而器壁之兩側附有提執之雙耳。其測量為：器高44.0cm，口徑34.0cm，腰徑24.0cm，底徑32.0cm。

　　國立臺灣大學藏有泰雅族木甑兩件。其形態均如圖35：C所示，但標本號1610者有蓋。蓋亦木蓋，與口徑之大小相符。此二件標本之測量為：標本號730；器高37.5cm，口徑21.5cm，腰徑17.5cm，底徑22.0cm；標本號1610，器高61.5cm，口徑25.0cm，腰徑20.0cm，底徑24.0cm。

　　國立臺灣大學未有排灣群諸族的木甑的收藏，但作者在調查卑南族時記錄得一件，宮武辰夫氏在其《原始民藝圖集》[20]亦著錄有一件，茲引記如下。

　　排灣群的木甑的外部形態亦與木臼相同，而中心刳空無底。圖35：D所示者為作者於民國四十三年調查卑南族時，記錄自南王村者，高43.0cm，口徑31.0cm，腰徑18.0cm，底徑28.0cm，近口緣與腰部有環形及弧形刻文。圖35：E所示木甑著錄於宮武氏著作，

　　[20]宮武辰夫，《原始民藝圖集》第一輯（1940），圖版9。

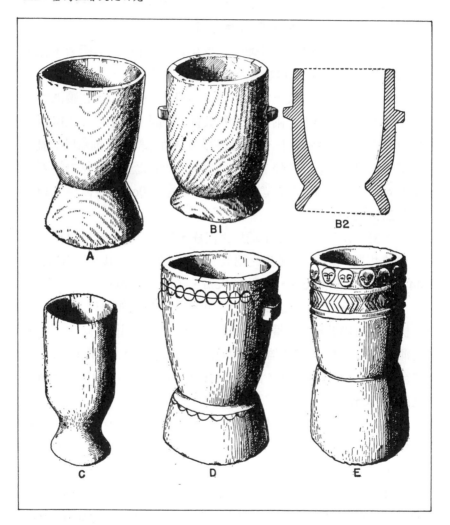

圖35　木甑

A-B.平埔族；C.泰雅族；D.卑南族；E.排灣族。

根據宮武氏的記載，可知其構造與我們上面所記述者略有不同，即中腰部未刳通，而留有分隔上下兩部的木段，在這木段上穿鑿有豆粒大圓孔十餘個，故在應用時無需另置籠底或中隔。蒸炊食，蒸氣通過小孔，即可把上段的食物蒸熟。器面近口緣處刻有人頭和蛇文變化文。宮武氏以其稚拙美，譽為原始藝術之逸品。

七、連杯

連杯為見於排灣族的一種特殊形態的器物。連杯稱為ragal，用供飲酒。合飲者二人，一以左手，一以右手，端杯並飲，在原始民族的樸素生活中，另有其情趣。

國立臺灣大學收藏有連杯十七件。因均屬排灣族。在拙作《臺灣排灣群諸族木彫標本圖錄》[21] 中，曾作詳細記述並揭附圖版，所以在這裡只作概略的說明。

連杯的構造為二個方升形的杯部，中間以柄相連，而兩端有柄可供持執。杯部的大小，其口部對角線之長度，大者為17.0, 14.0cm；小者為6.8, 10.0cm；而多數為11.0cm；其深度則自3.3cm至7.0cm不等；杯底比杯口略小，故其杯的容量多在300c.c.左右。兩杯口之中心相距29.0cm至42.0cm不等，全器長度則自43.0cm至91.0cm不等，故可供二人並肩飲用。

連杯多用於歡宴或祭儀，故多刻意裝飾。常雕刻有線文或浮文，亦有其器端作象形雕刻者（圖36-37）。

排灣族以外的臺灣土著各族，亦有二人合飲的風習，但卻不用連杯。

---

[21]陳奇祿，《臺灣排灣群諸族木彫標本圖錄》（1961），頁74-81。

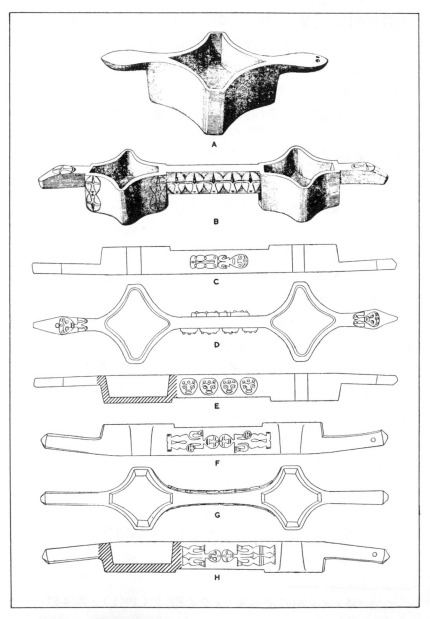

圖36　排灣族連杯㈠

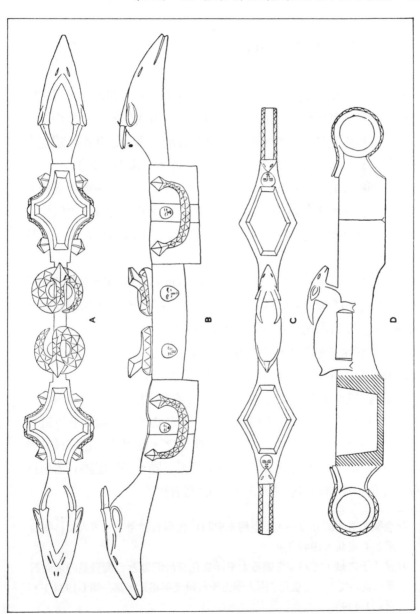

圖37　排灣族連杯(一)

八、骨杓、木杓、和竹勺

原始人用獸骨做成各種器物，其比較堅牢的，如跟骨，可用作骨環、骨錐，其比較扁闊的，如肩胛骨，則可用作飯杓。骨杓的應用，在臺灣僅見於泰雅族，但在東南亞各地，則不乏其例，國立臺灣大學收藏有採自海南島黎族的骨杓一件。（圖38：F）。

圖38：A-E所示五件標本均為泰雅族所用者，現藏國立臺灣大學。從這五件標本，我們可以知道泰雅族用鹿的肩胛骨作為飯杓。圖38：A-B兩標本仍具有原來獸骨的形態；圖38：D則在形態上甚類木杓。

五件標本的測量為：圖38：A，長15.8cm；圖38：B，長21.4cm；圖38：C，長15.6cm；圖38：D，長12.7cm；圖38：E，長13.0cm。圖38：F者採自海南島黎族，長20.7cm。

泰雅族除骨製的飯杓外，有木製飯杓。木製飯杓有形態和大小與圖38：D相類者，也有柄部較長如圖38：H所示者。

臺灣的先史石器中，有一種和這些骨器在形態上，尤其與圖38：B,E所示相類者，金關丈夫和國分直一稱之為靴形石器，並以這種石器之形態，可能得自鹿之肩胛骨，換言之，即可能為自這種骨器演變而來的[22]。移川子之藏教授研究巴圖石器，則以巴圖石器所持有之稜角，亦為得自鹿之肩胛骨之形態者[23]。

---

[22]金關丈夫、國分直一，〈臺灣先史時代靴形石器考〉，《人文科學論叢》（臺北，1949）。

[23]移川子之藏，〈パツを繞る太平洋文化交渉問題と台灣發見の類似石器に就いて〉，《臺北帝國大學史學科研究年報》，第一輯（1934），頁431-449。

　　圖38：H所示標本為山中樵氏原藏品，現為國立臺灣大學所收藏，標本號3583，標本記錄簿記載為「飯匙」，其測量為長46.0cm，闊8.0cm，厚1.0cm。

　　圖38：G所示標本為社子貝塚之出土品。為家犬之肩胛骨削去其一部而成的。全長11.5cm。如果我們注意其形態，可推定社子貝塚時代的人類有圓底廣口鍋的使用。國分直一先生且以其可能已進入鐵鍋的使用時代[24]。

　　排灣族的飯杓作圓板形，屬於比較進步的形態。現在臺灣漢人之所用者，其形態亦與此相同，故這種圓板形飯杓，是否由漢人的影響而得其形態，尚待考證。國立臺灣大學藏有排灣族的飯杓二件。圖39：B所示者標本號3579，採自高士佛社，山中樵舊藏品，無裝飾，全長25.3cm；柄長15.3cm，闊4.2cm，厚1.4cm，圓板部作圓形，徑10.0cm，厚0.8cm。圖39：A所示者，標本號1739，宮川次郎舊藏品；全長20.0cm，柄刻人像，長11.2cm，闊2.8cm，厚2.5cm；圓板部長8.8cm，闊7.7cm，厚0.7cm。

　　竹勺見於阿美族和泰雅族，型式不同。阿美族者，柄附於竹節之端，或利用竹節原有之分枝為柄，如圖40：A所示。泰雅族之竹勺以竹節之一端為匙底，而以竹節之壁部刻成執柄。以此二型式比較而言，阿美族者類瓢勺，泰雅族者類木勺，後者可視為比較進步的型式。

　　泰雅族除瓢勺外，有木勺，可分為二種型式。其一椀部作長圓形，柄部甚短，可視為得其形態自瓢勺；另一則椀部作圓形，柄部

―――――――――――――――

[24]陳棋、國分直一，〈臺灣原住民族工藝圖譜〉，載《臺灣風土》（1949年7月18日）。

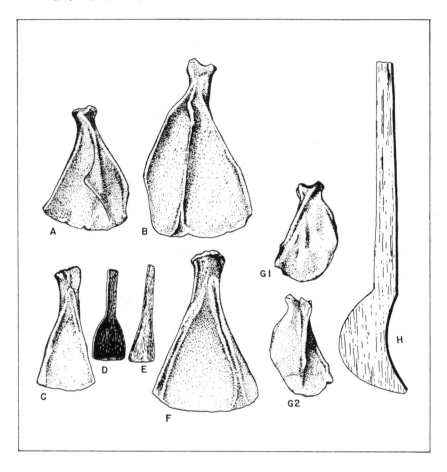

圖38　骨杓和木杓

A-E. 泰雅族；F. 海南族黎族；G. 社子貝塚出土；H. 泰雅族木杓。

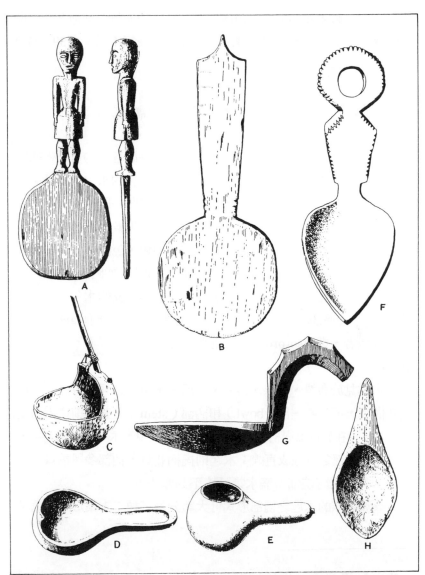

圖39　A-B. 排灣族木杓；C. 雅美族椰子殼水勺；D. 泰雅族瓢勺；E.
阿美族瓢勺；F-G. 布農族木匙；H. 阿美族木勺。

較長，為比較進步的形式。椀部作圓形的木勺亦見於其他各族。圖
40：B-C所示二例，均採自排灣族，其柄部長短不同。圖39：H為
阿美族木勺。

九、瓢勺、椰殼匙、和木匙（附瓢器）

水勺的原始形態可能來自瓢單或竹節。臺灣各族均有瓢壺的應
用。瓢壺剖半或予以加工，即成水勺。臺灣各族的水勺均用葫蘆瓢
製作，可分三種形態：其一為葫蘆下部之一側開一圓口。這種形式
的水勺見於布農族者較屬大型，見於阿美族者則較屬小型。另一形
式見於卑南族，在形式上與見於阿美族者相類，但開口較小，如圖
39：E所示者。泰雅族的瓢勺則以葫蘆瓢剖半而成，如圖39：D所示。

蘭嶼雖有瓢瓜，但很少用以製作容器。雅美族的水勺，多以椰
子殼製作，如圖39：C所示即為其例。此種碗部較深者稱tano；另，
椀部較淺者，則稱sororo。此二種椰殼勺，均用作調羹，取食飛魚
羹[25]。

木匙見於布農、鄒族、魯凱、排灣、卑南、和阿美各族。木匙
依其構造，可分為椀部（bowl）和柄部（stem），其與前述木勺之
不同處，亦在於椀部與柄部之劃分上。大體上說，木勺以椀部為主，
柄部多與椀部之口緣成直線；木匙則椀柄並重，柄部多與椀口成一
角度，故使用時椀部所盛水漿可較不易傾失。

臺灣各族的木匙之椀部形式可大體分為二類：⑴葉形，⑵瓜子

---

[25]Tadao Kano and Kokichi Segawa, *An Illustrated Ethnography of the Formosan Aborigines*, Vol. I. *The Yami*（Tokyo）, 1956, p.251.

形。所謂葉形，指椀部之最闊處在中央部，故端部較圓；瓜子形指最闊處近柄部，故端部較尖。葉形見於各族，瓜子形則多見於排灣、卑南、魯凱、和布農，尤以布農族為常見。椀部的大小，因匙全體的大小而異，但卻與柄部的長短似乎沒有比例上的關係。但大體上柄部與椀部之長度約略相等。椀部的長度，依國立臺灣大學所收七十四例算出，平均約8.0cm；闊度平均為5.0cm，深度平均為1.0cm。容量自10cc至40cc，但其大多數為20cc。

　　排灣群木匙的柄部銳意裝飾，其題材雖與見於其他器物者同為人頭、人像、或蛇文，但可謂極盡變化的能事。在國立臺灣大學所收藏的四十八個例子中，雖有數例無裝飾的，如圖40：D所示，但其有刻劃者，則無一相同者。柄端刻有人頭的有十例，圖40：E所示者較型式化，而圖40：F所示者刻人像則較寫實。圖41：A之人像身部變化為蛇文或蛇文變化之幾何形文。圖41：B-C二例之柄部作蛇形。圖41：D則首部作蛇頭形，而全柄刻相疊蹲踞人像三和人頭一。圖41：E全柄刻相疊人像二。圖41：F之首部刻蛇形與人頭形。圖41：G之首部作銀杏葉形。

　　排灣族木匙的首部有時刻一木梳，如圖42：B-D所示。同一器物，梳為匙之柄而匙為梳之柄。婦女們頭戴一梳，用膳時則可用作匙以取食，堪稱便利[26]。

　　鄒族、阿美族、和排灣群諸族木匙的椀部與柄部所成的角度在110°至170°之間，而以120°者為最多。布農族的木匙，則椀柄構成的角度較小，大多數在80°-120°之間。這樣我們可以分辨出

---

[26]關於排灣族木匙的記述，請參閱陳奇祿：《臺灣排灣群諸族木彫標本圖錄》，1961，pp.81-91。

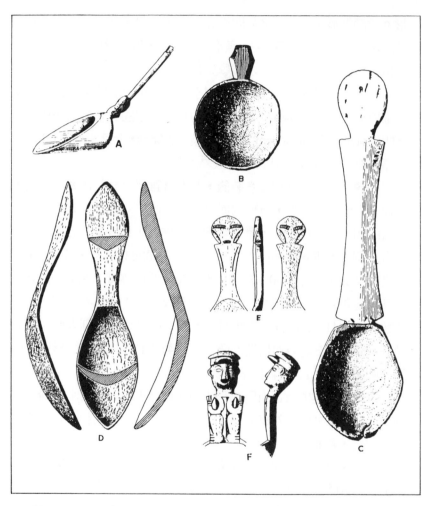

圖40　A.阿美族竹勺；B-C.排灣族木勺；D-F.排灣族木匙。

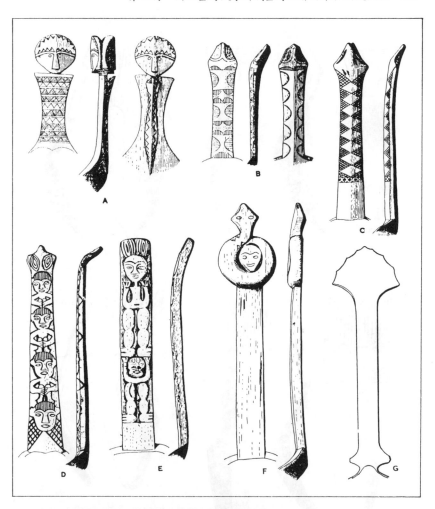

圖41 排灣族木匙柄部之各種變化造型

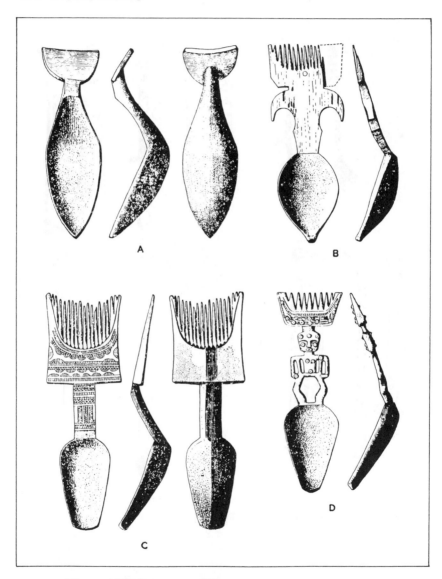

圖42　排灣族的梳柄木匙

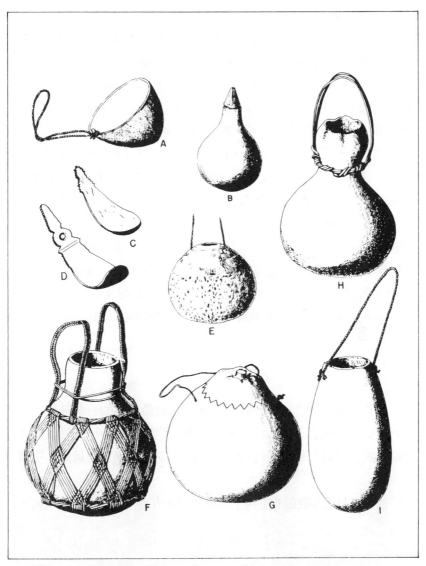

圖43　A. 雅美族椰子殼勺；B. 雅美族瓢罐；C-D. 雅美族椰子殼匙；E.
雅美族椰殼壺；F. 卑南族瓢壺；G. 布農族瓢壺；H. 排灣族瓢壺；I. 泰
雅族瓢壺。

布農族的木匙。

　　圖39：F-G所示為布農族的木匙。布農族木匙柄部裝飾，雖無排灣群者之具有複雜的文樣，但因柄部比較闊大，又其形態簡單有力，予我們以份量感。圖39：G所示一例，其柄部向後彎曲，為常見之形態。圖39：F柄部所刻造型，粗大有力，形態優美洗練，與排灣族之細緻刀法顯然不同，誠為佳作。

　　雅美族用椰子殼做成容器，前面記述水勺時，已提到椰子殼勺，除椰子殼勺外，有椰殼壺、椰殼杯和椰殼匙等。圖43：A，C-E所示即為其例。椰殼壺為將椰殼在其上端開口而成，口旁常鑽小孔一對，以便縛繩提帶。椰殼壺用以盛水。椰殼杯則以椰殼剖半而成，深淺不一，以作水杯。椰殼匙利用椰殼之彎度，做成笳狀，可以勺物。常用以取食粟飯。通常長約11.0cm，闊3.5cm。其柄部刻成幾何形，與見於東南亞各地的椰殼匙形態至為類似。

　　臺灣各族均有瓢壺的應用，其形態示如圖43：B，F-Ⅰ。

十、木梳

　　東南亞是竹的產地，同時又是應用竹材最普遍的一個區域，而竹材是製作梳箆最理想的材料，所以東南亞的梳箆多以竹材製作。蘭嶼雅美族也以竹材製作竹箆[27]，但國立臺灣大學未收藏有是項標本。

　　國立臺灣大學收藏有臺灣土著木梳二十九件，均採集自排灣族，

---

[27]Kano, T. and Segawa, K., *An Illustrated Ethnography of Formosan Aborigines*, Vol. 1, *The Yami*（Tokyo, 1956), p.121.

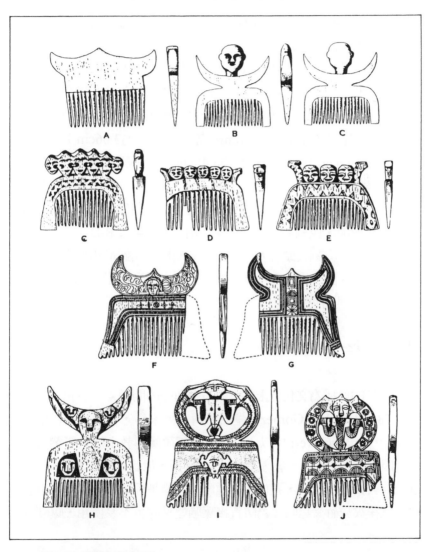

圖44　排灣族木梳

拙作《臺灣排灣群諸族木彫標本圖錄》,曾有詳細記述並附圖版[28],在這裡只作概略說明。

　　排灣族木梳,以大小約8cm,厚薄約1cm之木片製作。與木理成垂直,將木片劃分為約略相等之兩部分:其一部分彫成櫛齒,以供梳髮,我們稱之為齒部;另一部分以供梳用時憑執,我們稱之為背部。齒部長度自1.3cm至4.1cm不等,平均數為3.06cm;寬度則自3.7cm至9.6cm不等,平均數為6.48cm。櫛齒順木理刻出,頗為均勻,但齒數不一定,自8齒至35齒不等,以近二十齒者為最常見。

　　背部雖供執用,但在插梳於頭上時,亦可用作裝飾,故背部多彫成各種形態,或刻有複雜文樣。除前述(圖42:B-D)背部作木匙之三例外,有刻人頭或人像文者,有刻蛇文或蛇形彫刻者,有刻人頭、人像、蛇文複合文樣者,亦有刻鹿文或鳥文彫刻者,可謂匠心獨造,各具特色。

十一、煙斗

　　煙草的傳播為文化史上的一個最有興味的問題。一般相信煙草於1578年由Padras Gomez自墨西哥傳入呂宋島,其後再由呂宋傳入泉州[29],McGovern則以十七世紀初年荷蘭傳教士帶入臺灣[30]。最近因與外界的接觸,臺灣各族均改用卷煙,但昔日均以煙斗吸用。在政府公賣煙草以前,各族均自種煙草。煙葉採摘後,置於竹簍陰乾,然後夾於竹叉曝晒,為防直接曝晒煙葉碎折不易使用,曝曬時

---

[28] 陳奇祿,《臺灣排灣群諸族木彫標本圖錄》(1961),頁92-97。

[29] 笠島孝作,〈臺灣煙草の起源に關する考察〉,《臺灣農事報》第28年第6號,(1932),頁541-549。

常蓋覆樹葉以吸收水分。如遇雨天，採收煙葉可置火上焙乾。煙葉常編成辮狀，作牛角形，漢人稱之為「牛角烟」或「辮仔烟」[31]。

煙草通常以煙斗吸用。臺灣本島各族均有煙斗，且史前遺址亦曾有發現。國立臺灣大學藏有出土於宜蘭農校遺址的先史陶製煙斗五例，可能為從前居住於該地一帶的噶瑪蘭族的遺物。煙斗出現於此一遺址，對煙草的傳入臺灣為一重要的佐證資料[32]。

臺灣各族煙斗雖有銅製品，但大部分均以竹木製作。國分直一先生以為泰雅族的竹製煙斗，為煙斗傳入山地後的產物，而排灣族的木製品，與竹製品比較，其年代應屬較為新近的了[33]。

圖45所示的泰雅族與阿美族之煙斗。A-D與K以竹根為煙斗之椀部，E-I之椀部以硬木刻成，J則以黃銅製作；E-G之口部釘有鐵片；均以細竹為吸軸。

排灣群諸族的煙斗多雕木而成，插竹管為吸軸。由於煙斗為嗜用者日夕所攜帶的愛用品，所以他們對於煙斗的裝飾，甚為講究，其意匠至為新穎，形態變化很多，雕劃亦甚仔細。國立臺灣大學收藏此類標本多件，圖46示其數例。圖46：A,D，採自臺東附近的卑南族村落，其椀部具有彎尾，為常見於卑南族煙斗之形態。圖46其他各例的椀部均作象形雕刻（Effigy）。圖46：C所示為動物像的象形雕刻，椀部的開口在動物背部。圖46：B，E-G各例為人像之象形雕刻。圖46：E為蹲踞人像，人頭背於像之背上；圖46：F為母抱子像；圖46：F人像頂一人頭及百步蛇一對，造形均頗奇特。

---

[30]McGovern, B. L., *Among the Head-Hunters of Formosa*（1922），p.114。

[31]笠島孝作，前引文。

[32]陳麒、國分直一，〈臺灣原住民族工藝圖譜〉（未發表部分）。

[33]陳麒、國分直一，前揭文。

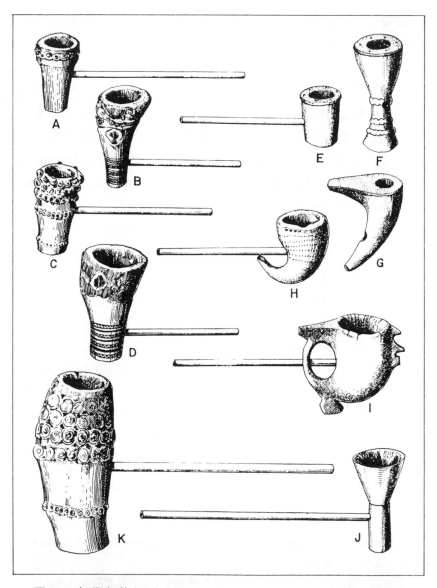

圖45　臺灣各族煙斗㈠

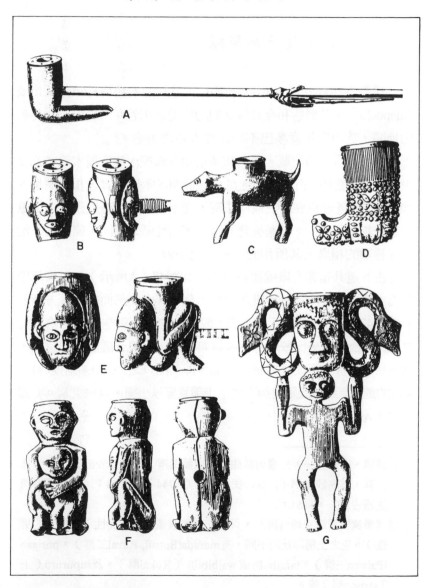

圖46　臺灣各族煙斗(二)

十二、占卜道具箱和祭罐

　　排灣群諸族的巫覡用以貯藏占卜道具的木箱稱 **Kanepochi** 或 **Anepochi**[34]，其形態和今日婦女們的手提袋相若。由於現已罕見於山地間，族中青年竟多已不知此種木箱之用途。

　　根據報告書的記載，排灣族多巫而少覡[35]，故這種木箱亦為女巫所用。木箱用以貯藏小刀、豚骨、豚脂、木欒子實、相思樹葉、和珠子等物。女巫在問卜或作法時，從木箱中取出這些饌品，供獻神靈，並念咒文[36]。不過排灣群諸族，因地區之不同，或因占卜治病等種類的相異，其所用的材料未儘一致。

　　占卜道具箱亦有以編器為之者（如圖47：A所示），但大部份均為木製。其製作為以整段之木塊，刳空其中心部而成無蓋方箱形（看圖47：B1及B2所示）。用比較原始的工具刳空木段，為費時之工作，故在後來比較容易得到鐵釘而鐵鋸已被普遍應用的時代，則多用木板拼釘而成。方箱之上部，即其開口之一端，結附以麻線編成的細網。網口綴附藤編小環，小環貫穿以小繩，以供束紮。（如圖47：A所示）

---

[34] 陳麒、國分直一，〈臺灣原住民族工藝圖譜〉（未發表部份）；小林保祥，《高砂族パイワヌの民藝》，（1944），頁98；《番族慣習調查報告書》，頁51。

[35] 《番族慣習調查報告書》，頁30記排灣族僅有巫（女性）而無覡（男性）。巫之土稱因社而不同，有marada(Butsul, Raval二群)，purigao (Paiwan三群)，tarajbuŋi或wajbibiŋi（Rukai群），及supururu（上Tsarisen群）等。

[36] 《番族慣習調查報告書》，頁51。

國立臺灣大學藏有木製占卜道具箱十三例，其高度在7.2cm至17.7cm之間，寬度在11.8cm至20.7cm之間，厚度在2.7cm至8.4cm之間。

占卜道具箱通常在其正面刻劃有文樣，但有時兩側和背面亦施有雕刻。與宗教有關的用具，其所施刻的文樣，常比日常用品上者配置工整而雕刻仔細，圖48-49所示，即其好例。

圖48：A-B標本，標本號1669，宮川次郎原藏品，其背面無雕劃，兩側文樣相同，故僅示其正面及一側面。正面浮刻人頭一，雙頭蛇文二，其一彎置人頭之上，形成帽形，構成常見於排灣族中部地方佳平來義一帶簷桁上的人頭蛇文組合文，另一橫臥人頭之下。蛇頭有反鈎及側面所刻鹿文之姿態亦如見於佳平來義式簷桁之式樣，故本標本可能採自佳平來義一帶。人面之雙目以貝片之真珠層鑲嵌，其中心再釘以銀鑕。蛇頭亦各釘有銀鑕。人面額上嵌有瓷鈕五個。除鑲嵌部分，全體用紅黑兩色油料塗施，構成對稱而完整的文樣。宮川次郎以其為排灣族的木雕品中，最屬上乘之作[39]。

圖48：C-D所示標本標本號1673，亦宮川次郎原藏品。其所雕劃之文樣，屬於另一形式。其中心部為一人頭，人頭之周圍為蜷蛇文。其兩側各有人像一，其上方蛇頭之兩側各有人頭二，其下方則有並列人頭七。本標本塗施以紅黑兩色。上方人頭之眼口部分釘以梭形銀鑕，下方人頭及人像之關節部分則釘以圓形銀鑕。這些銀鑕現在多已脫落，但我們可推想其未脫落時，在紅黑底色上，襯有這些銀色的點綴，可能更使這件標本生色，并予我們以神祕的感覺。

圖48：E與圖48：F二標本均宮川次郎藏品，未入藏國立臺灣大學標本室，均較屬小型。圖48：E者刻蜷蛇文、人像文及人頭文，

---

⑰ 宮川次郎，《台灣の原始藝術》（1930），頁10。

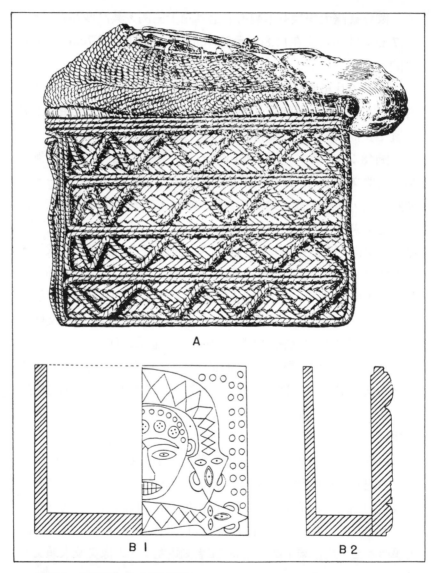

A

B I   B 2

圖47　排灣族占卜道具箱

圖48　排灣族占卜道具箱

雕刻深入。圖48：F者中央部的五組蛇頭形人頭與人頭組合文之並列，而在箱之兩端各補以立像。圖49：A標本號1666，箱正面之中心部為一人像，人像之兩旁各有蜷蛇二，為浮雕塗紅彩並有瓷片之鑲嵌與銅鏡之裝飾。其兩側面各刻有人像一，刀法雋秀，頗屬佳作。

圖49：B標本號1676，圖49：C標本號1677，所示二標本，其箱面圖文均上下對稱。圖49：B之雕刻面分為上下兩部分，以一蛇文為其界線，其兩端有頭各一。分界蛇文之上下側各有一弓形兩頭蛇文，上者向上彎，下者向下彎。上方蛇文之上有並列頭四；下方蛇文之下則有並列頭五。兩方所刻頭之數目不同，又頭均正向，故上下二部未作嚴格之對稱。本標本施塗有頗厚之紅漆，蛇背及頭之眼部均用銅鏡。圖49：C箱面之刻文，上下對稱嚴格。正面以自蛇形變化而來之梳形並列文作上下兩部之分界，上下各有人頭十四個，分成二排。側面則上下各有人頭六個，亦分成二排。未施漆，蛇背及頭之眼部亦釘以銅鏡。

國立臺灣大學無木雕祭罐之收藏。中央研究院民族學研究所藏有五件，均任先民先生於民國四十五年所採集，他並曾撰文介紹。這裡根據任先生的記錄[38]，予以簡記。

木罐之製作為以整塊木段刳空其中心部而成，其製作方法與上記占卜道具箱相若。根據任先生的記述，木罐用以盛酒或作種子的容器。但亦可另有別的用途，即在行獵時作為祭器以祈求獵獲物之豐富，所以我們把他們與占卜道具箱同列於本節之中。

圖49：D所示木壺，採自瑪家鄉涼山村，為一小口、有頸、大腹、平底、無蓋之圓形壺。高26.5cm，腹徑24.0cm，口徑12.0cm，

<hr>

[38] 任先民，〈記排灣族的雕壺〉，《中央研究院民族學研究所集刊》第2期，頁129-136。

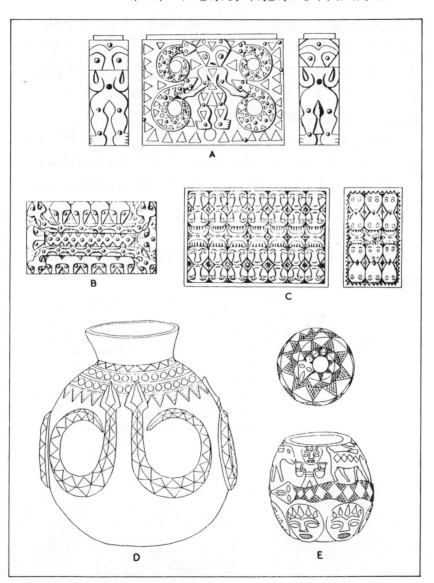

圖49　排灣族占卜道具箱與祭罐

頸徑9.5cm，底徑14.0cm。文飾與排灣族陶壺之所見者完全相同。頸部至上腹部有線刻文，分四環，上環為曲折文，曲折文上有鑿點，中間二環為並列圓圈文，下環又為曲折文，曲折文之上側有鑿點。腹部有浮刻文，共有蜷蛇文六，每二蛇相向成為一組，與常見於簷桁或其他器物上者相同。

　　圖49：E為木罐，採自泰武鄉佳興村，平口、大腹、無頸、平底，但有蓋，蓋上有鈕蒂。高16.5cm，口徑10.0cm，腹徑12.0cm，底徑8.3cm，蓋厚1.9cm。蓋之中心為鈕蒂，其周圍刻盤繞蛇文。罐身中段，刻一兩頭蛇，圍繞全罐，將罐身分為上下二部。上部浮刻人像三，鹿四；下部則浮刻人頭七。

　　民族研究所收藏另三件排灣族木罐，其形制和大小大體與圖49：E所示者相同。

　　——本文第一節至第六節刊載於《國立臺灣大學考古人類學刊》第21、22期合刊（民國52年11月），頁122-138及第23、24期合刊，（民國53年11月），頁94-105。第七節至第十二節為新增部分,除筆者之記錄資料外,主要參考文獻為筆者與國分直一先生合著之《臺灣原住民族工藝圖譜》（民國37年至38年刊載於《公論報》「臺灣風土」，一部分未發表）；及筆者之《臺灣排灣群諸族木雕標本圖錄》（民國50年）與 Material Culture of the Formosan Aborigines（1968）。

第七篇
屏東霧台魯凱族的家族和婚姻

一、前言

　　家族是人類社會的最重要的集團單位[①]，因此家族的研究，最為社會學者，經濟學者，法學者和民族學者等所注意。社會集團的

---

　　①家族為人類社會集團生活的一個基本單位，且普遍存在於人類社會間，關於家族的普遍性，請參閱Robert H. Lowie, *Social Organization*（New York, 1948）, pp.217-219及George P. Murdock, *Social Structure*（New York,1949）, pp.10-11所論。Melford E. Spiro在他最近的一篇題作"Is the Family Universal？"（載*American Anthropologist*, Vol.56, No.5, Part 1, Oct. 1954, pp.839-846）的文中報告Israel族有所謂"Kibbutz"之集團單位，但無家族，為家族普遍性的一個例外。Kibbutz為一農業團體，Spiro根據Murdock界說家族的四個功能：性的，經濟的，生育的，和教育的，發現其所研究的Israel社會間，同居於一處的一對男女構成"Zug"（配偶），Zug雖具有第一和第三（即性的和生育的）兩功能，但其經濟的和教育的功能卻歸於其所屬的Kibbutz。亦即謂，以Kibbutz而言，它雖具有這四種要素，但這四種要素的結合狀態與一般家族者相異，

研究，如W.H.R.Rivers所主張②，可有兩方面：其一為翔實的記述
其型式，分析其構成因素，而研究其各因素的關係、功能、和組合
情形，另一則為歷史的，即探究該集團的演變經路。本文討論魯凱
族的家族，側重於前者，擬對其構成型式和構成分子作較詳盡的記
述。筆者側重於前者的理由，蓋因前此關於魯凱族的家族，未見有
專文論及，而本文為筆者調查屏東霧台魯凱族之報告的一部分，故
以為將該族之家族本身作一仔細的分析和記述，實為首應從事的工
作。

　　本文分家族構成型式，家族構成分子，婚姻，和臺灣高山族的
家族和婚姻四節，前三節根據筆者於四十二年五月至六月間調查霧
台社所得材料③；後一節則為參考前人對臺灣高山族家族研究諸作，
摘要寫成，期以明瞭臺灣高山族的性質而為本文的結束。

　　魯凱族居住臺灣南部之中央山地，因居住地域之不同分三群：
即以大南社（Taromak）為中心的大南群；以霧台社（Budai）為
中心的隘寮群；和包括Toruluka, Kongadavan, Oponohu三社，昔
稱下三社番的濁口群。這三群之文化不盡相同，何者代表比較原始

即父母與子女並不同居於同一家宅，而父母亦不直接負責其子女的教
養。Spiro從心理學的觀點予以解釋，以為Kibbutz雖在構造上和本質上
與「家族」相異，但卻可視為乃一「伸展家族」，由於Spiro雖指出Kibbutz
為一初級集團（primary group），其成員可有如家族成員之親密關係，
故能代替家族的功能，但卻未更明確的記明其實際的大小，對其演變
過程未試予闡釋，又對其「安定程度」如何亦未提及，筆者對此一例
外在民族學上的意義，在本文中，仍擬予以暫時的保留，而不予涉及。
②*Social Organization*（London, 1926）,pp.3-4。
③筆者曾發表〈屏東霧台村民族學調查簡報〉，載《考古人類學刊》第
　2期，（民國42年11月），頁17-22。

的魯凱族文化，至難斷言，但以居住地域之地理環境言之，大南群與卑南族毗鄰，言語風俗均受卑南族的影響，殆盡失其固有形態；濁口群與布農族接境，向被視為魯凱族之一較遠分脈，其系統所屬亦尚未能確言；隘寮群與大南群雖出自同源，但其移居現居地後孤立較久，今日其居住地域周圍諸社雖因文化接觸而有改變，如Tokubul及Paiwan二社均已失卻其固有言語而漸為排灣族所同化，但筆者以為其中心區之霧台鄉可能仍保存有比較原始之魯凱族文化④。

二、家族構成型式⑤

　　霧台鄉屬屏東縣，包括霧台（Budai與Kabararayan），好茶（Kochapongan），阿禮（Adel），大武（Labuan），佳暮（Kanamodisan）及去怒（Kinuran）等六村，而以霧台村為中心。霧台村之人口為1025人，佔全鄉人口3156人之約三分之一。

　　依四十二年三月三十一日的統計，霧台村的戶數為189戶，人口為1025人，每戶的平均人數為5.43人。各戶人數自1人至11人不等。如果我們將這些數字排列如表一，我們可看出其眾數（mode）為6，而其中數（medium）為5.6。

　　如果我們將所得材料排列如表二和表三，則我們對霧台村的家族構成型式，可得一清楚概念。

---

④參看移川子之藏、宮本延人、馬淵東一，《臺灣高砂族系統所屬の研究》。（臺北，1935）。

⑤本節「家族構成型式」與下節「家族構成分子」所指之「家族」，由於材料的關係，未採用較嚴格之定義，亦未用以別於「家戶」（household）一詞，故以一「家戶」為一「家族」。

表一　霧台村的家族人數（四十二年三月）

每戶人數	戶　數	合計人數
1	3	3
2	11	22
3	16	48
4	36	144
5	32	160
6	37	222
7	30	210
8	12	96
9	4	36
10	4	40
11	4	44
合　　計	189	1025

　　表二和表三需要若干說明：

　　㈠核心家族（nuclear family）⑥為一普遍的社會單位，其代表型包括一對結婚男女，有時加入他們的未婚子女。這種代表型的核心家族，本文稱為嚴格型，表二中第2-4排所列各戶即屬此類，有90戶，在霧台村總戶數189戶中，所佔的百分率為47.62%。第5排各戶稱鬆懈型，因為此型缺戶主之配偶，故此型僅有親子和同胞關係而無夫婦關係。屬於此型者有10戶，所佔的百分率為5.29%。如此，則核心家族，包括嚴格型和鬆懈型，其總數恰為100戶，佔霧台村總戶數的半數以上，其百分率為52.89%。

---

　　⑥名詞採自George P. Murdock, *Social Structure*, (New York, 1949),pp. 1-22。

表二　霧台村家族之構成分子(四十二年三月)

	戶長	戶長之配偶(妻夫)	子女	雙親(父母)	子女之配偶(妻夫)	孫及孫女	同胞(兄姊弟妹)	同胞之配偶	兄弟之子女	姊妹之子女	其他	戶數	實例——「一」前之數字代表「鄰」，「一」後之數字代表「戶」。例如「1—1」，即表示為「第一鄰第一戶」。
1	一											3	7-12,13-7,13-11.
2	一	一										5	3-7,12-7,13-2,16-11,18-10.
3	一	一	一									83	1-1,1-2,1-3,1-4,1-6,1-8,1-13,1-15,2-10,2-11,2-12,2-13,3-2,3-3,3-4,3-6,3-10,3-12,4-7,4-11,4-13,5-2,5-4,5-11,5-13,6-1,6-4,6-9,7-2,7-3,7-4,7-5,7-7,7-8,8-2,8-3,8-7,8-8,8-9,9-3,9-4,9-5,10-1,10-4,10-5,10-6,10-7,10-9,10-10,10-11,11-2,11-6,11-10,12-1,12-2,12-4,12-5,12-6,12-11,12-13,13-1,13-6,13-9,13-10,14-1,14-5,14-9,14-10,15-2,15-4,15-7,15-9,15-10,15-11,16-1,16-3,16-6,17-2,17-3,

#	1	2	3	4	5	6	7	8	9	10	11	數	備考
													18-1,18-2,18-8, 18-9.
4	—		—	—								2	2-6,4-5.
5	—			—								10	4-4,5-8,5-9,5-12 6-3,10-18,14-4, 16-10,17-1,18-6.
6	—	—		—	—							15	1-7,2-3,2-7,3-1 3-9,4-9,5-3,6-8, 8-1,8-5,11-3, 11-9,14-3,14-6, 14-7.
7	—		—	—	—								4-6.
8	—			—	—							1	4-1.
9	—				—							1	10-12.
10	—	—		—		—						1	4-2.
11	—	—		—	—							1	15-12.
12	—	—		—	—							2	1-11,8-4.
13	—	—		—			—					1	9-21.
14	—			—			—					2	14-11,17-6.
15	—	—		—				—				2	14-12,17-8.
16	—			—				—				1	1-10.
17	—	—		—			—		—			10	2-1,2-2,4-3, 5-6,6-2,6-5, 6-6,8-6,14-2, 17-7.
18	—	—		—				—	—			2	16-9,18-7.
19	—	—		—					—			2	6-7,16-13.
20	—	—		—			—		—			2	15-8,16-5.
21	—			—				—	—			2	4-8,7-9.
22	—			—					—			4	1-5,2-8,6-10, 6-11.
23	—	—									—	1	7-13.
24	—	—									—	1	9-6.
25	—	—				—					—	1	17-10.
26	—	—		—	—						—	1	18-3.

27	—	—		—	—	—					—						1	11-1.
28	—	—		—							—						4	1-16,9-7,9-20, 13-3.
29	—			—							—						1	5-7.
30	—	—		—	—						—						1	17-4.
31	—	—		—							—						1	13-4.
32	—										—						1	16-7.
33	—	—		—						—							1	11-11.
34	—	—		—								—					1	4-12.
35	—	—		—	—					—		—					1	15-1.
36	—	—								—	—	—					1	7-1.
37	—	—		—							—	—					1	2-9.
38	—	—		—						—							1	13-12.
39	—			—								—					1	10-2.
40	—				—							—					1	5-10.
41	—	—		—				—				—					1	11-4.
42	—	—		—			—		—			—					1	11-5.
43	—									—	—		—				1	3-5.
44	—														—		1	18-5.
45	—	—								—							1	7-6.
46	—	—		—											—		6	5-1,12-12,13-13, 14-8,16-12,17-9.
47	—			—											—		1	9-2.
48	—	—		—	—										—		1	15-5.
49	—			—					—						—		1	7-10.
50	—	—		—								—			—		1	5-5.
	189	153	3	170	29	6	16	8	24	11	11	6	7	1	12	189		

表三　霧台村家族之構成型式（四十二年三月）

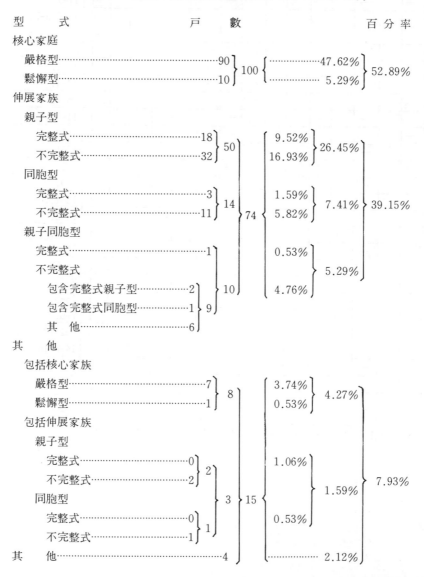

型　式	戶　數	百分率

核心家庭

嚴格型⋯⋯⋯⋯⋯⋯⋯⋯⋯⋯90 ⎫100 ⎰⋯⋯⋯⋯⋯47.62% ⎫52.89%
鬆懈型⋯⋯⋯⋯⋯⋯⋯⋯⋯⋯10 ⎭　　 ⎱⋯⋯⋯⋯ 5.29% ⎭

伸展家族

　親子型

　　完整式⋯⋯⋯⋯⋯⋯⋯⋯18 ⎫50 9.52% ⎫26.45%
　　不完整式⋯⋯⋯⋯⋯⋯⋯32 ⎭ 16.93% ⎭

　同胞型

　　完整式⋯⋯⋯⋯⋯⋯⋯⋯⋯3 ⎫14 ⎫74 1.59% ⎫7.41% ⎫39.15%
　　不完整式⋯⋯⋯⋯⋯⋯⋯11 ⎭ ⎬ 5.82% ⎭

　親子同胞型

　　完整式⋯⋯⋯⋯⋯⋯⋯⋯⋯1 ⎫ 0.53% ⎫
　　不完整式 ⎬10 ⎬5.29%
　　　包含完整式親子型⋯⋯⋯2 ⎫ 4.76% ⎭
　　　包含完整式同胞型⋯⋯⋯1 ⎬9
　　　其　他⋯⋯⋯⋯⋯⋯⋯6 ⎭

其　他

　包括核心家族

　　嚴格型⋯⋯⋯⋯⋯⋯⋯⋯⋯7 ⎫8 3.74% ⎫4.27%
　　鬆懈型⋯⋯⋯⋯⋯⋯⋯⋯⋯1 ⎭ 0.53% ⎭

　包括伸展家族

　　親子型

　　　完整式⋯⋯⋯⋯⋯⋯⋯⋯0 ⎫2 1.06% ⎫
　　　不完整式⋯⋯⋯⋯⋯⋯⋯2 ⎭ ⎬15 ⎬1.59% ⎫7.93%
　　同胞型 3

　　　完整式⋯⋯⋯⋯⋯⋯⋯⋯0 ⎫1 0.53% ⎭
　　　不完整式⋯⋯⋯⋯⋯⋯⋯1 ⎭

其　他⋯⋯⋯⋯⋯⋯⋯⋯⋯⋯4 ⋯⋯⋯⋯⋯⋯2.12%

㈡複合家族（composite family）的二個主要型式為多妻家族或多夫家族（polygamous family）和伸展家族（extended family）。George P. Murdock教授對此曾作過詳盡的討論[7]。霧台村行嚴格的一夫一妻制，所以沒有多妻家族或多夫家族。伸展家族為包括有因血緣而連組在一起的有二對或二對以上的配偶的家族。這種家族又可分為二型，因親子關係而連組在一起的稱為親子型，因同胞關係而連組在一起的稱為同胞型。完整的親子型包括因親子關係連組而成的二對配偶，表二之第11-13、15、17-18排各戶屬此型，有18戶，佔9.52%。不完整的親子型則包括嚴格型或鬆懈型的核心家族各一，所以僅有配偶一對而已，表二之第6-10、14、16、19、20-22排各戶屬此型，共有32戶，佔16.93%。由上所記，可知親子型之伸展家族的總數為50戶，佔26.46%。

霧台村有同胞型的伸展家族14戶，完整者3戶（第34、36-37排），不完整者11戶（第23-24、28-29、32、38-39、43排）。完整的同胞型伸展家族各包括二個核心家族，不完整的則僅包括一個。

在霧台村的189戶中，有1戶（第42排）包含有三對配偶。這三對配偶因親子關係和同胞關係聯結在一起而成為一伸展家族。這種家族本文稱之為親子同胞型，而這一戶代表的為完整的親子同胞型。至於不完整的親子同胞型伸展家族，筆者調查時，霧台村有10戶（包含有完整的親子型者有第27、41排之2戶；包含有完整的同胞型者有第35排之1戶；其他，即未包含完整的親子型或同胞型者有第25-26、30-31、33、40排之6戶）。

㈢在表三中的「其他」項下包括有15戶。這些家族包含有戶長的三等或三等以外之親戚。在此一項下，有8戶包含有核心家族，

---

[7]Murdock, *Op. cit*, pp.23-40

亦即核心家族附有遠戚者（包含有嚴格型者有第45-46排；鬆懈型者有第47排）；有3戶包含有伸展家族（包含有不完整的親子型者有第48-49排；不完整的同胞型者有第50排）。

　　㈣有1戶（第44排）包含有二個互相沒有親戚關係的成員。有3戶（第1排）各只有一個人，即只有戶長本身。

　　在表二、表三和上面所附說明中，筆者曾把霧台村的家族構造予以分析，分之為核心家族，伸展家族及其他三項。筆者對核心家族採頗嚴格的解釋，即所謂核心家族，只包含有夫婦，親子，同胞的關係，所以有這三種關係以外之關係──如婆媳、姑嫂，等等──者，概不括入。值得我們注意的是，這種嚴格定義的核心家族竟佔霧台村總戶數之大部。換言之，在霧台村的189戶中，只有1戶（第42排）包含有三對配偶，24戶（第11-13、15、17-18、27、34-37、41排）有二對配偶；25戶（第1、5、8-9、22、29、32、40、44、47、49排）無配偶；而只有一對配偶的卻有139戶，無配偶的家族蓋由於戶長之配偶的死亡或離異，所以實可視為一對配偶之鬆懈型。上記的統計數字告訴我們，霧台村所行的家族制是小家族制，且為嚴格的一夫一妻制，而伸展家族或聯立家族（joint family）之存在，則可視為家族延續過程或分家過程的一狀態。

三、家庭構成分子

　　上節我們把霧台村的家族構成型式予以分析，現在且進而討論其家族構成分子。

㈠戶長及其配偶

　　根據霧台村的戶口紀錄，霧台村的189戶中，有21戶（1-5[8]，

2-6,4-4,4-5,4-6,4-8,5-7,5-8,6-3,6-11,9-2,10-8,10-12,13-11,13-12,14-14,16-5,16-7,16-10,17-1,18-5）之戶長為女性。這一數字表示女性戶長與男性戶長之比例為一與八之比。魯凱族之長男承家，如家無男嗣，始由女嗣承繼。女嗣承家，則招贅夫婿。行招贅婚之家族則以女性為戶長。

　　在189戶中，有33戶之戶長無配偶。戶長無配偶蓋由於下列諸端：⑴配偶死亡；⑵離異；⑶未婚者為戶長。在我們的33戶中，屬⑴者21戶，屬⑵者6戶，屬⑶者4戶。16-7羅清妹因父母相繼死亡繼為戶長；13-11羅清玉因母另嫁而繼為戶長；13-7麥明德因父遷居他村而為戶長；僅5-10包耕次，其母包月梅仍在即為戶長。有二戶（5-7,18-5）調查遺漏，其原因不明。

㈡子女及其配偶

　　在189戶中，有戶長之子女者達170戶。此有子女的170戶可分三類：⑴有婚生子或婚生女者；⑵有養子或養女者；和⑶有隨爹兒或隨娘兒者。第一類最多。如家無後，可以收養，依理收養子嗣，男女均可，但筆者調查所得之收養6例（4-9,9-5,11-4,12-12,14-12,17-8），均屬養女，而未得養子之例。在霧台村，重婚者很多。如父母之一方因離婚而離家時，子女通常居留於其出生之家中。霧台村現雖無拖油瓶之例，但自筆者記錄之系譜中得隨爹兒1例（2-1），隨娘兒1例（10-6）。

　　子女達婚齡（看下節）則可結婚。長子婚後仍留家中，即仍與其父母同居，在189戶中，我們得16戶（2-1,2-2,4-3,5-6,6-2,6-5,6-6,8-6,9-21,11-5,14-2,14-11,15-8,16-5,17-6,17-7）有媳婦。次子以下

---

⑧短劃前之數字表示鄰，短劃後之數字表示戶，例如1-5即表示第一鄰第五戶，以下同。

於婚後另立新戶，但11-5巴照之次子巴逢舍於四十年一月與巴羅阿金結婚，至筆者調查時已結婚二年餘，且有一子，但仍與其父兄之家族同居，為一例外，而構成本村僅有之完整的親子同胞型伸展家族。

如家無男嗣，則長女於婚後，即招贅後，仍與父母同居。霧台村於筆者調查時有8戶（1-10,4-8,7-9,11-4,14-12,16-9,17-8,18-7）有贅婿。這8例中，有3例（11-4,14-12,17-8）為養女贅婿。

(三)父母

如表二所示，29戶有戶長之母，6戶有戶長之父，而其中有4戶共通，即既有母又有父。父死母存而子繼為戶長為父系社會之通則，故霧台村25戶有戶長之母同居於戶中，似可以這一理由解釋之。至於父在而子為戶長之6例，乃由於(1)父年老（均過60歲）退休，子繼為戶長，1-11,8-4,11-1,11-11等4例屬之；(2)母死，父為人贅夫，其後離異返入子之戶中，4-2屬之；(3)戶長為次子，父原與長子同居，而為該戶戶長，後離長子之戶，而入次子之戶，15-12屬之。

(四)孫及孫女

親子型伸展家族可有三代同堂。在霧台村之62戶親子伸展家族（包括完整的及不完整的）中，有24戶有孫或孫女。

(五)同胞及其配偶

在霧台村有11戶有戶長之兄弟，11戶有戶長之姊妹，其中2戶既有兄弟又有姊妹，故有同胞的總戶數為20戶。有戶長之同胞之家族構成所謂同胞型伸展家族，可分二類：(1)已婚同胞同居者，屬此類的有6戶（2-9,3-5,4-2,7-1,13-12,15-1）。(2)同胞或因未婚或因離婚而無偶，而與戶長之家族同居者。在屬於此類的20戶中，5戶（13-4,15-1,17-4,17-10,18-3）有母，1戶（11-11）有父，另1戶（11-1）有父及母，可釋為因父或母在而同居。

㈥ 同胞之子女

同胞型伸展家族可有同胞之子女，即我們之所謂姪或甥。有同胞之子女者8戶，這8戶可分二類：⑴同胞之子女之父母仍存且居於同一家族中者；⑵同胞之子女之父母已故者。後者可能原為同胞型伸展家族而其兩對配偶之一死亡；亦可能原已分家，其一戶之戶長死亡，而其未成年之子女棄其本家而依附於伯叔家中。屬於前一類者有3戶（2-9,3-5,13-12），屬於後一類者有4戶（5-5,5-10,10-2,11-5）。此外，有一不能以上述二理由解釋之特例，茲記述如次：11-4唐水明之弟Maitsius與Rusariyan Kakusiyan結婚，生二子：唐鄉芳（Tanobak）與唐明堅（Buroku）。Kakusiyan亡後，Maitsius為大武村之Rakuraku Rusurusu所招贅，其二子則寄居於其兄唐水明家，與Rusurusu婚後，生女唐寶至（Patagau）。唐寶至於四十年十六歲時與本村3-1大頭目盧媽達之長子盧光次結婚，同年離婚，但未返大武，因其父之兄唐水明無子嗣，故於離婚時同時過繼於唐水明為養女。唐寶至於四十二年招贅多納鄉萬山村之賴樹來為夫，現夫婦及其異母兄唐鄉芳及唐明堅均同居唐水明家，但唐鄉芳唐明堅二人之稱謂為姪，而唐寶至則為養女。

㈦ 其他

在其他項下者有12戶。所謂「其他」，包括堂表兄弟姊妹（7-6,9-2），叔嬸（9-2,15-5）,姪婦（5-5），外孫，即嫁出女兒之子（7-10），妻母及妻妹（5-1），及其他遠戚（12-12,13-13,14-8,16-12,

17-9,18-5）。

上面我們將家族的構成分子分項分析說明。如前節所分析，霧台村的家族既以核心家族之小家族佔大多數，則其構成分子自以戶長，戶長之配偶，及其子女為最重要。茲再據表二之材料，算出其百分率，重新列表如表四：

表四　霧台村家族構成分子之百分率（四十二年三月）

	戶　數	與戶長之百分率
戶長	189	100.00
戶長之配偶	156	82.54
子女	170	89.95
父母	35	18.52
子女之配偶	24	12.69
孫及孫女	24	12.69
同胞	22	11.64
同胞之配偶	6	3.17
同胞之子女	8	4.28
其他(遠戚)	12	6.35

四、婚姻

家族之延續賴於新構成分子之加入，新構成分子之產生：一由婚緣，一由血緣，婚緣即婚姻，而血緣指生育。本文記婚姻而略生育，因為生育為家族之配偶生活之自然結果；而婚姻則為一重要的社會制度（social institution）或文化結構（culture mechanism），為民族學者研究的一重要課題。

堂表兄弟姊妹以內之近親不得互婚。沙美水（6-10）謂同一人之aganu（孫或孫女），即祖父母相同者不能互婚。初婚年齡男子為十八、九歲，女子為十六、七歲。霧台村的婚姻有二種：一為嫁娶婚，另一為招贅婚。前者較為普通；後者則因家無男嗣，為延家緒而行，這種婚姻在印尼文化圈頗為普遍，即所謂之ambil-anak marriage。

　　霧台村之大多數婚姻均為階級內婚（caste-endogamy）[9]，即頭目與頭目結婚，而村人與村人結婚。如頭目之男子與村人之女人有性關係，不得認為正當婚姻，即使已有子女，亦不能被認為正妻，而予遺棄，續娶頭目之女子為妻。村人男子娶頭目之女子，則可承認。頭目如與村人結婚，則其身份降低，反之，村人與頭目結婚，則身份昇高。如父母身份懸殊，則子女之身份在父母兩者之間，但又因其出生之先後略有不同。所以霧台村之社會階級至為繁複，幾無二人之身份相等者。因之為維持家族地位或身份，頭目或貴族階級多向村外覓求階級身份相等之配偶，由此，頭目階級的婚域比村人階級者為廣，且其村際婚率亦較大。

　　霧台村與他村通婚者，不為少見。筆者統計三十七年以後之結婚85件，其中村內婚54件，村際婚31件，村內婚與村際婚之比例，約為九與五之比。自此31件村際婚看霧台人的婚域，其包括地方有佳暮村（Kanamodisan）12件，霧台分村（Kurugul）2件，大武村（Labuan）4件，去怒村（Kinuran）3件，阿禮村（Adel）2件，好茶村（Kochapongan）1件，萬山村（Kongardavan）1件，達來村（Daradarai）1件，三地村（Timor）5件。前七社屬魯凱族，後二者則為排灣族。

----

[9]魯凱族與排灣族為有社會階級之社會，關於魯凱族之社會階級之大略，請參看拙作〈屏東霧台村民族學調查簡報〉。

　　從求偶的方式看，霧台村所行之婚姻為聘物婚。聘物之數量因家族地位及貧富而異，普通聘物包括：蕃刀，鐵鍋，鐮刀，斧，鍬，瓶，甕等物，頭目階級之聘物，則於上記者外，益以古玻璃珠，古陶壺等。聘物在訂婚時雖由男女雙方議定，但仍置男家，至婚後，女子懷妊，始歸女家，即如女子於婚後不妊，則男子無與聘物於女家之責任。筆者所記錄之一例，可資說明：**9-5**杜吉本原為村人，因娶阿禮村頭目之女杜秀花而被視為小頭目，其聘物之數量，可視為在頭目與村人兩者之間，依杜吉本之報告，其聘物有壺四個（非古壺，而為得自漢人者），鍋八個，蕃刀一把，鐵耙一把，飾物一串（中有古玻璃珠一顆），鳥毛（arisi）一根，土地二甲，豬三頭，粟酒一罈，及粟糕若干。杜吉本現年三十六歲，於十五年前結婚，至今杜秀花未生子，故聘物仍留杜家。但杜已收養一女杜高清香，現年十七歲。清香與杜原有親戚關係，母早死，而父尚在，幼時居杜家。杜父死時，杜因結婚多年，尚未得子，故以頭飾一串，土地一甲與清香之生父，收養清香為養女。杜吉本謂收養所用之頭飾與土地，即其婚聘之一部。

　　霧台之結婚形式可分三種：⑴正婚，⑵洗淨婚，⑶同居。洗淨婚為男女相姦而為人所悉而後行者，稱kiabora，為使夫婦行為得社會所承認也。同居即無結婚儀式而女至男家與男子過夫婦生活者。在霧台村，村人之女子與頭目之男子同居之例頗多，但村人之女子不得為頭目之家族成員。同居土稱moaparoko。

　　正婚稱kiabuabu，其儀式頗為隆重，惟村人與頭目之所行，在儀式上略有不同。（關於其婚俗，筆者將另文記述）其特別值得報告者，為其擬似掠奪婚之儀式。霧台人稱結婚之初夜為kiamara，kiamara為被虜之意。是夜，女子由親戚多人陪伴隨男子至男家。入夜，新夫婦同寢，女子必將下體緊縛，拒於第一夜行夫婦之禮；

男子則必要求於第一夜行之，故常爭論而至動武。

　　離婚率很大，筆者將三十七年一月至四十二年三月霧台村之結婚離婚件數排列如表五。自表五可看出這五年餘中有村內結婚54，村際結婚31，村內離婚23，村際離婚5。村內結婚和離婚每件為村民二人發生結婚或離婚行為；村際結婚和離婚每件則僅村民一人發生結婚或離婚行為，依此計算，本村在此五年餘中有139人結婚，其中51人離婚，故離婚率為結婚率之三分之一強。離婚的理由，據筆者詢問所得，以不能生育及因此而引起的聘禮問題為最普通。但筆者的男性報告人之一告筆者謂：村中女子均喜再婚一次，因再婚可表示其不著迷於一男子，而能於擺脫。此一理由，自屬片面，但霧台村對女子之貞操，未視為擇偶之一重要條件，又夫婦生活與其謂道德性的，毋寧謂乃經濟性的，實為離婚及再婚之重要原因。

　　女子婚前與人通姦，雖為羞恥之事，但不受處罰；惟柯福祥報告稱：如與有妻男子通姦，同於所謂「重婚罪」，則男子之妻有權向之要求賠償，即該女子於結婚時所得之聘禮應予其一部於男子之妻。婚後，即訂婚以後與人通姦，以犯重婚罪論，應受制裁，即女家應以豬、粟酒等向夫家謝罪，同時亦可離異之。犯通姦罪之男子有時亦受報仇，即為被害者之夫所報仇，但通常社會不予制裁。巴神一的一段報告，可以說明此事，茲記述如下：

　　　男女交遊（paraparan），為年輕男子之最普通的一種消遣，有三種不同的目的：一為消磨時間，一為求偶談情，另一為「欲心」。男女有苟且的關係稱soarigai，男子與女子有苟且關係，即使女子失其貞節，稱pasoarigai。在這個文化裡，善pasoarigai，與善獵首，善獵獸同被視為男子之本領之一，為可引為榮耀之事，所以「欲心」，即求達到pasoarigai，亦為paraparan之一目的。

　　筆者在〈霧台村民族學調查簡報〉的結語中曾謂:「以魯凱族比諸排灣族,除若干文化特質之相異外,筆者以為魯凱之所示為一比較保守之文化,其階級制度——不論神人之間,貴賤之間,或男女之間——之根底亦遠較排灣者深固,欲了解魯凱族之文化,應由了解此三重階級制度之功能之錯綜關係入手。」[⑩] 本節記述霧台村的婚姻,對神人之間之階級關係雖未能予以闡釋,但如上面所記男子優先之嫡長承繼制;階級內婚制;村人之女子不能與頭目之男子結婚,而村人之男子則可與頭目之女子結婚;重婚在女子為罪,而在男子可引以為榮,等等,均對貴賤之間及男女之間之階級關係及其錯綜功能作了若干說明。

表五　霧台村之結婚與離婚件數表(三十七年至四十二年三月)

年　次	村內結婚	村際結婚	村內離婚	村際離婚
37	9	6	0	1
38	12	4	3	0
39	6	5	4	1
40	18	6	9	1
41	9	7	6	1
42	0	3	1	1
總件數	54	31	23	5
		85		28
人　數	108	31	46	5
		139		51

⑩頁22。

五、臺灣高山族的家族和婚姻

　　關於臺灣高山族的家族和婚姻，《蕃族調查報告書》⑪、《臺灣蕃族志》⑫、《番族慣習調查報告書》⑬諸卷均有記載；《臺灣番族慣習研究》⑭雖根據前記諸報告的材料，但分析論列尤詳。分族之研究專著，其主要者則有岡田謙的〈布農族的家族生活〉⑮、〈北鄒族的家族生活〉⑯、〈原始母系社會〉（阿美族的家族生活）⑰、

---

⑪共8冊，編著者佐山融吉，臨時臺灣舊慣調查會出版，出版期自日本大正二年（1913）至大正十年（1921）。

⑫森丑之助著，僅出一卷，日本大正六年（1917），臨時臺灣舊慣調查會出版。以下簡稱森，1917。

⑬共出8冊，第五卷之二未出版，編著者為小島由道，但第二卷為河野喜六，出版期自日本大正四年（1915）至大正十一年（1922），臨時臺灣舊慣調查會出版。

⑭共8卷，岡松參太郎著，日本大正十一年（1922），臺灣總督府番族調查會出版。

⑮原名〈ブヌン族の家族生活〉，原載《臺北帝國大學文政學部哲學科研究年報》第五輯，日本昭和十三年，臺北。後來收入於《未開社會に於ける家族》，（昭和18年，東京），頁171-239。以下簡稱岡田，1938。

⑯原名〈臺灣北ツオウ族の家族生活〉，原載《家族と村落》第一輯，（昭和14年，東京），後來亦收入於《未開社會に於ける家族》，頁87-169。以下簡稱岡田，1939A。

⑰原載《臺北帝國大學文政學部哲學科研究年報》第六輯（昭和14年，臺北），後來亦收入於《未開社會に於ける家族》，頁241-323。以下簡稱岡田，1939B。

〈排灣族的家族〉⑱、〈未開成層社會間之家族〉⑲，安藤喜一郎的〈高峰之家族與社會〉⑳，宮內悅藏的〈關於排灣族的通婚區域〉㉑，奧田彧、岡田謙、野村陽一郎的〈雅美族的社會組織〉㉒ 增田福太郎發表於《臺法月報》的諸文㉓ 及其《南方民族的婚姻》㉔，以上諸作如再益以陳紹馨先生的〈人口、教育及家族構成分子〉所記泰雅族的家族㉕，本年二月間筆者調查卑南族㉖，八月間調查雅

⑱原名〈パイワン族に於ける家族〉，載《民族學研究》第7卷第3號（昭和16年12月，東京），頁1-9。以下簡稱岡田，1941。

⑲即〈パイワン族に於ける家族〉一文修訂而成者，原名〈未開成層社會における家族〉，原載《東亞學》第6輯及第7輯（昭和17年至18年），後收入於《未開社會の研究》，（昭和19年，東京），頁46-99。

⑳原名〈高峰の家族と社會〉（〈ブヌン族とタイヤル族〉），載《社會學雜誌》第72號，（昭和5年，東京），頁1-17。

㉑原名〈所謂パイワン族の通婚區域に就いて〉，載《民族學研究》第3卷第3號（昭和12年7月1日，東京），頁78-94。

㉒原名〈紅頭嶼ヤミ族の社會組織〉，載《社會經濟史學》第8卷第11號。

㉓增田福太郎先後在《臺法月報》發表〈阿里山蕃に遺る大家族制の面影〉（30卷12號，頁12-19，昭和11年）、〈サイシヤツト族の婚姻制〉（31卷6號，頁22-27，昭和12年）、〈中部高砂族の婚姻年齡〉（32卷9號，頁21-28，昭和13年），〈中部高砂族の家族構成一斑〉（32卷10號，頁32-38，昭和13年）、〈北ツオウ族の婚姻制〉（33卷1號，頁7-21；2號，頁53-60；3號，頁41-49；昭和14年）。

㉔原名〈南方民族の婚姻〉（〈高砂族の婚姻研究〉，昭和17年，東京）。以下簡稱增田，1942。

㉕為臺灣省文獻委員會所出版《瑞岩民族學調查初步報告》（臺北，民國39年）之一章。

㉖筆者與衛惠林、何廷瑞二先生合著之〈臺東縣卑南鄉南王村民族學調查簡報〉，載《考古人類學刊》第3期，（臺北，民國43年），頁14-26，以下簡稱衛惠林，1954。

美族㉗所得報導及本文關於魯凱族之記述，則臺灣高山族各族，均有足資比較研究的材料。本節即以上記諸報告及專文之所記為主，分項比較而予綜述。

㈠ 家族的成員數及其構成型式

臺灣高山族的家族，依其成員的多寡來看，每戶平均以布農族為最多，而以雅美族為最少。茲根據《蕃社戶口》㉘，算出各族的家族平均成員數如表六：

表六　臺灣高山族各族家族平均成員數表

年次	泰雅	賽夏	布農	鄒(曹)	魯凱	排灣	卑南	阿美	雅美
1921	4.73	5.87	9.24	7.62	4.49	5.26	5.64	7.76	4.86
1926	4.76	5.49	9.59	8.42	4.53	5.43	5.48	7.97	4.59
1931	4.76	5.45	9.40	7.68	4.77	5.29	5.03	7.76	4.59
1936	4.87	5.76	8.96	6.09	4.86	5.33	5.54	7.97	4.28
平均	4.78	5.52	9.29	7.45	4.66	5.33	5.42	7.86	4.58

㉗陳奇祿、林明漢、任先民，〈雅美族人類學資料〉，載《考古人類學刊》第4期，（臺北，民國43年），頁16-24。以下簡稱陳奇祿，1954。

㉘臺總總督府警務局出版，每年一冊。本文未採用近十餘年間之統計，因資料之缺如，無法獲得也。臺灣高山族之分類，在政府行政上，多分為七族，而非九族。表六中所列魯凱族，指《蕃社戶口》中之屏東縣傀儡蕃，排灣族指潮州及恆春二郡排灣族，而卑南族指臺東郡之卑南蕃。包括魯凱、排灣和卑南三族之排灣族之家族平均成員數，依《蕃社戶口》算出，1921為4.88；1926為4.95，1931為4.93，1936則為5.10。

　　政府的戶口統計，有時雖與實際情形略有出入，但可以看出一個大略的輪廓。茲進而略加詳說。從上面的數字，及其社會組織之不同，我們可以分之為二組：數字較高的一組，包括布農，阿美，鄒，和賽夏四族；數字較低的一組除魯凱屬於此組外，尚包括卑南、排灣、泰雅、和雅美四族。

　　在高山族中，布農族的數字最高，為9.29人。根據岡田氏之報告[29]，臺中縣，南投縣一帶的布農族每戶平均且達10.64人，其一戶包含二十餘人者亦在不少。岡田氏指出其理由在於：(1)旁系血親或同姓同居人之依附；(2)直系血族，數代同居（即本文之所謂"親子型伸展家族"在比例上較多）；(3)婚齡低，男子之最低婚齡為7歲，女子為4歲；(4)其他經濟上的和防衛上的理由等等。賽夏族，鄒族和阿美族亦多營伸展家族制，每戶平均人數雖比布農族略低，但亦近八人。又，這三族的婚齡雖未如布農族之低[30]，但上述的其他理由亦可用於這三族。

　　不過我們注意到這種伸展家族在上記諸族間有漸漸趨於崩潰而轉化為核心家族的跡象。如在北鄒族，男子於婚後，常移居於耕地之耕作小屋，成半獨立狀態，漸而脫離其本家而獨立。雖然在觀念上及實際上，這種分家與本家仍有若干差異，但這一趨勢將導致伸展家族制的瓦解，則可斷言。這種趨勢的形成，實由於文化環境的改變——如在經濟方面有水田耕作之導入；社會方面則氏族制度的鬆懈；宗教方面為祭儀形式與觀念的簡化與趨弱——所致也。岡田氏並試自家族的構造方面加以解釋，而指出這一趨勢實屬必然，蓋家族的結合乃基於夫婦與兒女的愛情，以北鄒族而論，在一包含有

[29]岡田，1938，頁189-190。
[30]岡田，1938，頁190，第三表所列數字。

多數旁系親屬的伸展家族間，在經濟生活上，家族成員全體雖無劃分的行共同炊事，但各夫婦有其以竹條或茅枝圍隔而成的寢室，同時有其私有的衣飾、裝飾品及其他物品[31]，此實為獨立核心家族之一雛形。故如伴有經濟，社會和宗教上的其他變化，自可促成核心家族之游離與形成。在布農族的大家族中，這種小家族式的結合亦在家族內形成若干核心。岡田氏以為與父系親屬之集合而成之大家族及小氏族相對，小家族常保持其與妻方親族之聯繫，而使兒女與母族發生關係。在營經濟共產生活之大家族中，這種具有重要意義的小家族結合的存在，是欲對未開化的社會間的民族關係和家族關係作更深的認識的一不可忽視者[32]。

　　阿美族的家族成員數，已示如表六，但其各群頗不一致，即卑南、恆春、海岸諸群為十人左右，秀姑巒群為八人左右，而南勢群則不滿五人。南勢群的數字的低下，由於女子招贅夫壻後，每獨立另成一戶，其他各群則多營親子型伸展家庭[33]。值得我們注意的是行小家族制的南勢群無氏族組織，即有所謂氏族組織，亦僅具有痕跡而已。

　　北鄒族的家族如依其實際之情況，即將耕作小屋亦視作一戶，則其每戶之平均人數大大降低：達邦本社為4.2人，圖富雅本社為4.6人[34]。其構成型式，根據岡田氏所揭材料[35]，而以本文第二節之分類算出，為核心家族在72戶中佔56戶，為77.77%；親子型伸

---

[31]岡田，1939A，頁105。

[32]岡田，1939A，頁106-107。

[33]岡田，1939B，頁264-265。

[34]岡田，1939A，頁101-102。

[35]同上。

展家族佔3戶，為4.17%；同胞型伸展家族佔5戶（包括完整者1戶）為11.10%；其他（即包括有其他遠戚之家族）亦佔5戶；亦為11.10%。這些數字，為其實際營共同生活之人數，則北鄒族之每戶平均人數，且較泰雅等族為低了。

　　表六所示數字較低的一組包括卑南、排灣、魯凱、泰雅、和雅美五族。各族的家族成員數，在數字上的相異雖小，但亦可有解釋。筆者以為排灣族之成員數略多，魯凱、泰雅二族次之，而雅美族最少㊱，蓋因排灣族行不分男女系之長嗣繼承制，長嗣不分男女婚後與其配偶仍留家中；魯凱與泰雅行單系的長嗣繼承制（泰雅族且有行幼男繼承制的，幼男以上的男子於婚後另立新戶）；而雅美族則行新居制，子女婚後，均另蓋屋別居，故也。卑南族的成員數，為本組之冠，而與賽夏族者接近，或與其社會組織有關乎㊲。

(二)家長與家長權之承繼

　　臺灣高山族各族的家權的承繼可分三類：即由男嗣承繼者，有布農、鄒、和賽夏三族；由女嗣承繼者有阿美和卑南二族；由長嗣承繼者，則有排灣族。泰雅和魯凱二族以男嗣承繼為主，但如家無男嗣，得由女嗣承繼，可稱為男嗣優先承繼。雅美族如上所指出行新居制，又行親從子名制，但根據奧田彧等之報告㊳，長子於其雙親死後，棄其居屋而遷返於其雙親之家屋，似可視為與長男承繼有

㊱雅美族的家族成員平均數，筆者在本年八月在蘭嶼調查時，僅得3.43人。參看陳奇祿，1954。

㊲根據衛惠林教授的報告，卑南族有氏族組織，惟不甚明顯，參看衛惠林，1954。

㊳奧田彧、岡田謙、野村陽一郎，前揭文。

若干痕跡上的關係。上記之第一種行嫁娶婚，第二種行招贅婚，第三種則視承繼者之性別而行嫁娶或招贅婚。而雅美族可謂無所謂嫁娶或招贅，蓋其行新居制也。

　　臺灣高山族各族的家長權，就一般而言，並不太大。男系的各族的家長雖對外代表家族，對內掌理家務，但有要事，應由家族之重要成員協議決定。女系的各族，其家長則僅主家務，對外例由家中最有見識和才幹之男子代表之。在排灣族，如為新立家族，夫婦兩方，權限幾乎相等，惟對外亦由男子代表之。賽夏與阿美二族雖有男嗣女嗣承繼之別，但均由家族中之最年長者為家長。賽夏族如家長死亡，繼為家長者為年齡次於已亡故之家長之家人。阿美族以家內最年長的女子為戶長，對家產負其責任，為家人保管其所持有之現款等，但卻不能獨斷處理，有較重要事務，均應與家人商議，如處分土地等事，應與兄弟、伯叔等集商決定。卑南族男子贅出於妻家，但卻終生與本家（即其生家）保持財產關係。昔時卑南族行有一種餽贈制度：這種制度為婚後得子後，妻家備禮餽贈贅婿本家，則贅婿本家對其外甥便負有給與財產的責任，即其一例[39]。這種在母系社會中的伯叔與甥侄之對家長權的關係與限制，是值得注意的。

　　布農族之所行，為最嚴格的男嗣承繼制，其家長稱lisikadaan lumaq，意即家之照顧人，家長為前家長之直系長男，但如家無男嗣時，則由傍系之男子繼承為家長。布農族之家長同時亦為家之司祭者。

<hr/>

[39]參看衛惠林，1954，頁23。卑南族的這種財產制度與一般母系社會家族（如Dobu族之Susu）之財產制度關係不同，且適為其反，筆者將於另文作較詳細的報告。

㈢ 家族的形成與延續的形態

家族延綿不斷，代代相承，但卻可分為若干階段，每一階段之開始為一對男女的結合而構成家族的核心，亦即形成一個獨立的或不獨立的核心家族，本節所指家族的形成與延續的形態，即指此一對男女的結合之社會制度——即婚姻——而言。

從配偶配合關係的形態看，臺灣高山族均行單偶制（monogamy），即一夫一妻制，且行之頗嚴，如中部泰雅族且不許離異。

從婚姻關係成立的方式看，聘物婚，即因聘物而成立婚姻關係者，在臺灣見於泰雅、賽夏[40]、布農[41]、魯凱、排灣、和卑南。泰雅族以珠裙為重要聘物；魯凱、排灣二族之頭目階級以古壺、古琉璃珠為重要聘物；卑南族以檳榔、荖藤為重要婚聘物，均屬特色。泰雅、布農、排灣等族離婚時，女方應償還聘物於男方，在聘物完全返還時，其離婚狀態始告成立[42]，更充分表示其聘物婚或買賣婚的性質。又在泰雅、魯凱二族，婚聘的對象除女子（即妻子）本身外，更包括其將來所生之子女，是值得特予指出的。中部泰雅族之婚聘物於生子後始全部交付，即最初僅交其一部，如婚後於短期中妻子死亡而無子女，則可免付其餘部[43]，如已收其聘物，則應返還其一部[44]，即為其例。魯凱族，我們在前文經已指出，亦可謂與中

---

[40]參看增田，1942，謂聘物婚在賽夏族屬例外，但該書之頁91-93，記有聘物婚之實例。

[41]增田，1942，頁94-95，謂聘物婚多行於北部之卓社群和卡社群間。

[42]岡田，1941，頁8舉有實例。

[43]森，1917，頁177。

[44]增田，1942，頁86 ♂

部泰雅族者相同。又泰雅族之無資產男子，可先被招贅於女家，將
來納聘完畢，始帶女離家[45]，為其又一例。

交換婚，即所謂"姑換嫂"的婚姻，在臺灣見於賽夏、布農、鄒
三族，惟現均頗少行，但其見於有氏族制諸族，是值得注意的。服
役婚見於鄒族[46]。掠奪婚雖不見於臺灣，但泰雅[47]、布農[48]、和排
灣[49]諸族的婚姻儀式卻雜有若干「掠奪」儀式。在魯凱族間，如我
們在上文所記載，亦有若干與此種儀式有關的痕跡。

從通婚的範圍的限制看，臺灣高山族的婚姻可分三類：(1)有氏
族制者，(2)有階級制者，(3)其他。第一類包括賽夏、布農、鄒、和
阿美四族，這四族有氏族組織，故行氏族外婚，卑南族的氏族組織
不很明顯，其外婚制亦已鬆弛，但可視為屬於這一類[50]，又泰雅族
屬於同一gamil之四世以內者不得通婚[51]，亦可視為屬於這一類。
第二類包括魯凱，和排灣二族，這二族，有階級制度，故行階級內

---

[45] 增田，1942，頁85。

[46] 增田，1942，頁101-104。

[47] 森，1917，頁176。

[48] 岡田，1938，頁207，載在迎親時有男女雙方之青年男子親戚舉行角力，
而新娘佯作潛逃之儀式。

[49] 排灣族於完聘日之翌晨，男方之青年親族，自田園小屋中找到於前夜
隱於其中之新娘，新娘由女方親族守衛之，在行格鬥之形式後，新娘
始由男方背出，而後新娘哭泣再入屋中，而後始將聘物運入屋中，而
行分配所宰殺之豬（岡田，1941，頁7）。

[50] 參看衛惠林，1954。

[51] 參看芮逸夫等，〈苗栗縣泰安鄉錦水村泰雅族調查簡報〉，載《考古
人類學刊》第5期（民國44年），頁33。但森，1917，謂一般而言，屬
於同一gaga者，不得通婚。

婚。卑南族雖屬第一類，但因亦有階級之分，故亦有階級內婚之傾向。第三類有雅美族，無氏族組織和階級之分，其近緣血親稱ripus，包括第一旁系一輩卑親及第二旁系三至五等血親。ripus 為禁婚範圍[52]。

從居住制看，如上所述，男嗣承繼者，行嫁娶婚，屬父居制（patrilocal），有布農、鄒、和賽夏三族；女嗣承繼者，行招贅婚，屬母居制（matrilocal），有阿美和卑南二族；長嗣承繼者兼行嫁娶婚和招贅婚，故既有父居制亦有母居制，有排灣族；男嗣優先承繼者多行嫁娶婚，故亦多行父居制，有魯凱族。泰雅族或行幼男承繼制，幼男以上子女婚後多離戶，為新居制（neolocal）。雅美族子女婚後，即另立新戶，均行新居制。又如前文所分析，臺灣高山族多行小家族制，故新居制各族均有，且實占其大部，尤以無氏族組織之諸族為然。

在結束本節之前，我們應在這裡提到一個與臺灣高山族之家族有關的一種制度，即家名制度，雖然在本文我們未擬予以詳細紀述，而將另文專題討論。家名制度在臺灣見於魯凱、排灣、和卑南三族。這種家名（排灣族稱之為 ŋadan na oma）與漢人之姓氏不同，與布農、鄒等族之氏族名稱亦互異。同一血族因分家而有新家名，又因凶事頻生亦可更改家名。移川子之藏稱這種家名制為「中間永續性」名制[53]。魯凱、排灣、和卑南三族因有社會階級制度之存在，頭目階級保有若干特權，家名亦可視為諸特權之一。長子繼承家產，

---

[52]參看陳奇祿，1954。

[53]移川子之藏，〈姓名としての高砂族個人・家族・氏族名〉，載《臺灣總督府博物館創立三十年紀念論文集》（臺北，昭和14年〔1939〕），頁33-336。

同時亦繼承家名。次子以下於自本家分出時另立家名，故次子以下，
其社會地位比長子低下。由於家名有這種表示家族地位之作用，頭
目本家的家名是具有相當的永續性的；亦有家嗣實已斷絕，其家名
仍舊存在，而為與該家族無血緣關係者所繼承的。所以這一問題，
在魯凱族等的家族研究上，是很重要的。石璋如、宋文薰二先生調
查屏東瑪家村，曾報告Patsukul家的曾清志所談關於該頭目家的故
事。這個故事，為關於家名的性質之說明的一個好例，茲引記如下：

> Makazayazaya社最古的頭目家為Patsukul家。Patsukul家的
> 神代的祖先Kadekɛtsu（女）之弟Pavavisan入贅於Vavlŋan
> （Baborogan）家，替該家管理曾被蛇本身吃掉的蛇蛋，因
> 而能由所剩最後一個蛇蛋產生女人，其名曰Səlpu，社眾視
> 之為神，稱她為太陽之子，故Vavulŋan家得由Patsukul家分
> 獲頭目權之一部。Makazayazaya，Parols和Taravakon三社
> 之間，曾經鬥爭不休，但因Vavulŋan家有由蛇蛋生人的奇事
> 以後各社遵從其命，始得和解。故Vavulŋan家漸得接收從前
> 的各頭目之頭目權，漸得可與Patsukul家相拮抗的龐大權力。
> 但在距今六十年前，Vanaʔuni-Patsukul逝世，Patsukul家即
> 行斷絕。曾氏祖父Garaus曾在Vavulŋan家任saskawara（徵
> 稅及連絡者），而得頭目寵愛。曾氏本身亦得頭目之愛顧，
> 而當頭目知道曾氏有意離社赴Kazagizan社入贅時，則以已
> 斷絕的Patsukul家讓曾氏承繼，藉此予以挽留。曾氏從其恩
> 惠，而在Patsukul家廢屋之傍蓋了現屋，稱Patsukul家[54]。

[54]石璋如、宋文薰，〈臺灣紅毛港等十一遺址初步調查簡報〉，載《考
古人類學刊》第2期（民國42年11月，臺北），頁13。

六、餘論

前文中，我們對魯凱族的家族構成型式，家族構成分子及婚姻予以分析和記述，並對臺灣高山族各族的家族形式和制度作一簡略比較，茲再重複指出下列數點，以作本文之結束。

㈠臺灣高山族依其家族的成員數可分二組，即大家族組和小家族組。大家族組包括賽夏、布農、鄒和阿美諸族；小家族組包括泰雅、魯凱、排灣、和雅美諸族；卑南族介在兩者之間。屬前一組者均有氏族組織，屬後一組者無之。卑南族有氏族制，但不明顯。此一分析，很清楚的指出大家族與氏族制的關係。

㈡家族成員數之多寡，除上揭原因外，與婚齡、居住制有關，即婚齡低者成員數多，高者成員數少；行母居制，父居制者成員數多，行新居制者成員數少。

㈢在臺灣高山族間，我們未發見未有家族者，在有氏族組織諸族均亦未有例外，即在有氏族組織之諸族間，氏族與家族並存。故筆者對「家族乃由氏族演變而成」之理論，未擬予以贊同，並對阿里山鄒族無家族之見解，以為容或由於對家族定義之不同。如果我們以家族為一包含一對或一對以上有社會所認許之性關係之兩性成人及一個或一個以上己有的或收養的子女的共同居住，經濟合作及養育子女的社會集團⑤，則我們以為阿里山鄒族之包括有一對或一對以上的夫婦，營共同生活，且賦有生育及扶養子女的功能的集團單位，實應稱之為家族。

㈣臺灣高山族之配偶關係均屬單偶制（一夫一妻制），而無例

---

⑤家族之定義採用G. P. Murdock，前揭書，頁1。

外。我們無法確認其對多妻制而言，屬較高的進化階段。

　　㈤交換婚在臺灣高山族僅見於有氏族外婚諸族，值得注意。

　　㈥泰雅、魯凱二族之結婚至有子嗣（或懷妊）始告成立，可視為原始婚姻之一特殊現象。

　　㈦魯凱族行階級內婚，但僅為單面的，即准許男子之上攀，而壓制女子以下降（即謂村人男子可與頭目女子結婚而提高其社會地位，而其妻之地位則降低；但村人女子則不能與頭目男子有正式的婚姻關係），其制度之精神與魯凱族之整個的文化類型的精神一致。魯凱族的階級制度，除我們在前文已指出之社會階級制度外，其神人之階級制度和性別的階級制度均甚明顯。女性在魯凱族的社會地位至為低下，在家族生活上所表現，除上揭通婚範圍的限制外，如男嗣優先承繼，及僅女子犯所謂「重婚罪」等等，均表示魯凱族（對其鄰族排灣族而言）的保守傾向。

　　本文承芮逸夫、陳紹馨二先生賜予審閱，多所指正，謹此誌謝。

　　四三年十一月一日完稿四四年七月十五日校正

　　　　——本文原載《中國民族學報》第 1 期(民國44年 8 月)，頁103-120。

第八篇

臺灣土著的年齡組織和會所制度

一、阿美族^①

　　臺灣東部的阿美族是母系社會。其中位於南部群的馬蘭阿美有氏族制度（clan system），北部群的南勢阿美則有世系群組織（lineage organization）；然而事實上阿美族的政治體系，主要的基礎在於男性的年齡組織（age organization），而非母系的親屬群（matrilineal kin group）之上。

　　大部份的阿美族人在狹窄的東部海岸山谷間種植水稻，因此阿美族的村落，是臺灣所有土著中最久居的。大部份的聚落都很大，有些甚至於人口超過一千人。阿美族稱這些村落為*niarox*，每一個村落均曾經具有一個充分發達獨立自主的政治體系。往昔，村落的外圍由樹叢或竹叢圍列起來。村落內的道路系統經常是有計畫的安排。村落的每一個入口處，有一個屬於青年的公廨（dormitory for youths），有些村落的中央，則有男性會所（men's houses）。例如：馬蘭阿美村落有六個入口，因此有六個公廨，北方入口的公廨，則為男性會所所在。南勢群阿美的村落有其各自獨立的男性會所。在會所前方有廣場一塊，做為村民集合時進行儀式的場所。廣場中亦有一個頭骨架和一個祭壇。

阿美族的年齡組織系統可分為兩種型態：馬蘭式和南勢式[2]。馬蘭式的年齡組織中，每一個年齡組均各有其專名，直到這一級之成員完全死亡後，此級名即取消。南勢式的年齡組織，則只有一組名制循環使用，當最高一級退休並離開年齡組織，就有新的成員加入繼承其名；但其他的成員還是依舊使用原來的年齡級名。

馬蘭阿美每三年舉行一次成年禮（initiation ceremony）。如下表1所示，最低的年齡組 *rataŋu* 的成員年齡約在二十至二十二歲。這只是大約的年齡，因為其成員可能早一、二年進入這一個年齡級，或因為延遲而必須等待下一個成年禮的舉行；因此整個年齡級中成員的年齡可能會有五至六歲的差距。每一個年齡級三年自動的晉升一級，但仍然延用原有的級名；舉例來說，1942年時年齡級（*kapax*）最低一級是 *rataŋu*；1945年新的年齡級產生之後，*rataŋu* 晉升為第二級。如果不包括未入年齡級之少年組（*papakaroŋ*），下表1所有級名可分為四組：*pakaroŋai, kapax, minhiniŋai-itokarai*，和 *isvɁai*。

所有的南勢阿美村落皆使用九名制，依同順序循環使用。南勢阿美荳蘭社每七年舉行一次成年禮。和馬蘭式一樣，由於成員有較早或稍晚舉行儀禮的現象，因此一級年齡組中的年齡差距可能在十歲之間。男性通常在二十歲加入年齡組織，八十二歲時退休。在這

---

②衛惠林 1953。

表8-1　馬蘭阿美年齡組制度 ③

級通名	級專名	年　齡	地位與責任
Papakaroŋ		11-15歲	與女性隔離
Pakaroŋai		16-19歲	預備級，服役
	Rataŋu	20-22歲	嚴格訓練服役期
	Ramiŋkoku	23-25歲	
	Rateiso	26-28歲	
	Ratiŋkoku	29-31歲	
Kapax………	Raxtoŋ	32-34歲	可婚，惟需接受訓練並在公廨服役
	Rataipaku	35-37歲	
	Rasontoku	38-40歲	
	Rakonkaŋ	41-43歲	
	Rataujiŋ	44-46歲	
Mihiniŋai	Rapalijao	47-49歲	掌管會所招待之職
Mirmurmai	Rausinŋ	50-52歲	掌管會所分配之職
Paravirai	Ratsekiŋ	53-55歲	掌管會所庶務
Matatapari	Raimpai	56-58歲	副總管
Itokarai	Raxuŋote	59-61歲	會所總管
Pakoronai no sviʔ	Rasontiŋ	62-64歲	新退休者
	Rasamai	65-67歲	
	Ratsimpiŋ	68-70歲	
Isviʔai(maritonai)	Raturi	71-73歲	
	Rariboŋ	74-76歲	
	Ratsekul	77-79歲	
Sakakai no sviʔ	Ratoŋso	80-82歲	

③本表錄自衛惠林 1958, 頁2-3, 主要根據1951年12月調查資料。

個年齡組織內的人被稱為*sral*。這個年齡組織包含兩個階段：*kapax*
或初級服役期和*karas*（*mato'asai*）後級管理期，退休的年齡級則
被稱為*vakavakejaŋ*。

表8-2　南勢阿美的年齡組制度 ④

級　通　名	級　專　名	年齡	女性級通名	年齡
Wawa { Rotoŋai		1歲以下	Rotoŋai	1歲以下
Wawa { Wawa		2 -14歲	Wawa	2 - 14歲
Mamisral		15 - 19歲	Kaiʔiŋ	15歲以上
Sral no niarox { Kapax {	Aratewas(Utrots)	20 - 26歲		
	Arapaŋas	27 - 33歲	Vavahe	結婚以後
	Matavok	34 - 40歲		
{ Karas no niarox (matoasai) {	Maorat	41 - 47歲	Vaivaijin	年老婦女
	Maorats	48 - 54歲		
	Maowai	55 - 61歲		
	Arəmut	62 - 68歲		
	Rarau	69 - 75歲		
	Aramai	76 - 82歲		
Vakerakejaŋ		82歲以上		

　　中部阿美的奇密社有類似於南勢阿美的年齡組織。不過，根據
岡田謙的報告，奇密社的年齡組織有二個系統；也就是說，除了有
類似於南勢阿美所循環運用級名的系統之外，他們還有另外一種所
有成員到另一個階段時，必須採用另一組級通名的規則。這些級通
名如下頁表8-3所示。

---

　　④本表採自李亦園 1957，資料採集於1953年春季。

表8-3　奇密社的年齡級名⑤

階　　名	級 通 名	年　齡
Wawa ……………	Wawa	0- 7歲
	Miparoai	8-10歲
	Pasimuraŋai	11-13歲
Kapax ……………	Liplip	14-16歲
	Tsiopehai	17-19歲
	Tokoral	20-22歲
	Ialawaŋai	23-25歲
	Tsiparlai	26-28歲
	Tsararan	29-31歲
	Paheneŋai	32-34歲
	Iŋayaŋayai	35-37歲
	Mikatsawai	38-40歲
Matoʔasai	（四級）	41-52歲
Rovan(Karas)		53-　歲

　　南勢阿美的年齡組織，可用來呈現阿美族的年齡組織系統如何運作。當一個男孩到十五歲時即準備進入年齡組，這個預備期可延續四至五年，稱為 *mamisral*。在這個時期，他得接受許多體能上的訓練以及群體社會生活應有的知識訓示。二十歲時，他即加入成年禮而成為 *kapax* 級。*kapax* 級是必須服役的階段。這個階段最低的一組稱為 *utrots* 或 *makutrots*，意謂積極服役。每一個男子在這個階段時，必須接受比他更高一級的成員指示行動，而且其服裝亦要愈樸素愈好。當他進入更高的一級 **kapax** 時，他可獲得較受尊崇的社

⑤本表採自岡田謙 1939, 頁17。

會地位。在較高的二級中，訓練較不嚴厲，而且成員可以結婚。除非他們有任務需要執行，否則他們可留在家中或到公廨。由第四到第九的六級，稱為長老（*matoʔasai*），這六級的男性免除在公廨的服役和職務，他們是整個社會的領導階層；甚至在他們退休之後，仍被年輕的後輩尊敬，是為*vakevakejaŋ*。

阿美的年齡組織是一種組織化的編組（regimental），較低級的成員必須服從於較高級的成員，每一級有其各別領袖*Papuroʔai no sral* 亦即級長（monitors）。那些想要成為級長的人會被允許延遲參與成年儀禮。例如：通常參與成年儀禮的年齡是十九或二十歲，但若是一個男孩想要成為級長，他可以延遲七年之後，才參與二十六至二十七歲那一級的成年儀禮；藉著該級中的較年長成員地位，便自然而然的成為該級中的級長之一。這些延遲進入成年儀禮者一般稱之為*misatataðai*。他們是前級階層的領袖（*mamisral*）。既然在每個成年儀禮中通常有幾個*misatataðai*，因此在每一級中亦有幾個*papuroʔai*。除了級長之外，每一級指定其各別的軍事領袖（*misavavainajai*）。軍事領袖乃由於其軍事方面的武勇和策略的技巧而被推舉出來。

上述年齡組織乃阿美社會的中樞，而其政治權力則在其年齡組織中衍生出來的部落領袖會議（*matateŋil ko papuroʔai*）之上。此會議乃由*papuroʔai*所選出的*papuroʔai no niarox*（意即部落領袖）所組成。如果想要成為一個部落領袖，一個級長必須顯示出其各種能力如：指揮能力、勇敢、誠實、善言辭、熟諳儀式曆法、以及漁獵的技巧。並且他也必須能在部落的所有級長之前展現出其財富以及舉行盛大的飲宴（*patələŋ to papuroʔai*）。飲宴是承認其領袖權的儀式。如果部落首長不能實踐其職責，則可能被迫離職；而意外的災害如：饑荒、旱災、傳染病流行、或與敵方部落的成員互相之通婚等，均被視為該部落領袖應負的責任。

部落領袖會議中有一個能言善道者稱部落首長（*sakaka৲ai no papuro৲ai*）。部落首長由部落領袖選出，是整個部落的最高行政者。而軍事事務如：打獵、獵頭和戰爭之職務，則是由各級的軍事領袖（*misavavainajai*）中所選出的最高軍事領袖（*sakaka৲ai no misavavainajai*）所負責。

所有部落的事務，均由在*sakaka৲ai no papuro৲ai*指揮下的部落領袖會議（*matateŋil ko papuro৲ai*）執行；但權力的均衡則由下列立法組織所維持：

⑴*Maltsapo ko matoasai*（長老會議），成員由所有的*matoasai*（長老）以及*kapax*（服役階段）年齡級的級長（*monitors*）所共同組成；

⑵*Matateŋil ko niarox*（部落會議），所有部落中的男性成員均可出席；

⑶*Matateŋil a misavavainajai*（戰爭或出草會議），由*sakaka৲ai no misavavanaai*（軍事首長）召集，其組成份子是各年齡級的軍事領袖，以及

⑷*Matateŋil ko popuro৲ai*（級長會議），由各年齡級的級長所組成。

阿美族的法律概念與泰雅族類似，主要根據傳統（tradition）以及集體責任的概念（idea of collective responsibility）；不過阿美族並無嚴格的賠償規則如泰雅族的domahol，來補償其所犯之罪的辦法。這兩個族群對於犯罪的分類亦不太相同⑥。阿美族對於掠奪、竊取他人的財物、侵犯他人的權利、侮辱、縱火、虛構和散佈

⑥對阿美族犯罪分類法參見衛惠林 1958, 頁5。

謠言和通敵等，均視為公罪（crimes）的行為；而謀殺、毆辱、強
姦、通姦、私通和偷竊，則視為私罪（或侵權）的行為（torts）。
維持法律和秩序的權力，掌握在部落領袖（*papuroʔai*）之手，但是
如果牽涉到損害賠償時，必須有相關關係人的同意。刑罰方式包括
下列各項：⑴最普通的刑罰方式是贖償。贖償數量則根據犯罪的嚴
重性，由部落領袖和相關群體來決定。嚴重的犯罪可能會被處以沒
收所有財產的刑罰。⑵犯嚴重的罪如：謀殺、縱火、通敵，可能被
處以放逐的刑罰；或者他自動逃亡他處。除非得到部落立法者或部
落領袖同意，否則他永遠不能回到部落。⑶竊盜、掠奪、不當侵占
他人財物、縱火、謀殺、強姦、私通等罪，處以放逐和賠償。⑷除
了其他的刑罰外，被認為有毆辱、掠奪、竊盜、強姦和私通等罪者，
可能會受被害關係人毆打。放縱情慾於不正當性關係者，可能會被
赤身示眾。婦女犯通姦者會被施以辣椒末塗於其私處的處罰。

　　在臺灣所有的土著族中，阿美族發展出最進步的司法系統。雖
然當案子不能由正常程序得到判定時有時會採用神判，一般而言他
們有正式的法律程序，而且並沒有像泰雅族般，用獵頭來做為證明
無罪的手段。

　　阿美族通常使用下述控訴程序。在私罪或侵權的非法行為（torts）
如：謀殺、私通或竊盜，被害關係人首先向世系群（或氏族）族長
控訴。族長通常先行召開會議以討論該案件，然後派代表向犯罪者
的世系群（或氏族）族長提出交涉。如果雙方無法取得協議，則被
害者將案件向部落領袖提出控訴。部落領袖接受控訴之後，審問兩
造對於該案件的解釋，有時亦會指派代表去調查事件的真相，之後
再召開會議以解決此事。

　　對於公罪（crime）處理之情形，阿美族人將案件交由年齡組
織和部落領袖會議（*matateŋil ko papuroʔai*）審判。罪行由級長

向部落領袖（*sakakaʔai no papuroʔai*）提出後，舉行部落領袖會議。進行判決時，首先由控訴者陳述事件經過與控告理由，然後由被告或其族長就事件經過提出答辯。在聆聽過雙方的辯答之後，由原告提出證人（*makarowai*）和證物（*rosið*），審判會議乃借此而下判決。

如果被告否認指控之各項事實，他可以要求進行神判（超自然力量的判斷：*maxaxarok*）。在這種情形之下，他會發誓以否認指控，審判會議則請巫師（shaman）到場，作法請神啟示犯罪者；竹占（*mʔlao*）是這類案件所最常使用的方法。

二、卑南族⑦

臺灣的土著族中，年齡組織和會所制度最具形式者是卑南族；其中卑南村一直到最近還保存此制度。卑南族的會所制度包括男子會所和少年會所。約五十年前（民初）卑南村有六個男子會所（*parakoan*）和兩個少年會所（*takoban*）。卑南村亦有發展得很健全的偶族系統（moiety system）。整個村落分為南、北二個亞部落或自治地域群。北亞部落稱為 *i-ami*；南亞部落稱為 *i-timor*。各有男子會所三處與少年會所一處。每一個亞部族各有其祖靈屋（*karumaʔan*）一座。男子會所各有其專名，少年會所則由其所在亞部落而名之。上述情形如下表所示：

---

⑦本節所描述的資料，主要根據岡田謙1932A；古野清人 1945；衛惠林 1956；衛、陳、何 1954。

表8-4　卑南村的偶族制度

	karuamanan (領袖氏族)	*parakoan* (會所名)	*takoban* (少年會所)	*karumaʔan* (祖靈屋)
i-ami	Pasaraʔal Valaŋato Sapajan	Patapan Kinotal Varovaro	takoban i-ami	karumaʔan i-ami
i-timor	Raraʔ Arasis Ruŋadan	Karunun Gamogamot Kinovurao	takoban i-timor	karumaʔan i-timor

　　在日人統治臺灣期，上表所列男子會所曾被合併為二個；Kinotal和Varovaro合併於Patapan, Gamogamot和Kinovurao合併於Karunun。這兩會所直到1953年還存在，當我1959年再訪該地時已被棄置不用。

　　男子會所是整個部落的政治和軍事中心；少年會所則為教育部落年輕一代而成立的機構；祖靈屋，是部落宗教和儀式活動中心。從北部祖靈屋（Karumaʔan i-ami）之伴著於Pasaraʔal氏族，而南部祖靈屋（Karumaʔan i-timor）之伴著於Raraʔ氏族，顯示出此二氏族在偶族的領導地位。也因為這個原因，其會所維持較久。

　　卑南村的偶族並非是外婚單位，而是宗教、經濟、和行政的單位。二亞部族之間有互惠與互補的關係。例如：在訓練年齡級的成員時，南北二部族互為假想敵，雙方爭取機會向對方襲擊，被擊的一方盡力守禦，以保守自己的會所。每一亞部族各有一個會議，由六個 *railaŋ* 和其領導者 *kadawadawajan* 所組成，管理公共事務，並有一個祭司（ *raraŋaŋ* ）指揮宗教和儀式活動。部落內各項事務的負責人員大部份是有權氏族的頭人，而其職位通常在特定的家族中延承。

整個部落有一個頭目（*maidan kana ajawan*）和軍事領袖（*uliŋ -ut*），負責部落平時和戰時事務。既然北部亞部族較強有力，因此Pasara'al氏族的頭人成為整個部落的頭目，而Patapan男子會所則為部落中的首要會所。而且全部落的共同訓練及儀式的場所及各會所的操場（*runarunadaŋ*），棄敵首處（*adzaɔadzalaŋ*）、出草或出獵時聽鳥占處（*raruwaŋaŋ*）、少年入會所儀式的殺猴處（*panajanawaŋ*），均位於近北門（*salikil i-ami*）的部落外。本世紀初著名的頭目Kurarao統治時期，頭目權傳給Raraɔ氏族；而我在1953年的訪查所遇到的部落頭目Pakiwaya亦是Raraɔ氏族的亞氏族Kongkuan中之成員。無論如何，在Kurarao的統治時期，Patapan男子會所（屬於Pasaraɔal氏族）還是部落的首要會所（parakoan），而Pasaraɔal 氏族依然保有部落領先舉行儀式的權利[8]。我們可以想像得到這種政治權力的轉換，主要是基於個人因素[9]，而不是部落內氏族地位的改變。

卑南族的年齡組織無類似於阿美族之年齡級名，但是其組織頗為精巧並且訓練也很嚴厲。卑南村年齡組織如表8-5所示。

從表8-5可以看出十三歲以前與四十歲以上，男性與女性的級名並無不同；而在十三歲到四十歲之間（這段時間男性參與年齡組織而女性留在其家中），男女開始有不同的命名。卑南村的年齡組織系統可分為二個階段：takobakoban和miabutan。takobakoban又分為五級：ŋawaŋawai, talibatoban, kitobansal, malatawan,以及pakiləvu。

---

⑧衛、陳、何 1954, 頁16。

⑨Payiwaya在日人統治期成為部落領袖，可能因其教育背景。Payiwaya日語極為流利順暢。

表8-5　卑南村年齡級制度

男	女	年　齡
Manodən	Manodən	1 歲以下
Mararinai	Mararinai	2 - 5 歲
Polikan	Polikan	6 - 13歲
ŋawaŋawai ⎫	Miatovil	13 - 14歲
Talibatokan ⎬ Malanakan		14 - 15歲
Kitobansal ⎭		15 - 16歲
Malatawan ⎫ Malatawan	Mialavit	16 - 17歲
Pakiləvu ⎭		17 - 18幾
Miabutan	Buraburayan	19 - 20歲
Baŋsalan		20歲以上
Paraparapat	Migataŋinla	已婚
Maidan	Maidan	40歲以上
Maiidenla	Maiidanla	60歲以上

　　男孩約在十三歲時加入第一級。如果他想要在這個年齡加入年齡組織，在殺猴儀式（*magayagayau*）之前他必須向takobakoban的級長（monitor）提出申請。之後他將被安排參加視為成員成年儀禮的殺猴儀式，這個儀式是獵頭儀式（*magayau*），亦使用於當Takobakoban要成為 Miabutan 時第二成年禮。此儀禮或殺猴儀式每年一月舉行十天。首日祭司（*raraŋaŋ*）主持公開儀禮並宣佈儀禮進行程序。Malanakan（Takabakaban的最低一級）加入新成員，共同清理由*takoban*（少年會所）到*panajanawaŋ*（殺猴地點）的道路，這個儀式稱為muravak。第二天，每一個Malatawan（Takobakoban的高級組）帶一把米到*kaidanan*（呈供品給神的地方）向神禱

告，這個儀式稱為*kumamul*。晚上，所有**Malanakan**以香蕉葉裹身，臉上塗以煤灰，在部落四處驅逐邪靈，是為*tamabakakakai*儀式。之後他們回到少年會所，圍繞在火塘四周，一面行走一面接受**Malatawan**用竹條鞭笞屁股，稱為*muranti*ʔ儀式。第三天是殺猴的日子。早上，將被用於儀式之猴子關在籠子（*mirumaruma*ʔ）內，由級長和祭司帶到殺猴處，置於柵欄內。然後級長帶領會所成員，用矛去刺殺猴子。猴子被殺之後，成員競跑回會所，而已死的猴子則由級長和祭司帶回放在會所中。**Malatawan**將削好的竹木片散佈在置於會所床上的鹿皮，然後他們將鹿皮拿到會所陽臺將竹片抖落，而由等在會所之下尚未入級的孩童（**Polikan**）撿起來。此由未入級的孩童撿起竹片的儀式稱為*maraʔaran*。這個儀式結束後，將死猴帶到置放敵首處。晚上，**Malatawan**在會所屋頂暫時豎立的竹臺上，一組兩人面對面拿矛和盾起舞。部落民眾從今晚一直到第十天，持續跳舞與宴飲。

男孩進入年齡級之後，晚上留在會所，作為一個較低階級，他必須按照較高級者之指示而行動。每一年他進陞一級，在他進入會所（*parakoan*）成為**Miabutan**之前，還是要在少年會所中居住六年。**Takobakoban**每一級均各有其規則。例如：**Malanakan**有時必須為高級者做事。不許嚼檳榔、如果在街上遇上高級者則必須迴避、**Talibatokan**不能抽煙，……等。總之，**Takobakoban**這一級主要的課程，在於學習部落的傳統和軍事知識。

在**Takobakoban**級待上五年之後，男孩就可進陞為第二階段**Miabutan**。在這個轉換的時機裡，他必須參與年齡級成員第二成年禮的獵頭儀式。本世紀初獵頭習俗被禁止後，出現代替的精巧獵頭儀式的運用約有二十餘年左右，但現在都已不再施行。通常獵頭儀式約在舉行過殺猴儀式的十天後施行。雖然舉行獵頭儀式的時間由部落祭司來決定，真正開始的日子，則由鳥占所決定。一旦時間決定，六個Baŋsalan（Miabutan的較高級成員）在清晨被指派去觀察鳥兆。如果飛鳥啟示吉兆，則Miabutan級的新成員，就由年長者帶領踏上獵途。Malatawan通常會和他們一起去並給予服務；而Maidan亦同去給予獵者某些指導，除去新入級者的腰衣（loin cloths），並為他換上新的。進行此儀式時，每一個參與者必須經過豎立於地面的兩堆草以除惡靈。當他們到達獵地，首先豎立起祭壇（*punapal*）。傍晚，Maidan為將進入Miabutan階段者換上腰衣，稱為*miabutanan*儀式（使他成為Miabutan），是整個獵頭儀禮中最重要的部分。為年輕人換腰衣者，將終身為其守護者和指導者。在他成為Miabutan的三年內，青年必須對其守護者和指導者服各種勞役；因此年輕人通常要求他平素所尊敬的人成為他的守護者和指導者（*napupudan*）。夜晚時，那些即將進昇為Baŋsalan的四年Miabutan，必須在宿處巡邏以及不時將草束投擲各處以被除惡靈。整個獵團留在獵場直到捕捉到足夠的野獸（在獵頭還未被禁止之前，是持續到獵到人頭為止），才返回部落。當他們到達觀察鳥兆的地點，會開槍通知部落民眾，民眾會到該地點迎接。隔日，新進昇的Miabutan必須再實行另一項儀禮——由會所競跑到海灘，擊打灘上綁綑於竹子上的竹條所製成竿子，並涉行於海水。Miabutan在這一天到會所中拔除眉毛成為新月眉形，並由其指導者為他戴上頭冠。經過這些儀式，他便成為成年人（*baŋsalan*）了。新昇進為*baŋsalan*者稍後去拜訪去年家中有喪禮者，他們致哀歌以安慰其送葬者，喪家則以小米酒或米酒招待他們，該喪宴大約持續十天。

　　成為Miabutan的三年中，居住於會所（*parakoan*），並且絕對服從其年長成員的嚴厲訓練。他們的衣著是粗糙的，飲食簡素並且禁慾。甚至連洗澡或梳髮都不被允許。白天，他們從事各種勞役；

晚間，他們則被教以部落傳統、戰爭藝術、戰歌。許多禁令加諸其身，與婦女的社會交往是嚴格禁止的。與女性談天、在戶外凝視婦女、在年長者前談論婦女，被視為禁忌（*margi*）。與女孩秘密約會被認為是最不名譽的事。如果與女孩的秘密約會被發現，整個年齡級將因這個不當行為負連帶責任。對於加諸於年齡級之與女性有關的種種限制，是卑南族年齡級系統重要特徵之一。直到成為*baŋsalan*之後這個限制才解除，並且可以結婚。

三、排灣族和魯凱族

在社會階層化的排灣族和魯凱族，年齡組織只在鄰近於卑南族的部份才存在，因此很可能是受卑南族的影響而有年齡組織，因其系統並未發展得很好。

根據岡田謙的報告，年齡組織發現於排灣族東部和北部，其所描述西排灣**Kabiyangan**社之年齡組織如下：

表8-6　排灣族 Kabiyangan 社年齡級

年　齡　級	近　似　年　齡
Kaklian { Lumamad / Aonoan	兒童期 { 嬰兒 / 12或13歲前
Maatsuvtsuv	青年
Lamazimajunaga	已婚男性
Vulvulun	60歲以上男性

岡田謙寫道：

> 從兒童期到成熟期過程中，並沒有成年禮儀的舉行；而青
> 年亦不分組。這種情形意味著年齡組織並未廣泛的發展。
> Maatsuvtsuv夜間留在男性會所 (tsakal) 內，若有不去者，
> 則可能受其級長鞭笞一、兩次。違反規則的人，通常其肩
> 飾會被沒收，並被迫以小米酒或米酒招待其級友。級長由
> 該級成員自行選出，但是大部份的情形是由級內階級較高
> 者任之。年齡級中的人平常在級內彼此唱歌以和、相互角
> 力或交談至深夜。以前，部落外圍的柵欄只有三個入口，
> 年齡級的成員必須二人一組輪流在早上和深夜在入口處守
> 衛；並且他們各分成數組每天早餐前巡邏於部落各處。直
> 到25～26歲或結婚後，Maatsuvtsuv級的成員才離開會所。
> 大頭目的兒子有免除居宿於會所的義務。[10]

　　大南魯凱也有年齡級系統，然並不像阿美和卑南之發達。但他
們有不見於阿美族之蕁蔴考驗（nettle ordeal）習俗。古野清人教
授描述此風俗如下：

> （大南魯凱的年齡組織）包含四級：未入級者稱爲 Tenakur-
> akural、新級 Barisun、青年級 Tabagusagusal、成年男性級
> Moakasabara、和老人級 Karamoakasabarana。當 Barisun 要
> 進昇到青年級時，所有的青年人聚集到會所前排列成面對
> 面二排，手拿蕁蔴枝，鞭打在行列中通過的 Barisun 裸露的
> 身體。大部份的 Barisun 都快跑通過，而漫步而過者會受到
> 尊崇。在這種情形下，他們可能在身上塗以泥巴來減輕痛
> 苦。平常時，Barisun 在村內半裸，到村外才穿上衣服，這

---

[10]岡田謙 1944, 頁 70-71。

是大南魯凱的習俗。當Barisun要回家亦會穿上衣服。在進行蕁蔴鞭笞之前平常時上一級成員會經常告誡新級者：「行爲要自制！」「做人要光明磊落（不要偷偷摸摸的做事）！」……等語。

魯凱族稱毒草爲*a:gas*，學名是Laportea detrostigma Wedd，爲蕁蔴的一種。當他們居於舊部落時，曾使用不同種類的蕁蔴(魯凱人稱之爲*ili*，學名Urtical fissapritzol)，但此種蕁蔴在現居部落中沒有生長，也許這是 *a:gas* 取代 ili 的原因……⑪。

　　在行昇級儀式時，不只**Barisun**而已，所有的級員亦同受其上級者類似的鞭打，但是其施行之鞭打較不那麼正式。

　　蕁蔴的嚴格考驗並不只在成年儀式中舉行，亦被用來做爲處罰級內成員的主要方式。比方說：當**Barisun**忽略其職責或有奇妄的舉動，將受蕁蔴鞭笞的處罰。有時整級成員均必須爲其中犯錯者（即使只有一人犯錯），負連帶責任而受罰。以前**Barisun**常不洗澡，因有人認爲身體上的垢物，能減輕刑罰的痛苦。

　　此種蕁蔴嚴格的考驗習俗並不見於魯凱其他部落，而只在鄰近於卑南族的部落才發現。古野清人教授認爲該習俗是大南魯凱由外引入。在**Rikavon**卑南族中，未成年者可在小米收穫儀式舉行時，進昇爲成年者。儀式舉行時，所有男性村民依照社會地位排列，依序將植物在他們的身上磨擦。**Rikavon**卑南也和大南魯凱一樣，使用蕁蔴的摩擦爲懲罰的手段。

---

⑪古野清人 1942, 頁 152-154。

四　鄒族[⑫]

雖然鄒族有祭儀群，但嚴格的說此祭儀群並非地域的組織。直到最近幾十年，男子會所依然是鄒族的社會中心。

北鄒族包括下列三個部落——Lufutu, Tufuya, Tapangu[⑬]。每個部落由大社（ *hosa* ）和一些小社（ *denohiu* ）所構成，如其名所示，小社是大社的移民所建立。由於大社的擴張，因此某些小社可能是由二個或更多的部落移民所共同組成。Tapangu的大部份小社均是這種型式。

往昔，每一個大社都有一個男子會所稱為*kuba*，是部落的立法、司法和行政中心。所有會議與公開審判均在會所中舉行。與部落事務有關的公佈，通常會在會所或會所前當眾宣告。在獵首行動或大型狩獵行程之前，參與者通常聚集於會所前的廣場，討論獵程之組織細節與分派各人任務。回來後，亦聚集於此，以分配戰利品和慶祝凱旋。

在鄒族或其他的父系社會中，婦女被排除於許多社會活動之外，尤其是有關政治、戰爭和狩獵的活動。鄒族的會所是訓練部落戰士的中心，因此只限於男性才可進入。雖然鄒族並沒有像東部諸族之年齡組織，但是個體成長的每一階段，還是有其特定的功能和責任。鄒族的生命週期一般可分為五個階段：(1)孩童期，從出生到十歲。(2)男女少年期，約在十歲到十七歲。(3)青年期，從十七歲到三十歲左右。(4)成人期，從三十歲到約六十歲左右。(5)老年期：六十歲以

---

⑫本節描述主要根據：衛、余、林　1952；增田福太郎　1943。

⑬Imuts部落在本世紀初消滅，因此僅存三部落。

上。在第一個階段，兩性之分別並不十分明顯。男女在他們第一次生日之前均為*foinana*，生日之後則均稱*oko no naʔno*。然而，在男孩首次生日時，即第一次到會所後，從此時起，他們持續的在會所內玩耍或居留；但女孩則被禁止進入會所。從第二個階段開始，兩性的社會分化逐漸明顯。在這個階段內（*masatso*），女孩（*iʔimuʔumu*）居留於家中，而男孩（*jaefuʔefa*）則住到會所裡面；男孩在會所內向其長輩學習各種事情，如製造和使用武器的方法、打獵捕魚的器具製造與使用、軍事戰術、部落歷史、傳統、文化英雄故事、社會禮儀。進入第三階段青年期（*sasmojusku*），男孩必須通過一成年儀禮（*jaʔasmojusku*）而成為年輕男子（*jufafoinana*）。這是必須向長輩與部落服勞役的階段。除了繼續對其少年級成員的訓練和指導之外，他們亦必須參與戰爭和狩獵，並由酋長指示參與各種內政。即使在他們婚後，亦經常留在會所並討論部落事務。

在成人期（*mamejeoi*）沒有形式化的進升儀禮。一個戰士若在戰爭或獵首行動中有所貢獻，雖然還很年輕，但他可能會被尊為*mamaejoi*，成為*mamaejoi*之後，便可穿著長袖服裝，可分配到較大塊的肉、喝大杯小米酒、抽菸、和免除參與戰鬥或狩獵的行程。*mamaejoi*亦可能被提拔為長老，幫助酋長處理部落內政；*naʔno no mejoi*是指退休階段，仍繼續享有各種特權，並且受到晚輩的尊敬。

酋長稱為*pejongsi*，其意為「根幹」。其職位在特定的氏族中繼承，例：Tapangu部落的Tapangu氏族、Lufutu部落的Lulunanan氏族、以及Tofuya部落的Kautona氏族。酋長對外代表部落，對內則為最高的行政首長。酋長亦是指揮重要宗教儀式的祭司，尤其是小米豐收祭和會所重建儀式。然而，酋長亦非專權的。對於一些重要事情的決定，他通常會諮詢於氏族族長和部落長老。酋長可對其他部落宣戰和媾和，然而，戰時軍隊是由戰士自行選立之軍事領袖

（*jojiom*）所指揮；在**Tofuya**部落酋長同時兼任*jojiom*。

　　大社的會所在結構與功能上，均不同於小社會所。大社的會所，是干欄建築並覆以茅草屋頂。屋頂的頂端和會所之入口前方，種植*fiteu*。會所前的廣場上，有株赤榕樹。人們相信在儀式的進行中，大神會經由赤榕樹降臨。入口的左側有一個籃子（*sukaiju no popususa*），放置起火工具和其他神聖物品，大廳中央靠右有一敵首籠（*sukaaiju*），做為放置獵首得來的頭顱之用，左牆中掛有木盾（*pihitsi*），所有上述的要素，均象徵部落的權威與舉行宗教儀式之權利。

　　小社的男子會所（*keʔbu no ojona*）類似於*kuba*，但沒有上面所提到的那些神聖物器；也不會在這個地方舉行任何宗教儀式，小社的居民要回到大社參加儀式。

五、討論

　　有關臺灣土著諸族的年齡組織，已有數位學者討論過[14]。衛惠林先生將年齡組織分為兩種形式：通名制和專名制。通名制指具有和個人身心發育狀態及與社會責任比重相應、代表長幼資格的集體稱號制度。專名制指男性經過成年儀禮以後，便形成一種固定的年齡組織，接受的級名終其身不更易的制度[15]。這兩種類型約略相等

---

[14]有關臺灣土著諸族的年齡組織論文，除了上面所提到的學者之著作外，
　　另有：陳奇祿和Coe 1954；伊能嘉矩 1909；任先民 1956；河野喜六
　　1915；小泉鐵 1928、1933；岡田謙 1932A、1932B、1932C、1933；
　　岡松參太郎 1921；佐山融吉 1913、1915；ソエル，1935；移川、宮
　　本、馬淵 1935，等數篇文章。

[15]衛惠林 1953。

於年齡級（Age-grade）和年齡組（Age-set）；但衛先生的通名制，則比年齡級還要廣義，所以衛先生認為年齡級出現在大部份的臺灣土著族群中——賽夏族、布農族、鄒族、卡那卡那布族、沙阿魯阿族、排灣族、和魯凱族。本研究筆者並未採用如衛先生所持有之廣範的定義，因此本文只描述上述五族。

　　臺灣土著族中，年齡組織是男性獨占的事務。上面所提到的五個族群其男性成員，在特定的年齡時經成年儀式而加入年齡組織，並且居住於會所內。組織內的成員，在他們中選立領袖來掌理部落或村落事務。婦女不但被拒絕參與此組織，甚且嚴禁進入男子會所，因此她們很自然的被排拒於部落政治之外。不論Heinrich Schürtz[16] 之對於兩性本質之基本假設能否被接受，在臺灣諸族間，年齡組織特別發達於母系的阿美族和卑南族間，是特別有興味而值得探究的。

　　社會組織的存在和發展，常與其功能有密切的關係。社會功能如：政治、經濟、教育、司法等等，在不同的社會中各歸屬於不同的社會群體。臺灣土著族中的賽夏族、鄒族、布農族，其氏族不但是親屬群體，亦是經濟、政治和宗教群體。泰雅族之主要的社會群體是儀式團體（ritual group）。儀式團體不但在宗教活動中主持宗教事務，同時亦是執法機關。在排灣族中的封建團體（feudalistic groups），是首要社群組織，並具有多種社會功能。因此在上述族群中，年齡組織並未能發達。

_____

⑯Heinrich Schürtz在其著作*Alter sklassen und Mümmerbunde*（1902）中宣稱婦女無組織與社交能力。男人具有女人所缺乏的豐富社交能力，因此而使男人在與親屬不同的原則和基礎上，漸漸拋棄婦女，而組織其社會群體。

　　雖然在鄒族有年齡級，但由於大部份的社會活動由其氏族所承擔，因而使其年齡組織不太活躍。會所在鄒族很重要，但亦與氏族而非年齡級勾連。如前所述，其酋長的統治者地位是由氏族內繼承的，而非由其年齡級的成員所選立。鄒族的會所是司法和行政的中樞，但從未被當地年齡級成員將之用作日常宿泊之處（如東海岸的各部落），因此其教育功能大為減弱。

　　氏族與年齡組織之互補關係，亦可由阿美族與卑南族的情況來做解釋。二族的中部地區雖均發現氏族系統，然而其氏族的主要活動被限制在親屬的領域，例如親屬間的婚姻規則，而與北南邊緣地帶所存在的世系群並無多大的區別。因此該社會遂留下許多社會功能，由其他的社會制度接管。也許是這個因素，而造成年齡組織的發生和成長。

　　年齡組織的特權與階層化階級的特權相衝突，因此在以封建團體為主要社會組織的排灣族和魯凱族中，年齡組織只能無力的發展。如上所述，級中的級長在大部份的例子中，都由上階層者選出，因而上階層者控制年齡組織。雖然在大南魯凱族所發現的年齡組織似乎是一個例外；然而，其年齡組織的主要功能是在軍事上；嚴厲的訓練特別強調體能強度的開發和建立起英勇的性格。大南魯凱的年齡組織和會所制度，可能是由於要對抗其強鄰卑南族的脅迫，而由卑南族習得的。

——本文原文為英文稿，題作 "Age Organization and Men's House of the Formosan Aborigines"，刊載於《國立臺灣大學考古人類學刊》第25、26期合刊，頁93-110。中文稿為王嵩山先生翻譯，收載黃應貴主編《臺灣土著社會文化研究論文集》，聯經出版事業公司，民國75年，頁141-162。

參考書目

Chen Chi-lu and Michael D. Coe

    1954　"Investigation of Ami Religion", Quarterly Journal of Taiwan Museum, Vol. 7, Nos. 3-4.臺北。

Furuno Kiyoto（古野清人）

    1942　《原始文化の探求》，東京，白水社。

    1945　《高砂族の祭儀生活》，東京，三省堂。

Ino, Y.（伊能嘉矩）

    1990　〈臺灣のプユマ蕃族に行はるる一種の分級制及び公廨〉，《東京人類學會雜誌》，24:373-381

    1911　〈臺灣アミ蕃族に行はる分級制〉，《東京人類學會雜誌》，27:197-201，東京。

Jen Shien-ming（任先民）

    1956　〈魯凱族大南社的會所〉，《中央研究院民族學研究所集刊》，1:141-161，臺北南港。

Kawano, K.（河野喜六）

    1915　《蕃族慣習調查報告書》，第二卷，臨時臺灣舊慣調查會，臺北。

Koizumi, T.（小泉鐵）

    1928　〈アミ族の年令別階級と統治組織〉，《國家學會雜誌》，42(2):137-155, 42(3):164-180，東京。

    1933　《臺灣土俗誌》，東京，建設社。

Li Yih Yuan（李亦園）

    1957　〈南勢阿美族的部落組織〉，《中央研究院民族學研究所集刊》，4:117-144，臺北南港。

Masuda, Fukutaro（增田福太郎）

    1943　〈高砂族に於ける族長と裁判〉，《日本民族學研究》，新1(4):1-17，東京。

Okada, Yuzuru（岡田謙）

1932 〈年齡階級の社會史的意義：特に臺灣アミ、プユマ、ツオウ三族
の事例を中心として〉，《社會經濟史學》1(4):133-150，東京。

1932[b] 〈青年集會所の軍事的意義〉，《季刊社會學》，4，東京。

1932[e] 〈アミ族サクル社の青年集會所に就いて〉，《南方土俗》2(1):51
-53，臺北。

1933 〈未開社會に於ける集團諸形態の交錯：臺灣ツオウ族に於ける一
例〉，《南方土俗》，2(4):7-25，臺北。

1939 〈原始母系家族：パンツアハ族の家族生活〉，《臺北帝大文政學
部哲學科年報》，6:1-81，臺北。

1944 《未開社會の研究》，東京，弘文堂。

Okamatsu, S.（岡松參太郎）

1921 《臺灣番族慣習研究》，八卷，臺北。

Sayama, Y.（佐山融吉）

1913 《蕃族調查報告書》（南勢阿眉族、馬蘭阿眉族、卑南族），臺北，
臨時臺灣舊慣調查會。

1915 《蕃族調查報告書》（曹族），臺北，臨時臺灣舊慣調查會。

Soel（ソエル）

1935 〈恆春パンツアハ（アミ族）の集會所生活〉，《南方土俗》，3
(4):43-48，臺北。

移川子之藏・宮本延人・馬淵東一

1935 《高砂族系統所屬の研究》，臺北帝國大學土俗人種學研究室，二
卷，臺北。

Wei Hwei-Lin（衛惠林）

1953 〈臺灣東部阿美族的年齡階級制度初步研究〉，《臺灣大學考古人
類學刊》，1:2-9，臺北。

1956 〈臺灣土著社會的二部組織〉，《中央研究院民族學研究所集刊》，
3:1-30，臺北南港。

1958 〈阿美族的部落制度〉，《臺灣文獻》，9(1):1-10。

衛惠林、陳奇祿、何廷瑞

　1954　〈臺東縣卑南鄉南王村民族學調查簡報〉，《臺灣大學考古人類學
　　　　　刊》，3:14-26，臺北。

衛惠林、余錦泉、林衡立

　1952　〈曹族志〉，《臺灣省通志稿》，卷八，〈同冑志〉，臺中，臺灣
　　　　　省文獻委員會。

第九篇
日月潭的邵族社會

一、引言

　　日月潭的位置約略在臺灣島的中央（ 東徑 120°55'， 北緯
23°52'）的水社大山、卜吉山、益積山、潭頭山、松柏崙山、猫囒
山等所圍繞。周圍約24公里，潭面海拔約740公尺。潭分兩部，南
半狹小，稱月潭，北半圓大，稱日潭。日潭南面有一小部落，即卜
吉社，為邵族（Thao）之聚落①。

　　日月潭為臺灣八景之一，遊客很多。到日月潭遊覽的人大概都
到過卜吉社。在一般遊客的心目中，卜吉社的居民便代表了臺灣的
「高山族」。但是他們是那一族，或與那一族有較深遠的關係，卻
很少有人過問。清朝時代這一帶的原住民，被稱為水沙連化番；過
去數十年中，學者有的以為他們是阿里山鄒族的一支②；有的以為

①關於日月潭之一般記述，請參閱前島信次：〈日月潭の珠仔嶼〉，載
　《民族學研究》第2卷第2號，日本昭和11年（1936）；及劉枝萬：《
　臺灣日月潭史話》（油印本），40年（1951），埔里。
②森丑之助：《臺灣蕃族圖譜》，日本大正4年（1915），台北。

他們和其南鄰的布農族具有比較密切的關係③；有的以為最好把他
們視為一個獨立的族群④。民族分類學上的地位的決定，應有詳細
的民族誌的資料為其根據，而卜吉社雖負盛名，但迄未曾有民族學
者在他們之間進行過科學的調查研究，在臺灣民族學研究工作上，
不能不說是一個重大的遺漏。彌補這個缺陷是我們這次調查的目標
之一⑤。

　　漢族移居臺灣已數百年，此數百年中的漢文化與臺灣土著文化
的接觸關係，為民族學者的一個有趣而重要的研究課題。今日臺灣
山區雖尚有十餘萬保有印度尼西亞文化特質的「高山族」，但在近
二百年中，至少與此同數量的居住於臺灣平地的若干原住民族已先
後溶入於漢文化之中而消失。漢文化逐漸的擴大其地域範圍，而原
住民族的文化卻相對的縮小。我們以為今日的邵族，正介在這兩個
文化的邊緣，為文化接觸變化過程的一好例。我們並以為記錄一個
行將消逝的文化，為民族學工作者的一項重要任務。這是我們選擇
邵族作為我們的調查研究對象的另一個目標。

---

③伊能嘉矩、粟野傳之丞：《臺灣蕃人事情》日本明治32年（1899），
　臺北。《蕃族調查報告書・武崙族前篇》，日本大正8年（1919），臺北。
④Ryuzo Torii: *Etudes Anthropologiques, Les Aborigènes de Formose,* 1910,
　Tokyo.
　馬淵東一：〈高砂族の分類——學史的回顧〉，《民族學研究》第18
　卷第1、2號，日本昭和29年（1953），東京。
⑤關於邵族在民族分類學上的地位，作者曾在〈日月潭邵族在民族分類
　學上的地位〉（中國民族學會第二次年會宣讀論文，44年11月）；及
　〈日月潭邵族民族學調查初步報告〉，（《考古人類學刊》第6期，44
　年11月）中論及，請參閱。

　　邵族的諸文化面，其變化的速度頗不一致。在語言方面，邵族
雖多能操用漢語（臺灣閩南語），但其固有語言保存尚稱完整；在
宗教方面，漢族所信仰的傳統宗教（即道佛兩教合而為一的信仰）
及基督教（包括天主教）雖早已傳入，但其固有的祖靈信仰仍頗根
深柢固；在社會與經濟方面，則改變至為快速。為此，我們的報告，
雖力求兼顧新舊兩面，但因我們在調查時所面臨的若干條件上的限
制，不得不而有所偏重：如在經濟生活方面，我們的記述以現況為
主；而宗教生活方面，則多記其固有者，等等，原因即在乎此。

　　這次調查邵族，由國立臺灣大學文學院考古人類學系和南投縣
文獻委員會合作進行，分二期：第一期自民國四十四年一月六日至
十八日，第二期自三月十二日至二十六日，計為時約一個月。工作
人員有余錦泉、陳奇祿、李亦園、唐美君、鄭聰明、李卉（以上臺
大），和劉枝萬（文獻會）。工作分配為：陳奇祿，人口、社會組
織、物質文化；李亦園，經濟生活；唐美君，宗教信仰；李卉，生
命禮俗；劉枝萬，地理環境和歷史沿革；余錦泉、鄭聰明，體質測
量。其後，由於語言調查之缺如，乃由臺大李方桂先生帶領陳奇祿、
唐美君及鄭清茂三人，於翌年（四十五年）一、二月間再至卜吉社
作為時約一週之調查。上項調查報告將分別由負責人整寫，陸續發
表⑥，本文為該報告之第一篇。

　　我們這次調查日月潭，很感謝地方耆老毛伊力、袁阿送、毛信
孝、高武老、石松加諸先生的報道；日月潭國校陳維躍班主任之協
助。我們尤其感謝的是凌純聲、芮逸夫兩先生之於第二工作期中不

⑥語言部分報告經已發表，看李方桂、陳奇祿、唐美君：邵語記略，載
　《考古人類學刊》第7期，45年5月。

煩跋涉的來到調查地點予我們以工作上的指導；南投縣文獻委員會
許以仁委員的惠臨，為我們連絡地方當局，予以工作上的便利，謹
藉此表示衷心的敬意。

二、沿革

　　關於邵族的移動沿革，報道人毛伊力依其記憶，作如下的一段
敘述：

　　我們的祖先原住在 pú·ði （漢音tó-teŋ-a）的地方，後來搬
　　到 la·luʔ（即光華島）珠仔山去。那時日月潭水淺，珠仔
　　山很大，所以珠仔山上除了房屋所佔的基地外，其四周還有
　　些少田地。在那裡我們的祖先居住了約百年之久。那時候，
　　我們有一個很能幹的頭人，叫做 pajtaʔbuʔ。pajtaʔbuʔ
　　死後，其子makajtan繼為頭人，其時因為清朝政府在珠仔山
　　頂蓋了一個六角亭，把原來尖尖的珠仔山削平了頂，我們的
　　「風水」（地理）被破壞了，番人死亡的很多，無法再在珠
　　仔山繼續居住下去，於是纔搬到kankwan（在今之水門一帶）。
　　但是不久又四散遷徙，三十餘戶遷taliŋkwan（石印），三十
　　餘戶遷tafwale（頭社），十戶遷 katafatuʔ（猫嘲），八戶
　　遷punan（新興庄或稱siŋ-ŋ-tsŋ-a）。遷徙後，taliŋkwan（石
　　印），katafatu（猫嘲）一帶由makajtan（姓袁šinawanan）
　　所統轄，而wakraθ（茅埔）和punan（新興庄？）一帶則另
　　立paloŋkwan（姓石 katafatuʔ）為頭人。其後，因各地番人
　　死亡均多，所以相率遷回taliŋkwan（石印）；住在tafwale（頭
　　社）的遷往大平林。paloŋkwan率其部下來taliŋkwan是日據
　　初期的事。這時候，我恰在taliŋkwan出世（誕生）。因在這

圖版10　1.從名勝巷(旅社密集處)眺望光華島(珠仔山)；2.日月潭畔邵族聚落卜吉社之入口；3.自村落背面山上俯瞰卜吉社。

圖版11　日月潭邵族的幾個主要報道人：1.耆老毛伊力；2.頭人石松加正在編製魚筌；3.大巫師毛麻里彈奏弓琴；4.耆老謝大同。

個時候，makajtan帶了數戶搬到rawš（竹湖）去，paloŋkwan
便繼了makajtan的位，做了taliŋkwan的頭人。makajtan等
在rawš居住了約十年，因為未得興旺，所以又回到taliŋkwan
來。makajtan是在taliŋkwan死去的。

去今二十餘年前（日本昭和九年，1934年），日人興建日月
潭水力發電工程。我們放棄了taliŋkwan，遷到現在的地方
barawpaw（卜吉）來。barawpaw那時候是漢人的部落。

毛伊力在回答關於邵族以前的領地時說：

那個時候，番人很多，所以居住地很廣。袁姓（參看氏族節）
的轄地最大，自日月潭直至埔里（karjawan）一帶都是。魚
池（pawan）方面是石松加一族（參看氏族節）的領地，貓
囒（katafatuʔ）方面是石臨一族（參看氏族節）的領地。
毛姓（參看氏族節）領有wakraθ一帶，而其勢力及於水裡方
面。

我們的報告人僅給我們一些相對的年代，不過從舊報告的記載，
我們可約略推算出他們移動的絕對年代。關於他們居住在珠仔山上
的事，《番境補遺》、《諸羅縣誌》、《番俗六考》、藍鼎元〈紀
水沙連〉文、吳廷華〈詠日月潭〉詩、《皇清職貢圖》、《小琉球
漫誌》、《埔里社記略》等均有記載：

水沙廉雖在山中，實輸貢賦，其四面高山，中為大湖，湖中
復起一山，番人聚居山下，非舟莫即。番社形勢，無出其右。
（《番境補遺》；《彰化縣誌》引襲之）
水沙連四周大山，山外溪流包絡，自山口入為潭，廣可七八
里，曲屈如環，圍（《番俗六考》作圍）二十餘里，水深多

魚,中突一嶼,番繞嶼以居。空其頂,頂為屋,則社有火災。
(《諸羅縣誌》;《番俗六考》引襲之)

水沙連嶼,在深潭之中。小山如贅疣,浮游水面。其水四周
大山,山外溪流包絡,自山口入匯為潭。潭廣八九里,環可
二三十里,中間突起一嶼,山青水綠,四顧蒼茫,竹樹參差,
雲飛鳥語,古稱蓬瀛,不過是也,番繞嶼為屋以居,極稠密。
獨虛其中為山頭,如人露頂然。頂寬平,甚可愛。詢其虛中
之故,老番言,自昔禁忌,相傳山頂為屋,則社有火災,是
以不敢。(藍鼎元《紀水沙連》)

水沙浮嶼,在水裡湖之中,一峰孤擁,四面溪流,番人結社
其麓,殆疑異境。(吳廷華《詠日月潭詩》註)

水沙連及巴老遠沙里興等三十六社,俱於康熙、雍正年間前
後歸化。其地有大湖,湖中一山聳峙,番人居其上,石屋相
連。(《皇清職貢圖》)

水沙連,四圍大山,山外溪流包絡,自山口入為潭,廣可七
八里,中突一嶼,番繞嶼以居,白波青嶂別一洞天,隔岸欲
詣社者,舉火為號,番划蟒甲以渡。(朱仕玠《小琉球漫
誌》)

十五里而至水裡之頭社,地頗平廣,皆番墾成田甚熟。更進
八里則為水社。中有大澤,廣可七八里。潭中有小山,名珠
仔山。番皆遶山而居。番俗六考所謂青嶂白波雲水飛動,海
外別一洞天者也。(姚瑩《埔里社紀略》)

　　由於我們所得的報導和上引的文獻相符,可以彼此互證而予信
憑。上引文獻,以康熙三十六年(1697)郁永河的《番境補遺》為
最早,而姚瑩之《埔里社紀略》則成於道光初年(四年)。則至少

自十七世紀末至十九世紀初，卜吉邵族是居住在珠仔山的。不過，在1820年左右，他們便早已離開了珠仔山，而已在水社、頭社、猫囒、審鹿（魚池）等地形成部落，且猫囒和審鹿二社亦已先後衰微了。鄧傳安在他的遊水裡社記中說：

> 鹿洲所云，番黎繞嶼以居……府志亦載之，今皆不見。

又在〈水沙連紀程〉中又云：

> 過猫囒及沈祿，昔為生番兩社，自被占墾，番徙社虛，漢民既逐，鞠為茂草。

姚瑩的《埔里社紀略》載：

> 潭東為剝骨社，西岸則水裡本社。……遶潭更北行，逾山七里，至猫囒社，又北五里至沈鹿。

劉韻珂在他的道光二十七年（1847）的〈勘番地疏〉中云：

> 至水裡社之日月潭，……四圍層巒疊翠，潭心孤峙一峰，名珠子山，高里許，頂平如砥，可容屋十數家樣，番倉數十間，依山繞架。……
>
> 頭社番目擺典，水裡社番目毛蛤肉，猫囒社番目六改二，審鹿社番目排搭母。
>
> 田頭社……水裡社……猫囒社……審鹿社……均遷附水裡社居住。

1873年臺南長老教會英國牧師甘為霖（William Campbell）過日月潭，稱水番有水社（tsui-sia），剝骨（pak-khut即現之卜吉），wa-lan（猫囒），thau-sia（頭社）等四個部落，而謂番目Pai-ta

-buk 頗具勢力。甘氏未記審鹿社名，是值得注意的⑦。

日本明治二十九年（1896）頭水六社化番總理黃玉振呈送日本政府之地志⑧，記云：

　一、水社化番於光緒十四年間，有二十四戶移於水社北畔大茅埔庄居住，離水社有二十四里之遙。又有六戶移於水社南畔潭邊（石印社），離水社有四里之遙。又有七八戶移於水社東北畔（竹湖），離水社有七里之遙，後移大茅埔庄。

　一、頭社化番，現插居於頭社南畔山下，離大路有里之地。

　一、貓嘓社化番，於光緒十五年間，移於貓嘓北畔小茅埔居住，離貓嘓有二十二里之遙。

　一、轆轆社（今魚池庄）化番，於光緒八年間，悉皆移於轆轆北方（新興庄）居住，離轆轆有三十餘里之遙。

邵族遷移到日月潭一帶以前的史實，雖然邵族及其鄰族有一二有關傳說⑨，但已不甚詳確了。他們遷移到日月潭以後的沿革，我們依據上記資料，重建如次：

邵族居住於pú‧ðiˀ，可能為康熙以前的事。康熙年間他們已移徙於光華島（即珠仔山）上。道光以前，他們便開始放棄了光華島，分散於日月潭周圍地區，在魚池（審鹿、沈鹿、沈祿或作轆轆）、貓嘓、水社（包括水社〔kankwan〕，石印〔taliŋkwan〕，茅埔〔wakraθ〕等地），頭社等地，形成聚落。光緒年間由於漢人的

---

⑦看《臺灣日月潭史話》頁23-24所引。

⑧收載《化番六社志》經曾發表，載《南投文獻叢輯》第2輯，42年12月，南投。

⑨如有名之白鹿傳說，作者在作語言調查時亦曾採錄之，看《邵語記略》。

侵入，居住在魚池的移居於其北三十里之新興庄，居住在貓囒的移居於其北二十餘里之小茅埔，居住在水社的分散於大茅埔（水社北），石印、竹湖等地，居住在頭社的移居於其南畔山下，而魚池、貓囒、水社、頭社，均變為漢人的村落了。日據初期，他們又有一次大移動，新興庄、小茅埔、大茅埔、竹湖諸部落均被放棄而合併於石印；頭社的若干戶則搬徙至大平林。二十餘年前（日本昭和九年，1934年），日人興建日月潭水力發電工程，他們被迫放棄石印，而遷住於卜吉（即剝骨）。卜吉其時原為漢人的聚落。這樣邵族在卜吉居住，到現在不過二十餘年而已。

三、人口

日月潭卜吉社的人口，依據政府的戶籍記載，在民國四十四年一月十日有65戶，306人。但作者就實際情形予以校正，得68戶，309人。卜吉社的人口這麼少，但它卻是人口學上很有趣味且很有唆示性的資料，茲分項記述如下：

㈠邵族的人口增減

卜吉社是一個所謂「漢」「番」雜居的聚落，如果我們將漢戶除去不計，則邵戶僅有40戶，185人。這些邵戶且包括有漢人養女、招婿及布農族嫁入本社婦女（共計42人）等，故邵人在卜吉社的總人數實僅佔總人口數之46.28%而已。

邵族在近百年中，人口逐漸減少。在上文中，我們已經指出，在道光年間，他們雖已開始衰微，但仍分居於魚池至頭社一帶之頗為廣大的地區。道光二十七年，劉韻珂在他的〈勘番地疏〉中，舉列水沙連六社丁口，仍有千人，即「田頭社大小男婦二百八十丁口，番藔八九十間；水裡社大小男婦四百三十四丁口，番藔八九十間；
貓囒社大小男婦九十五丁口，番藔三十餘間；審鹿社大小男婦五十二
丁口，均已遷附水裡社居住」。明治二十九年（1896）黃玉振所呈
報戶口為：「頭社三十一戶，人口一百五十六人；水社三十七戶，
人口一百三十一人；轆轆社十一戶，人口三十五人；貓囒社九戶，
人口三十人」⑩。頭社童生莊士杰所呈報戶口為：「頭社化番男女計
共一百六十五名，水社化番男女計共一百五十名。貓囒化番男女計
共五十三名」⑪，合計約三百五六十名，已大大減少了。日據時期
第一回臺灣國勢調查（1920年），邵族之人口數雖與其二十餘年前
差不多，即水社男73人，女71人，計144人；頭社男74人，女64人，
計138人；「新高郡」（包括水社、頭社及少數散佈於其他各地之
零戶）計有男187人，女182人，總計369人⑫，但，其後數十年間，
邵族人口日漸減少。

今日邵族的分佈，據作者調查，僅剩卜吉社之48戶，185人，
和大平林之13戶，約60人⑬，合計53戶，而其人口已不及250人了。

㈡卜吉社人口的年齡分組

民國四十四年一月十日，卜吉社人口的年齡分組如表9-1和表
9-2所示。表9-1包括邵戶和漢戶，亦即卜吉社之總人口，故以全社
人口總數309人為100，算出其百分比；表9-2則未包括漢戶，故以
邵戶人口數185人為100，算出其百分比。圖1、2為此項資料之圖

---

⑩見前揭文獻。

⑪亦收載《化番六社志》，見前揭文獻。

⑫見《第一回臺灣國勢調查報告》。

⑬根據丹西原之報告，丹氏原大平林人，入贅於卜吉社。參看譜表十八。

表9—1　卜吉社人口（包括漢戶邵戶）　年齡分組表

民國四十四年一月十日

年齡	男 邵 實	男 邵 比	男 漢 實	男 漢 比	男 小 實	男 小 比	女 邵 實	女 邵 比	女 漢 實	女 漢 比	女 小 實	女 小 比	計 邵 實	計 邵 比	計 漢 實	計 漢 比	計 小 實	計 小 比
80—84	0	0	1	0.32	1	0.32	0	0	0	0	0	0	0	0	1	0.32	1	0.32
75—79	0	0	0	0	0	0	1	0.32	0	0	1	0.32	1	0.32	0	0	1	0.32
70—74	3	0.97	0	0	3	0.97	1	0.32	0	0	1	0.32	4	1.29	0	0	4	1.29
65—69	1	0.32	0	0	1	0.32	0	0	0	0	0	0	1	0.32	0	0	1	0.32
60—64	2	0.65	0	0	2	0.65	0	0	0	0	0	0	2	0.65	0	0	2	0.65
55—59	3	0.97	1	0.32	4	1.29	5	1.62	0	0	5	1.62	8	2.59	1	0.32	9	2.91
50—54	4	1.29	3	0.97	7	2.27	2	0.65	2	0.65	4	1.29	6	1.94	5	1.62	11	3.56
45—49	9	2.91	2	0.65	11	3.56	7	2.27	4	1.29	11	3.56	16	5.18	6	1.94	22	7.12
40—44	6	1.94	5	1.62	11	3.56	5	1.62	0	0	5	1.62	11	3.56	5	1.62	16	5.18
35—39	4	1.29	3	0.97	7	2.27	4	1.29	5	1.62	9	2.91	8	2.59	8	2.59	16	5.18
30—34	8	2.59	4	1.29	12	3.88	3	0.97	6	1.94	9	2.91	11	3.56	10	3.24	21	6.80
25—29	7	2.27	6	1.94	13	4.20	7	2.27	2	0.65	9	2.91	14	4.53	8	2.59	22	7.12
20—24	9	2.91	9	2.91	18	5.82	5	1.62	7	2.27	12	3.88	14	4.53	16	5.18	30	9.71
15—19	9	2.91	7	2.27	16	5.18	16	5.18	3	0.97	19	6.15	25	8.09	10	3.24	35	11.33
10—14	4	1.29	7	2.27	11	3.56	11	3.56	4	1.29	15	4.85	15	4.85	11	3.56	26	8.41
5—9	8	2.59	10	3.24	18	5.83	6	1.94	9	2.91	15	4.85	14	4.53	19	6.15	33	10.68
0—4	20	6.47	12	3.88	32	10.36	15	4.85	12	3.88	27	8.74	35	11.33	24	7.57	59	19.09
計	97	31.39	70	22.65	167	54.05	88	28.48	54	17.48	142	45.95	185	59.87	124	40.13	309	100
4—5	4	1.29	1	0.32	5	1.62	5	1.62	1	0.32	6	1.94	9	2.91	2	0.65	11	3.56
3—4	2	0.65	0	0	2	0.65	1	0.32	4	1.29	5	1.62	3	0.97	4	1.29	7	2.27
2—3	4	1.29	3	0.97	7	2.27	2	0.65	2	0.65	4	1.29	6	1.94	5	1.62	11	3.56
1—2	3	0.97	4	1.29	7	2.27	5	1.62	1	0.32	6	1.94	8	2.59	5	1.62	13	4.20
0—1	7	2.27	4	1.29	11	3.56	2	0.65	4	1.29	6	1.94	9	2.91	8	2.59	17	5.50

附註：實為實數，比為百分比。

表9－2　卜吉社邵戶(包括戶中布農人及漢人)年齡分組表

民國四十四年一月十日

年齡	男 邵人 實	男 邵人 比	男 漢人 實	男 漢人 比	男 小計 實	男 小計 比	女 邵 實	女 邵 比	女 布農 實	女 布農 比	女 漢 實	女 漢 比	女 小計 實	女 小計 比	計 邵人 實	計 邵人 比	計 布農人 實	計 布農人 比	計 漢人 實	計 漢人 比	計 實	計 比
80-84	0	0	0	0	0	0	0	0	0	0	0	0	0	0	0	0	0	0	0	0	0	0
75-79	0	0	0	0	0	0	0	0	1	0.54	0	0	1	0.54	0	0	1	0.54	0	0	1	0.54
70-74	3	1.62	0	0	3	1.62	1	0.54	0	0	0	0	1	0.54	4	2.16	0	0	0	0	4	2.16
65-69	1	0.54	0	0	1	0.54	0	0	0	0	0	0	0	0	1	0.54	0	0	0	0	1	0.54
60-64	2	1.08	0	0	2	1.08	0	0	0	0	0	0	0	0	2	1.08	0	0	0	0	2	1.08
55-59	3	1.62	0	0	3	1.62	2	1.08	3	1.62	0	0	5	2.70	5	2.70	3	1.62	0	0	8	4.32
50-54	3	1.62	1	0.54	4	2.16	1	0.54	0	0	1	0.54	2	1.08	4	2.16	0	0	2	1.08	6	3.24
45-49	9	4.86	0	0	9	4.86	4	2.16	3	1.62	0	0	7	3.78	13	7.03	3	1.62	0	0	16	8.65
40-44	6	3.24	0	0	6	3.24	1	0.54	3	1.62	1	0.54	5	2.70	7	3.78	3	1.62	1	0.54	11	5.95
35-39	4	2.16	0	0	4	2.16	4	2.16	0	0	0	0	4	2.16	8	4.32	0	0	0	0	8	4.32
30-34	8	4.32	0	0	8	4.32	2	1.08	0	0	1	0.54	3	1.62	10	5.41	0	0	1	0.54	11	5.95
25-29	5	2.70	2	1.08	7	3.78	4	2.16	0	0	3	1.62	7	3.78	9	4.86	0	0	5	2.70	14	7.57
20-24	8	4.32	1	0.54	9	4.86	4	2.16	0	0	1	0.54	5	2.70	12	6.49	0	0	2	1.08	14	7.57
15-19	8	4.32	1	0.54	9	4.86	5	2.70	*5	2.70	6	3.24	16	8.65	13	7.03	5	2.70	7	3.78	25	13.51
10-14	3	1.62	1	0.54	4	2.16	6	3.24	0	0	5	2.70	11	5.95	9	4.86	0	0	6	3.24	15	8.11
5-9	7	3.78	1	0.54	8	4.32	4	2.16	0	0	2	1.08	6	3.24	11	5.95	0	0	3	1.62	14	7.57
0-4	20	10.81	0	0	20	10.81	14	7.57	0	0	1	0.54	15	8.11	34	18.38	0	0	1	0.54	35	18.92
計	90	48.65	7	3.78	97	52.43	52	28.11	15	8.11	21	11.35	88	47.57	142	76.76	15	8.11	28	15.14	185	100
4-5	4	2.16	0	0	4	2.16	5	2.70	0	0	0	0	5	2.70	9	4.86	0	0	0	0	9	4.86
3-4	2	1.08	0	0	2	1.08	1	0.54	0	0	0	0	1	0.54	3	1.62	0	0	0	0	3	1.62
2-3	4	2.16	0	0	4	2.16	2	1.08	0	0	0	0	2	1.08	6	3.24	0	0	0	0	6	3.24
1-2	3	1.62	0	0	3	1.62	4	2.16	0	0	1	0.54	5	2.70	7	3.78	0	0	1	0.54	8	3.78
0-1	7	3.78	0	0	7	3.78	2	1.08	0	0	0	0	2	1.08	9	4.86	0	0	0	0	9	4.86

附註：實為實數，比為百分比。*15-19歲之布農人(女)中包括有泰雅人(女)一人。

圖1：卜吉社人口（包括漢戶邵戶）年齡分組圖解

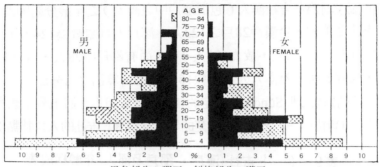

黑色部分：邵戶　　斜格部分：漢戶

圖2：卜吉社邵戶（包括戶內他族人）年齡分組圖解

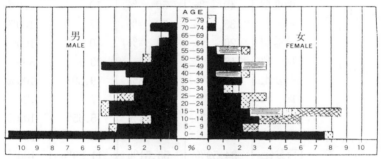

黑色部分：邵　人　　　　斜格部分：漢　人
橫線部分：布農人　　　　縱線部分：泰雅人

圖3：卜吉社漢人（包括邵戶中之漢人）年齡分組圖解

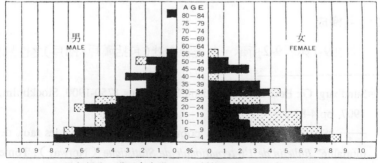

黑色部分：漢戶中之漢人　　　斜格部分：邵戶中之漢人
附註：20-24歲之女子組中有漢戶之邵人女子一名，除去不計。

解。圖3則為卜吉社漢人（包括邵戶中之漢人）之年齡分組圖解。卜吉社之漢人，除漢戶28戶之123人（漢戶人口總數為124人，但其中有邵人女子1人，故為123人）外，尚有邵戶中28人，合計151人，故圖3所示為漢人人口總數151為100所算出之百分比。

我們如果依照Sündbarg氏定的年齡構成分組[14]，將上列二表所列數字重新排列一下，則可更清楚的看出日月潭卜吉社的人口特點：

表9-3　卜吉社（漢戶、邵戶及邵人）年齡構成表

		0—14歲	15—49歲	50歲以上	總　　計
Sündbarg 所定標準人口	增進型	40　%	50　%	10　%	100%
	固定型	33　%	50　%	17　%	100%
	減退型	20　%	50　%	30　%	100%
卜吉社人口	實　數	118	160	29	309
	百分比	38.19%	51.78%	9.39%	100%
漢戶人口	實　數	54	53	7	124
	百分比	43.55%	42.74%	5.65%	100%
邵戶人口	實　數	64	99	22	185
	百分比	34.59%	53.51%	11.89%	100%
邵人人口	實　數	54	72	16	142
	百分比	38.03%	50.70%	11.27%	100%

(三) 性別構成

從表9-1與表9-2所示，卜吉社全社（包括漢戶、邵戶）之性別構

---

[14] Sündbarg, G.: Bevölkerungsstatistik Schwedens 1750-1900, Stockholm, 1907, pp.4-8；

——: "Sur la réparation de la population par âge et sur les taux de mortalité" *Bulletin de 1'Internationale de Statistique*（Norway），Tome XII, lre livraison, 1900, pp. 89-94.

　　成百分比為男54.05％，女45.95％；漢戶（自所示實數算出）為男
56.45%，女43.55%；邵戶為男52.43%，女47.57%。但如將邵人
以外之人口（即漢人，布農人和泰雅人）自邵戶中除去，則邵人之
性別構成百分比為男63.38%，而女則僅為36.62%。這些數字，表
示卜吉社全社及其漢戶邵戶，雖均男多於女，但以邵戶而言，其差
額尚不太大；惟邵人本身之性比例，則相差甚多，為臺灣各族之差
懸最大者。茲示如表9-4。

表9－4　卜吉社及臺灣各族性別構成比較表

	性　比　例 （相當於男 每百之女）	性比例的差數 （正數為男多 於女，負數為 女多於男）		性　比　例 （相當於男 每百之女）	性比例的差數 （正數為男多 於女，負數 為女多於男）
卜吉社	85.01	14.99	雅　美	92.40	7.60
漢　戶	77.15	22.85	布　農	94.41	5.59
邵　戶	90.75	9.25	排　灣	99.89	0.11
邵　人	57.78	42.22	阿　美	100.75	-0.75
			泰　雅	101.29	-1.29
鄒　族	85.77	14.23	賽　夏	101.79	-1.79

　　資料來源：卜吉社：本次調查；其他各族之材料，根據陳紹馨先生所算
　　　　　　　出比例。參看〈瑞岩民族學調查初步報告〉。

㈣卜吉社人口現象的特色

　　從上面所揭圖表和記述所示，我們可以看出卜吉社人口現象具
有下列的幾點特色：

　　1.如果粗略的就Sündbarg所定的年齡構成標準看，不論邵人，
邵戶，漢戶，或卜吉全社的人口均屬增進型。但是由於其壯年階段

之組別分配及性比例的差懸，這些統計數字所示的現象與事實未盡相符。歷年來，邵族人口日趨減少，與臺灣各族人口之不斷增加相反，為一值得注意的現象。

2.卜吉社的性比例的差懸現象，以邵人本身（即將邵戶中之非邵人除去不計）最為顯著，對每百人男子即不足女子42.22人。這種差懸現象引起了求偶上的嚴重問題。為解決性比例的差懸，邵族自漢人收養養女或求偶於他族（參看家族構成及婚姻節）。表9-2及圖2～3揭示，在邵戶男子97人中，7人為漢人，佔邵戶人口總數之3.78%；女子88人中，則有非邵人36人（漢人21，布農人14，泰雅人1），佔邵戶人口總數之19.46%。邵人女人僅佔總人口數之28.11%，即在邵戶中有五分之二的女子不是邵人，這實在亦是值得注意的現象。

3.漢戶的年齡構成與性別比例顯示其屬於移民型，即男多於女（性比例每百個男人僅得女77.15個女人），老年人少（六十歲以上者僅1人）。

四、家族構成

家族是邵族最小的社會單位，在卜吉社每一家族構成一戶。

表 9 — 5　卜吉社邵戶人數表

每戶人數	戶數	人數合計	每戶人數	戶數	人數合計	每戶人數	戶數	人數合計
1	5	5	5	6	30	11	1	11
2	2	4	6	7	42	14	1	14
3	9	27	7	4	28			
4	4	16	8	1	8	總計	40	185

卜吉社有邵戶40戶，人口185人。依此算出每戶之平均人數為4.625人。每戶自1人至14人不等，眾數為6人，中數為5.226人。

表9-6實例項下所標示數字表示各該戶所屬之鄰戶，"-"前之數字表示鄰，其後之數字表示戶。0鄰之三戶，為筆者依實際情形整理所得者，在戶口上尚未立戶，即0-1戶長袁木松原屬10-10，為10-10戶長袁阿米之弟；0-2戶長石阿松，0-3戶長石阿賢均11-5戶長石

表9－6　卜吉社邵戶的家族構成

稱謂	戶長	妻	子女	父	母	媳	婿	孫	孫媳	同胞	同胞之子女	其他	戶數	實例
1	✓												5	8-3,8-8,10-10,11-12,0-1
2	✓	✓											2	8-23,9-1
3	✓	✓	✓										17	8-4,8-7,8-9,8-14,8-22,8-24,8-27,9-3,9-9,10-6,11-3,11-8,11-13,11-14,11-19,0-2,0-3
4	✓	✓	✓			✓							1	11-2
5	✓		✓			✓							1	11-5
6	✓	✓	✓			✓		✓					5	8-11,9-4,9-5,11-7,11-18
7	✓	✓	✓				✓	✓					3	9-6,10-1,11-1
8	✓	✓	✓	✓			✓	✓					1	8-6
9	✓	✓	✓		✓					✓			1	9-10
10	✓	✓	✓	✓	✓					✓			1	10-4
11	✓	✓	✓	✓							✓		1	9-7
12	✓					✓						✓	1	11-9
13	✓	✓	✓			✓		✓	✓				1	9-2
總計	40	33	32	3	2	9	4	10	1	2	1	2	40	

阿順之子，最近分戶，但戶口仍屬於11-5戶中。

從上面所示各戶平均人數及表4和表6所示，可知，卜吉社邵戶之大多數屬核心家族（Nuclear family），即為包括一對配偶及其子女所構成的家族，在40戶中，佔19戶（第2-3排），百分率為47.5％。子女結婚，而仍居留戶中，則構成親子型伸展家族（Parent-child type extended family），在這種家族中，通常含有二對或二對以上之配偶。在卜吉社邵戶中，屬於此型之家族有13戶（第4-8，12-13排）。戶長之父母同居於戶中，亦構成親子型伸展家族，卜吉社邵戶中（包括屬於上項之第8排之1戶）有3戶（第8,10-11排）。值得注意的是此三戶之戶長之父均為繼父。卜吉社戶中僅有戶長一人者有5戶（第1排）。此五戶除0-1之袁木松為新近自其兄袁阿米之戶（亦為僅有戶長之家族）中分出之未婚男子外，其他4戶均因妻子之離異或死亡而成為單人一戶者，即實為由核心家族之瓦解所致。

從構成分子看卜吉社邵戶的家族，如表9-6所示，40戶中，有妻者33，有子女者32，有父者3，有母者2，有媳者9，有婿者4，有孫者10，有孫媳者1，有同胞者2，有同胞之子女（即侄）者1，有

表9－7　卜吉社邵戶家族構成分子百分比

稱　　謂	戶　數	與戶長之百分比	稱　　謂	戶　數	與戶長之百分比
戶　　長	30	100.0 %	婿	4	10.0 %
妻	33	82.5 %	孫	10	25.0 %
子　　女	32	80.0 %	孫　媳	1	2.5 %
父	3	7.5 %	同　胞	2	5.0 %
母	2	5.0 %	同胞之子女	1	2.5 %
媳	9	22.5 %	其　他	2	5.0 %

其他者2。其各該項與戶長之百分比示如表7：

茲再進而分析家族的構成分子：

⑴戶長

戶長均屬男性，年齡最小18歲，最大73歲。年齡最小之戶長為0-1袁木松。袁木松為10-10袁阿米之弟，袁木松未娶妻而自袁阿米之戶中分出獨立為一戶，或可說明邵族有十八、九歲男子應事獨立生活之觀念。卜吉社邵戶超過65歲之男子有4人，（黃宇順73歲，袁阿送73歲，謝大同71歲，毛卓肉67歲），其中三人為戶長，袁阿送未為戶長，蓋因其喪妻而無子，孤苦零丁，故復為9-7袁觀之母阿實所招贅，為袁觀繼父而入於其戶中。故如有子女，則雖年邁，亦似無隱退之俗。

⑵戶長之妻

40戶中，戶長未婚者僅0-1袁木松1戶，但有戶長之妻者為33戶，即除0-1外尚有6戶無戶長之妻。此6戶可分二類：A.由於戶長之妻亡故者4戶（10-10, 11-5, 11-9, 11-12），B.由於配偶離異者2戶（8-3, 8-8）。

⑶子女

40戶中，有子女者32戶。子女有⑷婚生子女，和⑻養子養女二類。收養子女為卜吉社邵戶的一重要慣習。32戶中，有養子者2戶，有養女者12戶，既有養子又有養女者2戶，合計16戶，恰占32戶之半數，其比例之大是值得注意的。養子養女之風之所以興盛，應與其生育率有關，故收養對象多為漢人，如作者在〈人口〉節中指出。邵族為一父系社會，收養子嗣，為繼家緒，理應收養男子，但養女多於養子，據報告人稱蓋因於漢人亦為父系社會，故不易自之收養得男子，並非對養女有所偏好也。有一例特別值得指出：9-5毛伊力有婚生女毛阿品，但又收養一子一女，即毛老先與劉秋香。成長後，阿品嫁9-6高仕來，而養子老先與養女秋香則匹配為夫婦。

(4)父與母

3戶（8-6,9-7,10-4），有戶長之父。值得注意的是這3戶之戶長之父均為繼父。無戶長之生父，亦可說明其似無隱退之俗。2戶（9-10,10-4）有戶長之母。9-10為父死母改嫁，而其後夫亡故而又返戶者；10-4則為父死，而母復招贅後夫。

(5)媳與婿

有媳與婿則構成親子型伸展家族。有媳者9戶，有婿者4戶。值得注意的是媳與婿之非邵人之比例之大。9戶之媳中只有2戶為邵人，4戶之婿中亦只有2戶為邵人。（參看下節婚域）在邵族之父系社會中，招婿蓋因無子而為延續家緒而行，如上所指出養女亦為延續家緒，故多招婿。養女招婿有2例。

(6)孫與孫媳

有孫者10戶。有孫媳者1戶（9-2）。有孫媳則構成三代之親子型伸展家族。

(7)同胞與同胞之子女。

有戶長之同胞居留在戶中者2戶（9-10, 10-4）。有戶長之同胞之子女（即侄）在戶中者1戶（9-7）。同胞中，10-4陳進復為戶長陳進富之胞弟，現年17歲，或因尚未達獨立年齡，故在戶中。9-10朱阿花為戶長陳永享之同母異父妹。即其母王月汝於陳永享之父死後，改嫁朱文吉而生朱阿花，朱文吉死後，月汝率阿花歸入永享戶中。9-7袁觀戶中有侄袁光河。袁光河寄居戶中，蓋因其父袁改旦於大戰期間被徵召至南洋不歸，而母綢仔為漢人，因夫死返里，遺下光河。光河現年11歲，未能獨立，故寄居於伯父袁觀戶中。上記三例，雖有同胞或同胞之子女居留戶中，但如上述情形，均未能視為屬於所謂同胞型伸展家族（Sibling type extended family）。關於此點，自次子婚後，長子每即離其父母之家而行分居，亦可得到佐證。

　　⑻其他

　　「其他」項下有2戶（9-2,11-9）。9-2黃宇順在本社為一具有特色的家族。本戶為家族成員數最多之一戶，有14人。又有祖孫三代之配偶同居於一戶中者，在本社中亦僅此一戶，故僅本戶有曾孫。尤值得注意的一特色，為本戶戶長黃宇順雖為邵人(原姓 škapamumuʔ)，但因幼失怙恃，而為卜吉社漢人黃達理所收養，故改姓黃。日月潭因發電工程水位增高，漢人他遷，邵人自石印移居卜吉，黃宇順因其原屬邵人，故未隨漢人移徙。但由於宇順原承漢人之家緒，其家人自宇順以下又均與漢人結婚，故本戶雖為邵戶，在血統及文化上，實應視為漢戶，此為應特予指出者。11-9謝大同一戶之家族構成，亦為一值得特予記述者。謝大同姓škatafatuʔ（石），為11-7石松加之堂兄，原有一子謝進成。謝進成娶朱玉英。後於大戰期間，進成從軍至南洋而陣亡。朱玉英乃復招贅邱進財為夫。邱進財為石松加之三男，現年28歲，2歲時即為山楂腳漢人邱闊嘴養子，因闊嘴家亡，返社與朱玉英同居。值得注意的是，在血統上，進財為進成之再從弟（參看下節關於族弟繼娶寡嫂之記述）。今謝大同、謝進財、朱玉英同居一戶中。

五、婚姻

　　邵族行單偶婚（Monogamy），雖有離婚的和再婚的，但沒有多偶之家族。

　　邵族有氏族組織（看下節），行氏族外婚（Sib exogamy）。我們所採得的系譜，證明氏族外婚制度仍為邵族所嚴守(參看表9-8、

表9－8　卜吉社邵戶的婚域

	袁姓	石姓	毛姓	陳姓	高姓	筆姓	朱姓	布農	漢人	泰雅	合計	百分率
袁　姓	—	**2**	**1**	—	—	—	—	**4**	**3**	—	**10**	**20.8**
	—	5	3	—	—	—	—	4	3	—	15	15.6
石　姓	**3**	—	**1**	**2**	**1**	—	**1**	**3**	**3**	**1**	**15**	**31.3**
	5	—	1	3	1	—	1	3	3	1	18	18.8
毛　姓	**2**	—	—	**2**	—	—	**1**	**1**	**5**	—	**11**	**22.9**
	3	1	—	2	2	—	1	1	5	—	15	15.6
陳　姓	—	**1**	—	—	—	—	—	**3**	—	—	**4**	**8.3**
	—	3	2	—	—	—	—	3	—	—	8	8.3
高　姓	—	—	**2**	—	—	—	**1**	**1**	**1**	—	**5**	**10.4**
	—	1	2	—	—	—	1	1	1	—	6	6.3
筆　姓	—	—	—	—	—	—	**1**	**1**	—	—	**2**	**4.2**
	—	—	—	—	—	—	1	—	—	—	2	2.1
朱　姓	—	—	—	—	—	—	—	—	—	—	**0**	0
	—	1	1	—	1	1	—	—	—	—	4	4.2
布　農	—	—	—	—	—	—	—	—	**1**	—	**1**	**2.1**
	4	3	—	3	1	—	—	—	1	—	14	14.6
漢　人	—	—	—	—	—	—	—	—	—	—	**0**	0
	3	3	5	—	1	—	—	1	—	—	13	13.5
泰　雅	—	—	—	—	—	—	—	—	—	—	**0**	0
	—	1	—	—	—	—	—	—	—	—	1	1.0
合　計	**5**	**3**	**4**	**4**	**1**	**0**	**4**	**13**	**13**	**1**	**48**	**100**
	15	18	15	8	6	2	4	14	13	1	96	100
	10.4	**6.3**	**8.3**	**8.3**	**2.1**	**0**	**8.3**	**27.1**	**27.1**	**2.1**	**100**	
百分率	15.6	18.8	15.6	8.3（43.8）	6.3	2.1	4.2	14.6（56.2）	13.5	1.0	100	
				70.9				29.1				

表 9-10 ）。由於氏族外婚制的限制，且因性比例的差懸（見〈人口〉節），使邵族的男女在求偶上發生問題。上節我們分析邵族的家族，雖曾指出邵族盛行收養子女之習俗，且養女之數比養子為多，作者

以為養女乃由於男子之不易得，而非對女子有所偏好。作者並以為邵人當無自覺其性比例之差懸，而有意以養女來平衡之也。蓋邵族收養子女純為延續家緒，故即養女，亦多行招贅夫婿，而甚少予以嫁出者；而所招贅的又多為漢人，故亦自無補於其本身之性比例之平衡。由於性比例的差懸及氏族外婚，邵族男子頗多求偶於社外。卜吉社現有配偶48對，茲列表示其婚域如下：

表9-8應附加下列的解釋：

⑴每排兩數字之上面的數字（即粗劃字體之數字）表示娶入或贅入的件數，如：第一排之上一行數字表示在袁姓的11戶中有配偶10對，即娶入或贅入之人數共10人，其中2人為石姓，1人為毛姓，4人為布農人，3人為漢人。第一列之每組數字之上一數字表示袁姓嫁出或贅出之人數有5人，其中3人適石姓，2人適毛姓。

⑵兩數字之下面的數字（即細劃字體之數字）表示嫁出及娶入的人數之和，如：第一排之下一行數字表示社中邵戶之48對配偶96人中，有袁姓15人，其中5人之配偶為石姓，3人之配偶為毛姓，4人之配偶為布農人，3人之配偶為漢人。由於其數字表示嫁出和娶入之和，故與縱列之合計相符。由此數字亦可約略窺知各族在婚姻上的關係。

⑶我們如將縱列與橫排之上面之數字作一比較，可看出一個至有興味的現象。如百分率之所示，娶入或贅入者（看縱列），除一布農人外[15]，均為邵人；而嫁出或贅出者，則非邵人佔半數以上（56.2％），其中布農人與漢人均佔27.1％。如作者在人口節及上節中所指出，布農人均為女性，即均為嫁入；而漢人則多為男人，即多為

──────────

[15]此一布農人，為10-4陳進富之母陳梅欄。陳梅欄為布農族Tamaruan人，嫁進富之父pubin，pubin死後，招贅漢人莊新德。看譜表十三。

贅入，這亦是值得注意的一個現象。

　　⑷整個卜吉社邵戶的婚姻活動的情形，可自合計之下一數字看出，即：在48對配偶之96人中，66人為邵人，28人為非邵人。非邵人之28人中，14人為布農人，13人為漢人，1人為泰雅人。以百分率言，因婚姻而向域外求偶，每一代即有約30%之非邵人之血統之滲入。我們尚應予以注意的是，在70%之所謂邵人中，且包括有若干原為漢人之養子及養女。這實在是邵族的一個嚴重的問題！

　　⑸從地域看，則來自社外的配偶之比例之大，更是值得注意的。如我們在〈人口〉節指出，邵族現僅存二聚落，而卜吉社為較主要者，由於漢人在大平林勢力之擴展，且大平林又無日月潭之營生之方便（如新興之遊覽業，看李亦園：〈邵族的經濟生活〉），故邵族頗有放棄大平林而集中於卜吉社之傾向。在婚姻上所表示的此一傾向，為大平林人之嫁入或贅入於卜吉社。朱姓嫁入或贅入之4例均來自大平林；石阿喜之妻石毛阿菊（姓škapamumu？？）原住大平林，石松之妻陳宇妹（姓škahihian？）亦來自大平林。故其域內婚率（即社內婚率）應再減去6人，則邵人自卜吉社求得之配偶僅為配偶總數之31.3%了。

　　邵族之結婚年齡，就所調查之46對（因48對中2對其婚齡不明）看，男子最低為15歲，最高為51歲，平均為24.35歲，眾數為21歲，中數為21.5歲；女子最低為13歲，最高為57歲，平均為21.78歲，眾數為18歲，中數亦為18歲。眾數、中數比平均年齡為低，蓋平均年齡包括再婚者之年齡計算，而眾數、中數則表示初婚年齡。

　　配偶之年齡差數如依平均歲數計為2.57歲，依眾數計，為3歲，依中數計，為3.5歲。倘將其個別之差懸示出，則如表9-9。

　　邵族的社會是一個父系社會，故其居住制以父居制（patrilocal）為常，但近年由於養女及招婿之風盛行（參看上節），故亦有行母

表9－9　卜吉社邵戶配偶之年齡差數

差　數	例　數	差　數	例　數	差　數	例　數
10	1	4	1	-4	1
9	5	3	6	-5	1
8	2	2	2	-7	2
7	3	1	7	-12	1
6	5	0	3	-13	1
5	4	-1	3		

居制（matrilocal）的。在48對配偶中，行父居制者41例；行母居制者6例；既為父居，又為母居者1例（即毛老先與劉秋香均為毛伊力之養子女，婚後仍與伊力同住，看譜表十）。此一比例雖不甚大，但行母居制的諸例，除袁阿金之招贅袁秀早在十餘年前（民國三十三年）外，其他各件均行於民國四十年十二月以後。吾人如以四十年一月以後之結婚件數12件看其比率，則5例所佔之百分比竟達41.7％，這便值得吾人的注意了⑯。這種居住制的改變，除前述因無嗣而行養女招塏的原因外，由於社會經濟環境的變遷，女子（尤其是年輕的女子）在社會上的地位較前提高，亦為不可忽視的促成因素。居住制的改變，更加速邵族的舊社會體制的崩壞。

邵族的求偶方式，今日所行，多與漢人一般所行者相同。即現娶婦應送聘金，嫁女應有嫁奩。茲簡記報導人所述較早之婚俗二例，以見其舊制之一斑。

(1)例一：婚事應有媒人，袁阿送娶kareʔ（毛姓，škapamumuʔ）

⑯45年2月至卜吉社調查邵語，得悉在44年間，增結婚件數多件，均為招贅（即均行母居制）。

時，阿送之父 makajtan 請頭社人（邵人）ʔibuʔ為媒，由ʔibuʔ代表袁家向毛家說親。kareʔ之父ʔirak許諾。ʔibuʔ乃回覆 makajtan，男家始造酒備聘。酒約五日即可造成，以竹筒盛之。阿送結婚時，造酒十二竹筒。聘禮除酒外，有豬一屏（即半隻豬），糯米糕一塊（徑二尺，厚約二寸）。聘禮由青年族人送至女家，另代表新郎迎親之男方女戚二人陪往。聘禮送達女家，女家青年男戚齊集相候。男女兩方之青年男戚乃行擬似「打架」之儀式。新娘開始哭泣，然後由親戚四人陪同，隨男方遣去之迎親者至男家。新娘入夫宅，應即拜祭祖宗籃。親戚四人於酒宴後離去。翌日，男家復宴請女家親戚。

　　(2)例二：毛伊力娶陳阿卻乃由石臨之祖母maraɬ為媒。男家托媒至女家說親，女方允諾，男方乃備酒。在訂婚時，男家送至女家酒三罈，豬一腿；迎娶時，又送酒四罈，豬半屏，錢（約）百串，及柴刀、斧頭等。迎親之日，男女家之青年男子行「打架」儀式。新娘始由男方男子背負至男家。

　　由上面所記述二例，可知邵族與大部分的高山族（泰雅、賽夏、魯凱、排灣、和卑南）相同，行聘物婚[17]。又在儀式中含有若干類似掠奪風習之擬似「打架」儀式，以使此一人生推移儀禮更加戲劇化而隆重。

　　交換婚，在臺灣見於賽夏、布農、和鄒三族。邵族在社會組織上，與此三族類似，在分類上，吾人曾將此四族合稱為父系氏族群[18]，則邵族有沒有交換婚，是一個值得考察的問題。很遺憾的是，

---

⑮請參讀拙作〈臺灣屏東霧台魯凱族的家族和婚姻〉，載《中國民族學報》第1期，44年8月，台北。

⑱參看拙作〈日月潭邵族在臺灣民族分類學上的地位〉及〈日月潭邵族民族學調查初步報告〉。

從所得的材料，尤其因近年自域外求偶數目的增加，我們不能確言。但邵族的某兩個氏族具有比較密切的關係，而其彼此間的通婚率較大，則可自系譜看出，而亦為我們的報導人所承認。從本文所附譜表，確知其所屬氏族之配偶有73對。現在且列表如下，以窺各氏族之婚姻關係。

表9-10　卜吉社各氏族之婚姻關係

	袁姓	石姓	毛姓	陳姓	高姓	筆姓	朱姓	合計	百分率
袁　姓	—	**6**	**12**	**1**	—	**1**	—	**20**	**27.4**
	—	14	17	4	1	1	2	39	26.7
石　姓	**8**	—	**7**	**3**	**1**	—	**2**	**21**	**28.8**
	14	—	7	3	1	—	4	29	19.9
毛　姓	**5**	—	—	**4**	—	—	**2**	**11**	**15.1**
	17	7	—	8	4	—	4	40	27.4
陳　姓	**3**	—	**4**	—	—	—	—	**7**	**9.6**
	4	3	8	—	—	—	1	16	11.0
高　姓	**1**	—	**4**	—	—	—	**1**	**6**	**8.2**
	1	1	4	—	—	—	1	7	4.8
筆　姓	—	—	—	—	—	—	**1**	**1**	**1.4**
	1	—	—	—	—	—	1	2	1.4
朱　姓	**2**	**2**	**2**	**1**	—	—	—	**7**	**9.6**
	2	4	4	1	1	1	—	13	8.9
合　計	**19**	**1　8**	**29**	**9**	**1**	**1**	**6**	**73**	**100**
	39	29	40	16	7	2	13	146	100
百分率	**26.0**	**10.6**	**39.7**	**12.3**	**1.4**	**1.4**	**8.2**	**100**	
	26.7	19.9	27.4	11.0	4.8	1.4	8.9	100	

表9-10說明：

⑴本表之讀法與表8相同，即兩數字之上面之數字表示娶入或贅入的件數，如：第一排之上一行表示袁姓娶進20人，其6人為石姓，12人為毛姓，1人為陳姓，1人為筆姓。第一列每組數字之上一數字表示袁姓嫁出19人，其8人適石姓，5人適毛姓、3人適陳姓、1人適高姓、2人適朱姓。

⑵兩數字之下面之數字表示嫁出及娶入人數之和，如：第一排之下一行數字表示譜表中之姓氏清楚之73對配偶之146人中，有袁姓39人，其配偶14人為石姓，17人為毛姓，4人為陳姓，1人為高姓，1人為筆姓，2人為朱姓。

⑶從數字所示，可知袁姓與毛姓及石姓，在婚姻上具有較密切的關係。即在有袁姓之39對配偶中，其配偶為毛姓者17，為石姓者14。我們檢查譜表，更發現一個與他們的遷移沿革相吻合的有趣的事實，即袁姓與毛姓的婚姻關係多為較早者：除了袁觀娶張阿邁（姓škapamumuʔ），毛阿金招袁秀，及毛智萬娶袁阿金三對配偶外，其餘的14對均或已死亡（譜表一之ʔušun與pišal, makajtan與šinhaw, pašuran與tamaniʔ,ʔburaw與šinhaw,šjappuraj與ʔajšan,rakut與šuraj, kimme嫁paljawan；譜表二之toʔbaʔ與 šinhaw, muʔuʔ與 ʔumaw, šapan與tunpet；譜表三之taneʔbuʔ嫁kinał；譜表十之tarumaʔ與ʔapaj），或其婚姻關係經已解除（如譜表一及譜表十之pajtaʔbuʔ袁阿送與kareʔ，及譜表二之 karurut 與 šinhaw）；而與石姓的婚姻關係則晚近者較多，配偶今仍存在的有5對（袁其麟與石阿謹，袁阿安與石玉英，石竹吉與袁妙美，石阿松與袁嫦娥，謝進財（姓škatafatuʔ）與袁金玉）；婚姻關係因其一方死亡而解除的有3件（譜表一、五之pajtaʔbuʔ袁阿送與kurariʔ），譜表一、七之taneʔbuʔ石阿順與 punne，譜表二之 ʔuput袁宇福與 ʔumaw），配偶均已死

亡的6件（譜表一之 mašti・niʔ 與 ʔakul，譜表二的taruma ʔ 與kurariʔ，palonkwan 與 lalon，katat 與 ʔarumaʔ，譜表四、八之 taʔrel 與 ʔapin，譜表八之pjašan與 šjaʔdoʔ）。

　　⑷由上面所示的關係，可以推知：(A)毛姓從前可能是比較強大的氏族；(B)茅埔石姓的移入，卜吉社乃由二大氏族的平衡而變成三大氏族的鼎立，繼而猫囒石姓的移入，石姓取代了毛姓的地位[19]。(C)毛姓曾為一與袁姓相等之強大氏族，可自其婚姻活動的情形窺知，即73對之146人的配偶中，毛姓佔40人之多，這一數字且超過袁姓之39人，石姓之29人。

　　⑸一個氏族的衰微或興隆，我們亦可自本表得到若干解釋。嫁出多於娶入者日趨衰微，而娶入多於嫁出者日漸興隆。毛姓在婚姻活動之40件中，29件為嫁出，11件為娶入；與石姓之29件中，8件為嫁出，21件為娶入，恰成反比，宜乎毛姓衰微（今有6戶），而石姓興隆也（今有12戶）。袁姓之嫁出件數（19）與娶入件數（20）約略相等，故尚能維持其原有情形。

　　⑹高姓本為一個小氏族，今日其成員與家戶數已漸與陳姓相等，其理由亦與上述者相同。

　　⑺筆姓與朱姓原住大平林，故與卜吉社諸氏族的關係較淺。朱姓之婚姻活動件數比高姓尤多，為大平林邵族向卜吉社集中之一現象。〔參看表8說明⑸〕。

　　邵族結婚制度中的另一個值得注意的現象，為族弟繼娶寡嫂的習俗，我們從譜表所記再嫁12例中，得族弟繼娶寡嫂7例：

　　⑴袁阿送pajtaʔbuʔ（šinawanan）喪妻（kareʔ），適值其族兄taruma ʔ 亦死，故阿送娶 taruma ʔ 之遺妻kurariʔ（škatafatuʔ）為

_____

[19]關於石姓之移入，請參讀〈沿革〉節所記及〈部落組織〉節所論。

妻。因阿送前妻未生子，阿送孤零無依，故與kurariʔ同寄居於kurariʔ
之子袁觀戶中。〔看譜表一、二、五〕

　　⑵袁宇福ʔuput（šinawanan）娶其從兄（堂兄）muʔuʔ之遺
妻石碧桃 pajloŋ（布農族過坑人）為妻。〔看譜表二〕

　　⑶謝大同lakajnuʔ（škatafatuʔ）娶其從兄（堂兄）riʔban之
遺妻piret（škahihian）為妻。〔看譜表五〕

　　⑷邱進財（石松加 šjoŋkawiʔ〔škatafatuʔ〕）之子，原姓石，
因至山楂腳為邱闊嘴養子，故從養父姓。後返社）娶再從兄ruškan
（škatafatuʔ）之遺妻朱玉英（布農族Tamaruan人）為妻。因進財
曾離社而後返社，故不與其父石松加同戶，而入朱玉英之戶。〔看
譜表五〕

　　⑸kururut（škapamumuʔ）於夫ramił（škatafatuʔ）亡後，招
贅夫之族人石那萬kušinaʔban（škatafatuʔ）為夫。〔看譜表九〕

　　⑹毛卓肉toʔbaʔ（škapamumuʔ）娶其同父異母兄karupuʔ之
遺妻毛麻里maniʔ（štanakjunan）（大平林人）為妻。〔看譜表十〕

　　⑺張坤復之祖母ʔakul（škapamumuʔ）先嫁rawn（škahihian），
後rawn離社至茅埔（　？　），乃又改嫁謝宗結之父kutawnraw（škahi-
hian）。〔看譜表十一、十二、十三〕

　　繼娶寡嫂，在再嫁之12例中佔多數，可說明此種習俗曾為邵族
所習行，亦可視為乃邵族之族弟繼娶寡嫂制度（levirate）之遺痕。

　　其他再嫁之5例為：譜表二袁乃和妻šinhaw原為石阿順之父rawn
之妻（譜表七），譜表二袁金花原嫁譜表十七朱萬之子ʔapjaʔ；譜
表十毛伊力之母 taneʔbuʔ於其夫kinał亡後，改嫁譜表十八朱萬之
父pimaʔ；譜表十七邱松結妻林秀花原嫁譜表三袁冬炮；及譜表十
二王月汝原嫁譜表十毛界進之兄pašuran，pašuran死，改嫁陳永享
之父ʔatun，生永享，ʔatun死，又改嫁譜表十八朱阿花之父mutikit，

mutikit 死，返陳永享戶。

六、氏族

　　氏族，邵語作 ši?doq，是比家族大，亦是邵族最大的親屬單位，因為邵族沒有聯族（phratry）和半部族（moiety）。邵族的社會是一個父系的社會，他們的氏族亦是父系氏族（patrilineal clan or gens）。

　　卜吉社邵族現有氏族七，其名稱，名稱漢譯、戶數、及人數如下表：

表9-11　卜吉社邵族的氏族

氏 族 名 稱	名　稱　漢　譯	戶數	人　數			
			男	女	他族分子	計
šinawanan	袁　圓之義，因"袁""圓"諧聲而譯作袁。	11	27	8	10	45
škatafatu?	石　石之義。	12	26	13	15	44
škapamumu?	毛　強之義，因諧聲而譯作毛。	6	12	9	8	29
škahihian	陳　意義不明。臺語"響"音"hian"，而"銅"與"陳"同音，因銅能響，故譯作陳。	4	8	3	8	19
štamarutaw	高　高之義。	3	9	3	5	17
šapit	筆　意義不明，因諧聲譯作筆，但住大平林者，譯作白。	2	2	1	2	5
štanakjunan	朱　意義不明，或譯作"丹"。	1	1	0	0	1
		39				

邵族氏族的功能，其最重要的一點，就是它是一個外婚的單位。具有同一氏族名稱（或姓）的男女不能結婚[20]。這一規則，現在還被頗嚴格的遵守著。我們檢查所得的系譜，除了下面將予解釋之一例外，均無例外者。茲舉述該一例如次：

譜表十一kuwaʔ之母ʔakul（本姓škapamumuʔ）嫁rawn，生kuwaʔ。rawn姓škahihian，故kuwaʔ如從父姓，則應屬škahihian氏族。但因ʔakul懷孕時，rawn他往，ʔakul返其生父家而生kuwaʔ，故從母姓，而屬於škapamumuʔ氏族，故kuwaʔ得與屬於其父之氏族之女子ʔapin（škahihian氏族）結婚。

氏族的名稱，或姓，是氏族的一個很重要的要素。有親緣關係，如非同姓者，可以結婚（上面我們所舉述的一例，可作說明）；而無親緣關係者，設屬同姓，則亦被視為準血親關係，不能結婚。卜吉社之škatafatuʔ氏族，原分二群，其一群原居石印，另一群原居猫囒。前者有石松加、石阿喜、石東亞、謝大同、謝進財、石阿順、石阿賢等8戶；後者有石臨、石界次、石竹吉、石松等四戶。這二群雖可視為原屬同一氏族而分居於石印和猫囒兩地者，但我們的報告人卻多以為兩群實僅因氏族名稱之相同而被視為同一氏族，他們（指石姓之兩群）彼此之間，可能沒有同一「祖先」的關係。不過他們既屬同姓，便不能互婚。作者曾詢及這種親屬群是否有名稱，報告人石袁妙美（石竹吉之妻）答稱：「石臨和石松是我們家的táta wa táwn，而石松加和石阿順等則不是我們家的táta wa táwn，他們與我們家只是同姓（šiʔdoq）而已。」táta為「一」，táwn為「家」，táta

---

[20] 毛伊力對同性不能結婚的禁忌，作解釋稱："古昔有袁姓之男子pajtaʔbuʔ與同姓之女子kuraʔban結婚，因屬同姓，生子均死，故知同姓結婚，不吉，因禁忌之"。

wa táwn就是「一家人」的意思。可惜邵族現在已經衰微，我們所得的這種介於家族和氏族間之親屬群之例子亦僅有此一例而已，否則把它視為亞氏族（subclan）當可有更充分的佐證。

另一個例子，亦可說明具有同一氏族名稱，即被視為血親而不能互婚：石竹吉、袁福課、石松為同胞兄弟〔看譜表八〕，但其所屬氏族不同。作者曾詢及袁福課改姓袁的原因。據石竹吉（袁福課之兄）告稱：“因吾母本戶中無後嗣，故以福課承繼之。”石竹吉並以為福課既改姓袁，便不能和袁姓之人結婚。

在邵族旺盛的時代，其氏族曾具有部落政治經濟及宗教職務上分工的功能。袁石兩姓在部落政治上曾具有相當優勢的影響力；毛姓專司祭曆，並從事冶鍛和武器的製作；陳高兩姓分司若干祭儀上的職務等等。（請看下文及唐美君：〈日月潭邵族的宗教〉）。我們不難想像，這些職能乃因文化接觸及民族衰微的結果而喪失者。

邵族的氏族不但喪失了它所具有的若干職能，由於人口的減少，其民族意識（tribal consciousness）雖仍然保持，其氏族的內在強度卻在比例上鬆弛了。今日他們在從事商業上的競爭時，聯合他姓而與同姓對立之事，屢見不鮮，這實在亦是一個值得注意的現象。

邵族的住地與布農族和鄒族毗鄰，過去學者且多以邵族為此二族之一支族。實際上，這種見解是有若干可靠的根據的，作者等亦曾主張：邵族與布農鄒族同屬於「父系氏族組織群」[21]，故在下文將邵族之氏族組織與布農鄒族者略作比較。

布農族與北鄒族之氏族組織不完全相同，但至類似，兩族均有三級之氏族組織，即若干氏族聯合而成聯族或半部族，而又更分為

---

[21]陳奇祿、李亦園、唐美君：〈日月潭邵族民族學調查初步報告〉，《考古人類學刊》第6期，頁26-33，民國44年11月。

若干亞氏族（sub-clan）[22]。在布農族聯族為共食「播剩種粟」（hulan）之單位，而氏族為共食獵獲獸肉之單位；但在鄒族卻恰與此相反，聯族共食獵獲獸肉，而氏族則共食初穗（faeva）。不過，兩族之氏族功能均以規範族人之婚姻活動為最重要。布農和北鄒二族，凡父母雙方之氏族成員，均在禁婚之列；與母屬同一氏族女子所生之子女，亦不得結婚；布農族在父方親屬方面之禁婚範圍且展延至包括父所屬聯族之全體成員[23]。

今日邵族的氏族組織與布農北鄒二族者比較，其最大的分別，在於後者為三級組織，且不得與父母雙方之氏族成員結婚；而前者則僅有一級組織，而與母同氏族之成員已不在禁婚之列。從親屬之語彙上看，在布農族用以指母所屬之氏族之 tanqapo（邵語作 tanqapu ʔ）一詞，在邵族亦已縮小其範圍，而用以泛指母氏之近親了。在譜表所列73對之氏族間婚姻中，有與母同氏族之成員結婚之例22件，其中一例（譜表十一kuwa ʔ 娶 ʔapin）且很明顯的與母氏所屬 tanqapu ʔ（在邵族指母氏近親）之成員結婚，可見邵族即原有與母氏所屬氏族成員禁婚之規定，亦當廢弛已久了。

[22]移川子之藏、宮本延人、馬淵東一：《臺灣高砂族系統所屬の研究》，稱phratry與moiety為大氏族，clan為中氏族，而sub-clan為小氏族。
[23]關於布農族和北鄒族之氏族組織及禁婚規則，請參看移川子之藏等前揭書pp. 110-112，179-182，及馬淵東一：〈ブヌン、ツオウ兩族の氏族組織上の婚姻規定〉，《南方土俗》第3卷第1號，Toichi Mabuchi: "Social Organization of the Central Tribes of Formosa", *IAE,* vol. XLVI, No. 2, 1952, p. 191.

七、親屬稱謂

這裡所報告的親屬稱謂，主要是根據毛伊力的報導。邵族男女性稱謂人所用的稱謂，除下面明記者外，無別。又下面所記，除明記者外，均為指稱（terms of reference）：

(1)二輩尊親與二輩以上尊親同稱。二輩尊親，不分男女，均稱ʔapuʔ，但如分辨性別時，則可加 raʔin（大）於ʔapuʔ之後，以指男性，即祖父；加 kiʔaj（小）於 ʔapuʔ 之後，以指女性，即祖母。ʔapuʔ 一稱謂，應用相當廣泛，凡社中與己之祖父母同輩者，均可以此稱謂呼之。

(2)一輩尊親：

　　A.父、父母之兄弟、父母之姊妹之夫、夫之父，均為ʔamaʔ。與父同輩之社中男子亦可以此稱謂呼之。

　　B.母、父母之姊妹、父母之兄弟之妻、夫之母，均為ʔinaʔ。與母同輩之社中女子亦可以此稱謂呼之。

　　C.妻之父母，對稱（term of address）時亦作 ʔamaʔ 與ʔinaʔ，但指稱（term of reference）時則作toqatoqaš，而附加以 raʔin（大）與 kiʔaj（小）分辨男女，即岳父稱toqatoqaš raʔin，岳母稱toqatoqaš kiʔaj。

(3)平輩親屬：

　　A.兄弟姊妹，及父母之兄弟姊妹之子女均為minɬafut，而以tantoqaš加於minɬafut之前，以示其長於己；以šašuwaði?加於minɬafut之前，以示其幼於己。

　　B.夫為 ʔajuði? ，即男人之義；妻為 ʔbinawʔað ，即女人之義。

C.平輩親屬在對稱時均直呼其名。

(4)一輩卑親，即子女，均稱 ʔaðaðak ，分辨性別時，冠以 ʔajuði ʔ（男）或 ʔbinawʔað （女）。對稱時直呼其名。

(5)二輩卑親：

A.子之子女，即孫，為 roki ʔ。但亦可泛稱之為 ʔaðaðak。對稱時直呼其名。

B.女之子女，即外孫，為 komkom。

C.兄弟姊妹之孫，亦為 komkom。

(6)母方親屬：

A.母方親屬為 tanqapu ʔ。如毛伊力稱譜表二其母 taneʔbuʔ 之兄弟 toʔbaʔ 及 toʔbaʔ 之妻 šinhaw，均為 tanqapu ʔ。布農族稱母氏所屬氏族為 tanqapo，與邵族 tanqapu ʔ 為同一詞無疑。布農族之 tanqapo 在禁婚範圍內，而邵族則已非禁婚範圍，其所指之親屬範圍亦已不甚明確了。

B.母方血親稱 haðiš。如外祖父母稱 ʔapuhaðiš。

(7)姻親：

A.娶入之女性為 ʔapiq。如媳婦，即子之妻，稱 ʔapiq，兄弟之配偶亦稱 ʔapiq。

B.贅入之男性為 kiaðaʔ。如婿，即女之夫，稱 kiaðaʔ。

C.姻親為 mawala。如妻之兄弟姊妹，姊妹之配偶，子女之配偶之父母，均稱 mawalaʔ。

如上所記，我們得到邵族的親屬稱謂17個，其中基本親屬稱謂（elementary kinship terms）15個，即 ʔapuʔ, ʔamaʔ, ʔinaʔ, toqatoqaš, minłafut, ʔajuðiʔ, ʔbinawʔað, ʔaðaðak, roki, komkom, tanqapuʔ, ʔapiq, kiaðaʔ, 和 mawalaʔ，這15個親屬稱謂中6個屬第一次親屬（primary relatives），即：ʔamaʔ, ʔinaʔ, minłafut, ʔajuðiʔ, ʔbinawʔað 和 ʔaðaðak；8個屬

第二次親屬（secondary relatives），即：ʔapuʔ, toqatoqaš, rokiʔ, komkom，haðiš，ʔapiq, kiaðaʔ, mawalaʔ ；tanqapuʔ用以泛指母族之親屬。

　　現在且根據A. L. Kroeber與G. P. Murdock兩氏所定的幾個標準[24]，略作分析，並與布農及鄒族之親屬稱謂制作一簡略的比較。茲先列表如次：

表9-12　邵族、布農族和北鄒族親屬稱謂比較表

			邵　族	布　農　族	北　鄒　族
1	第一次親屬 (primary relatives)	父(Fa)	ʔamaʔ	tama	amo
2		母(Mo)	ʔinaʔ	tina	ino
3		兄弟(Br)姊妹(Si)	mintafut	masitoxas masinauba	ohaiva ohaisa
4		夫(Hu)	ʔajuðiʔ	[bananað]	butšoŋu
5		妻(Wi)	ʔbinawʔað	piŋŋað [binanaʔwað]	butšoŋu
6		子(So)或女(Da)	ʔaðaðak	ovað	oko
7	第二次親屬 (secondary relatives)	父之父(FaFa)	ʔapuʔ	tama xodas	akiʔi
8		父之母(FaMo)	ʔapuʔ	tina xodas	baʔi
9		父之兄弟(FaBr)	ʔamaʔ	mantama	amotsoni
10		母之兄弟(MoBr)	ʔamaʔ	mantama	amotsoni
11		夫之父(HuFa)	ʔamaʔ	——	akiʔi
12		父之姊妹(FaSi)	ʔinaʔ	mantina	inotsoni
13		母之姊妹(MoSi)	ʔinaʔ	mantina	inotsoni
14		夫之母(HuMo)	ʔinaʔ	——	baʔi
15		母之父(MoFa)	ʔapuʔ	tama xodes	akiʔi
16		母之母(MoMo)	ʔapuʔ	tina xodas	baʔi
17		兄弟之子(BrSo)或女(BrDa)	ʔaðaðak	panovaðun	pupe-oʔokoa
18		姊妹之子(SiSo)或女(SiDa)	ʔaðaðak	panovaðun	peafeoju
19		妻之父(WiFa)	toqatoqaš	mantama	akiʔi
20		妻之母(WiMo)	toqatoqaš	mantina	baʔi
21		姊妹之夫(SiHu)	——	——	ahuŋu
22		妻之兄弟(WiBr)	——	masitoxas masinauba	ahuŋu
23		妻之姊妹(WiSi)	——	masitoxas masinauba	ahuŋu

[24] A. L. Kroeber: *Classificatory Systems of Relationship*（1909）, *The Nature of Culture,* pp. 175-181, Chicago, 1952; G. P. Murdock: *Social Structure,* New York, 1949, pp. 101-106.

			邵　族	布 農 族	北 鄒 族
24		子之子(SoSo)或女(SoDa)	roki?	panovaðun	o?oko
25		女之子(DaSo)或女(DaDa)	komkom		peafeoju
26		子之妻(SoWi)	?apiq	piŋŋað	oko
27		女之夫(DaHu)	kiaõa?		oko
28	第三次親屬 (tertiary relatives)	父之父之父(FaFaFa)	?apu?	tama xodas	aki?i-eutsinitsinihi
29		父之父之母(FaFaMo)	?apu?	tina xodas	ba?i-eutsinitsinihi
30		父之姊妹之夫(FaSiHu)	?ama?		amotsoni
31		父之兄弟之妻(FaBrWi)	?ina?	mantina	inotsoni
32		母之姊妹之夫(MoSiHu)	——		amotsoni
33		母之兄弟之妻(MoBrWi)			inotsoni
34		父之兄弟之子(FaBrSo) 或女(FaBrDa)	minfafut	mantas?an	pupe-a?ahaiva pupe-a?ahaisa
35		父之姊妹之子(FaSiSo) 或女(FaSiDa)	minfafut	mantas?an	pupe-a?ahaiva pupe-a?ahaisa
36		母之兄弟之子(MoBrSo) 或女(MoBrDa)	minfafut		
37		母之姊妹之子(MoSiSo) 或女(MoSiDa)	minfafut		
38		兄弟之子之子(BrSoSo) 或姊妹之子之子(SiSoSo)	komkom		
39		兄弟之子之妻(BrSoWi) 或兄弟之女之夫(BrDaHu)			pupe-o?okoa
40		妻之父之父(WiFaFa) 或妻之母之父(WiMoFa)		pantamaun xodas	
41		妻之父之母(WiFaMo) 或妻之母之母(WiMoMo)		pantinaun xodas	
42		妻之兄弟之妻(WiBrWi)	——		ahuŋu
43		夫之姊妹之夫(HuSiHu)			ahuŋu
44		姊妹之夫之兄弟(SiHuBr)			ahuŋu

附註：Fa＝father；Mo＝mother；Br＝brother；Si＝sister；Hu＝husband；Wi＝wife；So＝son；Da＝daughter；FaFa＝father's father，餘類推。〔　〕者爲小川尚義、淺井惠倫所紀錄。——爲未能確定者。

表 9-12所列親屬稱謂，邵族者為本次調查，布農族者採自岡田謙氏著作[25]，北鄒族者則兼採自岡田謙及衛惠林二氏著作[26]。表中所列，未包括集合稱謂（collective terms）；又第三次親屬（tertiary relatives）以外之遠親之稱謂，因均屬描述之複合稱謂（descriptive composite terms），故亦未予括入。故我們在表中所列，有邵族之基本稱謂12；布農族之基本稱謂10，複合稱謂4，合計14；北鄒族之基本稱謂11，複合稱謂7，合計18。茲比較約述如下：

臺灣各族之親屬稱謂，在世代之標準（criterion of generation）上，一般僅及於二代，即二輩以上尊親與二輩尊親同稱，二輩以下卑親與二輩卑親同稱，如邵族父之父（FaFa）稱 ʔapuʔ，而父之父之父（FaFaFa）亦稱 ʔapuʔ；子之子（SoSo）稱rokiʔ，而子之子之子（SoSoSo）亦稱rokiʔ，即屬此類，惟北鄒族二輩以上或二輩以下之親屬多附有eutsinitsinihi（岡田作autunu）之詞頭或詞尾，以表示其疏遠。但在布農和北鄒二族，姊妹（岡田之材料包括兄弟）之子女（SiSo or SiDa）與女（岡田包括子）之子女（DaSo or DaDa）同稱，則未見於邵族。

性別的標準（Criterion of sex），臺灣各族多在尊親分別清楚，在同輩親屬及卑親則每不作區分。在邵族 ʔapuʔ（祖父或祖母）與toqatoqaš（岳父或岳母）二稱謂不分性別，但在必要時，亦可冠以 raʔin（大）與 kiʔaj（小）以示男女之別。

分類稱謂（classificatory terms）即多為忽略姻緣的標準（Criterion

[25]岡田謙：《未開社會に於ける家族》昭和18年，東京，p. 197。
[26]岡田謙前揭書，pp. 108-109。
衛惠林、余錦泉、林衡立：〈同胄志·曹族篇〉，《臺灣省通志稿》，民國41年，臺北，pp. 106-111。

of affinity）而得。我們在前面經已指出，邵族之很多稱謂可擴大其範圍，兼指同類親屬。布農族和北鄒族亦然，如布農族之mantama一稱謂，既指父母之姊妹（FaSi，MoSi），亦指妻之母（WiMo），同時更兼指父之兄弟之妻（FaBrWi）；又如北鄒族amotsoni一稱謂，既可指父母之兄弟（FaBr，MoBr），亦可用以兼指父母之姊妹之夫（FaSiHu，MoSiHu），即屬此類。

　　分類親屬稱謂制的最重要特點之一，即為其忽略親疏的標準（Criterion of collaterally）。三族中，除邵族之 ʔajuδiʔ（男人，夫）， ʔbinawʔaδ （女人，妻）， ʔapiq（媳）， kiaδa（婿）等稱謂；布農族之tama（父），tina（母）， mantasʔan（堂表兄弟姊妹）外，可謂均忽略此一標準。布農族之tama與tina二稱謂在加上man-之詞頭時，亦可用以指稱關係較遠之同類親屬，故亦可謂未完全的嚴守此一標準。

　　二分的標準（Criterion of bifurcation）僅適用於第二次及第二次以外親屬，即同等親屬之稱謂之異同以其「媒介親屬」之性別之異同而定。我們這裡所比較的三族的稱謂，可謂絕大部分均忽略這個標準。僅有下列的幾個例外，即：邵族之子女（SoSo or SoDa）稱 rokiʔ，而女之子女（DaSo or DaDa）則稱komkom；北鄒族兄弟之子女（BrSo or Brda）稱 pupe-oʔokoa，而姊妹之子女（SiSo or SiDa）則稱peafeoju（依據岡田，則兄弟姊妹之子女同稱，均作（pupeo-）oko（-a）；又子之子女（SoSo or SoDa）稱 oʔoko，而女之子女（DaSo or DaDa）則稱peafeoju（依據岡田，亦無分別，均作 pupeo-oʔkoa）。

　　關於相對的標準（Criterion of polarity），在我們所列三族的親屬稱謂表中，只有下列諸稱謂忽略這個標準，即：邵族之minɬ-afut可兼指兄弟姊妹及堂兄弟姊妹（布農族與北鄒族之同胞分長幼，但布農族可用 tasʔaːn 之稱謂泛指兄弟姊妹，北鄒族亦可用natohasa之稱謂泛指兄弟姊妹，亦與邵族之 minɬafut 同），北鄒族之ahuŋu可指姊妹之夫（HuSiHu），妻之兄弟姊妹（WiBr，WiSi），妻之兄弟之妻（WiBrWi），及夫之姊妹之夫（HuSiHu）等，均屬相對之稱謂。但在雅美和排灣二族，互稱的標準（Criterion of reciprocity）且適用於二輩尊親與二輩卑親之間，即在雅美族父母（FaFa or FaMo）與孫（SoSo or SoDa）同稱apu[27]；在排灣族祖父母與孫同稱vovo[28]。

　　長幼的標準（Criterion of relative age）適用於平輩親屬，布農與北鄒二族對兄弟姊妹多作長幼之別，即布農族稱兄姊（Br or Si elder than ego）為masitoxas，弟妹（Br or Si younger than ego）為masinauba；北鄒族稱兄妹為ohaiva，弟妹為ohaisa。邵族雖常用 minɬafut 一稱謂兼指兄弟姊妹，但必要時亦可冠以tantoqaš以示其長於己，冠以 šašuwaði 以示其幼於己，可見邵族亦有同樣的分類觀念。

　　G. P. Murdock氏所列稱謂者之性別的標準（Criterion of speaker's sex）與被稱謂者存歿的標準（Criterion of decedence）均未為三族之稱謂制所採用，故從略不論。

　　本文為邵族之調查報告，由於篇幅與時間的關係，作者不擬在這裡討論邵族親屬稱謂制的淵源，但由上面之比較記述，我們可以看出邵族親屬稱謂制的幾點特色。

　　臺灣各族的親屬稱謂，如我們在上面所作之比較記述，其一特

---

[27]陳奇祿、林明漢、任先民：〈蘭嶼雅美族人類學資料〉，《考古人類學刊》第4期，民國43年11月，pp. 21-22。

[28]小川尚義、淺井惠倫：《原語による臺灣高砂族傳說集》，臺灣帝國大學言語學研究室出版，日本昭和10年，附錄，pp. 7，9。

點為其大部分稱謂之適用範圍之廣大，這種一個親屬稱謂可以用以指稱關係不盡相同的同類親屬，常見於氏族社會，亦即分類親屬稱謂制（Classificatory system of kinship terminology）之一特質㉙。

Leslie Spier先生曾把北美洲印地安人之親屬稱謂制作過詳細的分類㉚。其所分8類之第三類為Salish type。Salish type之特色為「父母之同胞之稱謂之合一，即；伯叔舅丈（uncle）僅有一稱謂，姆嬸姑姨（aunt）亦僅有一稱謂。而與此相對，甥姪亦僅有一稱謂。"祖父母"（grandparent），"子女"（child），及"孫"（grandchild）各有稱謂。兄弟姊妹常分為"長於己者"與"幼於己者"。"同胞"（sibling）之稱謂可兼用於堂姑姨表同輩親屬。」㉛ 我們在上面所述三族之親屬稱謂制，可謂與此型完全相似。只是布農和鄒族祖父母異稱，較近此型之Nisqualli等諸族者而已。

不過，布農和北鄒二族的親屬稱謂制亦有與Salish type不同之特點。如我們在表中所列布農族兄弟姊妹之子女（BrSo, BrDa, SiSo, SiDa）與子之子女（SoSo, SoDa）同稱 panovaðun，北鄒族姊妹之子女（SiSo, SiDa）與女之子女（DaSo, DaDa）同稱peafeoju，之忽略世代的標準之分類稱謂，即為未見於Salish type稱謂制，亦

㉙Lewis H. Morgan很早便將親屬稱謂制分為兩大類，分類制（classificatory system）和描述制（descriptive system），見Lewis H. Morgan: "Systems of Consanguinity and Affinity of Human Family", *Smithsonian Contributions to Knowledge*, XVII, 1870.

㉚Leslie Spier: "The Distribution of Kinship Systems in North America," *University of Washington Publication in Anthropology*, I（1925）, pp. 71-88.

㉛同上，p.74.

未見於邵族者。故邵族之稱謂制為Salish type，而布農和北鄒二族者則為修改的Salish type了。

關於布農族的親屬稱謂制，馬淵東一先生曾報告其屬Omaha type，即「母族親屬在指稱（referential）時，均作"uncle"或"aunt"，在其成年後，其呼稱（vocative）則為附加尊稱詞"father"或"mother"於其個人名字之前。與此相對，同氏族女子所生者在指稱時均作"nephew"或"niece"，而呼稱時則用其個人名字。」[32] 布農族的此一現象，我們由於所採用材料的限制，未能將此現象示出，不過我們可謂布農族的親屬稱謂制乃屬於Omaha式之Salish型了。

八、部落組織

邵族今日的社會經濟生活已融入於漢人之間，在政府的行政系統上亦已歸入普通行政的範圍內（即非保留區行政），故其部落組織早已蕩然無存，不過從故老口中，我們尚可追尋其若干殘缺的舊制。依據故老的報告，我們可推知：邵族原有的部落組織每與氏族組織一致，即一個氏族的成員多聚居一地而構成一個部落，雖然每一部落常有一二小氏族依附其間。因為氏族與部落多少可謂一致，故氏族族長亦每即地域領袖。地域領袖通常有助手二人，傳令一、二人。因族長由長嗣世襲，故頭人亦然。助手亦有世襲之傾向。傳令由頭人家屬中之年輕者擔任之。如村有要事，頭人不能作單獨裁決時，得召開部落會議。部落會議由各戶戶長為其成員。

---

[32]根據馬淵東一先生第八屆太平洋學術會議所宣讀論文"The Omaha Type of Kinship Terminology among the Bunun, Central Formosa"一文之節要。

㈠頭人制度

　　邵族有頭人制度，是很明顯的，在前文中我們曾經提過。卜吉社現有頭人（ ʔdaʔduʔ ）二人，即袁阿送和石松加。關於二頭人的產生，我們認為乃二個部落合併的結果，在下節中，將作比較詳盡的敘述。頭人之職位是世襲的，由父傳子，但如無子，則傳於弟。袁阿送和黃宇順敘述他們記憶中的頭人世系謂：記憶中最早的頭人是 pajtaʔbuʔ ， pajtaʔbuʔ 死，其長子 ʔušun 繼之， ʔušun 死，其次子makajtan繼之。makajtan繼為頭人，因其兄 ʔawaliʔ 早亡之故。makajtan死，袁阿送（ pajtaʔbuʔ ）繼為頭人，袁阿送亦為次子，其繼為頭人，亦因其兄 ʔburaw早亡。

　　卜吉社現有的三大氏族，在昔日各有其領地；袁姓的領地最為廣大，日月潭一帶皆是；石松加一族（即譜表五、六、七之石姓）之祖先擁有魚池一帶的土地；石竹吉一族（即譜表八、九之石姓）擁有司馬鞍方面的土地；毛姓之領地則在水裡方面。高姓與陳姓沒有土地，故依附大姓居住。各大氏族均有其族長，族長同時亦即該族地域的頭人。

㈡二頭人的產生

　　卜吉社現有二個頭人，一個是袁阿送，另一個是石松加，雖然他們現在均已不執行其職務了。從我們的詢問，我們未能發現這二個頭人在職務上有什麼分工的規定。雖然袁阿送被稱為 ʔdaʔduʔ，即頭人，而石松加被稱為 šašuwaðiʔ　ʔdaʔduʔ，即小頭人，但其權力亦未見有大小之別。事實上，石松加之父 paloŋkwan（石郎觀）為頭人時，其名字數見史籍筆記，可見權力可能亦凌駕於當時之大頭目makajtan（袁改旦）之上。故此二頭人並存的事實，為一值得我們予以考察的問題。

　　根據我們的詢問所得，二頭人之產生，蓋因日據初期makajtan率其族人搬至rawš時，恰值石姓族長palonkwan率其族人搬來石印，故palonkwan代makajtan為地域領袖，即頭人，其後makajtan又搬回，故二頭人並存（參看〈沿革〉節），不過這個時候已是日據時期，邵族的固有部落組織經已破壞，故二頭人並存在職權上如何劃分，亦就不成為一個問題了。

(三)二頭人制與半部落制

　　在農曆七月十五日舉行之狩獵祭，各家把祖靈籃依照定規分別送到大小頭人之家，以酒為祭品，由巫師行告祖祭儀（參看唐美君：〈日月潭邵族的宗教〉）。在祭儀時，尤其在與祭祖靈有關的七月祭時，部落分為二半，各依附於大小頭人之一方舉行，很使我們疑惑他們或有半部落制的存在。但由於上述二頭人制的產生乃晚近之事，且我們亦不能找出此二群間的互相關係（reciprocal relation），對立關係（rival relation），和平衡關係（balancing relation），我們對於他們的半部落制只有存疑。茲略記述此一"二部組織"之大概。

　　1.除袁、石兩性之家族各屬一方外，其餘諸姓非因姓而定其所屬。袁姓之一方有毛伊力、陳永享、陳戶斗等3名，與袁姓諸戶合計為14戶；石姓之一方，有毛卓肉、毛界進、毛信孝、毛智萬、謝宗結、陳進富、高武老、高金全、高仕來、邱松吉、筆阿春、朱萬等12戶，與石姓合計為25戶。（張坤復、及黃宇順二戶之歸屬不明）。

　　2.巫師之歸屬亦非因姓氏而定。在袁姓之一方有毛陳阿郤（毛伊力妻）和袁朱查某（袁福課妻）；在石姓之一方有毛麻里（毛卓肉妻）、石陳阿里（石松加妻）和石袁美妙（石竹吉妻）。兩方之巫師之師承亦無分別，毛麻里為大師傅，其餘四人均習藝於毛麻里。

　　3.兩方所行之儀式程序完全相同。(參看唐美君:〈日月潭邵族的宗教〉)

　　毛陳阿卻對作者解釋其歸屬於袁姓頭人之一方之理由,謂:"袁姓遷回石印時,因無先生(巫師),而又不可依附石姓舉行祭儀,因我的丈夫毛伊力與袁阿送有親戚關係(作者按:關係並不十分密切,參看譜表一、二、十),故我轉為袁家祭場之先生(巫師)。"其後袁朱查某加入,故袁方有巫師二人。所以我們寧以為這種二分現象乃是一個歷史的偶然而已,並非一種已經確立的制度。

㈣頭人的助手和職權

　　上面我們已經說過頭人通常有助手二人。助手稱 kajɬaʔ,協助頭人執行職務。助手由頭人選擇社中有能力者充當之。makajtan為頭人時,其助手為ʔawaliʔ(即袁福課之母ʔapin之父,姓袁šinawanan)與pitaʔ(姓陳škahihian)。makajtan遷出,paloŋkwan 為頭人時,其助手為ʔaran(毛伊力之曾祖父(?),姓毛škapamumuʔ)和toʔbaʔ(袁阿米之祖父,姓袁šinawanan)。袁阿送當年的助手為袁福課和石竹吉;石松加當年的助手則只有毛伊力。

　　在以家族為社會政治單位的民族間,家長同時就是聚落領袖;在以親屬群(如氏族)為社會政治單位的民族間,族長同時亦就是聚落領袖;但在由若干親屬群聚居而形成部落時,則自然產生了地域領袖。如我們在前文中指出,邵族數氏族聚居於一地,乃晚近之事,在不久以前,每一氏族占居一地,故其時氏族領袖亦即等於地域領袖,換言之,我們在這裡所稱的頭人,實即大氏族之族長而已。

　　職務與權限的分化,為近代文明的產物。在邵族間,由於其舊制早被廢止,故我們欲求知其舊有之諸官員(頭人與其助手)的職務和權限的劃分,是幾乎不可能的事。我們的報導人所能對我們陳述的亦只是一個概括的情形。茲略記於下：

1.頭人在平時為部落的仲裁者和執法官——社人間有糾紛，均訴於頭人，由頭人仲裁之。殺人（同族之人），放火、和強姦均為罪。殺人者罰田和牛，其數量由頭人決定之；放火者應以其已有之財產賠償；通姦者，如男女均未婚，可令成婚，未視為嚴重罪犯；如女已有夫，或男已有婦，均罰男子，普通罰酒或豬；強姦者則視為重罪，其罰與殺人罪同，罰田或牛。毛伊力謂，上述諸罪犯，除處罰外，尚可依其罪之輕重，處以笞杖之刑。笞刑之施行與其輕重，由頭人決定，而指定其助手行之。強姦者並得罰以示眾（łułulin）。

2.頭人在戰時為軍事領袖——史籍記載水沙連頭目骨宗率族人叛亂，骨宗是否即邵族之頭目，已無法詳考。但邵族耆老均謂；頭人為全社領袖，平時處理社務，一旦有事，與外族有兵戎，自當由頭人率領，與他族一較短長。不過，由於邵族在數十年中，未曾與外族抗爭，我們的報導人自不能報導其詳。

——本文原載《國立臺灣大學考古人類學刊》第 8 期，中華民國45年11月，頁 6-34，與第 9、10期合刊，中華民國46年11月，頁 38-47。

附　表

下列諸表中，♂表示男性，♀表示女性。有漢名者為調查時尚生存之村中人口，僅記土名者，則為已亡故者。↑表示配偶關係，其記於尚生存之人口間者，兼表示其嫁入或贅入之關係，如嫁入於夫家，則以箭頭指向其夫；贅入於妻家，則以箭頭指向其妻。括弧內所記除若干簡要說明外，表示其所屬氏族或部落，而在部落名之前冠以fr.，即「來自」之義，如自Tamuruan嫁入本社，記作（fr. Tamuruan）。虛線（……）表示收養關係，如譜表五石芬蓉為石阿喜之養女，而石素欄與石月圓則為婚生女。

譜表一：袁姓（šinawanan 氏族）系譜之一

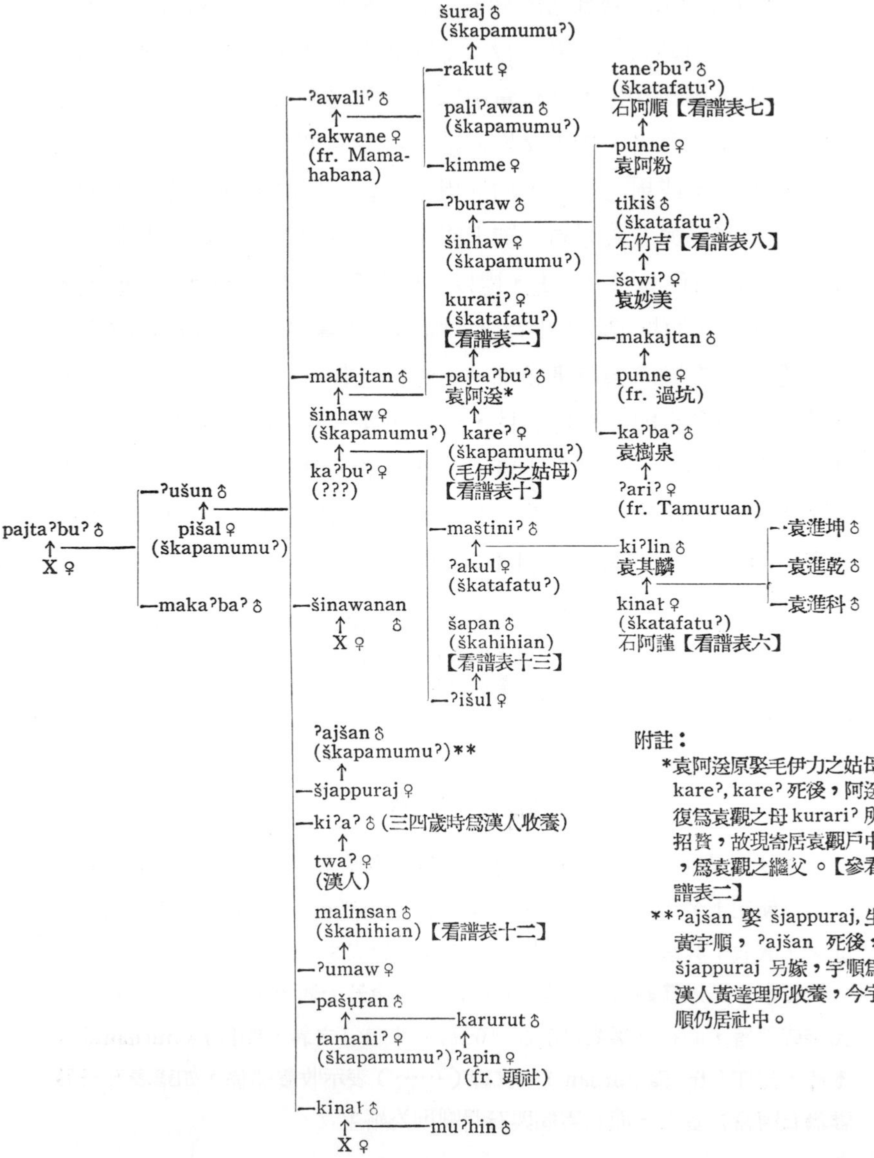

附註：

*袁阿逡原娶毛伊力之姑母 kare?, kare? 死後，阿逡復爲袁觀之母 kurari? 所招贅，故現寄居袁觀戶中，爲袁觀之繼父。【參看譜表二】

**?ajšan 娶 šjappuraj, 生黃宇順，?ajšan 死後，šjappuraj 另嫁，宇順爲漢人黃達理所收養，今宇順仍居社中。

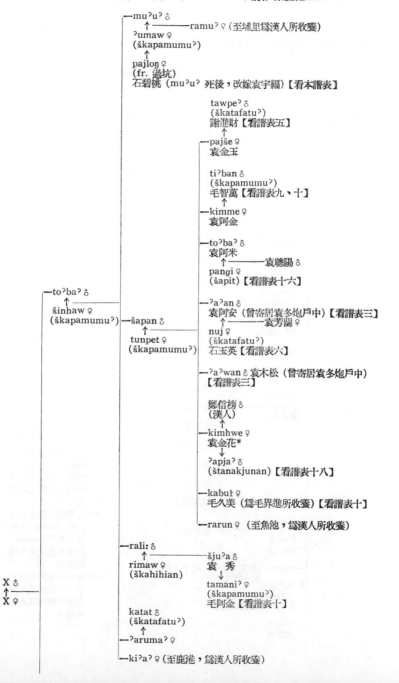

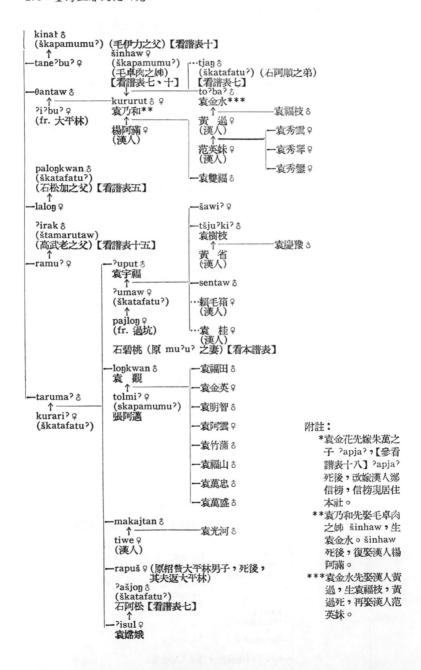

附註：
　*袁金花先嫁朱萬之
　　子 ʔapjaʔ，【參看
　　譜表十八】ʔapjaʔ
　　死後，改嫁漢人鄒
　　信榜，信榜現居住
　　本社。
　**袁乃和先娶毛卓肉
　　之姊 šinhaw，生
　　袁金水。šinhaw
　　死後，復娶漢人楊
　　阿滿。
　***袁金水先娶漢人黃
　　過，生袁福枝，黃
　　過死，再娶漢人范
　　英妹。

譜表三：袁姓 (šinawanan 氏族) 系譜之三*

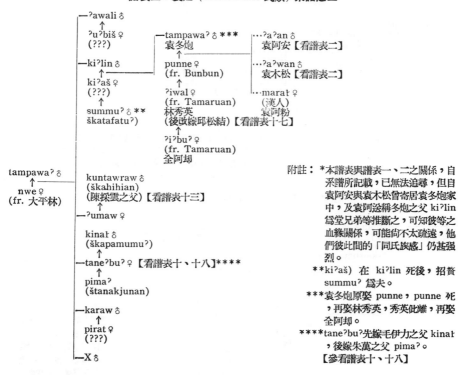

附註：　*本譜表與譜表一、二之關係，自
　　　　系譜所記載，已無法追尋，但自
　　　　袁阿安與袁木松曾寄居袁多炮家
　　　　中，及袁阿淡稱多炮之父 kiʔlin
　　　　爲堂兄弟等推斷之，可知彼等之
　　　　血緣關係，可能尚不太疏遠，他
　　　　們彼此間的「同氏族感」仍甚強
　　　　烈。

　　　　**kiʔaš) 在 kiʔlin 死後，招贅
　　　　summuʔ 爲夫。

　　　***袁多炮原娶 punne，punne 死
　　　　，再娶林秀英，秀英仳離，再娶
　　　　全阿却。

　　****taneʔbuʔ先嫁毛伊力之父 kinał
　　　　，後嫁朱萬之父 pimaʔ。
　　　　【參看譜表十、十八】

譜表四：袁姓（šinawanan 氏族）系譜之四*

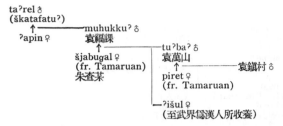

ta ʔrel ♂
(škatafatuʔ)

ʔapin ♀

muhukkuʔ ♂
袁福課

šjabuɡal ♀
(fr. Tamaruan)
朱查某

tuʔbaʔ ♂
袁萬山

piret ♀
(fr. Tamaruan)

袁鎮村 ♂

ʔišul ♀
(至武界爲漢人所收養)

附註： *袁福課爲石竹吉之胞弟【參看譜表八】，因母 ʔapin 本
戶無嗣，故由福課繼承其家緒。ʔapin 之同嗣系族人，
今無存者，故與其他袁姓家戶之關係不明。

譜表六：石姓（škatafatuʔ 氏族）系譜之二

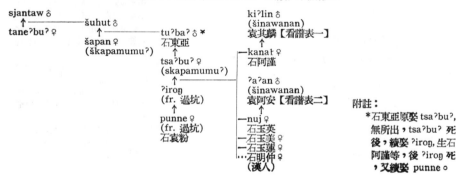

sjantaw ♂

taneʔbuʔ ♀

šuhut ♂

šapan ♀
(škapamumuʔ)

tuʔbaʔ ♂ *
石東亞

tsaʔbuʔ ♀
(skapamumuʔ)

ʔiroŋ
(fr. 過坑)

punne ♀
(fr. 過坑)
石袁粉

kiʔlin ♂
(šinawanan)
袁其麟【看譜表一】

kanaɬ ♀
石阿謹

ʔaʔan ♂
(šinawanan)
袁阿安【看譜表二】

nuj ♀
石玉英
石玉美 ♀
石玉蓮 ♀
石明仲 ♀
（漢人）

附註：
*石東亞原娶 tsaʔbuʔ,
無所出，tsaʔbuʔ 死
後，續娶 ʔiroŋ, 生石
阿謹等，後 ʔiroŋ 死
，又續娶 punne。

譜表五：石姓（škatafatuˀ 氏族）系譜之一

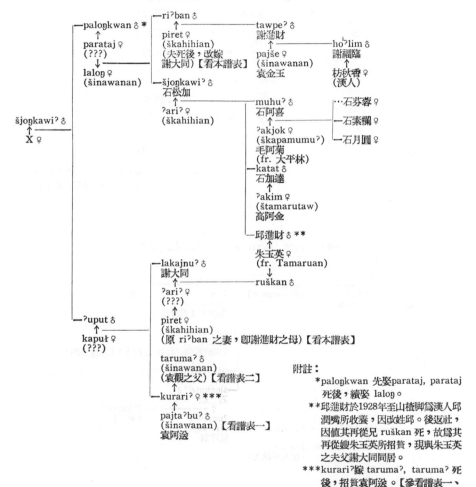

附註：
　*paloŋkwan 先娶 parataj, parataj
　　死後，續娶 laloŋ。
　**邱進財於1928年至山楂脚爲漢人邱
　　潤嘴所收養，因改姓邱。後返社，
　　因值其再從兄 ruškan 死，故爲其
　　再從嫂朱玉英所招贅，現與朱玉英
　　之夫父謝大同同居。
　***kurariˀ嫁 tarumaˀ, tarumaˀ 死
　　後，招贅袁阿逡。【參看譜表一、
　　二】

譜表七：石姓（škatafatuʔ 氏族）系譜之三

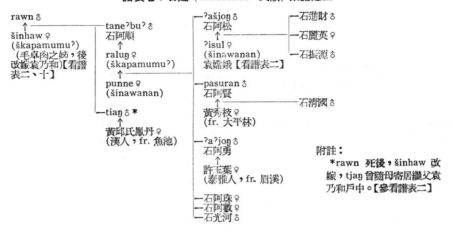

附註：

　*rawn 死後，šinhaw 改
嫁，tjaŋ 曾隨母寄居繼父袁
乃和戶中。【參看譜表二】

譜表八：石姓（škatafatuʔ 氏族）系譜之四

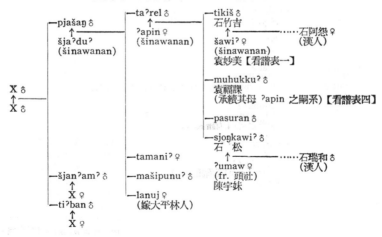

譜表九：石姓（škatafatuʔ 氏族）系譜之五

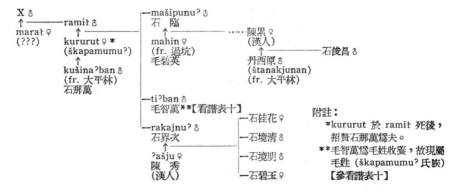

附註：
 *kururut 於 ramił 死後，
　招贅石那萬爲夫。
 **毛智萬爲毛姓收養，故現屬
　毛姓（škapamumuʔ 氏族）
　【參看譜表十】

譜表十：毛姓（škapamumuʔ 氏族）系譜之一

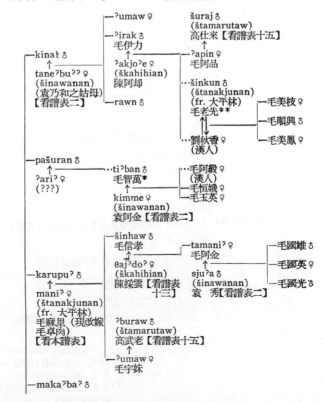

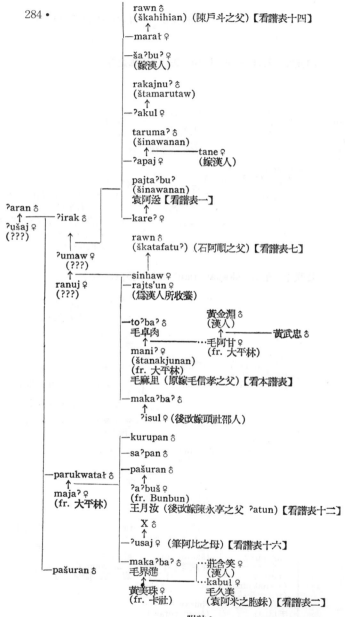

rawn ♂
(škahihian)（陳戶斗之父）【看譜表十四】
↑
—marał ♀

—ša?bu? ♀
（嫁漢人）

rakajnu? ♂
(štamarutaw)
↑
—?akul ♀

taruma? ♂
(šinawanan)
↑————————tane ♀
—?apaj ♀　　　　（嫁漢人）

pajta?bu?
(šinawanan)
袁阿送【看譜表一】
↑
—kare? ♀

rawn ♂
(škatafatu?)（石阿順之父）【看譜表七】
↑

—sinhaw ♀
—rajts'un ♀
（爲漢人所收養）

黃金淵 ♂
(漢人)
—to?ba? ♂　　　　↑————————黃武忠 ♂
毛卓肉　　　　…毛阿甘
↑————————　(fr. 大平林)
mani? ♀
(štanakjunan)
(fr. 大平林)
毛麻里（原嫁毛信孝之父）【看本譜表】

—maka?ba? ♂
　?isul ♀（後改嫁頭社邵人）

—kurupan ♂

—sa?pan ♂

—pašuran ♂
　?a?buš ♀
　(fr. Bunbun)
王月汝（後改嫁陳永享之父 ?atun)【看譜表十二】

　X ♂
—?usaj ♀（筆阿比之母）【看譜表十六】

—maka?ba? ♂　　莊含笑 ♀
毛界進　　　…　(漢人)
————————…kabul ♀
黃美珠　　　　毛久美
(fr. 卡社)　　（袁阿米之胞妹）【看譜表二】

?aran ♂
↑
?ušaj ♀
(???)

—?irak ♂
↑

?umaw ♀
(???)

ranuj ♀
(???)

—parukwatał ♂
↑
maja? ♀
(fr. 大平林)

—pašuran ♂

附註：
　*毛智萬原姓石 (škatafatu? 氏族)，卽石臨與石
　　界次之同胞兄弟，因爲 pašuran 所收養，故改
　　姓毛（屬 škapamumu? 氏族)【參看譜表九】
　**毛老先與劉秋香均爲毛伊力所收養之子女，成年
　　後結爲夫婦。

譜表十一：毛姓（škapamumuʔ 氏族）系譜之二

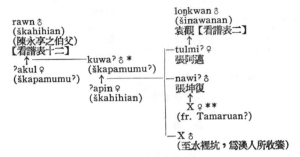

附註：
> *kuwaʔ 之母 ʔakul 於懷妊後與 rawnʔ 仳離，
> 返家後生 kuwaʔ，故 kuwaʔ 從母姓而屬 ška-
> pamumuʔ 氏族。kuwaʔ 因從母姓，故得與其
> 父同姓者結婚。
> **今已仳離。

譜表十二：陳姓（škahihian 氏族）系譜之一

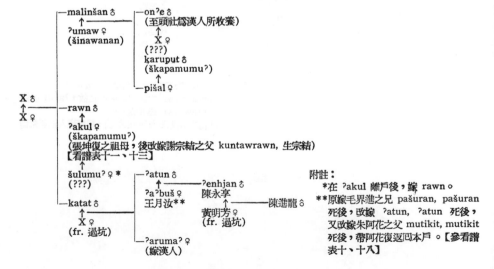

附註：
> *在 ʔakul 離戶後，嫁 rawn。
> **原嫁毛界進之兄 pašuran, pašuran
> 死後，改嫁 ʔatun, ʔatun 死後，
> 又改嫁朱阿花之父 mutikit, mutikit
> 死後，帶阿花復返回本戶。【參看譜
> 表十、十八】

譜表十三：陳姓（škahihian 氏族）系譜之二

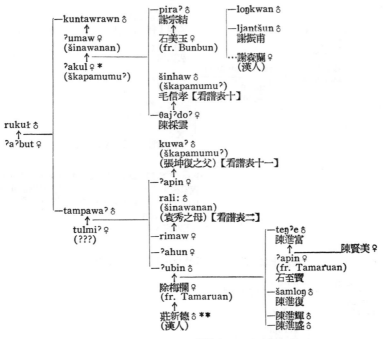

附註：
　　＊ʔakul 原嫁陳永亨之祖叔 rawn。
　　kuntawrawn 之妻 ʔumaw 亡故，ʔakul 改嫁
　　kuntawrawn 為其繼室。
　　＊＊陳梅欄於其夫 ʔubin亡故後，招贅漢人莊新德為
　　夫。

譜表十四：陳姓（škahihian 氏族）系譜之三

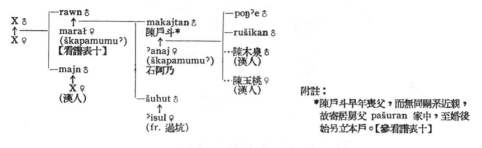

附註：
*陳戶斗早年喪父，而無同嗣系近親，
故寄居舅父 pašuran 家中，至婚後
始另立本戶。【參看譜表十】

譜表十五：高姓（štamarutaw 氏族）系譜

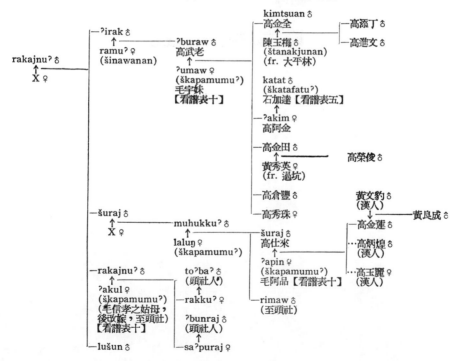

譜表十六：筆姓（šapit 氏族）系譜之一

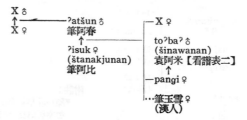

譜表十七：筆姓（šapit 氏族）系譜之二

X ♂
↑————— ʔarun ♂
X ♀   邱松結
         ʔiwal ♀
         (fr. Tamaruan)
         林秀英（原袁多炮之妻）【看譜表三】

譜表十八：朱姓（štanakjunan 氏族）系譜

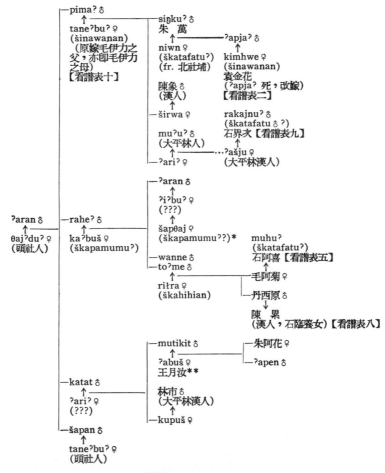

附註：

＊šapθaj 可能卽石臨之母 kururut 之妹。

＊＊王月汝原嫁陳永享之父 ʔatun，後嫁 mutikit，
mutikit 死後，復帶女阿花返囘其子陳永享戶
中。【參看譜表十二】

第十篇

東南亞區的主食區和主食層
——兼論臺灣土著諸族農作物的來源

本文的目的在於從東南亞的主食分布，來探討臺灣土著文化的類緣關係。本文所稱的東南亞，並包括西太平洋區諸島嶼，因為從食物的分佈上看，有不可分割的密切關係。本地區的居民，除了若干濱海地方外，均以植物性的食物為主食，即：稻米、玉蜀黍、里芋、大薯、樹薯、番藷、西穀、椰子、麵包果，和香蕉。其分佈示如圖 50。

一、香蕉、麵包果、椰子，和西穀

香蕉是本區早期的一種主要食物。香蕉的祖先可能是東南亞一帶野生的 Musa acuminata 或 Musa ballisiana。香蕉經過栽培，漸次傳播到太平洋各地，繼而，且到達美洲和非洲的熱帶地區[1]。今日本區中的居民，以香蕉為主食者，雖僅若干原始族群——如菲律賓和馬來半島的小黑人群（Negrito groups）孟大威島人（Mentawei

---

[1]中尾佐助（1966）：《栽培植物と農耕の起源》，東京，pp.22-27。

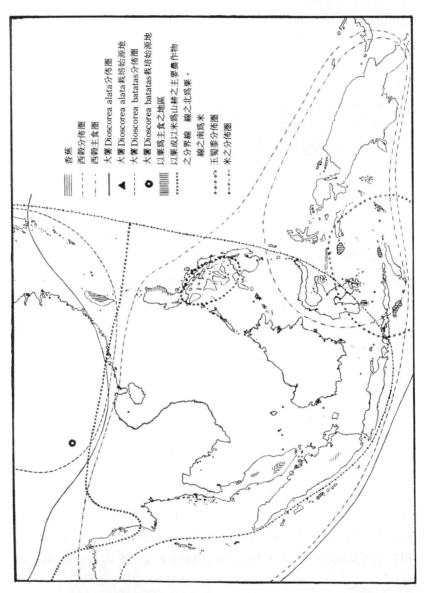

圖50 東南亞主食植物分佈圖

Islanders）②，蘇門答臘的庫巴人（Kuba）③，和美拉尼西亞
（Melanesia）④ 以及密克羅尼西亞（Micronesia）⑤ 的若干地方——
而已；但在遠古時代，香蕉為本區居民的重要食物。

　　麵包果（Breadfruit）現在仍為土魯克島（Truk）⑥ 和加羅林
群島（Caroline Islands）⑦ 居民的重要食物；椰子（Coconut）現
在仍為關島（Guam）⑧、加羅林群島⑨、西俾斯麥群島（Western
Bismark Islands）⑩，尼尼哥島（Ninigo）⑪ 西巴布亞（Western
Papua）⑫，和新不列顛島（New Britain）⑬ 的主要食物，但是，
無疑的在昔日，麵包果和椰子，都和香蕉一樣，是本區的重要主食。

---

②E. M. Loeb（1935）：*Sumatra, Its History and People,* Wien, p.163。

③Loeb（1935）：前揭書，p.163。

④移川子之藏等（1944）：《西南太平洋諸民族の食生活》，臺北，pp.
253-267；J. S. Gardiner（1898）："The Native of Rotuma", *Journal
of Royal Anthropological Institute of Great Britain and Ireland,* Vol. 27,
p.420; A. C. Haddon（1917）："Note on the Gogodara", *Man,* Vol. 17.
p.194.

⑤移川子之藏等（1944）：前揭書，pp.253-267。

⑥矢內原忠雄（1935）：《南洋群島の研究》，東京，p.131。

⑦中尾佐助（1966）：前揭書，p.27。

⑧《南方年鑑》（1934），東京，pp.1178-1179。

⑨移川子之藏等（1944）：前揭書，p.269。

⑩Parkinson（1907）：*Dreissig Jahre in der Siidsee,* Stuttgart, p.414.

⑪Haddon（1917）：前揭文，p.194。

⑫Robert von Heine-Geldern（1923）：*Siidostasien, Illustrierte Völkerkunde*
（ed. G. Buschan），Stuttgart, pp.123-134.

⑬G. Buschan（1923）：*Oceanien, Illustrierte Völkerkunde,* Stuttgart, pp.
134-142; Parkinson（1907）前揭書，pp.202-246。

現在仍以這些植物的果實為主食的族群，可以說在在某種程度上，仍然停滯於食物採集的生產階段中。

西穀椰子（Sago palm）也是本區最早的一種栽培植物。在西里伯斯島（Celebes）和摩鹿加群島（Moluccas）——托拉遮地方（Toradja Land）、柯拉卡地方（Kolaka Land）、索厄拉群島（Soela Islands）、哈馬后拉島（Halmahera）、塔爾那特（Ternate）、歐皁（Obi）、外克歐（Waigeo）、米蘇爾（Misool）、西蘭（Ceram）、瓦卓拉巴（Watoebala）、阿魯（Aroe），和塔尼姆巴（Tanimber）——西穀仍然是居民的主食。在美拉尼西亞的很多地方——叔騰群島（Schouten Islands）、西新幾內亞（West New Guinea）、麥勞加（Merauka）、沙畢（Sapik）、富來（Fly）和普里里（Puriri）三河流域地區、托列斯海峽（Torres Straits）諸島、所羅門群島（Solomon Islands）的法宇柯人（Fauco）、西不列顛島（Western Britain）的拿卡耐人（Nakanai）奇伶齊人（Kilenge）和歐孟根人（Omengen）⑭——婆羅洲的若干群島⑮、蘇門答臘西岸諸離島等地，西穀在其他主要農作物歉收的時候，仍然是重要食物。據克婁伯教授（A. L. Kroeber）的報導，1582年的時候，西穀尚為菲律賓民大諾島（Mindanao）的主要食物⑰。蘇門答臘的巴達人（Batak）

---

⑭移川子之藏等（1944）：前揭書，pp.135-196; A. R. Haddon（1890）："Western Tribes of Torres Straits, *Journal of Royal Anthropological Institute of Great Britain and Ireland,* Vol, 19, pp.307-309; Haddon（1917）前揭文p.194。

⑮Charles Hose and William McDougall（1912）：*The Pagan Tribes of Borneo,* Landon, p.97.

⑯Loeb（1935）：前揭書，pp.24, 132、133、163。

⑰A.L. Kroeber（1943）：*Peoples of the Philippines,* New York, p.94.

在歉收而米穀缺乏的時候，也都依賴西穀[18]。又，史東諾（C. R. Stonor）研究東南亞的食物文化，也以自不丹（Bhutan）至阿薩姆（Assam）地區，曾有過以西穀為主食的層次的存在[19]。

二、球根植物

球根植物在分佈上和西穀形成互補的狀態，即以西穀為主食的區域少球根，而以球根為主食的區域則少西穀。球根包括大薯、里芋、樹薯、和番藷。

大薯（Dioscorea Spp.）為下列諸民族所栽種，並為其主食：澳洲土人、美拉尼西亞和密克羅尼西亞的居民，新幾內亞的沙畢高地（Sepik Highlands）和富來河谷地區（Fry River Valley）托列斯海峽（Torres Straits）諸島，阿得米拉提群島（Admiralty Islands）新愛爾蘭（New Island），新喬治亞（New Georgia），馬來塔（Malayta），所羅門群島的聖克利斯多弗（San Christoval），新海布里地群島（New Hebrides），飛枝（Fijis），雅浦島（Yap），馬利安納群島（Mariana Islands），巴那伯（Panape），古賽厄（Kusaie），和加羅林群島（Caroline Islands）[20]。在東南亞海島

---

[18] Loeb（1935）：前揭書，p.24。

[19] C.R. Stonor（1952）：The Sulung Tribe of the Assam Himalayas, *Anthropos,* Vol.47. pp.957-959.

[20] 移川子之藏等（1944）：前揭書，pp.135-196, 231, 276; B.T. Somerville（1894）："Ethnological Notes on New Hebrides,"*Journal of Royal Anthropological Institute of Great Britain and Ireland,* Vol.123, p.389; Haddon（1890）前揭文，pp.307-309; Gardiner（1898）：前揭文，p. 420; James Chalmers（1903）："Notes on the Natives of Kiwai Island,

區的很多地區，大薯仍是很多原始族群的主要食物[21]。東南亞大陸區——馬來半島（Malay Peninsula）的山地族群[22]。泰國（Thailand）北部[23]，阿薩姆（Assam）、和緬甸（Burma）北部[24] 也都以大薯為重要農作物。

　　大薯的品種很多，但是比較重要的是Dioscorea batatas, Dioscorea alata, Dioscorea bulbifera和Dioscorea esculenta，這四種大薯都種植於臺灣。植物學者以大薯，和香蕉一樣，是在東南亞最先被栽培的[25]。Dioscorea batatas最早被種植於中國東南部。然後傳至華中、華北、東北、韓國，和日本。臺灣的Dioscorea batatas是在台灣被日本所據時，由日本導入的[26]。最常見於臺灣山地諸族間的是Dioscorea alata，這種大薯主要分佈區是在亞洲的熱帶地區和太平洋諸島。但也見於東南亞，包括中國南部、琉球群島、大島、鹿兒島等地。

Fly River, Britain Guinea", *Journal of Royal Anthropological Institute of Great Britain and Ireland,* Vol.133, p.119; Haddon（1917）：前揭文，p.194；中尾佐助（1966）：前揭書，p.27。

[21]Loeb（1935）：前揭書，pp.24, 132, 210; Owen Rutter（1929）：*The Pagans of North Borneo,* 1929, p.93.

[22]W.W. Skeat and Ch. O. Blagden（1906）：*Pagan Races of the Malay Peninsular,* London, pp.112, 114, 117, 118, 120.

[23]G.Young（1962）：*The Hill Tribes of Northern Thailand*, Bangkok, pp. 13, 31, 42, 80.

[24]下列諸族都種大薯：Miri, Garo, Ao, Angami Mikir, Kuki, Chin, Kachin, Maru, Khasi和Palaung，請參看大林太郎（1954）：〈アツサムの雛段耕作〉，《東洋文化研究所紀要》，第六冊，pp.151-152。

[25]中尾佐助（1966）：前揭書，p.32。

[26]臺灣農友會（1944）：《臺灣農家便覽》，臺北，p.681。

鹿兒島等地[27]。一般相信這種大薯是臺灣山地各族的祖先們在移入
本島時所帶來的。

　　里芋在下列各地用作主食：新幾內亞的瓦格歐島（Wogeo
Island）、叔騰群島（Schouten Islands）沙畢高地（Sepik Highlands）
和富來河谷地區（Fry River Valley），新海布里地群島（New
Hebrides），俾斯麥群島（Bismark Islands）的阿得米拉提群島
（Admiralty Islands），新愛爾蘭（New Ireland），和新不列顛（New
Britain），所羅門群島（Solomon Islands）的布卡島（Buka）、
浦干維爾（Bougainville），法宇柯島（Fauco），脫芮蘇里島
（Treasury），新喬治亞（New Georgia），伊沙卑爾（Isabel）和
馬來塔（Malayta），飛枝（Fijis），加羅林群島（Caroline Islands）
雅浦島（Yap），帛琉（Palau），和馬利安納群島（Mariana Islands）
[28]。在東南亞，雖然現在的主要食物是米和玉蜀黍，但是我們可以無
須遲疑的假設這地區在穀類植物導入前曾有一個里芋主食層[29]。這

[27]臺灣農友會（1944）：前揭書；謝阿才（1959）：〈諸羅縣誌錄植物
　　名考㈡〉，《臺灣省立博物館科學年刊》第二卷，台北，pp.21-22。
[28]移川子之藏等（1944）：前揭書，pp.135-196，211-276；Chalmers
　　（1903）：前揭文，p.119；Haddon（1917）：前揭文，p.194；Somerville
　　（1894）：前揭文，p.389；B. T. Somerville（1897）："Ethnological
　　Notes on New Georgia, Solomon Islands", *Journal of Royal Anthro-
　　pological Institute of Great Britain and Ireland,* Vol.26 p.402；Gardiner
　　（1898）：前揭文，p.420。
[29]杉浦健一教授以東南亞和西太平洋區的耨耕（Dibble-cultivation）有兩
　　個層次：在原始粟米層（此層相當於原始水平織機層）之下有藷芋西
　　穀層（此層相當於樹皮布層）。參看杉浦健一（1943）：〈東南アジ
　　アに於ける原始織物技術の分布と其の文化史的意義〉，《亞細亞學
　　報》，第2輯，pp.309-310。

個假定可由里芋現在仍為區內許多地方之重要農作物得到證明。在菲律賓高地，里芋的耕作量和作為主食的地位僅次於番藷[30]。在尼亞士（Nias）、孟大威（Mentawei）、恩加奴（Engano）、和蘇門答臘的巴達人間，里芋仍是最重要的食物[31]。阿薩姆（Assam）和緬甸北部（Northern Burma）的諸原始族群也以里芋為主食[32]。在稻米導入前，沙卓庫基族（Thado-kuki）也以里芋為主食[33]。

里芋為若干不同種類的芋頭的總稱，但最重要的是Colocasia。蘭嶼雅美族和臺灣南部的排灣群諸族的主食便是這種里芋。里芋的分布很廣，也見於華北諸省和東北地方南部，但卻所產不多。因為里芋合適於多溼高溫地區。所以一般以為其始源地應是亞洲南部[34]，很可能就在緬甸或阿薩姆[35]。

鹿野忠雄博士以臺灣所種植的里芋有兩種：一種是水芋，另一種是旱芋。在東南亞，水芋的主要分布區是海島區。在呂宋北部，水芋和稻米輪作。鹿野氏以水芋是東南亞的海島區培植出來的。所以臺灣的水芋為南來的文化要素。蘭嶼的水芋耕作可能直接自菲律賓導入。旱芋雖也見於海島區。但其分布以大陸區為主。鹿野氏以其為大陸的文化特質。排灣族群諸族種植旱芋，表示其與大陸區的近緣關係[36]。

---

[30]移川子之藏等（1944）：前揭書，p.44。

[31]Loeb（1935）：前揭書，pp.24, 132, 163, 210。

[32]大林太良（1954）：前揭文，p.151。

[33]C. Fürer-Haimendorf（1939）："The Megalithic Culture of Assam", Appendix to F. M. Schnitger's *Kingdoms of Sumatra,* pp.215-216.

[34]臺灣農友會（1944）：前揭書，pp.677-678。

[35]中尾佐助（1966）：前揭書，p.38。

[36]中尾佐助（1966）：前揭書，p.181。

樹薯（Manihot utilissima）從很早便為南美印地安人所種植。一般相信最早的種植地是委內瑞拉（Venezuela）[37]。樹薯在西太平洋區的分布，雖然沒有大薯和里芋般的廣闊稠密。不過也為菲律賓西南的巴拉望島（Palawan）和蘇祿群島（Sulu Islands）的居民用作主食；又在很多地區——爪哇，馬杜拉（Madura）[38]，蘇門答臘南部的阿奇得（Akit）和沙凱（Sakai）族[39]馬來半島[40]和婆羅洲[41]——種植為重要農作物。樹薯在臺灣為漢人所種植，山地諸族間則很少見[42]。這種分佈情形，也許是因為導入於臺灣甚為晚近。樹薯在本區未被用作主要食物，也許因其含有毒酸，在作為食物時應先予漂除之諸多不便所致。

最早栽種番薯（Ipomoca batatas）的是美洲印地安人。京都大學的西山市三博士以番薯最早的栽種地是墨西哥市附近海拔約二千公尺的地方[43]。番薯導進太平洋區和東南亞雖然很遲，但很快便成為最重要的一種主要食物[44]。

---

[37]鹿野忠雄（1952）：《東南亞細亞民族學先史學研究》(2)，東京，pp. 223-234。

[38]*Handbook of the Netherlands East Indies*（1930）：p.189.

[39]Loeb（1935）：前揭書p.291。

[40]《南方年鑑》（1943），p.945; Skeat and Blagen（1906）：前揭書，pp.118,130,131。

[41]L.H.N. Evans（1902）：*Among Primitive Peoples in Borneo,* London, p.106; Rutter（1929）：前揭書，p.93; Hose and McDougall（1912）：前揭書p.97。

[42]臺灣日月潭畔的邵族和其他鄰近漢人住區的土著族群也種植樹薯，可能為晚近自漢人導入者。

[43]中尾佐助（1966）：前揭書，p.182。

[44]移川子之藏等（1944）：前揭書。

東南亞的很多地方以稻米為主食品，而以番藷為主要副食品。
在若干地方，其食用量且超過稻米。克婁伯教授（A.L. Kroeber）
報導在菲律賓的伊夫高族（Ifugao）間，番藷的使用量佔食物總量
的42%，而稻米只佔32%[45]。在臺灣土著諸族間，其情形也大致相
似。北部諸族雖也以粟為貴重食物，但食用番藷之量遠比粟為多。

因為番藷是中國人的重要食糧，所以有很多關於番藷傳入中國
的研究。顧理齊教授（L.C. Goodrich）根據《長樂縣志》的記載，推
定番藷導入中國的年代是公元1594年[46]。但何炳棣教授則以為可能
還要早二十年，因為根據《縣志》的記載，在公元1594年這種新導
入的植物已為長樂知縣所注意。何教授有下面的一段話：

> 番藷最初是由陳振龍所導入的。陳曾經商海外，從呂宋將
> 番藷帶回來。後來他的兒子陳經綸將番藷獻給知縣，並附
> 陳番藷的「六益八利」。自此以後，種植之法乃得推廣而
> 成為重要副食品。番藷是在公元1594年呈獻給知縣的。（因
> 為這一年正值荒年）……由於呈獻者是陳振龍的兒子，可
> 以推知他在那一年已經作古，而番藷的導入可能要比公元
> 1594年早十年至二十年[47]。

《閩小記》也有關於番藷導入中國的記載：

> 番薯，明萬曆中，閩人得之外國……初種於漳郡，漸及泉
> 州，漸及莆。近則長樂、福清皆種之。閩海而南有呂宋國，
> 朱薯被野連山……夷人雖蔓生不甚省，然怯而不與。中國

---

[45] Kroeber（1943）：前揭書，pp.93-95。

[46] L.C. Goodrich（1938）："China's First Knowledge of the Americas,"
Geographical Review（July）.

[47] Ho Ping-ti（1955）："The Introduction of American Food Plants Into
China," *American Anthropologist,* Vol. 57, No.2, pp.191-201.

人有截取其蔓咫許以來，於是入閩數十年矣㊽。
這段記載很明白的指出，番藷先到閩南；然後才傳到閩北。則何氏
推斷其導入年代早於公元1594年，更有根據了。

關於番藷的導入，另一記載是公元1764年《鳳山縣誌》引《臺
灣采風圖》，有：

> 番藷結實於土，生熟皆可啖。有金姓者，自文來攜回種之，
> 故亦名金藷。閩粤沿海田園，栽植甚廣。農民咸藉以爲半
> 歲糧㊾。

《澎湖廳誌》引何喬遠《閩書》，且更確定的說其人爲巡撫金
學曾：

> 澎人以地瓜爲終歲糧……皮紫味甘，……自明萬曆甲午歲
> 荒，巡撫金學曾從外國勾種歸，教民種之，後乃繁衍㊿。

但是番藷導入於臺灣究在何時？在十六世紀末年，中國東南沿
海地方和臺灣間有頻繁的移民活動，移入臺灣的閩粤人，自然復帶
進易於種植的農作物。事實上，在番藷獻給長樂知縣的僅八年後的
公元1602年，陳第便在他的〈東番記〉中提到番藷[51]。

十七世紀中葉荷蘭人的關於臺灣的記載，也說番藷其時在臺南
一帶已相當普遍[52]，而進入十八世紀，番藷便已成爲臺灣的重要主

㊽引自黃叔璥（1736）：〈赤嵌筆談〉，收載《臺海使槎錄》。

㊾王瑛曾（1764）：《鳳山縣志》。

㊿潘文鳳（1892）：《澎湖廳誌》，但何喬遠《閩書》成於明崇禎年間
　（1630）。

[51]陳第（1602）：〈東番記〉，收錄於《閩海贈言》，《臺灣文獻叢刊
　》第56種，臺灣銀行經濟研究室編印，1956，臺北。

[52]參閱中村孝志（1945）：〈荷領時代之臺灣農業及其獎勵〉，《臺灣
　經濟史初集》，臺灣銀行經濟研究室編印，臺北，附錄。

食[53]。

　　番藷何時傳入臺灣山地，是不容易確定的問題。但是我們知道在十八世紀的時候，鳳山縣的土著族群已種植番藷，而在十九世紀的中葉，則已遍及山地全部。

三、落花生和玉蜀黍

　　上面記述番藷，茲附述另二種美洲植物：落花生和玉蜀黍。

　　落花生（Arachis hypogaea）並不用作主食。但落花生是起源於美洲農作物，和番藷一樣，經東南亞而導入中國。中國現在是主要落花生出產國之一。二十世紀的四〇年代，中國種植落花生的面積達四萬頃，僅次於印度，而倍於美國。落花生在中國的主要用途是炸油，為開門七事之不可或缺者。[54]。

　　勞福博士（B. Laufer）和顧理齊教授（L. C. Goodrich）研究落花生的傳播，以其導入於中國的年代為公元1608年[55]。但何炳棣教授指出中國文獻記載落花生，比這個年代為早。何氏引述卒於公元1540年的黃省曾，於公元1538年纂修的《常熟縣誌》，和刊行於公元1587年的《學圃雜疏》均有關於落花生的記述。又浙江的仙居（公元1608年纂修）和衢州（公元1711年纂修）二縣志書，且

---

[53] 參閱陳漢光（1961）：〈番藷引進臺灣之探討〉，《臺灣文獻》第12卷第3期，臺北，pp.10-18。

[54] Encyclopedia Britannica（1959）.

[55] Berthold Laufer（1906A）："Notes on the Introduction of the Ground-nut into China", *Congrès international des Americanistes*, XVE Session; L. C. Goodrich（1936-7）："Early Notes of the Peanut in China", *Monumenta Serica* Vol.2.

均明白載稱落花生來自福建⑤ 。

　　如上所述，落花生原產美洲。在何時由何經路傳至亞洲？福建
的志書雖沒有明確指出，但卻有謂落花生和番藷一樣，來自海外者。
在十六世紀，福建南部的若干海港和南洋諸島有相當密切的貿易關
係，其中呂宋為最主要的對象。可能落花生是和番藷以及煙草，一
起從呂宋傳入福建的。

　　也許落花生導入臺灣比番藷略遲，公元1602年陳第的〈東番記
〉也提到番藷，但沒有提到落花生⑤ 。但是公元1694年的《臺灣府
志》便已記載落花生⑤ 。經過不久，在十八世紀的初年，落花生便
成為臺灣最普遍的食物了。黃叔璥說：

　　　滬水以南……田中藝稻之外，間種落花生（俗名土豆）；
　　　冬月收實，充衢陳列。居人非口嚼檳榔，即啖落花生；童
　　　稚將炒熟者紙包裹，鬻於街頭，名落花生包⑤ 。

　　現在且談談玉蜀黍。玉蜀黍是美洲植物，殆成定說，因為不論
在考古方面，語言方面，乃至圖書方面，在哥倫布發現美洲的1492
年以前，舊世界都沒有玉蜀黍的踪跡。哥倫布發現新大陸以後，玉
蜀黍首先導入於歐洲，之後又由葡萄牙人導入於非洲。這樣，玉蜀
黍很快的傳入歐亞非各地。一般相信玉蜀黍傳入中國，是由陸路經
緬甸而達雲南的。勞福博士（B. Laufer）便作這種的主張⑥ 。但何

---

⑤均引自Ho Ping-ti（1955）：前揭文，p.191.

⑤陳第（1602）：前揭文。

⑤高拱乾（1694）：《臺灣府誌》。

⑤黃叔璥（1736）：前揭書。

⑥Berthold Laufer（1906B）："The Introduction of Maize into East Asia",
Congrès international des Américanistes, XVE Session.

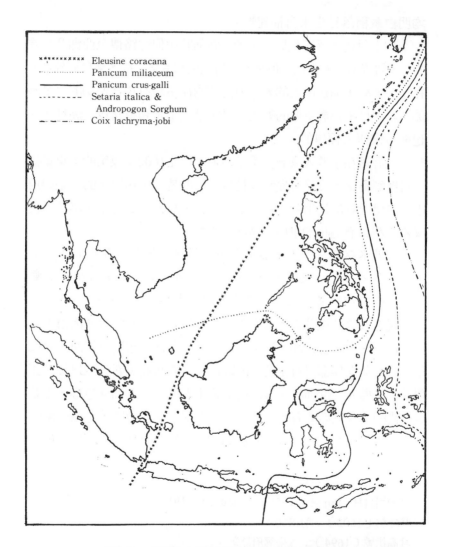

圖51　雜穀在東南亞分佈之東限圖

炳棣教授則以為經由海路而傳入的可能性也是不可予以抹殺的[61]。中國的文獻最早提到玉蜀黍的是公元1555年編纂的河南《鞏縣誌》。這個地方離開雲南至為遙遠。另外田藝衡在他公元1572年所刊行的《留青日札》裡也曾提及玉蜀黍在當時的杭州已是相當常見的植物。勞福氏自己也曾說到奧古斯丁教團教士**Martino de Herrade**於公元1577年曾在福建泉州見到玉蜀黍的事。此外，李士珍公元1578年的《本草綱目》中，也有玉蜀黍的插畫。所以我們可以無須遲疑的確定，除了陸路外，玉蜀黍也由海路導入中國[62]。值得注意的是，福建在這裡也是位居要津的。

臺灣的地方文獻，最早記載玉蜀黍的是公元1717年的《諸羅縣誌》，引述如次：

> 番黍，似黍而低。心吐花如稻，結實葉內，熟則色黃。一莖百餘粒如石榴子大，環繞莖外。……此非麥屬，姑名之耳[63]。

同樣的關於玉蜀黍的記載，見於其後的諸臺灣地方志。很快的，玉蜀黍成為臺灣的重要農作物。

四、粟和米

在臺灣土著所耕作的穀類的比較研究上，最值得注意的是粟（Setaria italica），俗稱小米。在臺灣土著諸族間，粟是神聖的農作物。在粟的播種和收割期間，禁忌甚多。只有粟具有宗教的重要性，差不多所有的農耕儀禮，都和粟有關。因為臺灣土著文化代表

---

[61]Ho Ping-ti（1955）：前揭文。

[62]引自Ho Ping-ti（1955）：前揭文。

[63]周鍾瑄（1717）：《諸羅縣誌》。

東南亞文化的較古層次，所以粟在區內的分佈的研究，有其重要性。鹿野忠雄博士研究穀類在東南亞的分佈，指出粟的分佈區的廣闊，僅次於薏苡（Coix lachryma-jobi）[64]，其分佈線，自臺灣和菲律賓之東邊起，南下經哈馬后拉島（Halmahera）和新幾內亞（New Guinea）之間，再經西蘭島（Ceram）之東北而至於卡伊島（Kai lsland）和阿魯島（Aru lsland）之間。（參看圖51）但是在鹿野氏的分佈線外，新幾內亞的叔騰群島（Schouten Islands）和密克羅尼西亞的帛琉島（Palau），也有粟的耕作[65]。

薏苡的分布，比粟還要廣闊。如鹿野氏的分佈圖所示，除玻利尼西亞東部區域外，幾乎包括太平洋區全部。薏苡分佈的廣闊，表示它可能是最早被栽培的穀類。有一些植物學家，以薏苡的栽培可以遠溯至球根耕作的層次[66]。

根據鹿野氏所示，高粱（Andropogon sorghum）的分佈，大體和粟一致；但其他黍稷的分佈範圍，則略狹小。稗（Echinochloa crusgalli L.）的分佈線經過摩鹿加海（Moluccas Sea）轉南穿經松巴窪（Sumbawa）中部。黍（Panicum miliaceum）和龍爪稷（Eleusine coracana）在本區之海島區中，除臺灣外，僅見於菲律賓和蘇門答臘。鹿野氏以這種分佈情形，表示其大陸類緣[67]。中國西南的苗人和海南島的黎人也種植龍爪稷。臺灣的龍爪稷可能直接來自大陸[68]。

---

[64] 鹿野忠雄（1946）：《東南亞細亞民族學先史學研究》(1)，東京，pp. 278-295。

[65] 移川子之藏等（1944）：前揭書，pp. 157、270。

[66] 中尾佐助（1966）：前揭書，pp. 56、131。

[67] 鹿野忠雄（1946）：前揭書，p.287。

[68] 鹿野忠雄（1946）：前揭書，pp.234。

　　黍稷之類的農作物原產何地，尚無定說，但在亞非兩洲首先種植，似無疑義。華北地區在遠古時代，便有諸種黍稷的栽培。中國大陸民族的南遷，可能同時將這種作物帶入東南亞。今日東南亞的居民雖以米為主食，但代表東南亞文化古層的臺灣土著族群卻僅有粟的農耕儀禮而沒有米的農耕儀禮。他們在農耕祭儀期間，禁忌食用以米做成的糕餅或用米釀製的酒，因為他們以米不是他們的固有食物。這一事實可以說明稻作文化在臺灣土著族群間，為時未久。由於諸種黍稷在東南亞有相當廣闊的分佈，鹿野氏且更進一步推定本區在球根層和稻米層之間，有黍稷層的存在[69]。鹿野氏的這個意見值得支持，事實上，具有這個看法的，並不單是鹿野氏而已[70]。

　　黍稷之類之穀物為中國最早之農作物。在中國的新石器遺址中，粟見於陝西省西安的半坡村，寶雞的鬥雞台，萬縣的柳子鎮；山西省萬泉的荊村。在荊村並有黍和高粱[71]。遺憾的是，這些穀類在揚子江以南的分佈情形，尚不清楚；缺乏這些知識，我們對這些穀類導入臺灣的徑路——直接來自大陸，抑取道東南亞島嶼區——便無法斷言。

　　現在本區的主要農作物，首推稻米。南至小巽他群島（Lesser Sundas），北至華中，西起印度，東達西里伯斯（Celebes）的廣大區域內的平原地方的居民，都以米為主食。雖然有些學者因仰韶

---

[69]鹿野忠雄（1946）：前揭書pp.278-295。

[70]馬淵東一（1953）：〈粟をめぐる高砂族の農耕儀禮〉，《新嘗的研究》，第1輯，東京，pp.108-144。

[71]Chang Kwang-Chih（1959）："Chinese Prehistory in Pacific Perspective: Some Hypotheses and Problems", *Harvard Journal of Asiatic Studies*, Vol.22, p.106.

遺址曾有米粒印痕陶片出土，而以稻作起源於華北[72]，但另一些學者相信稻作在中國，未能早於晚周[73]；更多學者相信稻米的栽培源於印度，然後才傳至東南亞和東亞[74]。

　　稻米的種植，有二階段：⑴旱稻耕作；⑵水稻耕作。旱稻耕作是山耕，也即所謂刀耕火種。水稻耕作有若干類型，最原始的方法是種植於天然濕地。有些地方則種植於每年汜濫的河床。另一些地方，在雨季時，農民將雨水引入低窪地區，然後播種。比較進步的稻作農耕是建設埤圳，自溪流或深井引水灌田，如果是坡地，則構築梯田，節省用水，以期土地的充分利用。

　　臺灣土著各族的稻作屬旱稻山耕。稻米的播種，也和粟一樣，站立撒播，不作苗床，所以也無須再作插秧。收刈時，用手或助之以摘穗器，按穗摘取。收成的稻穗整穗儲藏，食用時始作舂搗。臺灣土著的稻作，很顯然的仍舊停滯在旱稻耕作的階段。根據早期的臺灣文獻，昔日臺灣西部平原現已漢化的諸土著族群，也是以同樣

[72]J. G. Anderson（1947）："Prehistoric Sites in Honan", *The Museum of Far Easten Antiquities, Bulletin,* Stockholm, No. 19, pp.21-22.

[73]因甲骨文中，未見有米字，天野元之助以殷代是否有稻米之耕作，尚未有充份的證據。天野氏之論文由于景讓先生譯成中文，參看于景讓（1958）：《栽培植物考》，第1輯，臺北，pp.28-34，盛永俊太郎也以仰韶遺址雖有穀痕陶片出土，但不必即謂有稻米的耕作，參看盛永俊太郎（編）（1957）：《第二稻の日本史，東京》，pp.188,189,191，錢穆（1956）：〈中國古代北方農作物考〉、《新亞學報》第1卷第2期，pp.1-27，並參看于景讓（1958）：前揭書中所收加籐繁和岡崎文夫二氏論文。

[74]宇野圓空（1946）：《マレイシヤに於ける稻米儀禮》，東京，pp.69-75；中尾佐助（1966）：前揭書，p.118。

的方法進行旱稻耕作[75]。臺灣的土著族群，也許在進步的水稻耕作
導入本區之前，便已離開了他們東南亞的故居，移入臺灣。

水稻耕作經荷蘭和南明時代的獎勵[76]，日趨普遍。水稻今日是
臺灣最重要的農作物。臺灣山地土著諸族的水稻耕作，可能是漢人
所傳入的，且可能僅是前世紀末葉的事。時至今日，其耕作面積仍
然很有限。

五、結語

從上面諸節的記述和討論，我們可以說東南亞和西太平洋區構
成一個食物區。從諸種主食的分佈，可以知道它包括有三個層次，
自下而上是：野生果實層、西穀球根層，和粟黍稻米層。

但是這三個層次並不表示時間的絕對先後。例如番藷和玉蜀黍
都是美洲起源的農作物，其傳入本區也都很新近。番藷傳入中國大
陸和臺灣是十六世紀和十七世紀的事；時至今日，福建和臺灣的居
民仍稱之為「番」藷，表示它是來自外地的。值得注意的是，番藷
和早期傳入的里芋、大藷、和樹藷同歸屬於同一類。番藷在臺灣北
部山地代替了里芋成為主要食物。樹薯和大薯未成為土著的主食，
可能由於含有毒酸，在食用時須將毒酸漂除，手續不便的緣故。

臺灣土著各族對粟的重視，可以作為推定其移入年代的一憑據。

[75]*Dagh-Register, Batavia, Anno.*1644-45, 163-4; William Champbell（1903）:
Formosa Under the Dutch, London, p.10.

[76]中村孝志（1954）：前揭文，pp.54-69；曹永和（1954）〈鄭氏時代之
臺灣墾殖〉，《臺灣經濟史初集》，臺灣銀行經濟研究室編印，臺北，
pp.70-85。

在紀元前第二個千年的期間（2000-1000B. C.）臺灣和大陸間有頻
仍的民族和文化接觸，臺灣的許多史前遺址的年代也都屬於這段時
期。臺灣西岸的三個重要史前文化——北部的圓山文化、中部的黑
陶文化，和南部的龍山形成期文化——都開始在紀元前的第二個千
年，而延續至紀元初期乃至五世紀左右⑰。紀元前的第二個千年正
是我國的夏商周三代。三代的農業是山坡地的「刀耕火種」農業，
主要的農作物是稷、黍、粱、粟之屬⑱。在三代的時候，中國民族
不斷南遷。海涅格爾登博士（Robert von Heine-Geldern）以在紀
元前第三個千年的時候，東南亞一帶的居民是使用舊石器的狩獵和
採集族群和使用新石器的原始農耕者，也即球根植物栽培者。南島
系民族（Austronesian）在紀元前第二個千年中期的移入，帶來了
粟黍和陸稻的耕作⑲。筆者以為這一民族的移入臺灣，可能也將粟
黍和陸稻的耕作帶入了臺灣。

　　水稻於何時導入臺灣仍然是一個未決的問題。林朝棨教授以水
稻之耕作為在距今五千年至四千年間的臺南海退期移入臺灣的龍山

⑰宋文薰（1965）：〈臺灣西部史前文化的年代〉，《臺灣文獻》第16
　卷第4期，pp.144-155；林朝棨（1966）：〈概說臺灣第四世紀的地史
　並討論其自然史和文化史的關係〉，《國立臺灣大學考古人類學刊》
　第28期，pp.7-44。

⑱錢穆（1956）：前揭文。

⑲Robert von Heine-Geldern（1932）："Urheimat und Früheste
　Wanderungen der Austronesier", *Anthropos*, Vol. 27. pp.593-596,606;
　Robert von Heine-Geldern（1954）："Die asiatische Herkunft der
　Südamerikanische Metalltechnik, Paideuma,"Vol.5, pp.141, 347; Robert
　von Heine-Geldern（1957）："Die Kulturgeschitliche Bedeutung
　Südostasiens", *Geographische Rundschan,* Vol.9, p.122.

形成期文化或圓山文化的主人所帶入。林教授用出土於營埔的米粒印痕陶片支持他的論斷[80]。但這個論斷尚須植物學者對該陶片印痕的意見。同時，我們也須假定在這個年代，水稻耕作在亞洲東部已相當普遍。

——本文原載《包遵彭先生紀念論文集》頁 123-134，
中華民國60年12月，臺北。

---

[80] 林朝棨（1966）：前揭文p.32。

第十一篇

臺灣土著長盾和東南亞各地長盾的比較研究

一、臺灣土著長盾

　　臺灣土著用盾為防禦武器的事，荷人Candidius氏在他的〈臺灣島要略〉[1] 便已提及，然所記甚簡，不足以知其形制。乾隆六年（1741）劉良璧《重修臺灣府志》引用《臺灣志略》之所載，謂：

　　　　剡木為牌，高齊膺，闊二尺餘，取木之最堅者為之，形如龜殼，內橫一木，手執之，可以蔽身[2]。

　　乾隆十一年（1746）范咸《重修臺灣府志》，二十九年（1764）王瑛《重修鳳山縣志》及道光十年（1830）李廷璧《彰化縣志》，所載均大同小異。《重修臺灣府志》（《范志》）有：

---

① 〈臺灣島要略〉原載Charles《航海叢書》，1774年出版，但因Candidius氏之渡臺為明天啟6年（1626），故以此記載為最早。W. Campbell氏有英譯，載氏所著*Formosa Under the Dutch*一書中，為該書的第二章；日人平山勳氏有日譯本，收《臺灣社會經濟史全集》中。

② 《臺灣志略》當為濟水尹士俍東泉所著，《范志》、《余志》均載該類書名，惜原本不得見，本文引自《劉志》。

> 以堅木爲木牌，高三尺餘，闊二尺，繪畫雲鳥，以蔽身。

> 下山則腰佩短刀，手執鏢槊、竹箭、木牌等械。

> 持挨牌以蔽身，木皆斜紋，箭不能入。

《重修鳳山縣志》綜上述二書所記：有：

> 以堅木爲木牌，高三尺餘，闊二尺餘，如龜殼形，繪畫雲鳥，內橫一木，手執之，以蔽身。

> 下山則腰佩短刀，手執鏢槊、竹箭、木牌等。

《彰化縣志》則作：

> 刳木爲牌，高齊膺，闊二尺許，取木之最堅者爲之，內凹外凸，中畫日月，或黑白相間，制如舞干。

鳥居龍藏在明治三十年（1897）調查臺灣土著諸族時亦謂：「紅頭嶼有盾，除紅頭嶼的雅美族外，盾於臺灣本島南部之排灣族、查利仙族及阿里山種族、布農族均有殘存，又余雖不得見，但據森鞨次郎所說，花蓮之阿美族之一社持有藤盾，視爲寶物。」[3]伊能嘉矩在《台灣及紅頭嶼土人用楯》[4]一文舉出紅頭嶼土人（即雅美族）、司排灣[5]、查利仙、鄒等四族盾牌；並謂在傳說上，平埔族亦曾有盾的應用。最近國分直一寫〈臺灣原住民族工藝圖譜〉，在〈木楯（Paiwan）〉[6]題下之一節，則指出今日尚保有盾牌者，在排灣族外，僅有阿美和雅美兩族。

---

[3]鳥居龍藏：《紅頭嶼土俗調查報告》，明治35年，東京大學，pp.81-82。

[4]伊能嘉矩：〈台灣及び紅頭嶼土人の用ひる楯〉，《東京人類學會雜誌》第14卷，第157號，pp.264-269。

[5]原文作 "スパヨワン"（Su-payowan），清代稱為琅璚番者即該族之一部，分佈於率芒溪和知本溪以南山地，即今排灣族恆春區諸社（見伊能嘉矩‧粟野傳之丞：《臺灣蕃人事情》，明治33年）。

[6]載民國37年9月27日臺灣公論報副刊《臺灣風土》第21期。

前面所舉《重修臺灣府志》及《重修鳳山縣志》所載持有盾牌之居住鳳山縣土人，當指Tao族熟番而言，即今日我們稱為平埔族者。平埔族現在可說已完全與漢人同化，其固有土俗早已無存，故平埔族之盾牌，今日已不能復得。又居住臺灣北部山地，昔日被稱為北蕃的泰雅和賽夏族，雖有一二傳說提及盾牌的發明和應用[7]，但其形態亦不得而知，故今日言臺灣土著盾牌，指屬於排灣（包括鳥居所說的排灣和查利仙；伊能所說的司排灣和查利仙）、鄒（即鳥居所說的阿里山種族，又，鳥居有時亦稱之為新高山種族（Niitaka））、布農、阿美和雅美五族者而已。

國立臺灣大學所藏盾牌，屬排灣族者二十二面，阿美族者一面，雅美族者一面，臺灣省立博物館藏有臺灣土著盾牌，在數量上雖比較國立臺灣大學為少，但在族別上則較多，計屬排灣族者三面，布農族者一面，鄒族者一面，雅美族者三面。

茲將上述各族盾牌之大小厚薄重量列表如下頁：

現在再將各族的盾牌分別加以記述。

(一)排灣族

排灣族的盾牌，如上所述，現在雖已失卻它們原來作為武器的實際效用，但因其盾面刻有美觀複雜的紋樣，頗能引人注意，所以介紹於世者亦較多，本文所收圖52：B,52：F,53：B,53：D,53：E,

---

[7]佐山融吉・大西吉壽：《生蕃傳說集》，pp.297-298載：「古昔，白狗（泰雅族的一部分）有一個人，替眉原（泰雅族的另一部分）的一個婦人刺墨，那個婦人不幸死去，眉原的人以為是白狗的人施了咒術，纔會身亡，兩部族間便起戰爭。其時有一個人發明盾牌，用盾板覆於人體前後，只讓首部外露，所以雖然受箭所射，也不仆倒。」

表11－1　臺灣土著盾牌之大小厚薄重量表

圖	長　度*	寬　度	厚　　度	重　量**	標本號***
52：A	65.5	47.0	1.4-2.0	1680	1604
52：B	55.0	40.0	1.2-2.0	1300	1612
52：C	63.0	40.0	2.2-2.8	2270	1134
52：D	65.0	45.0	1.0-1.4	2600	1134
52：E	53.0	30.0	0.8-1.0	700	1134
52：F	69.0	46.5	0.6-0.9	1625	1609
53：A	70.0	44.5	1.4-1.6	1060	809
53：B	75.0	51.5	1.0-1.8	2200	博 501
53：C	50.0	38.5	1.0-1.1	705	博 602
53：D	59.5	37.5	1.8-2.1	1000	博 499
53：E	60.0	35.0	0.9-1.6	910	815
53：F	52.5	34.0	1.3-1.7	920	308
53：G	55.0	33.0	1.2-1.9	615	1609
53：H	57.5	42.0	1.2-1.9	1520	1611
53：I	60.0	38.0	1.4-1.8	830	1613
54：A	56.0	38.0	0.8-1.6	1000	1605
54：B	58.0	40.0	1.2-1.8	1165	1614
54：C	47.0	26.5	1.1-1.6	565	1610
54：D	53.0	32.0	0.6-1.2	655	1607
54：E	56.5	40.0	1.1-1.5	865	1608
54：F	58.0	36.0	1.0-1.5	220	1134
54：G	53.5	38.5	1.4-1.6	1210	1134
54：H	58.0	38.0	1.0-1.7	1380	1134
54：I	58.0	48.0	1.3-1.8	1815	1134
54：J	46.0	52.0	1.8-2.1	2550	761
55：A	87.5	38.0	1.0-1.5	2000	博 502
55：B	75.0	47.5	0.7-1.0	1450	博 503
55：C	90.0	60.0	-	-	〔見伊能文〕
56：A	163.0	42.5	0.9-1.6	1980	1615
56：B	97.0	67.5	-	3980	492

　　＊本文所用長度寬度單位為cm.

　　＊＊本文所用重量單位為gr.

　＊＊＊標本號無「博」字者為國立臺灣大學藏品，有「博」字者
　　　省立博物館藏品。

及54：B六盾曾見於日人宮川次郎，佐藤文一，及國分直一三人著作⑧。

　　圖52-54所示，為排灣族之木盾，他們稱之為arata⑨。這二十五件標本中，圖53：B-D三件為省立博物館之藏品，其餘二十二件均為國立臺灣大學所有。國立臺灣大學藏品中，圖52：A-B,F, 53：G-I, 54：A-E為宮川次郎的蒐集品，採集地僅註明排灣族而未記入社名，入藏日期為民國二十二年二月；圖52：C-E, 3：F-I為增田善造的蒐集品，採集地為屏東縣的Chalaabus社，入藏日期為民國十九年七月；圖54：J為山本寅吉的蒐集品，採集地亦為Chalaabus社，入藏日期為民國十九年五月；圖53：E為岩井伊三郎的蒐集品，採集地為屏東縣的Kurungal社，入藏日期為民國十九年五月；圖53：A為古川貫一的蒐集品，採集地為屏東縣的Tokubul社，入藏日期亦為民國十九年五月；圖53：F則為伊能嘉矩的蒐集品，採集地不明，入藏最早，為民國十八年三月。至於省立博物館的諸藏品，該館的紀錄僅載明為排灣族標本，而未記入何人自何地採得，不過，圖53：B所示盾牌，曾見於《臺灣蕃族圖譜》第一卷圖版八一，該圖版所載之照片中，這件盾牌為一男孩所持執，照片之下註明圖中人物為排灣族Kabiyangan社男女，故該盾牌想為拍攝該照片的森丑之助採自Kabiyangan社者。

　　關於排灣族的盾牌大小，我們整理所有材料，重新列表如下：

---

⑧宮川次郎：《臺灣の原始藝術》，1930，臺北；佐藤文一：《臺灣原住種族の原始藝術研究》，1944，臺北；國分直一：前揭文。

⑨排灣族的盾牌呼音，諸學者的報告略有不同：伊能嘉矩氏作arata，山本寅吉氏作ajata，岩井伊三郎氏作aratara，而《蕃族調查報告書》則記載有rataru（ラタル）和urata（ウラタ）之名。

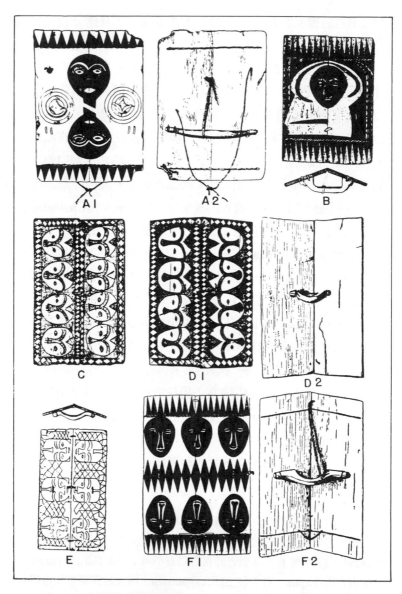

圖52　臺灣排灣族盾牌

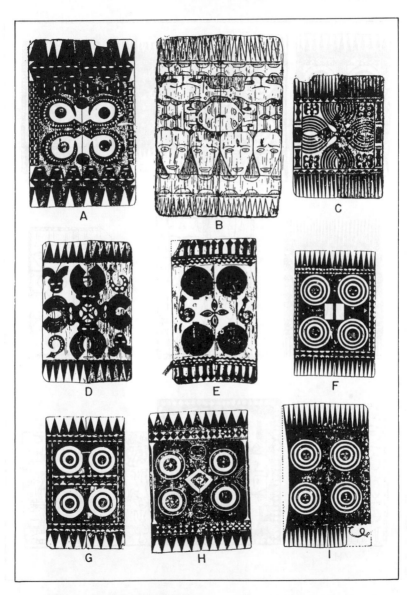

圖53　臺灣排灣族盾牌

圖54　臺灣排灣族盾牌

表11-2　排灣族盾牌長度分組表

分組（Cm）	圖
45.1-50.0	53：C, 54：C, 54：J
50.1-55.0	52：B, 52：E, 53：F-G, 54：D, 54：G
55.1-60.0	54：D-E, 54：H-I, 54：A-B, 54：E-F, 54：H-I
60.1-65.0	52：C-D
65.1-70.0	52：A, 52：F, 53：A
75.5	53：B

表11-3　排灣族盾牌寬度分組表

分組（Cm）	圖
25.1-30.0	52：E, 54：C
30.1-35.0	53：E-G, 54：D
35.1-40.0	52：B-C, 53：C-D, 53：I, 54：A-B, 54：E-H
40.1-45.0	52：D, 53：A, 53：H
45.1-50.0	52：A, 52：F, 54：I
50.1-55.0	53：B, 54：J

表11-4　排灣族盾牌長寬比率表（長／寬）

分　組	圖
-1.30	53：C, 54：I-J
1.31-1.40	52：A-B, 53：H
1.41-1.50	52：D, 52：F, 53：B, 54：A-B, 54：E, 54：G
1.51-1.60	52：C, 53：A, 53：D, 53：F, 53：I, 54：F, 54：H
1.61-1.70	53：G, 54：D
1.71-1.80	52：E, 53：E, 54：C

　　根據我們的材料，排灣族的盾牌，最長的為75.5cm（圖53：B），最短的為46cm（圖54：J），最狹的為26.5cm（圖54：C）。但此均非常見者，例如圖54：J標本，寬比長大，為一特例。因為除此一例外，我們所獲得的排灣族盾牌，均屬長盾形式。在表2和表3中我們可看得很清楚，長度在55.1-60.0cm之間者，達十例之多，寬度在35.1-40.0cm之間者，達十一例之多，此當為排灣族盾牌長寬之普通大小，故圖53：D,53：I,54：A-B,54：E-F,54：H所示標本在大小上可視為排灣族盾牌的常態，這些標本，在長寬的比例上，均與黃金分割（golden section）之比率——1：$\sqrt{2}$=$\sqrt{2}$：2——接近，造成優美的形態，是值得注意的。我們在表4中，將寬除長所得數字在0.88（圖54：J）至1.77（圖54：C）不等，但圖54：J標本為一特例，在上面我們已說過；圖54：C標本，其長度幾為寬度之一倍，然非常見者。從表4中，我們可看得很清楚，比率在1.41-1.50之間者，有七例之多，比率在1.51-1.60之間者也有七例之多，此當為排灣族盾牌長寬比例之常數。

　　關於排灣族盾牌的構造，除圖52：A和圖53：C所示者外，均以二片厚0.6-2.8cm木理縱走之木板拼合而成。兩板所構成的角度的在140°-150°之間者為最多，如表11-5所示：
又，兩板之長等於盾長，而寬則為盾寬之一半，故其構成狀態為縱的聯結，而不是橫的拼合。在兩木板相接的地方，以藤皮縛紮。縛紮方法有僅以藤皮纏合的，也有在藤皮之上再繞以較細藤皮的。這種藤結自三個至七、八個不等，其兩板連結之堅牢與否，自應視藤結之構造的緊鬆和數目的多寡而定了。

　　排灣族盾牌的材料，多用楓木。應用楓木的理由，也許因為楓木較輕，持執省力，同時也許因為楓木的質料比較柔韌，在被槍鏢刺中時，不易破裂的緣故。為了彌補木材易於順著縱紋裂開的缺點，

表11-5　排灣族盾牌兩板構成角度表

角度	圖
115°	54：J
135°	52：F, 54：D, 54：E
140°	52：B, 52：C, 52：D, 53：C, 53：D, 53：I, 54：A
145°	52：E, 53：F, 54：F, 54：G
150°	52：A, 53：A, 53：H, 54：C
155°	53：B, 53：G
160°	54：B, 54：H
165°	53：E

盾牌在離上下兩端約10cm的地方，各縫有一道藤皮加強構造。

　　圖52：A和53：C所示標本，在形態上和上述排灣族其他木盾沒有什麼分別，但在構造上卻有重要的不同，它們均以一塊木材雕刻而成，而不是用兩片木板拼合起來的。

　　排灣族盾牌的背面，安有一根橫把手。把手用木製作，略作弓形，其兩端附於盾之兩個平面的背面上，用藤皮穿過盾面上的小孔，將把手和木板縛牢。近年排灣族人從平地得到鐵釘和鉛線等物，所以也有用鉛線代替藤皮，或用鐵釘釘牢的。把手和木板兩平面的關係，為鈍角二等邊三角形，把手位置安在盾背偏下約全體高三分之一的地方（圖52：A，52：B，53：F，53：A，53：B，53：C，53：D，53：E，53：F，53：G，53：H，54：A，54：B，54：C，54：D，54：E等十六例屬之），但也有安在盾背的中央部，即全體高二分之一的位置的（圖52：C，52：D，52：E，53：I，54：F，54：G，54：H，54：I，54：J等九例屬之）。在前一種把手的中部，更附有藤製副把手。這種藤製副把手的一端緊縛於約全體高三分之二的盾背之兩板接合處上。副把手和木製把手恰成一倒置丁字形。伊能嘉矩和國分直一均以木製把手的位置應在盾背全體高三分之二的地方，故與副把手恰成為丁字形⑩；筆者以為倘依伊能和國分所示，則盾面的文樣，其有上下之分別者（如圖52：B，53：B，53：F，53：G之人頭；圖53：E之蛇頭），將均成倒置，似不易解釋，因而以為此種把手之位置當為偏下而非偏上，則其持執方法自不相同了。上述森丑之助攝自Kabiyagan社之持盾照片和《臺灣蕃界展望》⑪所收持盾照片，似均足證明筆者之推測。又，排灣族盾牌除把手之外，有另附小繩於其背面者（圖52：A，53：E所示），想為懸掛於攜帶者的肩上而設者。

　　排灣族盾牌的盾面，均刻有美觀複雜文樣，不過，伊能嘉矩曾報告說：

　　　鳥居君在居住臺灣南部之司排灣族之一部之 Palizalizao 的大酋長家所見過的盾，在材質和構造上與查利仙、鄒兩族的盾相同，唯其上端似鄒族的盾，作三角形，下端則似查利仙的盾，作平直形，所以全體成為長方五角形，其形態可謂恰在於查利仙和鄒族的盾之間，且比查利仙的盾為小，不施裝飾，亦非現用品。⑫

　　據上文所述，則排灣族亦當有未施彫劃塗彩的盾牌，可惜現在已見不到了。

---

⑩伊能嘉矩：前揭文；國分直一：前揭文。
⑪《理蕃之友》發行，日本昭和10年版，p.67。
⑫伊能嘉矩：前揭文。

(二) 布農族

布農族曾持有盾牌的事，僅鳥居龍藏在其《紅頭嶼土俗調查報告》提及，但未有報告實例。

省博物館之藏品中，有一例（圖55：A），據記載為布農族之所有，採集者及地點均不明。本標本長78.5cm，寬38cm，厚1.0-1.5cm，重2000gr.，亦為以兩片木板拼合而成者，在構造上可說和排灣族的盾牌相似，不過在形態上略有不同，因為排灣族盾牌，在形式上多作黃金分割形，而布農族盾牌的長寬比例在一倍以上，具有更顯著的長盾形式。本標本的盾面之一旁有破損，把手半脫落，原來橫附於盾背中央部。

(三)鄒族

圖55：C所示為鄒族的盾牌，省博物館藏品，採集者及地點均不明，但為鄒族之所有，則無疑問。最近衛惠林、林衡立兩先生調查鄒族之Tufuya部族[13]，聞亦曾見過與此同樣的盾牌。又伊能嘉矩在他的〈臺灣及紅頭嶼土人用楯〉的報告中，亦曾述及，且揭有圖版（圖55：B）可資對照。

鄒族人稱盾牌為pehetri。省博物館所藏標本，長75cm，寬47.5 cm；為以兩片木理縱走之木板拼合而成者，木板厚7-10cm。構成狀態與排灣族及布農族者大致相同，但是鄒族盾牌之構成木板，稍作內凹外凸，故盾牌的全體略作半圓筒形。

---

[13]鄒族由Lufutu, Imutsu, Tufuya, Tapangu, Kanakanabu及Lazroa六部族組成。前四部族屬北鄒族，後二部族屬南鄒族。Tufuya為北鄒族之一部族。

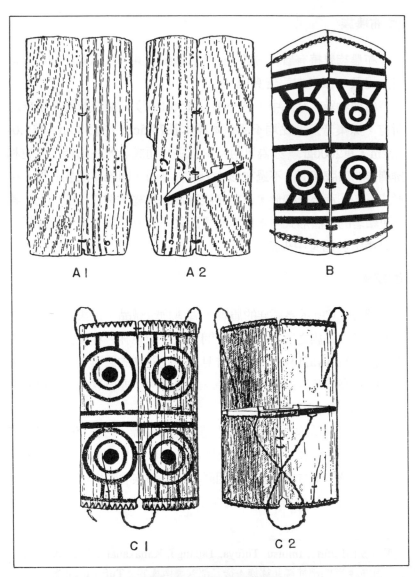

圖55　A. 布農族盾牌；B-C. 鄒族盾牌。

　　兩木板縛紮方法與排灣族者相同，惟在上下兩端為防止縱紋木理裂開所設之藤皮縫綴部分，則在構造上相異。鄒族盾牌在此縫綴部份的木板背面，附有竹條，使之更加堅牢，藤皮即環紮於竹條之上。這種縛紮的方法與婆羅洲諸族木盾的縛紮方法類似。

　　橫把手的安裝法，也和排灣族者相似。把手的長度和盾牌的寬度相等。本標本因把手已折壞，故在把手上釘補有一小片木板。

　　又，盾牌背面附有藤索三條，結成耳狀，一在中央，長約100cm，二在兩旁，長各約70cm。鳥居龍藏在其《臺灣生番之研究》[14] 書中圖版二一四揭有一男子佩盾於胸，一手執槍，一手執弩，可資推測此藤索之用途，可能為備以懸諸肩上，使佩掛於胸前者。這種構造，排灣族的盾牌亦存之，我們在前面經已述及，不過，排灣族卻多以棉繩或麻繩代替之。

　　鄒族的盾牌，未施有如排灣族一般的複雜文樣，而僅以朱黑兩色塗抹盾面，作同心圓和直線之幾何圖形。彰化縣志之「中畫日月」想即指此。又伊能嘉矩亦有同樣的解釋，茲引述於下：

　　　徵諸余所實見者，鄒族則以赤色塗彩之，若(3)圖（參閱圖
　　　55：B所揭伊能原圖）用黑色於上下二部引二橫線，其中
　　　間兩空位各填畫以二個不太工整之同心圓，且於其上緣或
　　　下緣以短線連成交角。其同心圓之意義，一部落釋其為「日
　　　之形」，另一部落則釋其為「目之形」，所言不一，蓋日
　　　形目形均附會其意而非本來之義者也[15]。

---

[14]R. Torii：Etudes Anthropologiques, Les Aborigènes de Formose", *Journal of the College of Science,* Imperial University of Tokyo, Vol. XXVIII, Art. 6, 1910．

[15]伊能嘉矩：前揭文。

又，根據鄒族之口傳，此種盾牌，在獵頭凱旋時，用以盛置獵獲的首級[16]。

㈣阿美族

阿美族的盾牌僅收得一面（圖56：A），也為國立臺灣大學藏品，採集者為宮川次郎，採集地僅記阿美族而未註明社名。入藏日期為民國二十二年二月。長163.0cm，肩部寬42.5cm，下端寬34.3cm；厚0.9-1.6cm；重1980gr。

比諸上述排灣、布農、鄒諸族之盾牌，阿美族者可謂具有更顯著的長盾形式。全體作「鋼筆尖型」[17]，尖端向上。這種形態，頗易使我們聯想到鄰近臺灣的菲律賓呂宋島北部山地之原始民族所用的盾牌。只是呂宋島的盾牌，上有三山[18]，下也有二出（圖57：A-C）；而阿美族的盾牌僅有上端一出，下端則為平底。也許阿美族盾牌的

---

[16] 《蕃族調查報告書·曹族（即鄒族）阿里山蕃》載（p.54）：「戰士凱旋，則社人插楓木之新芽於首，到社口迎接。戰士抵社，以長三尺闊八寸之板二片合成之物盛首級，顏面向外，排列於集會所內……」；（p.50）「自昨日便等待著的社眾，好像集會所要塌了一般地踏足大叫來歡迎，……凱旋者把血淋淋的首級載於盾上，意氣飛揚，步入集會所，乃將盾上的首級置於左邊Sukayu與木橛之間之Ieieya之一端。……而後復將盛於盾上的首級置於爐邊架上。……」

[17] 名稱見採集者宮川次郎所著《台灣の原始藝術》解說，p.12，宮川謂「阿美族之盾與婆羅洲Dyak族之盾之形態略同，長方形，上下作"鋼筆尖型"，比排灣族之盾大。」但本標本僅一端作鋼筆尖型而已。

[18] "出"即伸出，原詞見郭沫若《金文餘釋·釋干鹵》一文，石璋如：〈小屯殷代的成套兵器〉（載《歷史語言研究所集刊》第22本）盾之一節中，亦採用同樣語詞。

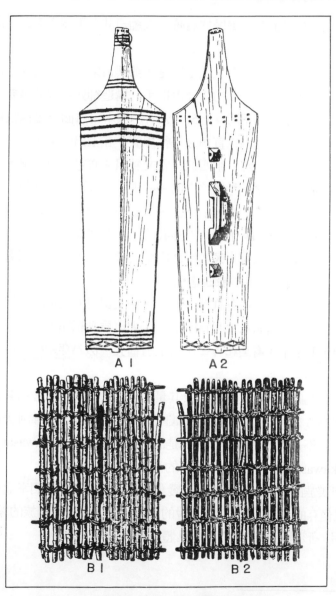

A1　　　A2

B1　　　B2

圖56　A.阿美族盾牌；B.雅美族盾牌。

型式乃由呂宋島北部土著民族盾牌型式縮短其上下端兩旁之二出而成者。

　　阿美族的盾牌，其形態如上所述，雖與呂宋島土著民族所用者似具近緣關係，但其盾面的文樣與把手的構造卻與婆羅洲諸族的盾牌（圖58：A）大略相同。圖56：A所示標本，盾面有以極粗糙之手法繪劃之四組與心軸成直角之平行黑線。在上出二組，上一組四線，下一組三線；肩部一組四線，畫文特粗；底邊一組三線，塗色已模糊不清。肩部之平行黑線之第一線與第二線間有溝狀凹文，溝文內有小孔十四，分七處，上下各一；這一部分原來是否曾有何項裝飾，現在不得而知。下端則有穿孔十二，分六處，亦上下各一，其孔部以藤線連結成扁平X字形之連續文樣。又，上端有三處穿有小孔，兩側之兩孔，結有細繩，但已耗損。

　　從裡面視之，中心部作窪狀凹入，中央部附有縱把手，把手非如上述排灣、布農諸族為另行附上者，而與盾身相連，為自一木彫成。把手的上下，有突起各一，其上有橫孔，似為穿結繩子以便懸於肩上而設。

　　材質為頗不堅牢之杉板，故其量輕，便於提執，但證明其已失卻了作為防禦武器的實用性。根據國分直一的報告，這種阿美族的盾牌已「不是戰鬥時的武器，而是該族的祈禱師（Shikawasai，或作Makawasai）在作法或祈禱時的法器。」[19]

　　阿美族的盾牌，今日可說已廢棄而難得復見了。我們幸而獲得此碩果僅存的一例。鳥居龍藏所說的森鞆次郎所見之阿美族的藤盾，當屬另一形態，可惜他們沒有具體的報告。

────────────

[19]陳麒、國分直一：《臺灣原始民族工藝圖譜》，稿本。

㈤雅美族

蘭嶼可說是一個沒有戰爭的島嶼，因為它的四面都是一望無際的大海，島人自可免於外族侵入之慮，所以武器在這島上也就不發達了。番刀、槍矛等物，在蘭嶼也許不能說是一種武器，毋寧視之為一種迷信的附屬物為較妥當；藤盾和甲冑有時雖也用以防禦棍棒或投石，但其最重要的用途，還是用以抵擋惡靈（他們稱之為anito）的攻擊。他們信以為人死了便變成惡靈，所以在參加葬式的行列時，每每穿著全副武裝。

關於蘭嶼雅美族人的盾牌，1897年鳥居龍藏調查蘭嶼，在其《紅頭嶼土俗調查報告》中，有「紅頭嶼[20]有盾，如《寫真帖》[21]第十五.A.1所示（同圖所見為其裡面）。以藤剖半為原料。裡面有木製把手。盾之大小，依余所採集者長85cm，闊50cm，可覆身體之半。但尚有更大者。盾原來為於戰爭時防刀槍與投石之用者，但埋葬儀式時亦用之。」[22]

伊能嘉矩氏在前揭〈臺灣及紅頭嶼土人用楯〉一文中重述鳥居氏之報告，並揭有鳥居氏所採集標本圖樣。林惠祥氏在其《臺灣番族之原始文化》[23]書中，亦載有一例。

國立臺灣大學藏有雅美族藤盾一面，省博物館藏有三面。

由於雅美族之盾牌之構造頗一律，而且沒有任何裝飾，所以我

---

[20]蘭嶼原稱紅頭嶼。

[21]《人類學寫真集・臺灣紅頭嶼》之部，明治32年（1899），東京帝國大學出版。

[22]鳥居龍藏：前揭文。

[23]林惠祥：〈臺灣番族之原始文化〉，《國立中央研究院社會科學研究所專刊》第3號，民國19年出版。

們在本節中，僅將國立臺灣大學所藏之一例，略加描述。

圖56：B所揭為國立臺灣大學所藏標本，編號492，採集者及地方均不明，入藏日期為民國十八年四月。標本目錄上註明其名稱為Shiran[24]。

以藤條剖半並列而成。藤條徑在2.5cm-3.5cm之間。本標本共用藤條（剖半者亦作一根計算）十九根，各長約95cm。各藤條並列之，共闊67.5cm。藤排之後附長約70cm之與盾面所用大小相同之藤條五根，此項橫軸以藤皮與縱列藤條緊緊紮牢。盾面附有縱把手，把手為一木棒，亦緊紮於橫軸之上。雅美族之藤盾如前揭尺寸所示，為長方形，但因未有何等裝飾，不易分辨其上下端。本標本已頗古舊，為煤煙燻黑。

二、東南亞各地的長盾

本文所指東南亞為馬來群島、馬來半島、中南半島、印度亞桑地方（Assam）及中國南部一帶。馬來群島包括蘇門答臘（Sumatra）、爪哇（Java）、婆羅洲（Borneo）、西里伯（Celebes）等大巽他諸島；峇厘（Bali）至蒂汶（Timor）之小巽他群島；哈瑪希拉（Halmahera）、西蘭（Ceram）及台洛爾（Talaud Is.）之摩鹿加群島及接近臺灣之菲律賓群島等。安達曼（Andaman）和尼科巴（Nicobar）兩群島我們未提及之，由於筆者未能得到該兩地可作比較的資料。

---

[24]關於雅美族藤盾名稱，稻葉・瀨川之《日本の南端紅頭嶼》亦作Shirun；伊能嘉矩氏則作Shiron。

(一)菲律賓群島

　　菲律賓群島長盾，依其形態分類之，可得二種不同的型式。呂宋島（Luzon）北部山地諸族及維砂亞群島（Visaya Is.）長盾屬於同一型式；而民大諾（Mindanao）Davao區諸族長盾屬於另一型式。

　　呂宋島北部山地諸族的長盾（圖57）全體以一片木板彫成，上有三出，下有二出，中身較小，盾面正中略作隆起。隆起部分之背後刻有二相通凹洞，用作把手，以左手之中間三指持執之，拇指及小指留於把手之外，以均衡盾身。中身上下兩端側近伸出部分各有橫行藤編加強構造一道或二道；但亦有以黑紋代替之者。

　　具有上三出下二出的型式是呂宋島北部山地諸族長盾所特有的，但其伸出形態亦各不相同。Kalinga族長盾（圖57：A）之伸出最長，且作圓棒狀，上出下出之和常與中身相等；Tinguian族（圖57：B）者，則較短而作板狀，伸出與伸出間之凹入部分作V字形；Bontoc族者（圖57：C）更見縮短，伸出與伸出間之凹入作U字形；Ifugao族者（圖57：E）則上下各出均漸形消滅，僅上端作三角形突出，故全體作五角形。Apayáo族的盾牌（圖57；D），在北呂宋的長盾中可謂一稀有形式，略作屋頂形（dachartig, gabled-roof shape），以輕木製成，中有縱軸，縱軸上下各作伸出，把手為同一木彫成。上述呂宋島北部山地諸族盾牌之普通大小，長約120cm，寬約30cm。多塗以黑媒煙，而以黃、褐、藍、紅等顏料作鋸齒紋、直線紋或點狀紋等裝飾，亦有在盾面正中刻有菱形或蜥蜴模樣，或於盾面或盾背之一部繪劃人像（祖先像？）者[25]。

---

[25]Albert Ernest Jenks：*The Bontoc Igorot,* p.124, 1905; A.B. Meyer und A. Schadenberg:: "Die Philippinen", *K. Ethnographisch Museum zu Dresden,* Vol. VIII, pp.7-8, 1890.

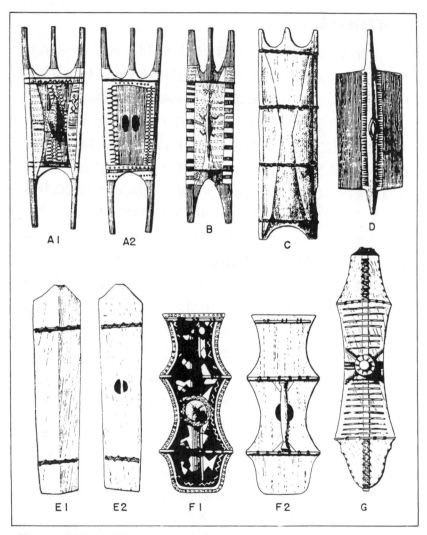

圖57　東南亞盾牌(1) A. Kalinga, Luzon；B. Tinguian，Luzon; C. Bontoc,
Luzon; D. Apayáos, Luzon; E. Ifugao, Luzon; F. Bagobo, Mindanao;
G. Mandaya, Mindanao. A.-D.採自Meyer and Schadenberg 1890,
pl. 5; E.採自Jenks 1905, pl. 99; F.臺灣省立博物館藏標本；G.採用
Cole 1913, p. 188。

另一型式分佈於民大諾島Davao區，但呂宋島之Negritos族（居住Zambales州者）及Ilongot族（居住Nueva Vizcaya地方）亦可見到其痕跡，故可知其分佈當較為遼闊[26]。這種盾牌（圖57：F-G）為木製，其普通大小與上述呂宋島者略同，作矩形而分三節，上節與中節之兩端大而中腰細，下節則略作倒置梯形，故節與節間之幅度最大，在這部分各以竹片用藤皮將之緊縫盾身，為加強構造。中節中央有圓形凸起，多繪太陽發射光線狀紋樣，把手即在此凸起的後面，其構造與前述呂宋島者相同，但每另附有縱軸。又，中央凸起及盾緣常附有穗狀裝飾。民大諾島的Bagobo, Bila-an, Kulaman, Mandaya, Manobo等諸族之盾牌均屬此一型式，但Bagobo者裝飾紋樣最為複雜；Mandaya者較樸素而中節甚長（圖57：G）[27]。

維砂亞群島今日已沒有盾牌，不過自Kroeber氏《菲律賓之民族》一書所引之Alcina氏未發表圖繪（圖60：A-B）可知其形態與Ifugao族者甚為相似，上有一出，下為平底，故當屬於北呂宋式，不過其把手部分之盾面有一圓形突起，則又可想為與民大諾式有關。

國立臺灣大學蒐藏呂宋島Zambales州Negritos族盾牌一件，編號為3200，入藏日期為民國三十一年十二月，購入者為淺井惠倫氏，是珍貴的民族學標本。本標本長94.5cm，寬19.5cm，以一塊木材挖刻而成，盾身上部向後彎曲，略成弓形，其上端作犁狀，把手縱走，在盾背正中，把手部分之盾面有一突起，可視為模仿民大諾式之突起而製作者。

---

[26] A.L. Kroeber: *Peoples of Philippines*, 1928, New York, p.181.

[27] Fay-Cooper Cole：*The Wild Tribes of Davao, Mindanao*, pp.92-93, 142 -143, 155, 189; A. van Odijk, M. S. C.："Ethnographische Gegevens de Manabo's van Mindanao , Philippijnen." *Anthropos,* Vol. XX, p.987.

(二)婆羅洲

　　婆羅洲盾牌因盾面常繪畫有頗複雜美觀之花紋，易為世人所注意，故諸有關婆羅洲民族學調查報告均有揭載。Marryat氏在他的《婆羅洲和印度群島》[28] 書中向着第八十頁圖版即揭有持盾圖（圖60：C），但該項盾牌今已廢棄不可復得。Ling Roth氏則指出此種形式與Capt. Mundy氏書中所揭砂撈越（Sarawak）之Lunda Dyaks圖片中置於地上之盾牌相像[29]。Ling Roth氏在他的《砂撈越和其領北婆羅洲的原住民》[30] 一書，亦揭有花紋不同的收藏於英國各博物館的標本十八件，惜該書記述過於簡略，今引Hose和McDougall二氏之著《婆羅洲原住民》[31] 書中記載各族盾牌之一節於下，則讀者對婆羅洲各族盾牌，可有一明確概念。

　　　Kayan族盾牌為長方形板狀物，以一塊軟木彫成。其兩端作尖形，兩端相距約四呎（120cm）。裡面凹入，表面自一端至另端作稜角狀隆起，分為二平面。木理縱走，故下刺之槍尖每可將木劈裂而被夾於木中。為防止盾面因此被劈裂，並求緊夾刺襲劍叉，乃橫輔以數道較粗藤片，而以較細小藤皮將之緊縫盾面。把手與盾身屬同一木，在凹入一面之中央，為一簡單縱軸，備供左手執用。Kayan族盾牌普通以酸化鐵塗成赤色，其上略有黑紋，而未有其他裝飾。
　　　上述木盾幾乎每一種族均使用之，但亦有施以紋樣者。
　　　Kenyeh族所有盾牌（圖58：A）之盾面以紅黑二色為主，繪

[28] Marryat: *Borneo and the Indian Archipelago,* 1848.
[29] Ling Roth: *The Natives of Sarawak and British North Borneo,* Vol. I. p.31.
[30] *Ibid.*
[31] Hose and McDougall: *The Pegan Tribes of Borneo.*

畫成複雜紋樣。這種紋樣的描繪，以刀尖先在盾面打下底稿，塗彩則以手指或尖端作鑿形之木片爲之。盾面之紋樣特徵爲一對圖案化了的大眼睛——以紅黑兩色互間之一對同心圓表示之——及一個具有二組野豬牙狀犬齒之大嘴。這種顏面可能是人面，自盾面花紋本身很難斷定，但在此大面下有頗小型與顏面之大小不相稱之人身，其雙足變得相當複雜，有時幾乎看不出來。盾面上部繪有小面，裡面之兩半各繪畫有複雜渦卷紋樣，但大概兩方面互相對稱。此種渦紋樣有時可以見出其中心爲一人像，有時其一半繪男像，另一半繪女像。

Kenyeh族之最珍貴盾牌，盾面更附有被殺敵人之毛髮。毛髮長約三、四寸(約10cm)，排成若干列，貼於人面紋樣之前頭部、頰部、頸部等處。盾兩端之小人面亦同樣附有較短毛髮。毛髮之一端插夾於木板刻痕中，以樹脂密著之。Klementan族大體與Kenyeh族者相同。Murut族盾牌則與Kayan族者酷似。Dusun族畜養水牛，持有水牛皮盾，以帶繫於前臂，此種持執法爲他族所不見。Sea-Dyak(Ibans)族今日持有種種不同種類盾牌，均爲仿自他族者，其未與他族接觸前所用盾牌爲編竹夾以縱木而成者(圖58：B)，有二種，其一兩端爲尖角，另一兩端作圓形，但均已廢棄不用了。Land Dyak今日仍使用堅牢之木製盾牌，想他族亦曾使用過[32]。

關於婆羅洲盾牌盾面的鬼形紋樣（Demon design）究代表何物？Hose和McDougall二氏以爲乃由人面變形而來，Alois Raimund

---

[32] Hose and McDougall: *Op. cit.* Vol. I, p.163.

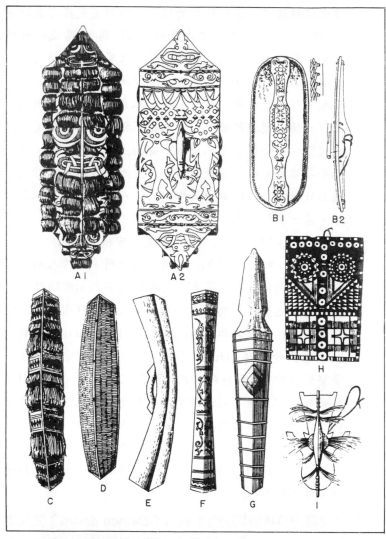

圖58 東南亞盾牌(2)　A. Kayan, Borneo; B. Dayak, Borneo; C. -D.,
H. Toradja, Celebes; E. Roeroe; F. Ceram; G. Talaoet Islands; I.
Wetar. A.-B.採用Roth 1896, pp. 117, 135;C.-D.採自Grabauer; E.
採自G. F. Riedel; F.採自Visser; G.採自J.D.E. Schmeltz; H.據Carl
Schuster所攝照片，I.採自F.G. Riedel。

Hein教授則以為此種鬼形紋樣與中國之龍虎圖紋有關，不過，日人移川子之藏教授反對Hein氏的說法，以為此種紋樣應與中國之龍虎圖紋毫無淵源，而卻與印度爪哇（Hindu-Javanese）文化不無關係。又移川氏以為此種圖紋與其說是虎紋，不若說它乃由猿猴的形狀變化而來為妥。他說明長鼻猿在婆羅洲土人間的宗教地位，並舉出實例說明他的推測[33]。

在婆羅洲盾牌除被用作防禦兵器外，也被用作舞踊用具。又除此之外，盾牌還有一重要用途，即被巫者用作驅邪祓齋的道具。婆羅洲土人稱精靈為antoh，驅除惡靈，招請善靈，是他們的一大問題。當善靈逸出軀體，人便生病，他們，尤其是Penihing族，有一種治病方法，就是請巫醫（Blian—priest doctor）為他們招靈。在這種招靈儀式中，巫醫手持一附有藤弦四條至十條的盾牌，敲弦作聲，與鑼鼓鬧音相和。他們以為善靈聞聲悅，而惡靈聞聲懼。這種盾牌在應用時，以犧牲之血塗抹之，所以不能轉讓於他人[34]。

(三)西里伯島

西里伯島住民今日仍保有長盾文化者，也許只剩Toradja一族而已。

西里伯島中部（指Golf of Boni至Golf of Tomini之間，即Lake Posso一帶）的近海Toradja族人的盾牌（圖58：C）為輕木製成，長而狹，長約110cm，寬僅13cm，形若屋頂而略作穹窿狀，把手為同一木彫成，全體以強韌藤皮圍其邊緣，而輔助以橫材。盾面塗

---

[33]Nenozo Utsurikawa: "Demon Design on the Bornean Shield: A Hermeneutic Possibility", *American Anthropologist,* Vol. XXIII, pp. 138-148.

[34]Lumholtz: *Through Central Borneo,* pp. 121, 215, 249.

以灰黑顏料，並以三角形骨片，白海螺片及染成紅、黑、白三色之長山羊毛作排狀裝飾。這種盾牌在西里伯島分佈頗廣，北部之Gorontalo（東北半島，臨Tomini G.）亦得見之[35]。

To-Lampu分族（居住於Gulf of Boni岸之Boeraoe與Golf of Tomini岸之Mapane間一帶）亦有與上述同樣的木盾。不過To-Lampu分族還有另一種藤盾（圖58：D），此種藤盾之形態與木盾相似，但常較平闊，編織頗為美觀[36]。東南西里伯之Lake Matanna及Lake Towuti一帶的盾牌亦與上述者相同，設非樸素染黑之木盾，即為藤皮編結而成的藤盾，但亦有裝飾有山羊毛和海螺殼，與Lake Posso一帶相同的狹長木製裝飾盾[37]。

西里伯島盾牌的另一形式，分佈於東南半島Kolaka（臨Golf of Boni）至Kendari Bay一帶。此種形式之盾牌為木製，高約120cm，寬20cm,中部作稜線凸起，頗為明顯，但盾身中部之寬度則較兩端略小。盾牌邊緣附有人髮結成的穗狀物，稜線上有時亦有同樣裝飾[38]。

西南部的Toradja分族（居住Paloppo附近一帶）之盾牌（圖58：H）屬於又一型式，比上述中央部和東南部諸地盾牌闊而短，大小不一，普通長約75cm，寬約50cm，作長方板狀，盾面中央無稜線隆起，但多以褐、黑、白三色塗繪以相當複雜幾何圖形：上端，輪狀紋；下端，方格形紋；邊緣，銅錢紋；最下端則為櫛齒紋。但亦有無紋彩而僅以芋貝片為裝飾者[39]。

---

[35]Paul und Fritz Sarasin: *Reisen in Celebes,* Vol. I., 1905, Wiesbaden, p.271.

[36]*ibid.*

[37]*ibid,* p.320.

[38]Paul und Fritz Sarasin: *Reisen in Celebes,* Vol. I, 1905, Wierbaden, p.340.

東北半島的**Minahassa**族是西里伯島的最開化的土人，他們信奉基督教，其生活習慣已漸與歐人相同，故**Minahaassa**族今日已無西里伯島他地常見的舊式木製盾牌，但卻持有摩鹿加式的黃銅片製成的具有鏤彫裝飾者。這種盾牌的來源如何，不明[40]。但，在**Tomori-Bay**亦曾有過這種銅盾[41]。

盾牌除用作防禦武器外，頗多用作舞樂用具者，婆羅洲如此，西里伯島亦如此。**Fritz Sarasin**氏在他的《西里伯旅行記》[42] 一書中，報告他參觀戰舞的情形：

> 其後吾等受招待觀賞戰舞，然吾等被告以莫過於側近，恐舞者過於興奮時，有意外也。二Toradja人出，各一手執Klewang（或作Kalewang，印尼式長劍——筆者按），一手持木盾。木盾以黑、白、紅之山羊毛為飾，並以小骨片與蝸牛殼嵌鑲之。舞者作嘻嘻，咿咿之叫聲，互作進退。俄而一老者出，亦持盾執劍，指手劃腳，亦作喚聲，至吾等之前，以卑夷之表情睨視吾等，眾人嘩然而笑。其後又有二人出，皆持長草作矛，作互刺狀，以盾承之，狀頗熟練[43]。

這種持盾執劍之舞，在西里伯島是相當普遍的，全島各地均有之，即今日已開化之**Minahassa**族，昔日亦頗盛行[44]。

---

[39] Albert Grubauer: *Celebes,* 1923, Darmstadt, p.48 & pl.66；岸本彩星童人：《南方共榮圈の民藝》，日本昭和18年，東京。

[40] Sarasin: *Op. cit,* p. 48.

[41] G. W. W. C. Baron van Hoevell:"Nog iets over Messing-Helmen, Schilden en-Pantsers", *I. A. E.*（*Internationales Archiv für Ethnographie*）, Vol. XVIII, p. 97.

[42] Sarasin: *Op. cit.*

[43] *ibid.* pp. 257-258.

㈣東印度外圍諸小島

本節所謂東印度外圍諸小島，指北起台洛爾群島南達小巽他群島一帶在地圖上作點點相連的島嶼。這些島嶼位置恰在Wallace's Line與Weber's Line之間，其中摩鹿加群島東接新幾內亞，為東南亞的東限，小巽他群島南望澳洲大陸，為亞洲之南端，在生物人種上頗見混淆，在文化系統上亦顯欠純一。盾牌亦然，在這一區域中，我們既可找到東南亞的文化特質的長盾，同時亦可獲得可視為長盾的初型之棒盾及屬於較進步型式之圓盾。

摩鹿加群島各地的長盾，在形式上幾乎完全一致，均作屋頂形，腰部甚細，而寬度亦小。哈瑪希拉，摩羅泰（Morotai）所常見的盾牌，木製，長約50-75cm；寬約：中央部5cm，兩端10cm。表面凸出，盾面塗黑色，並鑲以貝片，作花瓣狀花紋或簡單幾何圖形，但亦有未施有鑲嵌的⁴⁵。

布魯（Buru）的長盾（圖58：E），盾面沒有花紋，Riedel氏在他的 *De Sluik-en kroesharige rassen tusschen Selebes en Papua* 書中所舉的五例均如是。西蘭的長盾（圖58：F），盾面則以紅、黑兩顏色塗繪以幾何圖形或蔓草花紋，即所謂「唐草花紋」，但也有鑲嵌以貝片的⁴⁶。

---

④Walter Kaudern:*Games and Dances in Celebes*書中揭有持盾舞蹈之照片。

⑤Halmahera en Morotai,"Mededeelingen van het bureau voor de bestuurszaken der buitenbezittingen bewerkt door het Encyclopaedisch Bureau", Aflevering, XIII, 1917, p. 69.

⑥Visser: *Over ornament Runst van Seram, Volkenkundige opstellen I.* Amsterdam, 1917, pl. 1-11.

　　台洛爾群島的盾牌在形態上亦與上述屬哈瑪希拉，摩羅泰者相
同，但在此以外，另有一種長盾（圖58：G）存在，這種長盾，在
盾牌式樣豐富繁複的東印度諸島亦稱特色。其盾牌較上述者為大型，
長約140cm，寬（最寬處）約20cm，分冠部和盾身二部分，盾身
有稜線隆起，故與摩鹿加群島他地所分佈者仍不無因緣；冠部頗特
別，有二道背狀隆起，與肩部（即最寬處）聯接的地方有卵形魚鱗
狀突出。**J. D. E. Schmeltz**氏以為這種形態當與蜥蜴之頭部形態有
關，因為蜥蜴類動物，在東印度土人的宗教思想上佔有重要地位，
又，東印度的裝飾紋樣中，蜥蜴亦為最重要的一種[47]。

　　阿魯那拉島（Adoenaroe）盾牌如圖59：A所示，木製棕色，
形狀與屬婆羅洲者略同，亦作屋頂形，中央部塗黑色，有線彫裝飾，
圖59：A_2表示其裡側及把手。盾牌高67cm，寬25cm，頗屬小型[48]。

　　阿羅爾（Alor）島的盾牌作棒形（圖59：B），顯與澳大利亞
土人之棒盾有關（參閱後文所論）[49]。威特島（Wetar）的盾牌則
可視為其西鄰之阿羅爾島之棒形盾牌有關。如圖58：I所示，威特
島盾牌以二部構成，其一為Eralili，另一為Kalau。Eralili（即護手
部分——見後）為一厚約0.6cm之牛皮，作十字形，上下二出寬度
不同，下出之末端之最寬處為24cm，自此最寬處向末端收縮，成
鈍角形（作圓形者較少，但本文揭其一例——圖58：I）。上出之

[47] J. D. E. Schmeltz: "Schilde von den Talaut-oder Nanusa-Inseln", *I. A. E.* Vol. II, 1889, pp. 163-164.

[48] H. ten Kate: "Beiträge zur Ethnographie der Timor gruppe", *I. A. E.* Vol. VIII, p. 9.

[49] Heine-Geldern, *Südostasien Illustrierte Völkerkunde,* Stuttgart, 1923, p. 878, Fig. 546.

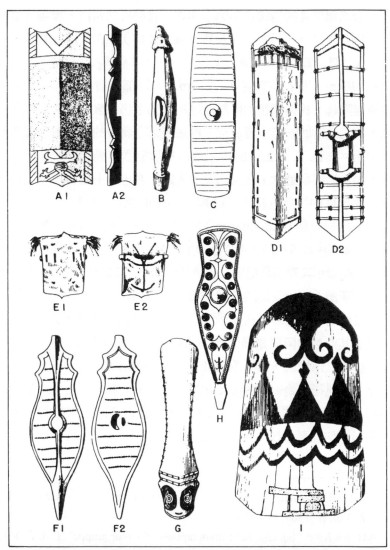

圖59 東南亞盾牌(3) A. Adoenaroe; B. Alor; C. Java; D., F. Nias; E.,
G. Batak, Sumatra; H. Mentawei; I. Engano.
　　A.採自H. ten Kate; B.採自Heine-Geldern; C.採自T.S. Reffles;
　　D.,F.採自Modigliani; E.採自Giglioli; G.採自清野謙次；H.,
　　I.採自O. J. A. Collet。

起端寬為17cm，末端則為23cm。兩翼有山羊毛垂飾。Eralili之正中有一開孔，孔前以Kalau覆之。Kalau（即棒盾部分——見後）為一拱形木棒，中央大而兩端小，長約53cm，中部厚6cm，全體以皮條環縈之，僅兩端可見出木質而已。Kalau中央亦有毛飾，並覆以另一牛皮。一繩繫於Kalau中央，經Eralili正中開孔向後穿出，以供武士執用。又，Eralili全高48cm，全寬41cm[50]。

梭羅爾島（Solor）有一種弓盾，亦屬長盾形式，但當與新幾內亞南端之阿盧（Aru）島人所用者屬同一系統[51]。

㈤蘇門答臘（附爪哇）

蘇門答臘及其西南之尼亞士（Nias），孟大威（Mentawei），恩加奴（Engano）諸小島的住民均尚有盾牌的應用，但蘇門答臘本島於近年尚保有長盾者則僅Battak一族，北方之Gayo族和Atjah族人均持用圓盾。

爪哇今日已無盾牌，但其舊有盾牌屬長盾形式。

義大利人類學Elio Modigliani氏在1890年調查蘇門答臘中央高地Toba湖一帶的Battak族時，曾採得該族盾牌一件（圖59：E），Henry Hillyer Giglioli氏曾記述該標本，謂：「Battak族的盾牌頗小，長方形，以牛皮製成，稱lombu lombu，有時飾以藤皮或馬鬃[52]。

---

[50]A. Baessler: "Ethnographische Beiträge zur Kenntnis des Ostindischen Archipels," *I. A. E.* Vol. IV, pp. 74-75.

[51]Heine-Geldern: *Op. cit.,* pl. 34.

[52]Henry Hillyer Giglioli: "Note on the Ethnographical Collections in Central Sumatra and Engano", *I. A. E.,* Vol. VI, p. 121.；又請參閱Elio Modigliani 之原著書*Fra I Batacchi Indipendenti,* Roma, 1892, p. 128,Fig. 33.

但，這種盾牌現在已成玩具或骨董，而不再是一種戰具了」[53]。

Battak族是負有盛名的食人肉（cannibal）的民族之一，也許他們是東南亞現在食人肉的唯一民族。在Pak-pak地方，食人肉是一種刑罰。被食用的人為負傷或被殺的敵人，盜賊，通姦者等。罪人被縛著拉到公廨，經過宣判後，即以槍或劍刺殺之。把手臂和腦袋割下來後，他們把腦袋拋在地上，圍著跳起舞來。在跳舞的時候，左手持盾，右手執槍，用武器穿刺著該腦袋[54]。Pak-pak地方的Battak族人在食用人肉的舞蹈所持用的盾牌，具顯著的長盾形式（圖59：G），張以人皮，其下部有人面紋樣，上端在跳舞時，飾以雞羽三束。

尼亞士島有兩種盾牌，一種稱為balúse，另一種稱為dágne。Balúse（圖59：F）之應用遍於全島各地，為以輕質木材做成，作樹葉狀，長短因使用者之高矮而異，大概在120-130cm之間。盾牌厚約1.0cm，但盾背則達10.0cm。為防止盾牌沿木紋破裂，盾身有以藤皮縫綴之與盾背成直角之加強構造十餘道。背面之中心部開二孔，左大右小，即為其把手。尼亞士島北部的另一種盾牌——dágne（圖59：D）——略作六角形，頗笨大，長約150cm，寬約35cm，重約5000gr，攜帶相當不便，故這種盾牌非如balúse為上陣時之所用者，而為守衛堡壘或固定崗位之戰士之防禦武器。把手以二弓形木縛紮於盾背而成，其持執方法為將手臂伸入上面之一弓形木與盾背所形成之空隙中，而以手掌握於另一弓形木之弓背上[55]。

尼亞士島南邊的孟大威島之木盾（圖59：H）作長盾形，略作

[53]Edwin E. Loeb: *Sumatra, its History and People,* 1935, p.27.

[54]清野謙次：《スマトラ研究》，昭和18年，東京，pp. 107-108.

[55]E. Modigliani: "Les Boucliers des Nias", *I. A. E.* Vol. II, 1889, pp. 214-217.

外凸內凹。盾面有螺旋花紋。其把手構造與尼亞士島之balluse相同，唯在相當於把手部分之盾面蓋覆有一個銅盤或椰子殼⑤。

　　恩加奴島人所用的盾牌，可說是一種移動堡壘。這種盾牌僅能置於地上，而不能持執使用，高達180cm，寬約70cm，重約24000gr，外面作凸形，上端作圓形，木製，其表面刻有裸體男像，但亦有僅彩畫以簡單幾何圖樣者（圖59：I）⑤。

　　在爪哇、峇厘諸島我們已不能復見盾牌的存在，不過在這些地方，昔日亦有過盾牌分佈。十九世紀初葉Raffles氏寫《爪哇史》⑤即揭有二例於其書中，一作長形（圖59：C），一作圓形。大英博物館所藏爪哇長盾亦與Raffles氏所揭者相同⑤。

㈥中南半島和亞桑地方（附中國西南地方）

　　馬來半島（Malay Peninsular）今日可說已無盾牌的踪跡，我們僅於諸民族學博物館中見到一二已成陳列品的古舊圓盾，但東南亞大陸的其他地域卻仍為長盾的主要分佈區。在越南（Indo-China），有Moi族的方形皮盾，Kaseng族的附有橫把手並覆以皮革的木盾；在緬甸（Burma），有Kachin, Chin及Lushei諸族的皮盾；在亞桑有Garo族及Naga系諸族的木製、竹製或革製盾牌。上面所舉諸族盾牌中，亞桑的Naga系諸族所持有者，可謂具有最顯著的長盾形式，所以我們在下文再予詳記。

　　Naga系諸族的盾牌（圖60：F-H）有皮製的，有木製的，亦有竹製或藤製（編織而成者）的。Angami Naga人的盾牌是犀牛、象

---

⑤O. J. A. Collet: *Terres et Peuples de Sumatra,* 1925, p.80.

⑤Giglioli: *Op. cit,* p. 130.

⑤Thomas Stanford Raffles: *The History of Java,* 2nd ed., 1830.

或水牛皮製成的，長約150-200cm，但普通長度以150-165cm者為多，上端闊約60cm，下端則漸小，僅約45cm而已。盾後附一繩及一木製橫把手，以供懸掛或持執之用。儀式用盾牌常較輕便，以竹片編成。少年人所用盾牌盾面繪畫有各種花紋，據謂圓形紋代表太陽；老年人所用盾牌則以虎豹之皮覆蓋，而以竹片縛緊。老練的武士可以持用盾面裝飾以熊皮裁成的頭顱紋樣或人像紋樣，而且更可在竹片的夾縫間插入以染紅的山羊毛。這種盾牌有時在盾緣環圍以熊皮。它的背面附有一條皮帶，故可持用作為防禦武器。儀式用盾牌之上端二角各有一伸出，長達60cm至90cm，飾以人髮；中央部有山羊毛裝飾物，長度與其兩邊之伸出相同，其下面三分之二染以猩紅顏色。又，儀式用盾之上端常刻有二凹槽，下有白紋，而其邊緣則以孔雀或雄雞之羽毛為飾[60]。

　　Sema Naga人的盾牌（稱azhto）普通以竹片編織而成，其邊緣圍以較粗大的竹條，裡面附有橫把手，把手略作拱形。盾牌之一端為方形，另一端為圓形，通常方形之一端較寬。有時盾面全面蓋覆以熊、牛等動物之皮革，但有時則僅塗繪以黑色圖形，圖形以圓形紋或波狀紋為多。在出陣的時候，圓形之一端向上，但在儀式應用時，則適與此相反，而且更飾以染紅山羊毛穗狀物等。Sema Naga人亦有皮盾。但此等皮盾乃自Sangtams, Changs, Yachumis輸入者。以水牛皮為之，寬與編織盾略同，約60cm，但長則不若編織盾，僅90cm左右（編織盾通常120cm），盾面中央部作稜角，形成屋

---

[59] *ibid;*

　　British Museum, *Handbook to the Ethnographical Collections,* 2nd ed., 1925, p.96.

[60] J. H. Hutton: *The Angami Nagas,* 1921, pp. 35-36.

圖60　A. 維砂亞的酋長手持盾牌（採自A.L. Kroeber）；B 維砂亞戰士手
持盾牌（採自A.　L.　Kroeber）；C. 婆羅洲戰士手持盾牌（採自
Marryat）；D.苗族武裝圖（採自末永雅雄）；E. 苗族持盾圖（採
自芮逸夫先生苗圖）；F.-H. 亞桑地方 Naga 族戰士持盾圖（均採

頂形，裡側附以縱把手。皮盾盾面塗施黑漆[61]。

前文我們敘述西里伯島的盾牌時，曾說明盾牌用作舞具，記載婆羅洲盾牌時，曾述及盾牌用作樂器，但在Naga族間我們卻發現盾牌的另一用途，即與前述紅頭嶼一樣，被用作防禦邪魔的法器。Naga族的村落間如發現有人患病，他們便以為病魔侵入村落，為了迴避病魔，男人們都全副武裝，帶著婦孺，急速的離開村落，避到山間去。約住了一個月，然後回來。他們從山間回到村落的歸途中，戰戰兢兢地持盾前行，因為他們相信槍盾等武器亦可以對付眼不能見的邪靈。又，在人死的時候，他們把盾牌置於墓上[62]。

我國西南邊民，在系統上與中南半島諸族甚為接近，則他們是否持有長盾，為頗值得考察的問題。筆者曾力事搜求，唯尚未獲得例子。但是，以前他們之間曾使用過長盾，卻是毫無疑問的。從圖60：D和圖60：E二苗圖我們可得到證明，且可窺知其形制。圖60：D苗圖見日人末永雅雄《日本上代之甲冑》[63]第129圖，圖下註明「苗族武裝圖」（據京都帝國大學文學部東洋史研究室藏苗圖），原圖不得見，故是否另有說明，不得而知；圖60：E苗圖為芮逸夫先生所藏照片複印圖片，全套八十二幀，此為其三十九。附七絕：

> 頭標白羽短青色，九股苗蠻勇力稀，
>
> 手挽強弓身裹鐵，口啣利刃走如飛。

其下有註釋：

> 九股苗在興隆衛凱里司，武侯南征後，遺九人，遂為九股。

---

[61]J. H. Hutton: *The Sema Nagas,* 1921,pp. 24-25.

[62]Gertrude M. Godden: "Nágá and Other Frontier Tribes of North-East India", *Journal of the Anthropological Institute,* Vol. XXVI, pp.192,200.

[63]末永雅雄：《日本上代の甲冑》，日本昭和9年，東京岡書院版。

衣尚青，頭標白羽，性剽悍，曳長弓曰偏架，三人共張，矢
無不貫，有牛尾鎗與九子炮相埒，戴鐵盔，披短甲，下用鐵
鍊圍身，鐵片裹腿，左手持木牌，右手執標桿，口啣利刃，
捷走如飛。

　以上所揭二苗圖中之盾牌，自圖畫所示，當為木製（圖60：E盾
牌，上引注釋，則已指出其為「木牌」），長約人身之三分之二（圖
60：E），或幾與人身等長（圖60：D），寬約盾長之四分之一，
上端大而下端略小（圖60：E盾牌更為明顯），作外凸內凹，縱把
手，在形態上，與Naga族盾牌及爪哇古盾頗為相似。

三、近人關於盾牌的研究

　上文我們記述臺灣及東南亞各地的盾牌，我們將進而討論其型
式分類及地理分佈，但，在未分析我們的材料之前，我們略述近人
關於盾牌的研究。

　東南亞為世界之一部份，東南亞以外，歐、美、非、澳各洲及
亞洲大陸亦均有盾牌的分佈。世界各地的盾牌形態及分佈如何？東
南亞盾牌在世界盾牌中的地位如何？為研究東南亞盾牌之亟應先了
解之問題。

　我們特別提出東南亞地區的盾牌作比較研究，原因有二：(1)東
南亞為世界上盾牌形態最豐富的地方，在問題的解釋上，我們可獲
得較多的資料；(2)東南亞的盾牌與臺灣土著盾牌類似之點最多，臺
灣土著盾牌可視為東南亞盾牌的一型式。

　本節記述近人關於盾牌的研究，側重於與東南亞有關者，故雖
為盾牌研究而與東南亞沒有關係之專文⑧多從略不述。而且，即屬
東南亞盾牌之記載，亦僅限於其顯著而主要者而已，因為散見於諸

民族學調查報告或專書論文的零星資料，我們多以納入於二、三兩
節中，讀者可自該兩節附注引用各書中獲知其詳，這裡不予贅述。
所以，我們在本節中僅擬提出Pitt-Rivers, Heine-Geldern和George
Montandon三氏的業績。茲分段簡述於下。

㈠Pitt-Rivers氏的盾牌演進說

　　Pitt-Rivers氏的盾牌研究，雖未及於東南亞，但因為他是最先
注意到原始武器的人，他的盾牌演進說對後人的研究，影響很大，
所以在這裡首先記述。Pitt-Rivers生於進化論風靡著整個歐洲的十
九世紀。他的思想免不了受到這種理論的影響。他是一個軍人，由
於目睹槍礮在日新月異地進步，他覺察到這種進步係由部分的些微

㉔研究盾牌之專文，其討論範圍未及於東南亞者，有如下諸文：
Nuttall（Zelia）: "On Ancient Mexican Shields" *I.A.E.* Vol. Ⅴ（1892;
Frobenius（L.）："Die Schilde der Oceanier", *Naturwissenschaftliche
Wochenschrift*, Vol. XV（1900）; Luschan（F. von）: "Schilde aus
Neu-Britannien"，*Zeitschrift für Ethnologie*, Verhand Lungen.（1900）；
Foy（W.）: "Ueber Schilde beim Bogenschiessen", *Globus,* Vol. LXXXI
（1902）; Graebner（F.）: "Bogenschild aus Deutsch-Neuguinea",
Ethnologia, Vol. I.（1909）; Graebner（F.）: "Lederschild aus
Südamerika", *ibid.* Vol. Ⅱ. No.1（1913）; 有坂鉊藏：〈兵器沿革圖說
〉《日本東京帝國大學工科大學紀要》，第7冊第1號，東京帝國大學
印行（1916）; Etheridge（R.）: "Notes on Australian Shields, More
Particularly the Drunmung", *Jour. of Anthropological Institute,* Vol. XXVI;
Schebesta（Peter Paul）& Höltker（Fr. George）: "Der afrikanische
Schild", *Anthropos,* Vols. XVⅢ, XⅣ, XⅤ（1923-24-25）；Myres（John
L.）: "The Structure and Origin of the Minoan Body Shield", *Man.,*
（1939）．

修改（modification）積聚而成的。他乃相信人類的其他技術，工具和思想的進步一定亦是循著同樣的原則的。為了證實他的看法，從1851年起他開始搜集了大量的民族學標本，這些標本現在收藏在英國牛津大學的「Pitt-Rivers博物館」中。1867-69三年間，他以〈原始戰爭〉[65] 為題，連續在英國Royal United Service Institution作了三次演講，以同樣原理闡釋原始武器的進化。Pitt-Rivers氏的盾牌進化說，包括下列三點：

　　⑴盾牌的初型是一簡單木棒；

　　⑵盾牌的幅度由狹窄而寬大；

　　⑶盾牌的作用由撥格而遮阻。

　　Pitt-Rivers氏以為龜類的厚殼或獸類的硬皮，被用作防身之具的自衛階段，是需要經過一段悠長的時期的。人們最初的武器是一塊石頭或一根木棒。木棒（stick）漸漸變成棍棒（club），棍棒便是人們最初的防禦武器，圖61：A得自Fiji，圖61：B得自澳洲，圖61：C得自中非，圖61：D得自新幾內亞，圖61：E得自Friendly島，其作用均與澳洲的"malga"和"leowel"一樣被用以「接阻」（catch）或「撥格」（parry）敵人的飛箭。在澳洲，盾牌的原始形態是一根中間有一可供手執的開孔的木棒，其前部因所利用的樹幹的形狀而異，有的作圓棒形，有的作平板形。根據它們的形態，可以分為二類：一種在後來變成「有尖端圓形」（pointed oval），如圖61：G-I所示者，這種盾牌的盾面常刻有槽紋，備以「接阻」敵人的槍尖；另一種其盾面作尖形隆起，因為它的作用在使敵人的槍矛偏側於盾牌的一旁，如圖61：F1-F5所示。澳洲土人很熟練的利用這種盾牌

---

[65] "Primitive Warfare"三篇均發表於 *Journal of the Royal United Service Institution*，第一篇June 28, 1867；第二篇June 5, 1868；第三篇June 18, 1869，後均收載於 *The Evolution of Culture and Other Essays*（1906）。

來招架。

　　在非洲，盾牌的發展亦是沿著同樣的路徑的，它的開始亦是一根簡單的木棒或棍棒（圖61：J），然後沿著圖61：K₁，K₂，K₃所示形態發展，而成為Kaffirs人（圖61：L）的橢圓形盾牌和尼羅河上流地方的盾牌（圖61：M）。這些盾牌，雖為皮製，但自它的用以持執的木棒，可推測它的祖型；他們（非洲土人）和澳洲土人利用橢圓形盾的尖端一樣，用這根木棒擋開敵人刺襲過來的槍矛。又從古代雕刻所示，可知古代埃及和亞述有同樣的盾牌，Pitt-Rivers氏指出Rawlinson所示的古雕刻中之亞述小型盾（圖61：P），其正面有杙狀突起，可用以「接阻」或「撥格」敵人的武器。

　　Pitt-Rivers以為幅度較寬闊的盾牌是較後來的，其初型均較狹小。圖61：N所示尼羅河上流盾在形狀上與New Hebrides（圖61：O）者極為相像。Livy氏在記述Gauls人攻擊Mount Olympus, B. C. 189所用盾牌時，說它的幅度太小，不足以防衛羅馬人的投擲物。Walter Scott氏亦記述蘇格蘭人用盾牌來撥格的事。又，他以為圖61：Q所示中非盾牌是屬於相當原始的型式的。圖61：R所示採自新幾內亞及圖61：S所示屬於後Celtic期銅盾，均具有同樣形狀。圖61：T為Basutos人的水牛皮盾，它的構造與圖61：L所揭Kaffirs人的盾牌相同，其背面有一軸，但其兩旁之翼形伸出則似與圖61：U所示非洲西岸之Gaboon族的Fan人所用象皮製並有背軸的盾牌有關。

　　Pitt-Rivers氏以為上述在地域上相距很遠且屬不同系統之民族的盾牌，我們雖未能找到他們中間有什麼關聯，但他相信這些盾牌的形狀當出於同源[66]。

---

[66]Pitt-Rivers：*The Evolution of Culture and Other Essays,* 1906, pp.135 -138.

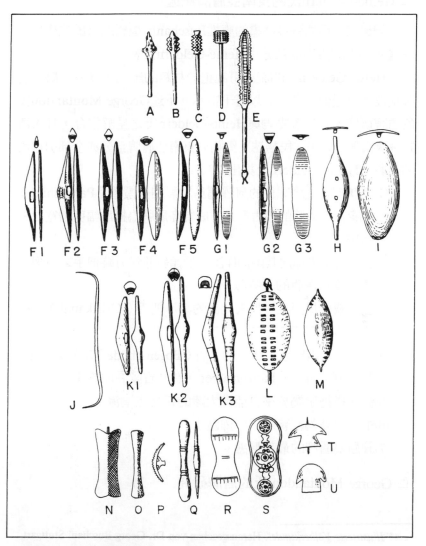

圖61　盾牌演進圖解　（採自Pitt-Rivers）

(二)Heine-Geldern氏的東南亞盾牌記述

記述東南亞盾牌最詳盡的應推Buschan氏編輯的《民族學》[67] 一書。該書的東南亞部分由Heine-Geldern氏執筆。

Heine-Geldern氏的記述可說止於材料的羅列，沒有什麼分析和整理，不過他亦給吾人以若干啟示。下述George Montandon氏的盾牌研究，在很多點均與Heine-Geldern氏之見解相合，日人清野謙次氏著《太平洋民族誌》[68] 關於東南亞盾牌部分亦全部引述氏的記載。Heine-Geldern氏指出：

(1)與澳洲有近緣關係的阿羅爾島木製細長撥盾（Pariershild）為東南亞盾牌的最古型式，威特島盾牌為撥盾幅度增寬之一形態；

(2)盾牌自中央部向其兩側作屋頂形傾斜並附有縱把手之盾牌為東印度尼西亞的一特徵；

(3)孟大威、尼亞士、呂宋北部的溝形把手（Griffkanal）可視為較古的形式；

(4)分佈於東南印度尼西亞的弓盾（Bogenschilde）屬於另一發展系列，編鎧（Panzernüber）為弓盾發展而成；

(5)複式橫把手屬於來自亞洲大陸的新文化潮流；

(6)中南半島為較新長盾分佈區；

(7)圓盾為盾牌的最新形態。

(三)George Montandon 氏的盾牌研究

---

[67] *"Illustrierte Völkerkunde"*, Herausgegeben von Dr. Georg Buschan, Stuttgart, 1923.

[68] 太平洋協會編，日本昭和18年出版。

綜合研究全世界各地盾牌,而討論其分類和分佈的,以法國學者George Montandon氏為最早[69]。他的分類有如下表所示:

表11-6　George Montandon氏的盾牌分類表

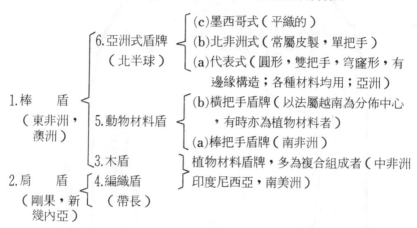

George Montandon氏把盾牌分為三類:(1)棒盾(bouclier bâton),(2)肩盾(bouclier d'épaule)和(3)正式盾牌(bouclier propre)。

棒盾亦稱撥盾(bouclier de parade),其作用在招架敵人的武器,以澳洲為其主要分佈區(關於盾牌的分佈,請參看本文所揭Montandon氏世界盾牌分佈圖——圖62)。澳洲棒盾,木製,作細長菱形,其中央部鑿一洞作把手。澳洲近旁的阿羅爾島和威特島,亦可找到棒盾。另一分佈區為非洲,其南部的Sulu, Zambeze, Barotśe諸族和東部的Moundou, Kitch, Dinkas, Chillouk等族之盾牌均屬棒盾。不過東部的棒盾已略有不同,即棒盾之上已另附有「護手」

---

[69]Dr. George Montandon: *Traite D'ethnologie Culturelle,* Payot, Paris, 1934, pp. 424-440.

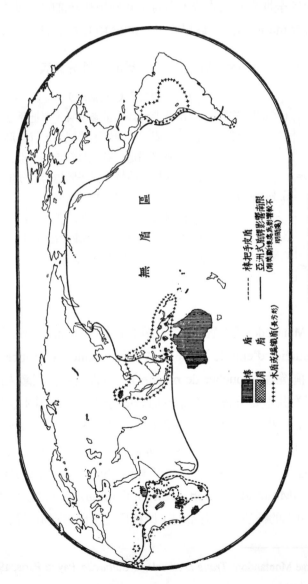

圖62 Montandon氏世界盾牌分佈圖

（garde）了。又，棒盾不見於新世界（美洲）。

　　肩盾又名籐盾，無把手盾，弓箭手盾，以新幾內亞為主要分佈地域，非洲之若干地方及中南半島亦可找到。新幾內亞東南海岸之肩盾為木製，有小榫眼，以便置於臂下；阿盧島（Aru Is.）者為編織物，作半筒形，有小孔，以便手臂從中伸出；Astrolabe者亦為木製，作圓形，上有「馬爾他十字架」（Cross of Malte）浮彫，甚笨重。又阿盧島和阿羅爾島並有皮製肩盾；梭羅爾島者亦為木製。在非洲肩盾之分佈不多，僅剛果（Congo）之Batona人及Albert河之Ouasungora人和Lendou人之間有之。法屬越南之Mon-Khmer族及亞桑地方之Naga族亦有肩盾，但均附有橫把手。

　　Montandon氏把正式盾牌分為三類：(1)植物材料者，(2)動物材料者，和(3)亞洲型式者。植物材料又分為二種，即木盾和編織者。Montandon氏以為木盾和編織盾來源不同，木盾來自棒盾，而編織盾來自肩盾。植物材料盾牌的分佈：在非洲，木盾在赤道雨林之外，而編織盾在赤道雨林之內；在印度尼西亞、新幾內亞一帶木盾較編織盾為多；在南美洲，則頗強度的分佈於Andes山脈之高原地帶上。動物材料盾牌亦可分為二種：一為棒把手，一為橫把手。棒把手僅能得於非洲，Sulu人之橢圓形盾為其好例，此種盾牌把手縱走，比盾身長，且不固著於盾身之上，僅以皮條聯繫於盾身，盾身可沿把手旋轉，或甚適宜於逃避刺襲於其上的槍尖，因其阻力可因之而減少的緣故。但非洲之另一種棒把手盾牌，如Massaï人，Acholi人，和Dinka人所用者，其把手則已漸固著於盾身之上。橫把手盾牌以法屬越南為其分佈中心，而及於中南半島全體及馬來群島，Moi, Chin, Lushei, Nagas, Kachin等族的盾牌屬之。亞洲式盾牌為Montandon氏之所謂正式盾牌之第三類，其特徵有四：(1)雙把手，(2)圓形，(3)中央隆起，和(4)周圍突出。材料有木、皮、藤、竹等，同時亦有金屬的。亞洲式盾牌亦可分為二種，一種以條狀物作螺旋形捲曲而成，另一種則以皮革或木板等物作成圓形。這兩種形式之系統各不相同，螺旋形者可見於Osmanlis，西藏和非洲之若干處所，非螺旋形者分佈較廣。亞、歐、非、大洋洲均有之。Montandon氏以為圓盾形式當與騎士有關，因為此一形式便於馬上使用。亞洲式盾牌乃屬於遊牧文化的。

　　Montandon氏並指出Polynesia一帶沒有盾牌的分佈。

四、東南亞長盾的型式分類

　　現在我們開始討論東南亞長盾的型式分類。我們的分類究竟應選擇何等標準？前文我們引述Montandon氏的分類，但是他的分類顯然不能使我們滿意。他把盾牌分為棒盾、肩盾和正式盾牌三類，他以為棒盾和肩盾不能算作正式盾牌，故用以與所謂正式盾牌對立，在原則上是沒有錯的，不過，棒盾的幅度漸次在展大，到那一種限度便應歸入正式盾牌的疇範內，是很難確定的，例如澳洲的橢圓形木盾（見圖61：G-I）當可稱為正式盾牌了；有很多肩盾，如Montandon氏所舉出的分佈於中南半島和亞桑地方一帶的肩盾（法屬越南的Mon-Khmer族及亞桑地方的Naga族的盾牌）在掛繩之外，並附有橫把手，亦與正式盾牌無異，所以我們以為Montandon氏的分類，似不無可修改之處。又，Montandon氏在他的第一次分類之後，更將正式盾牌分為植物材料盾牌，動物材料盾牌和亞洲式盾牌。以植物材料與動物材料並列分類，是最妥當不過的，可是以亞洲式的地域特性與所用材料對比，則不免有違分類原則，因為亞洲式盾牌中既有植物材料的，亦有動物材料的，當可歸入各自所屬的材料分類中，而且，棒盾和肩盾亦均屬此二種材料，故如以材料分類，則似應包括於此二種分類項內。**Montandon**氏的分類顯得如此混淆，在於他在分類之初並未釐定一分類標準，也就是說未將各盾牌之形態構造特性——如《人類學調查手冊》所列材料、形態、大小、外緣、剖面、構造、組成、把手……各項[70]——作過仔細的分析研究，雖然他在他的盾牌記述劈頭便提到盾牌的研究應注意其一般形態、把手、隆起、邊緣諸點。所以我們以為盾牌的型式分類，應自分析盾牌的形態和構造入手。

(一)長盾的形態分析

我們所收的例子中，阿羅爾島前衛戰士所用盾牌（圖59：B），顯然是屬於最原始的，是盾牌的初型，它具有盾牌的二個必要部分，一為盾身，一為把手。盾身是盾牌的必要部分，甚明；把手為盾牌的必要部分，亦很淺顯易見。因為，阿羅爾島的盾牌倘沒有把手，便不成其為盾牌，而僅是一根木棒；民大諾島、婆羅洲或其他各地的盾牌如沒有把手，亦不成其為盾牌，而僅是一塊木板、一塊皮革或一片藤竹編成板狀物而已。所以分析盾牌的形態，應先討論這兩個必要部分的異同及其演化。

盾身——盾身用以抵擋敵人的攻擊兵器，為盾牌的最重要部分。盾身形態不同，則盾牌的用法亦異。前述阿羅爾島盾牌的盾身，為一棍棒形物，其防護面積甚小，故這種盾牌並非用以遮阻攻擊兵器，而是供作把刺襲過來的槍桿撥開者，**Pitt-Rivers**氏在敍述盾牌的進化時，曾將這種作用闡釋得很清楚（見前），因為它的作用在「撥格」（parry）所以亦稱「撥盾」（parierschild）[71]。又因為這種

---

[70] British Association for the Advancement of Science：*Notes and Queries on Anthropology*, Fifth Edition, pp. 243-244.

盾牌的形狀和作用均與棍棒（club）近似，故又稱「棒盾」（club -shield）。但是，在原始防禦戰術上，盾牌的效用除了「撥格」之外，「遮攔」和「接阻」對敵的攻擊兵器，亦甚重要，為了完成這種任務，盾身乃漸趨寬大，而形成所謂「板盾」或「槍盾」（spear-shield）[72]。這種變化的序列，我們可自澳洲盾牌看得很清楚，上文我們引述Pitt-Rivers氏的理論時業經提及。又，在我們的例子中，威特島之例（圖58：I）亦可作為棒盾如何增加其寬度的說明。為了補助棒盾的功能上缺陷，威特島人在棒盾之後另附上一張硬皮，即Montandon氏之所謂「「護手」（garde）者，以供「遮攔」及「接阻」對敵的攻擊兵器。

盾牌的面積增大，防護效能亦增大，但同時卻又帶來它的弱點，就是目標大，則受攻擊的機會多，而且體積膨脹，運用不免感到困難，所以盾牌向闊大的方向發展，亦只能適可而止了。

不過，盾牌的幅度擴大雖受限制，它的演化——也許可說是進化——卻沒有中斷，千百年間，東南亞盾牌的使用者和製作者從經驗中領略到新的知識，也許他們從不自覺，但在自然而然中，盾牌不斷被改進，而與力學原理符合。我們以為比平板型更進步的半筒型和屋頂型的出現，便是他們進步的表現。這也就是東南亞盾牌之所以複雜多樣的一原因。

半筒型和屋頂型比平板型為進步，是很明白的道理，我們試以力學的原理解釋之。

根據力學原理，一外力作用於一斜面上，則此外力分解為垂直

---

[71] "Parierschild"一詞見Heine-Geldern前揭書，p. 879。

[72] "Club-shield"和"Spear-shield"二詞，均見N. W. Thomas: *Natives of Australia,* 1906, London, p. 82.

及平行二分力。平行分力與平面（斜面）平行，即發生剪力作用於斜面上，故斜面所受之直接壓力（direct compression）相等於垂直分力。

　　　　垂直分力=P cos θ
　　　　平行分力=P sin θ
　　　　（P=外力；θ 傾斜角度）

　　為使問題簡單，我們且假設所有作用於盾面之攻擊力均與盾身（指盾全體，下揭圖解中以a_1, a_2, a_3表示之）垂直，則平板型，半筒型及屋頂型各得"受力"（反作用力，Reaction，亦即持盾者所受之力）：

　　⑴倘外力作用於支點（即相當於把手部分之盾面）上，三種情形有同樣結果，即R=P（R=受力；P=外力）。但，倘外力作用於軸線（相當於把手安置部分之直線之盾面）上，三種情形亦有同樣結果，亦R=P，不過，均受力矩（moment）之影響。M=Pd（M=力矩；P=外力；d=力矩臂）。

　　⑵倘外力作用於支點或軸線以外之盾面上，則：

　　在平板型情形：R=P, M=Pd.

　　在半筒型情形：R=P cos θ, M=P cos θ ×d.

　　在屋頂型情形：R=P cos θ, M=P cos θ ×d.

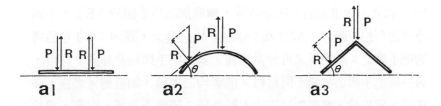

　　（在半筒型情形，θ 為過作用點切線與盾身a_2所夾之角，

在屋頂型情形，θ 為作用斜面與盾身a_3所夾之角。）

由於傾斜角度 θ 必在90°以內，故 θcos恆小於1，所以半筒型及屋頂型盾牌之持盾者所受之力，倘非作用於支點或軸線上，每比平板型者小。

把手——把手為盾牌的另一必要部分，則把手的構造如何，關係甚大，可作衡量盾牌的另一標準。把手可分為四種，即⑴洞把手，⑵縱把手，⑶橫把手和⑷雙把手。

洞把手亦即Heine-Geldern所謂溝形把手，就是在盾身鑿二相通凹洞，手指自左洞伸入，自右洞伸出，手執在洞與洞間之木樑上，故左洞常比右洞略大，但亦有左右兩洞大小相等的。北呂宋諸族、尼亞士島人和孟大威島人的盾牌之把手為洞把手之標準型式（圖57：A2, E2）。民大諾諸族的盾牌之凹洞有軸狀凸起，如另附一縱木（圖57：F2），可視為洞把手與縱把手（見後）之中間型式。阿羅爾島的長盾的把手（圖59：B）屬此型式，威特島盾牌之把手上另附一繩，可供持執，但其把手之構造則為與此型式最有近緣關係者。洞把手為構造最簡單的把手，把手與盾身屬同一材料（同一木材），在東南亞我們所發現的具有洞把手盾牌，均為木製。

把手作軸狀而縱走者稱縱把手，蘭嶼雅美族（圖56：B2），臺灣東部阿美族（圖56：A2），菲律賓維砂亞群島（現已廢棄，不可復見，圖60：B），菲律賓呂宋島Negritos，婆羅洲諸族（圖58：A2），西里伯島大部分盾牌，摩鹿加諸島（圖58：E），小巽他阿魯那拉（圖59：A2）及爪哇島（現已廢棄，圖59：C）等盾牌的把手屬之。縱把手又可分為二種，其一把手與盾身屬同一材料，另一則把手與盾身屬不同材料。前者均為木製，如臺灣阿美族、婆羅洲、西里伯、摩鹿加諸族的木製長盾；後者多為藤、樹皮、編竹等製品，如蘭嶼藤盾、婆羅洲古盾等。婆羅洲六角形木盾的把手，其把軸下亦常刻有凹洞者，與民大諾諸族盾牌之把手甚為相似。

　　橫把手可以蘇門答臘的Battak族（圖59：E2）和西里伯島的若干皮盾為例，即在一塊厚皮上，安上一條拱形橫木，用供持執。

　　雙把手在東南亞長盾間發現得較少，以北尼亞士的大盾（59：D2）為最著。這當為一新的文化潮流，圓盾的把手即多屬此型式。在攜帶和使用上，這種其一套在臂上，另一緊執手中的複把手，誠較便利和穩定。

　　臺灣排灣族盾牌的把手，我們所有的二十五例中，九例屬單式橫把手，十六例則在單式橫把手上更附有一藤製副把手，副把手與把手成倒置丁字形，其用途如何？不得而知，但筆者以為或許為雙把手退化下來的遺形。

　　把手是盾牌的必要部份。沒有把手，則盾牌便不成其為盾牌。不過，在我們搜得的例子中，卻有沒有把手的（圖59：I），又，亦有其把手已為掛繩所代替的。恩加奴島的盾牌，高180cm，寬達70cm，重24,000gr，如此笨大，以把手持執使用，自屬不可能，所以把手失卻了效用。這種盾牌被置於戰場的一隅，戰士躲在其背後作戰，它實在可說已脫離了盾牌的領域，而成為一種移動堡壘了。我國古有藩盾，見《周禮・夏官》，王氏應電曰：「藩者，藩牆之義，其制當高廣於人所持者，行則斂之以待用」。或即指此歟？

　　以上我們分析盾牌的兩個必要部分，現在再進而討論盾牌的材料和其附屬部分。

　　材料——在分析盾牌的形態的時候，我們討論盾牌的材料，因為材料每每是決定盾牌形態的一重要因素。東南亞盾牌，從材料上言，均屬動植物材料（西里伯島Minahasa和Tomori Bay的銅製盾牌可視為例外，因為它是接受新文化潮流以後的產物），即厚皮類動物的皮革、藤、竹、木材等，其中尤以木材占多數。

　　筆者在研究本題時，所收一百五十二個例子中，確實知道它所用材料者，即有一百二十八例為木盾，佔全部百分之八十四強。木盾常窄而長，東南亞的盾牌型式想與其所用材料——木材——之性質不無關係。木盾作長形的原因，可以木材之**屬性**說明之，木材文理縱走，故宜長而忌寬。這亦是盾身幅度受限制的另一原因。（上面我們討論盾身的構造時，指出盾身幅度增大，則目標大，且運用不便。）為了補助木盾之盾身免於破裂，加強構造顯屬重要。

　　在木盾的加強構造均與木理垂直，即均為橫行，因為木盾雖長，但折斷的可能性小，而沿木理破裂的機會則較多。東南亞木盾的加強構造，在構成上的差異不大，可大別為二種，一種以藤皮縫綴於盾身上，臺灣排灣族、菲律賓呂宋島諸族、尼亞士島人所用盾牌之加強構造屬之；另一種則附竹片或藤片於盾面（有時盾背亦附有同樣的竹片或藤片），然後以藤皮將之緊縛於盾身。臺灣鄒族、菲律賓民大諾島諸族、婆羅洲諸族的大部分盾牌之加強構造屬之。

　　臺灣排灣族長盾亦為木製，但其構造，在東南亞盾牌中為一特色。東南亞木盾之盾身多為一木彫成者，其大多數把手且與盾身屬同一木材，而排灣族之盾牌，則多為二塊木板拼合而成（我們的二十五例中，僅圖52：A及圖53：C二例為一木彫成者），兩板之間以藤皮緊紮之。這種構造，能增加盾牌的強韌性（flexibility），故可視為比較進步的構造。

　　東南亞盾牌的另一種重要材料為皮革，皮革被用作盾牌的材料是相當普遍的，而且直到較高的文化階段還被應用著。北美洲的多數原始民族利用野牛皮的最厚部分製作他們的盾牌。New Hebrides的居民則利用鱷魚（alligator）的厚皮製作之。非洲Gabboon地方的Fans人用象皮製成他們的大型方盾。東非的Wadi, Wagogo和Abyssinian人則持用野牛皮或其他類似材料製成者。這與Herodotus

時代的Ethiopians人相同，據謂Ajax所用的盾牌以七層厚皮做成，其上覆蓋以一層黃銅片，據謂Hector的槍刺透其六層，而為第七層所阻擋。中非的Kelgerés，Kelowi和Tawarak人的盾牌則以羚羊皮（Leucoryx antelope）製作。又犀牛皮的盾牌可見於Nubia；黃牛皮的盾牌可見於Fernando Po。印度大部分地方的盾牌亦均用犀牛皮或水牛皮[73]。

　　原始民族以動物的皮革製作盾牌的例子，多得不勝枚舉，在東南亞的範圍內，即有很多好例，比如蘇門答臘的Battak族、西里伯的Toradja族，中南半島和亞桑地方的Moï, Kachin, Chin, Lushei, Garo和Naga諸族的盾牌即以牛皮製作。又Gayo族、Dusun族和小巽他諸島的圓盾亦以牛皮覆其盾面。

　　除了上述二種材料以外，藤、竹、樹皮亦被用為盾牌的材料。藤製盾牌如蘭嶼雅美族之所持用者，可視為相當原始的。在東南亞其他地域，我們未能找到同樣盾牌，其為自生抑屬傳來？仍為一待決問題。蘭嶼的物質文化，言語風俗均與其南鄰的Batan島相似，鹿野忠雄博士曾就其各方面作過詳盡的比較，可惜他未提及盾牌。又，藤條竹篾編成的盾牌，過去婆羅洲亦可找到，只是今日已廢棄不用了。今日我們僅能自印度亞桑地方找到較多藤竹編製的長盾。

　　尖角和伸出——東南亞盾牌形態的複雜多樣，前文我們雖指出其原因在於使用者和製作者日新月異的不斷在構造上求進步，但其另一重要原因卻在盾牌的尖角和伸出上。民大諾島盾牌的兩側各有三尖角，盾牌全體形成三節；北呂宋盾牌上有三出，下有二出，盾牌全體作獸皮形；婆羅洲盾牌上下各有一尖角，盾牌全體作長六角形；尼亞士盾牌上下各有一伸出，盾牌全體作樹葉形……這些尖角

[73]Pitt-Rivers: *Op. cit*, pp. 135-138, pl. XVI.

和伸出到底有何用途和意義，是很難推測和說明的。不過筆者相信這些尖角和伸出的形成，當有所本，而不是不可解釋的。

東南亞的盾牌，其盾身作平板型者，以民大諾島之盾牌為最著。民大諾島盾牌，我們所獲得的例子均為木製，但其形態卻很容易使我們推想它的祖型乃以皮類製作的。在上面我們已經指出，原始民族以動物的皮革為盾牌的材料，是相當普遍的。民大諾式的盾牌的祖型想為皮革製成，因為它還保有可想為皮製的特有形態。新的材料代替了舊的材料，但卻每每模倣著舊材料的特徵形態而製作，這就是所謂「意匠」（skeuomorphs）的原則。早期的銅斧常常模倣著石斧的形態，要到後來熟悉了銅的屬性，人們纔曉得製作較薄而口刃較闊的具有銅器屬性形態的銅斧。非洲、美洲原始民族所用的水壺，有很多與瓢簞的形狀相似，另有一些與木器、編籠、皮袋、或駝鳥卵殼形狀相同[24]。臺灣高山族所用的器物亦可找到很好的例子：阿美族所用的扁平手提陶壺，在其頸部有陶製帶狀裝飾，其祖型想為皮袋，這帶狀物，想為模擬皮袋縮口皮帶而製作者；排灣族的火藥筒模倣水牛角的形狀；卑南族加路加蘭（Karukaran）舊社遺跡出土的銅鐲，似與阿美族所用的貝鐲在形態上有近緣關係；又雅美族所用的木製圖案標準器則似與山羊角有關[25]。我們以為民大諾島盾牌的節與節間幅度最大部分（即兩邊尖角部分）及其上所附緊縛於盾板上（現在可視為一種加強構造）之竹條，當為用以撐直皮革

[24] R. U. Sayce: *Primitive Art and Craft,* 坪井良平日譯本題作《未開民族の文化》，本文所引自日譯本，pp. 116-117。

[25] 陳麒繪圖，國分直一解說：〈臺灣原住民族工藝圖譜〉，載《臺灣公論報副刊・臺灣風土》民國38年1月25日，6月6日，6月27日，39年4月3日諸期。

之竹條或木棒之遺形。至於Mandaya族盾牌（圖57：G）的盾身，其中節甚長，闊度狹小，兩邊尖角亦較不明顯，想去其祖型當屬較遠。

呂宋島Kalinga族的盾牌伸出甚長（圖57：A），它的用途據說上面的用供在休憩時持執，下面的在肉搏時可用以叉住敵人的頭顱，但是Tinguian、Bontoc諸族者（圖57：C）則漸短縮，Ifugao族者（圖57：E）則僅有上面一伸出，現在已消滅的維砂亞群島盾牌（圖60：A-B）和臺灣阿美族盾牌（圖56：A）與Ifugao族者相似，當屬同一型式。

東南亞的盾牌形態繁多，我們未能一一檢討，但依照上面所討論，我們以為複雜畸形的形態，並非即為進步的形態，許多具有複雜畸形的形態的盾牌，正朝向簡單實用的方向演進。簡化了形態後，它們卻在構造上求進步。我們以為排灣族的盾牌，在形態上雖只是黃金分割比例的四方形，甚為樸素，但足以視為進步型式。

又，盾牌的研究，其邊緣的構造如何，甚為重要，但東南亞盾牌既以木盾為多，木盾之邊緣不需要任何輔助構造，故在這裡從略而不予討論。至於婆羅洲的編織盾和樹皮盾（圖58：B）之外緣，則可視為加強構造之一種，因編織盾和樹皮盾乃以多數零碎材料編合而成，外緣構造可把所有材料連結在一起，故屬必要。

(二)長盾的四大類型

根據上文所討論，我們以盾身構造的異同為第一次分類標準，可得四型，即(1)棍棒型，(2)平板型，(3)半筒型和(4)屋頂型。我們以為一部分的平板型盾牌，可能乃由棍棒型盾牌展寬其盾身的幅度而成。半筒型和屋頂型盾牌，比諸平板型者，可目為較進步的類型。又，我們再以其把手構造的異同為第二次分類標準，則可得十四式。

這種分類，著重構造上的不同，每一式中，自不免包括材料和形狀略有差異的盾牌。

現將四型十四式及其分佈地域列表如下（並參閱圖63所示型式）：

表11-7　東南亞長盾型式分類表

第壹型 棍棒型	洞把手甲式 ── 阿羅爾島(Alor Is.)⋯⋯⋯⋯⋯⋯⋯⋯⋯⋯⋯⋯⋯	Type Ⅰ Aa
	洞把手乙式 ── 威特島(Wetar Is.)⋯⋯⋯⋯⋯⋯⋯⋯⋯⋯⋯⋯⋯	Type Ⅰ Ab
第貳型 平板型	洞 把 手 式 ── 民大諾島(Mindanao) ⋯⋯⋯⋯⋯⋯⋯⋯⋯⋯	Type Ⅱ A
	縱 把 手 式 ── 紅頭嶼，維砂亞群島(Visayan Is.)， 婆羅洲(Borneo)⋯⋯⋯⋯⋯⋯⋯⋯⋯⋯⋯⋯⋯⋯⋯⋯	Type Ⅱ B
	橫 把 手 式 ── 西里伯島(Celebes)，蘇門答臘(Sumatra)， 亞桑地方(Assam)⋯⋯⋯⋯⋯⋯⋯⋯⋯⋯⋯⋯⋯⋯⋯	Type Ⅱ C
	無 把 手 式 ── 棱羅爾島(Solor Is.)，亞桑地方(Assam)⋯⋯	Type Ⅱ E
第叁型 半筒型	洞 把 手 式 ── 尼亞士島(Nias Is.)，孟大威島(Mentawei Is.) ⋯⋯⋯⋯⋯⋯⋯⋯⋯⋯⋯⋯⋯⋯⋯⋯⋯⋯⋯⋯⋯⋯	Type Ⅲ A
	縱 把 手 式 ── 爪哇(Java)，中國西南 ⋯⋯⋯⋯⋯⋯⋯⋯⋯	Type Ⅲ B
	雙 把 手 式 ── 蘇門答臘(Sumatra)⋯⋯⋯⋯⋯⋯⋯⋯⋯⋯⋯	Type Ⅲ D
	無 把 手 式 ── 恩加奴島(Engano Is.)⋯⋯⋯⋯⋯⋯⋯⋯⋯⋯	Type Ⅲ E
第肆型 屋頂型	洞 把 手 式 ── 呂宋島(Luzon) ⋯⋯⋯⋯⋯⋯⋯⋯⋯⋯⋯⋯	Type Ⅳ A
	縱 把 手 式 ── 臺灣阿美族，婆羅洲(Borneo)，西里伯島 (Celebes)，哈瑪希拉(Halmahera)，摩羅 泰(Morotai)，布魯(Buru)，西蘭(Ceram)， 台洛爾群島(Talaud Is.)，阿魯那拉島 (Adoenaroe)，亞桑地方(Assam) ⋯⋯⋯⋯⋯	Type Ⅳ B
	橫 把 手 式 ── 臺灣排灣族、布農族、鄒族⋯⋯⋯⋯⋯⋯⋯	Type Ⅳ C
	雙 把 手 式 ── 尼亞士島(Nias Is., North)⋯⋯⋯⋯⋯⋯⋯⋯	Type Ⅳ D

（東南亞長盾）

註：Ⅰ為棍棒型，Ⅱ為平板型，Ⅲ為半筒型，Ⅳ為屋頂型；A為洞把手，B為縱把手，C為橫把手，D為雙把手，E為無把手。

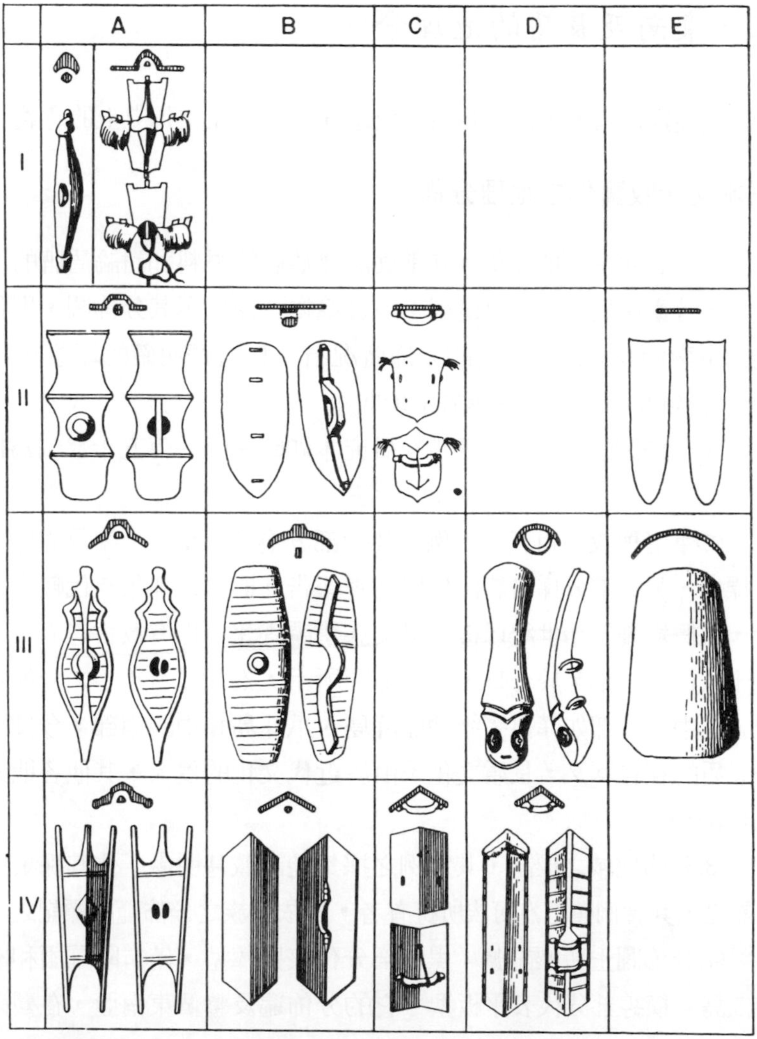

圖63　東南亞長盾型式分類圖表

五、東南亞長盾的地理分佈

現在進而考察東南亞長盾的地理分佈及其在文化史上的意義。

㈠本文所收實例之地理分佈

長盾在東南亞的分佈，在前面記述盾牌的材料和討論盾牌的型式時，曾重複提及，所以這裡不多費篇幅，僅揭示其分佈圖，則我們對東南亞長盾四大類型的分佈概況有一較清楚明確的印象。

分佈圖（圖64）需要若干說明：

⑴分佈圖的製作，以筆者在研究本題時所收一百五十二例為材料。

⑵筆者所收一百五十二例，其一部分為國立臺灣大學及省博物館標本，另一部分採自諸民族學調查報告。標本之採集年代較為新近，大概均屬二十世紀以後，但民族學調查報告則有較古老者，約自十八世紀中葉至於今日，故分佈圖所示，為此二百年中之分佈狀況，其中之一部如菲律賓維砂亞群島、爪哇島和中國南部，今日已無長盾的存在。又，長盾文化，由於近代文化的侵入，其他各地亦均逐漸消失。

⑶分佈地域之標記，其實例之採集地記載甚明者，依其採集地標記之，其實例僅記為何族所持有者，則依該族之分佈範圍標記之。

⑷分佈圖上所標記號；黑色部分代表棍棒型，僅有阿羅爾和威特二島。橫線部分代表平板型，它的分佈遍及整個東南亞，在臺灣（紅頭嶼雅美族）、民大諸島（Davao區諸族，它的影響且及於呂宋島Zambales州的Negritos和Nueva Vizcaya地方之Ilongot間）、

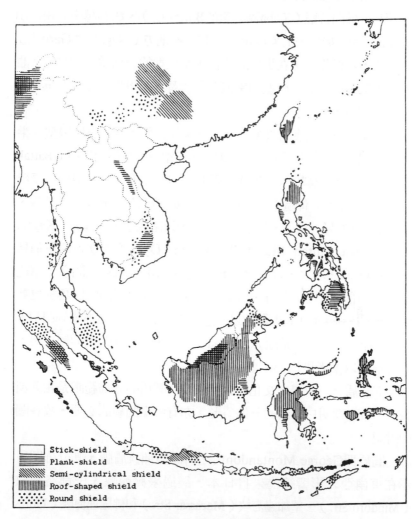

Stick-shield
Plank-shield
Semi-cylindrical shield
Roof-shaped shield
Round shield

圖64 東南亞長盾分佈圖(附圓盾的分佈)

維砂亞群島（現已廢棄）、婆羅州（Sea-Dyak〔Ibans〕族）、梭羅爾島、蘇門答臘（Toba湖一帶的Battak族）、法屬越南（南部山區Moi族和老撾地方的Kaseng族）和亞桑地方（Naga族和Garo族）均有之，我們相信，在更早的時代，平板型的分佈當更加稠密，也許因為被較進步的半筒型和屋頂型所代替，所以現在纔僅存其露頭分佈的狀態。

斜線部分所代表的為半筒型；縱線部分所代表的為屋頂型。半筒型和屋頂型乃由平板型演化而來、半筒型分佈於蘇門答臘（Battak族）及其周圍小島，但在昔日中國南部亦有分佈。屋頂型則以婆羅洲以東為其主要分佈區：臺灣（南部山地的排灣族、布農族、鄒族、和東部平地的阿美族），呂宋島（北部山地諸族）、婆羅洲（Kayan, Kenyeh, Klemantan, Murut, Ibans, Land Dyak等族）、西里伯島（以Toradja族為主、昔亦分佈於東北半島Manahasa族間）、摩鹿加群島（哈瑪希拉、布魯、西蘭等島）和小巽他群島的阿魯那拉島我們均可找到。但，在婆羅洲以西，屬屋頂型者，筆者亦收到四例，即北尼亞士三例，亞桑地方之Naga族一例，不過此四例均屬皮製，而婆羅洲以東者則均為木製。

⑸圓盾為一新侵入文化特質。長盾和圓盾的分佈範圍是相互消長的，所以欲明白長盾的分佈情形，亦有考慮圓盾的必要，故在圖中附記之。

圓盾即George Montandon氏之所謂亞洲式盾牌，其分佈圖所示在東南亞之影響線為來自日本，經過臺灣海峽、民都洛海峽（Mindoro Str.）、望加錫海峽（Macassar Str.）和佛羅理海峽（Flores Str.）折向西邊，繞著馬達加斯加（Madagascar）而入非洲。不過在此界線外，我們亦可發現微弱的分佈。

　　小林保祥氏在他的《高山族排灣族的民藝》[76] 一書圖版一三〇頁載有排灣族Kagikagiyaren社圓盾一例，以藤皮捲圈（coil）製作而成，半球狀，雙把手，套於臂上之把手為一藤圈，持於手中之把手為一木棒，盾之正中有一小孔，可自盾內窺視，徑約100cm。蘇祿諸島（Sulu Is.）的Moro族持用圓盾，這種圓盾亦分佈於民大諾島的Moro族間，又，根據Fay-Cooper Cole氏的報告，民大諾島的Bagobo族在長盾之外，並持有圓盾[77]。蒂汶島人持有圓盾的事，見Dr. H. ten Kate之報告[78]，以水牛皮製作，暗晦黃色，把手為一皮條，通過二對細孔安於盾背之正中，正面無裝飾。

　　除此之外，圓盾在東南亞可在婆羅洲Dusun族[79]、佛羅理島（Flores）[80]、松巴（Sumba Is.）[81]、蘇門答臘的Atjah族[82] 和Gayo族[83]、法屬越南的Moï族[84] 之間見到。昔時，爪哇[85]、馬來半島[86]、

---

[76] 小林保祥：《高砂族パイワンの民藝》，日本昭和19年版。

[77] Cole: *op. cit.* p. 93.

[78] H. ten Kate: "Beiträge zur Ethnographie der Timor gruppe", *I. A. E.* Vol. Vlll. 1895, p. 9.

[79] Evans: *Among Primitive Peoples in Borneo,* 1922, p. 191.

[80] Max Weber: "Ethnographische Notizen über Flores und Celebes", *I. A. E.,* Supplement to Vol. Ⅲ, 1890, p. 31.

[81] H. ten Kate, *op. cit.*

[82] A. Krämer: *West-Indonesien.* pl. V. No 2.

[83] W. Volz: *Die Gajolander,* Berlin, 1912.

[84] H. H. Maitre: *Les Jungles Moï,* pl. 76.

[85] Raffles: *op. cit.*

[86] G. B. Gardner: *Keris and other Malay Weapons,* 1936, Singapore, pp. 88, 123-124.

和中國西南儸倮族[87] 間亦均有分佈，不過今日都難得見到了。

㈡地理分佈在文化史上的意義

下文我們討論地理分佈在文化史上的意義。茲從文化圈及文化層兩個角度予以檢討：

長盾的分佈與文化圈——西起蘇門答臘東達美洲大陸西岸廣袤數千里的大海洋，以赤道為樞軸散佈著無數的島嶼，通例被分為Indonesia, Polynesia Micronesia, Melanesia和Australia（包括Tasmania）五個民族文化圈，已是周知的事實了。這五個民族文化圈的劃分，包括著歷史學，先史學、體質人類學及民族學的若干待決問題，這自不在本文討論範圍，本文僅擬從盾牌的分佈略加解釋。

從上面所舉的民族文化圈看盾牌的分佈：

Polynesia和Micronesia是無盾區，在這地域中，攻擊兵器的棍棒（club）被兼用作為防禦兵器，它的效用恰如澳洲土人的棒盾一樣；Australia東南的Tasmania的住民（1878年已滅絕），根據過去民族學者的調查，他們不但沒有盾牌，其他的兵器亦是最簡單不過的；不過澳洲大陸卻是研究盾牌發生的最好地域。澳洲土人的盾牌多作棍棒型式，這顯然與Polynesia和Micronesia一帶住民所用的棍棒有關，但後來這種棍棒型盾牌漸漸展寬其幅度，而成為平板型盾。澳洲盾牌沿著這個方向演化，Pitt-Rivers氏已闡釋得很清楚。這種棍棒型盾在澳洲大陸以外，東南亞區域中，可於阿羅爾和威特二島找到。阿羅爾和威特兩島，在地域上與澳洲甚為接近，所以，這一型式，可視為屬於澳洲的，當不難解釋。Montandon氏即以之

---

[87] 盧作孚採集，林惠祥編述：〈玀猓標本圖說〉，《國立中央研究院社會科學研究所集刊》第3號（民國20年）圖版二。

為屬於"澳洲文化圈"（Forme Culturelle Australoïde）者。

　　Melanesia和Indonesia為長盾的主要分佈區。這兩個地域中所分佈的長盾在形態上相互類似，雖然我們在仔細的檢討後仍可分辨出它們的所屬地域，不過其間的差異是很微小的，正如Indonesia區中的長盾亦可分別為若干型式一樣，Melanesia的盾牌為長盾中的另一型式。Melanesia盾牌的型式，不在本文討論的範圍內，不過，我們卻願指出梭羅蒙群島（Salomon Is.）的豆莢形編織盾、紐不列顛（New-Britain）島的8字形木盾，英屬新幾內亞（Port Moresby, British New-Guinea）的盾頭作U字形木盾（無把手，上方凹口為置於脅下而設）等等型式均為Indonesia長盾間所不能見到者。

　　Indonesia為長盾的主要分佈區，前文所揭實例及型式分佈的討論已足資說明，這裡所欲順便提及者，為Indonesia研究的範圍問題。從來研究Indonesia民族文化諸問題，每以東印度諸島及馬來半島之一部為範圍。雖然Dixon, Heine-Geldern諸氏均已將臺灣高山族包括其中，不過忽略者仍多，如Montandon氏，雖承認木盾和編織盾為Indonesia和Melanesia的一文化特質，但他卻未注意及臺灣。他的分佈圖所示，臺灣既未包括於受亞洲式盾的影響的範圍內，亦未包括於木盾或編織盾的分佈圈中。為屬於無盾區之一地域。但，我們研究長盾的分佈，卻發現臺灣高山族持有長盾，而且其型式與Indonesia的長盾是屬於同一系統。

　　中國西南，在民族學的研究上，是一塊新開闢的處女地，以前雖曾有許多外國學者從事對西南邊民的調查，但由於報告的缺少，外國學者在研究Indonesia的民族文化諸問題時，很少述及這一地域，但近二十年，國內學者多數從事西南民族的研究，尤其是抗戰期間，各地學人避居西南，實地調查研究，發表了許多報告和論文，Indonesia的文化特質，在今日散居中國西南和南部的許多文化較落後之少數民族，十有八九都可找到。最近凌純聲先生作〈東南亞古文化研究發凡〉[88] 一文，對於此點即特予闡明；又他在臺大《文史哲學報》所發表之〈記本校二銅鼓兼論銅鼓的起源及其分佈〉之研究，更強調銅鼓文化起源為中國古代俚僚，或洞僚所傳鑄，以為「俚僚與居於今日中南半島和南洋群島的印度尼西安人是同一的民族，他們的祖先九黎是住在左洞庭而右彭蠡的雲夢大澤，後來受北方南下的中國系（Sinitics）諸民族的侵入，或被同化，或被迫向西南遷移，中經半島而最後到達群島的。」[89] 我們研究東南亞盾牌，從發見於中國西南的二例視之，可以推斷長盾的文化在中國西南曾分佈過，而且由我國金石文字圖象所見盾牌的形態（見後述），我們更進一步確證長盾在中國的分佈區域是相當廣闊，起源時代是相當古遠的。

由於上述的兩個原因，我們以為George Montandon氏的木盾和編織盾在Indonesia和Melanesia的分佈圈的北端界線有向更北推移的必要，它至少應包括全臺灣島及整個長江以南地域；同時，我們更主張印度尼西亞的研究範圍應包括了同上的地域。

長盾的分佈與文化層——東南亞一帶的最低下一層的文化，是Negritos文化，屬於這一層文化的有馬來半島的Semang人，菲律賓呂宋島的Aeta人，民大諾島的Mamanua人，巴撈溫島的Batak人和安達曼群島的Mincopi人等。這些民族以小狩獵、採根果為生；以小家族為中心，形成了「遊牧民群」（Horde），過著沒有定居的放浪生活。他們的文化可說是最低的，不會製陶，不會織布，不會編籠，同時他們並失去了固有的言語。在這一層間，我們未能找到

[88] 見民國39年3月23日《臺灣新生報副刊民族學研究專刊》第2期。
[89] 凌純聲：〈記本校二銅鼓兼論銅鼓的起源及其分佈〉，《國立臺灣大學文史哲學報》第1期，p. 49。

盾牌。（雖然間有一二例被發現，但當為受其周圍民族之影響而傳入者。）在Negritos層之上者，為Indonesian文化，這一層文化為構成東南亞文化的最重要的一個層次，我們在這一層次中可找到多種相同的文化特質，美國民族學者A. L. Kroeber氏在他的《菲律賓的民族》一書的第七章〈提要與結論〉中舉出刀耕火種、梯田、祭獻用犧牲……等二十六種文化特質[90]，凌純聲先生補充之，於此二十六種之外，加上銅鼓、龍船、弩箭、毒矢、梭標、涅齒、穿耳……等二十四種，合而為五十種[91]。長盾文化即此五十種中之一。

本文從長盾的分佈看文化層，可將它分為三層考慮之，即下面之一層為「無盾文化層」，亦即Negritos之原始文化層；中間的一層為「長盾文化層」，這一層與上面所說之Indonesian文化層相符；而「長盾文化層」之上更有「圓盾文化層」。「圓盾文化層」與「長盾文化層」在人種層次的劃分甚不清楚，均屬Indonesian人種層，但，圓盾文化傳來自大陸，其層次之成立甚為新近，則可斷言。從地域上看，「無盾文化層」最為廣闊，包括東南亞及太平洋全地區，「長盾文化層」之範圍較為狹小，包括東南亞全部及新幾內亞一帶；「圓盾文化層」則更為狹小，如本文所附分佈圖所示，除大陸區外，分佈於馬來半島、蘇門答臘、爪哇，而及於蒂汶及菲律賓蘇祿群島附近，其分佈作線狀相連，傳播經路尤為明晰。

六、長盾與中國古盾的比較研究

盾牌在古代中國為重要兵器之一，同時亦被用作舞器及法器，

[90] A. L. Kroeber: *Peoples of the Philippines,* 1928, New York, pp. 227-228.
[91] 凌純聲：〈東南亞古文化研究發凡〉，載民國39年3月23日《臺灣新生報副刊民族學研究專刊》第2期。

見於《詩》〈國風・小戎〉、〈大雅・公劉〉、《書》〈大禹謨〉、
〈牧誓〉、〈費誓〉及《周禮》、《儀禮》、《禮記》、《左傳》
諸書，惟由於其所用材料均屬易於腐朽之動物皮類及木材藤竹等，
在考古的發現極少，其形制如何，很不清楚。本節所討論，即欲由
東南亞之盾牌形態論及中國盾牌之形制。茲先記述金文中所見之盾
牌形態。

㈠金文所見的盾牌形態

我國文字初多象形，故為推測古代器物之最好資料。《貞松堂
集古遺文》有下揭二文：

貞松堂7:3　　　　　　　貞松堂7:7

此二銘文，其人右手執戈，則左手所持者自是盾牌無疑，古代干戈
二字每相將，故此乃「干」字。（說見郭沫若氏《金文餘釋・釋干鹵
》）。干亦即盾，《揚子方言》：「盾自關而東或謂之敝，或謂之
干，關西謂之盾。」干字在金文中，除上揭二銘，尚有下列諸形：

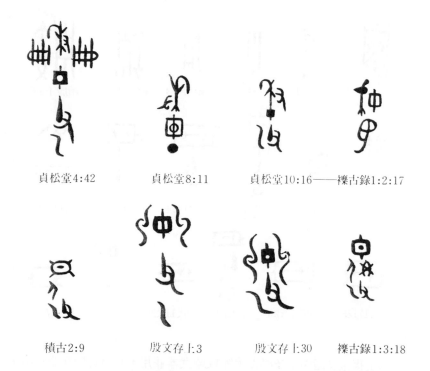

貞松堂4:42　　　　貞松堂8:11　　　　貞松堂10:16——襪古錄1:2:17

積古2:9　　　　殷文存上3　　　　殷文存上30　　　襪古錄1:3:18

郭氏以為上文中之 ◨ ◧ ◫ ◩ ◪ ◉ 均為"干"字，故由其形，可推測古盾的形態。

　　盾或作櫓，或作鹵，《說文》：「櫓，大盾也，从木魯聲，或从鹵」。《史記・秦始皇本紀》：「流血漂鹵」，《集解》引徐廣曰：「鹵，楯也」。《漢書・陳勝項藉傳讚》亦同作「流血漂鹵」，顏《注》亦云：「鹵，盾也。」今引金文所見鹵字之形於下：

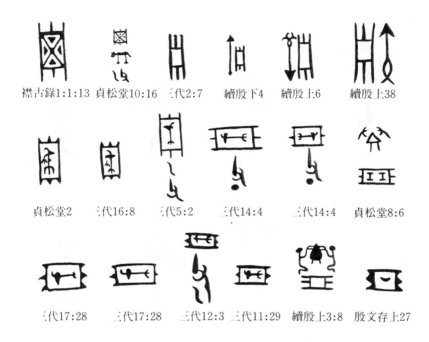

上揭金文諸鹵字多與戈矛等攻擊武器并用，其為防禦兵器甚明，則自此鹵字之形象，我們亦可推知古代盾制之形牌。

㈡圖象所見的盾牌形態

金石彝器上刻有盾牌的形象，就我們所知，以戰國時代為最早。羽人獵壺、雙鳳獵壺、採桑獵壺、戰跡鑑、四耳獵鑑及金村墓瓿等均鑴有盾牌形象，或與刀劍相配、或與戈矛并用。

羽人獵壺——此器圖飾，合縱剖三段同樣之圖象而成。每段分三節，中節鑴人持劍釋盾與獸徒搏之狀（圖65：A）。原器舊存瀋陽故宮，現藏北平古物陳列所之寶蘊樓。與羽人獵壺所見之盾牌完全相同的，有巴黎David-Weill氏所藏之獵壺破片（圖65：B），其盾牌形狀尤為清楚。

　　雙鳳獵壺——此器與羽人獵壺形制相似。圖飾亦由縱剖三段圖象合成。每段亦分三節，中節鐫人執劍持盾，下節亦鐫人執劍釋盾與獸徒搏之狀。盾形與羽人獵壺相似（圖65：C）。原器舊存熱河行宮，現藏北平古物陳列所之武英殿（梅原末治氏之《戰國式銅器研究》[92]記作北平故宮博物院文英殿，誤）。又與此器文飾幾乎完全相同者，有巴黎盧氏所藏（Collection Loo）之雙鳳獵壺，其盾牌形象與此器所鐫者無異。

　　採桑獵壺——此器頸部之兩旁各有獸面穿鼻環一，獸環之下鐫鳥獸奔騰及人持戈矛劍盾追逐刺擊之形。盾牌形狀甚不清楚，略作三角形，原器為巴黎Curtis所藏，本文所揭模寫圖（圖65：D），原圖見《亞洲藝術評論》卷十二，為N. Vandier：〈記Louvre博物館所藏一中國古壺〉[93]之插圖。

　　戰跡鑑——此器頸腹，下腹三層滿刻戰跡圖，鐫有盾牌之形象甚多（圖65：E）。其盾牌狀細而長。原器現為中央研究院歷史語言研究所所藏。本文所揭模寫圖為董作賓先生根據原器模寫者。

　　四耳獵鑑——此器有獸面連環之耳四，四周飾車馬徒搏弋射之圖象。圖飾亦分三層，中層鐫一人左持盾，右執劍（圖65：F）。原器為美國華盛頓Freer陳列館所藏。本文所載模寫圖根據梅原末治：〈美國Freer美術館所藏之象嵌狩獵文銅洗〉[94]插圖，原文載

---

[92]梅原末治：《戰國式銅器の研究》，《東方文化學院京都研究所研究報告》第7冊，日本昭和11年。

[93]N. Vandier: "Note sur un Vase Chinois du Musée du Louvre", *Revue des Arts Asiatiques*, Vol. 12.（1938）p. 138.

[94]梅原末治：〈米國フリヤ美術館所藏の象嵌狩獵文銅洗〉。

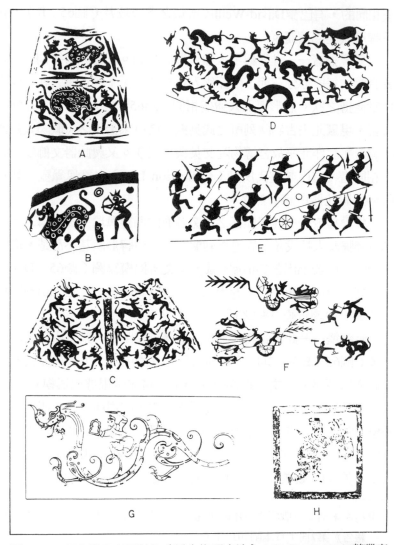

圖65　A.羽人獵壺壺面花紋（採自梅原末治）；B. David-Weill藏獵壺破片花紋（採自Olov Janse）；C.雙鳳獵壺壺面花紋（採自梅原末治）；D.採桑獵壺壺面花紋（採自N. Vandier）；E.根據董作賓先生描繪原圖；F.四耳獵鑑鑑面花紋（採自梅原末治）；G.金村墓磚花紋（採自W.C. White）；H.射陽聚畫象石（採自大村西崖）。

《桑原博士還曆記念東洋史論叢》。

　　金村墓甎——此甎為金村古墓大型墓甎。上刻一人乘龍執劍持盾。盾形頗清晰，全體略作長方形，惟上端作圓角，正中有一伸出，兩邊有鋸齒狀凹入各二。原器現藏加拿大University of Toronto的Royal Ontario Museum。本文所揭圖片（圖65：G）見懷履光主教（Bishop W. C. White）之《中國古墓甎圖考》[95] 圖版八二。同樣花紋亦見於古墓入口破風牆尖頂之三角墓甎上。關於此墓甎所屬之年代問題，有以為乃前漢時代物，但懷氏就石上所刻文字推斷其為戰國時物[96]。

　　關於盾牌之實形，秦漢時代以後者可自畫像石、古鏡、瓦俑及敦煌千佛洞壁畫或遺物等見之：

　　漢畫象甎——此甎為漢代物，出於河南鄭縣。鐫一亭長，持盾執戟。盾牌略作五角形。原圖（圖66：C）見上引懷氏書圖版一〇〇。

　　武梁祠畫象石——山東省嘉祥縣武梁祠石室畫象石鐫有盾形者甚多。本文所載（圖66：G）為前石室第六石〈水陸交戰圖〉之一部。其所示盾牌之型式有二，其一狹而長，似為二板拼合而成；另一兩端向前反撥，正中有一尖形突起，圖引自關野貞：《中國山東省之漢代墳墓表飾附圖》[97]。

　　射陽聚石——漢代畫象石多出於山東，獨此石為江蘇所產。此石原在寶應縣東七十里射陽聚地方，為一石門畫象之二石之一。畫象分三層，上層鐫大鳥，中層鐫獸首銜環，下層鐫一人執刀盾，盾形甚明晰。本文所示（圖65：H）為石之下部，見大村西崖：《支

---

[95] William Charles White: *Tomb Tile Picture of Ancient China*, 1939, Toronto.

[96] *ibid*, p. 19.

[97] 關野貞：《支那山東省ニ於ケル漢代墳墓ノ表飾附圖》。

圖66　C.漢畫象甎花紋（採自White）；E.-F.武士瓦俑（採自原田淑人）；
　　　G.武梁祠畫象石（採自關野貞）；H.狩獵文鏡背文（採自梅原末
　　　治）；I.-J.敦煌壁畫；I.觀樂圖；J.戰鬥圖，（均採自Mission Pelliot）。

那美術史彫墜篇附圖》。今該石已不知去向。

　　狩獵文鏡——此鏡傳紹興古墳出土，其年代仍未能確定，梅原末治氏推定為漢末至三國時代物。圖示（圖66：H）為其背文之一部，鎸一武士騎馬，一手揚劍，一手持盾。盾作橢圓形，中有一縱軸。鏡為日本川合定治郎蒐集品，見梅原氏《紹興古鏡聚英》圖版三十九。

　　武士瓦俑——圖66：E所示為北平國立歷史博物館所藏，高九寸，推定為北魏時代遺品[98]，瓦俑左手所持執者為盾牌，作長方形，但上有尖角，中有稜線突起，並有飾線三道，在形態上與今日臺灣阿美族或呂宋島Ifugao族所用者甚為相似。

　　圖66：F所示為日本東京大學文學部所藏，高八寸二分，亦北魏時代物[99]，形態與前者同，但略小。此二圖均見原田淑人、駒井和愛二氏同輯：《支那古器圖考・兵器篇》。

　　敦煌壁畫及遺物——從敦煌壁畫及遺物亦可見到中國中古時代的盾牌形態。圖66：J所示為敦煌千佛洞壁畫〈戰鬥圖〉之一部。原照片載法國Mission Pelliot氏《敦煌千佛洞》[100] 第四冊圖版二五三。圖中騎馬武士，著甲冑，帶胡籙，另有徒步武士則執矛持盾與之爭鬥。盾牌與今日婆羅洲土人所持用者相類，作六角形。自圖之上下所飾之「飛天唐草文」之表現，原田氏推定其為六朝末期之作品[101]。

---

[98] 見原田淑人，駒井和愛同輯：《支那古器圖考・兵器篇》（日本東方文化學院東京研究所刊，昭和7年）一書，p.30。

[99] 同上，頁31。

[100] Mission Pelliot: *Les Grottes De Touen-Houang*, Paris, 1920-24.

[101] 原田淑人，駒井和愛：前揭書，p. 34。

圖66：I所示亦為敦煌壁畫，為一〈觀樂圖〉，原照片載Pelliot
氏書第二冊圖版一二四。依原田氏意見，以為圖中樓殿為勤政樓，
馬背人物為玄宗，其左右兩側披甲冑，擁矛盾者當為舞人。他推想
本圖當為描寫千秋節玄宗觀賞破陣之樂者，故以為自本圖可以窺得
唐代甲冑及盾牌之制。本圖中所示盾牌，其形狀與上述北魏時代者
相似，A. Von Le Coq氏指出這種盾牌形式，今日仍可見諸印度島
間[102]。這種形式無疑地為唐代盾牌的一主要形式，我們在敦煌石室
所發現佛幡（見Aurel Stein之《千佛洞》[103] 圖版三七）亦可見到同
樣形態。

元代以後盾牌形制更趨複雜，但自日本之所謂 "竹崎季長繪詞"
所繪盾牌之形象觀之，則長盾仍為元代武士所持用。日本人對此一
繪詞頗為重視，以為乃竹崎五郎兵衛尉季長其人於親歷疆場（即蒙
古征日之役，日本之所謂文永弘安二役）後命畫工長隆長章父子代
為繪製者，故其所繪器物服飾，有若干當可足信。繪詞中所繪元軍
之盾或作竹排狀（陸軍所用），或作長板形（水軍所用）。

明清以後，盾牌形制亦多作長盾形式，見《三才圖繪》、《籌
海圖編》、《武備志》、《鄉守備要》諸書，但圓盾亦頗盛行。只
是，由於火炮的傳入，盾牌之效用顯不重要而漸趨廢棄，今日除西
南諸較落後民族外，盾牌之形跡已不可見於中國。

㈢中國古代盾牌的形制

現在進而討論中國古代盾牌的形制。

---

[102]A. Von Le Coq: *Bilderatlas zur Kunst und Kulturgeschichte mittel-Asiens,*
1925, Berlin p. 59.

[103]Aurel Stein: *The Thonsand Buddhas,* London, 1921.

　　盾牌在中國古代，其用途與今日東南亞諸地的盾牌相同，不但被用作防禦兵器，同時亦被用作舞器和法器。其被用作防禦兵器者宜堅牢，故常較笨重，而被用作舞器或法器者宜美觀，亦常較輕便。又即為防禦武器其形態亦因所需而異，《周禮・夏官》言五兵五盾，即謂由於攻擊兵器之「兵」的不同，防禦兵器之「盾」亦因之而異其形態構造，惟五盾之制，漢代便已失傳。但，我們在上文中經已指出，攻擊兵器如為棍棒之類則盾牌之作用在「撥格」，攻擊兵器如為槍矛之屬，則盾牌之作用在「遮阻」。又，盾牌之形態亦因持用者而異，步兵宜長而狹，車兵宜短且寬。《釋名・釋兵》所載，不同之盾其數在五以上：

> 盾，遯也，跪其後，避刃以隱遯也。大而平者曰吳魁，本出於吳，為魁帥者所持也。隆者曰滇盾，本出於蜀，蜀滇所持也，或曰羌盾，言出於羌也。約脅而鄒者曰陷虜，言可以陷破虜敵也；今謂之曰露見是也。狹而長者曰步盾，步兵所持者也，孑小稱也。以縫編板謂之木絡；以犀皮作之曰犀盾；以木作之曰木盾；皆因所用為名也。

可見中國古盾的形制甚為複雜，故本節所論自非古代所有盾牌形制。我們根據金石文字圖象及現存民族學標本，推測中國古代盾牌有下列二三主要形制：

　　中形盾——上述「干」字在金文中作「中」形，此字亦屢見卜辭，如申（見《龜甲獸骨文字》卷二第二十六葉）、申（《鐵雲藏龜》第一葉）、申（同上第二十六葉）、申（《龜甲獸骨文字》卷二第三葉）、申（《殷虛書契後篇》第三十七葉）等[104]。這種型式的盾牌，可見於東漢石刻，射陽聚石所鐫即屬此制（圖65：4）。

---

　　[104]見郭沫若：《金文餘釋》，p.213。

今日呂宋島Apayáos族盾牌（圖57：D），其盾身作矩形，而上下各有一出，屬於此一型式，尤為明顯。故可知此制最早，始於商代，見於漢代，而今仍存於呂宋島Apayáos族間。

　　凸形盾——此式與前式之關係至密，前式上下出之兩邊各添一出，則為此一型式盾牌。在時代上，亦可目為約略同時，最近石璋如先生在〈小屯殷墓的成套兵器〉中報告他觀察殷代墓葬中的一個盾牌遺蹟，所得形態即屬此式。他說：「盾的結構係用三根豎木，兩根橫木作成一個長方形的架子，故上下兩端各有三出，在發掘時候的觀察，框為木質而內部則係皮質。中間稍向外微具弧度。上下兩根橫木，微具弧度，想係選擇灣木充任，兩側的豎木上，均有上中下三節痕跡，想係縛內部的皮質於木上者。中間的豎木上除兩端各有一痕跡外，中間另有二節痕跡，想係把手所在。正面為深棕色如漆的地子，其上畫著兩個對背的老虎。」[105] 此一考古上的發現，真可謂碩果僅存了，對我們的上古盾牌形制推測，是一個最有力的證據。

　　上文中我們指出此式與前式之關係至密，今日我們亦可見到它們並存於相毗連的地域。今日呂宋島除Apayáos族外的諸族，其盾牌殆均屬此型式。只是，呂宋島諸族盾牌，上有三出而下則僅有二出而已。我們以為這種盾牌之初型殆以獸皮製作，上三出為獸頭部與雙前腳，下三出為獸尾部與雙後腳，其頭部所成之一出用供在休憩時持執；後雙腳所成部分則作盾蹲，故下面中間一出因失去效用而消滅。這種形態即今日呂宋島Kalinga，Tinguian，Bontoc諸族的盾牌（圖57：A-C），倘其上下兩邊之兩出復趨消滅，則為Ifugao

---

[105] 石璋如：〈小屯殷代的成套兵器〉，《國立中央研究院歷史語言研究所集刊》第22本，p. 68.

族盾牌（圖57：E）或阿美族盾牌（圖56：A）。六朝隋唐時代盾牌（圖66：E-F，66：I）即與Ifugao族盾牌在形態上相同。宼形盾自殷周至隋唐的形態變化，與菲律賓呂宋島盾牌的形態變化採取同樣的序列，實為興味深長之一問題。

⌂形盾——此式多見戰國時代獵壺及墓甎，尤以金村墓甎所示形態為最明晰。獵壺上之盾牌，學者均以其為狹而長，蓋囿於劉熙步盾之說。今得墓甎盾牌，可知其制實寬且短，獵壺之所示，僅其半面而已。我們如以David-Weill氏所藏獵壺破片（圖65：B）與墓甎之圖形相將比較，則可知此一推測當無錯誤。因盾牌為持執之物，宜兩側對稱，以保平衡，（雖然歐西中古時代有缺口在盾之一旁之不對稱盾牌，但亦甚少。）而獵壺所示，其削角每在近持執人之一方，不作對稱，頗為不解。又，我們更可知此種盾牌其盾面當作半筒形或屋頂型，故其側面乃作如此形態。此種型式亦見於漢代甎瓦，圖66：C所示即屬此類，只是，其兩旁鋸齒狀凹入已漸移至盾之上部。略成五角形，而與宼形盾所演出之Ifugao式盾牌合流。

◿形盾——此式見於採桑獵壺及四耳獵鑑，其形態均不甚清楚，蓋今日無此式盾牌，故甚難推測。徐中舒氏以為其隆起作◿形，或即所謂滇盾[106]。但盾牌持執處在三角形之一角上，故似難以隆起釋之。我們細觀圖像所示，二器所示盾牌均用以獵獸，其形類袋狀物，以為毋寧釋之以凹入為宜。我們以為此器或作斗形，用以套取獸類頭部，故以為當名為「斗盾」。總之，此式盾牌之形態甚不清楚，應俟將來獲得更多資料，始得闡釋。

)形盾——此式見戰跡鑑，或與劍並用，或與戈相將。前二式

---

[106]徐中舒：〈古代狩獵圖象考〉，《蔡元培先生六十五歲慶祝論文集》，民國22年，p. 605.

均見獵壺，獨此式見於戰鑑，為步卒所持，其形狹而長，或即所謂步盾歟？今日東南亞各地盾牌多細長，其側面觀亦多作如此形態。

其他形態──漢代以後形態漸多，除上述數種形式外，有六角形盾，見圖66：J所示敦煌壁畫，此式今日盛行於婆羅洲土人間；有橢圓形盾，見漢畫象石（圖66：G）及紹興古鏡背文（圖66：H），此種盾牌，中有一縱軸，鏡文所示尤為明晰；有銅鐘形盾，見敦煌石室佛幡殘片所繪圖象；其他還有形態甚多，未能一一備舉。

總而言之，自殷周以至於近代，中國之盾牌文化乃以長盾之形式一脈相承，即在元代以後，仍以長盾文化為其主流。我國金文圖象所見盾形，我們以東南亞盾牌比較詮釋，而形制益見明瞭。又，由於中國古盾形制的究明，我們確定古代長盾文化分佈區，不但及於長江以南，抑且包括黃河流域地區。

七、結語

本文之寫作，如引言所提及，為筆者從事於臺灣高山族民族學標本整理工作之一部，首先將臺灣高山族盾牌加以分析整理，並予以詳細記述。此項資料，前此多未發表，故用科學方法之記述，不但為本題研究之開始，想亦可供他人作為研究臺灣高山族的材料。臺灣的南來文化（指高山族文化）為東南亞文化之一環，欲明瞭臺灣的盾牌文化，自應與東南亞之盾牌文化比較研究，故我們於記述臺灣材料之後，進一步引述東南亞材料。又關於世界各地之盾牌，近人研究者甚多，乃復更進一步檢討過去學者的方法與業績，以作本題研究之參考。

東南亞盾牌之形制相當繁複，正如Frobenius氏之所說，謂此一區域乃世界盾牌形態最豐富之地，其型式之研究，為一最有興味問題，筆者依其構造分為四型，似為前人所未言及。此種分類雖未能絕對準確，但我們相信以後即有新例發現，當均可包括於此四型中。又此四型中棍棒型最早，平板型次之，半筒形與屋頂型較新。就其分佈情形來看，在平面的分布上，棍棒型在本區的邊緣；平板型遍佈全區，但作露頭狀分佈；而半筒型和屋頂型則在本區內另形成一小分佈圈，且分佈頗密，似亦可見出其型式之先後。在垂直分佈上，即時代或層次上，由於考古材料的缺乏，在東南亞區域中我們未能得到結果，幸而從金文圖象，我們可以窺得中國古盾乃屬於長盾形式，根據此等資料討論其若干型式，而確定古代長盾之分佈範圍不但及於我國長江以南之西南邊區，更包括黃河流域地方，即謂從長盾此一文化特質看，中國東部沿海與東南亞曾屬同一文化圈。

　　我們知道盾牌在民族學，尤其是物質文化的研究上，為一重要的文化特質，其可供作研究之方面甚多，本文限於篇幅僅就其形制一面加以闡釋，至於它與其他兵器、舞器、樂器、法器之關係，盾牌用途，盾牌花紋，本文僅能簡單提及，詳細的研究，擬另文發表。

——本文原載《國立臺灣大學文史哲學報》第 2 期，
中華民國42年 2 月，頁 215-296。

第十二篇
臺灣排灣群的古瑠璃珠及其傳入年代的推測

　　臺灣的先史文化和土著民族的關係，是一種重要但複雜而不容易得到答案的問題。學者的意見頗為紛歧，但以鹿野忠雄博士的說法最值得注意。鹿野以臺灣的先史文化可分為七個層次，各層次均與臺灣的鄰接地區具有類緣。(1)在最下面一層為繩文陶文化層。繩文陶在臺灣的分布很廣，且多與打製石斧共生。繩紋陶文化可能直接自亞洲大陸傳入臺灣而不經過東南亞海島區。(2)在繩文陶文化層之上為網文陶文化層，這一層次的陶器形制與布農族和鄒族的陶器同型。其伴在石器有打製石斧和磨製石器，其分布除東岸區外，遍及全島。網文陶雖亦見於東南亞的若干地方，鹿野以其分布中心可能為華中地區，可能自華中直接傳入臺灣。漢代的方格文陶可視為網文陶之異種，其在中國大陸，可追溯至春秋戰國時代或更早。自然，其傳入臺灣的時代可能略遲。(3)第三層為黑陶文化層，出土之黑陶與中國大陸東岸之黑陶具有類緣。華北之黑陶的年代一般推斷為公元前1300年至2500年。臺灣的黑陶雖與大陸有關，但其導入可能遲至金屬器時代的開始時期。黑陶在臺灣未見於東海岸，以西部平原的南部為其主要分佈區。其伴在之器物為磨製單刃石斧和石刀。⑷第四層為有段石斧層,與「白陶」並行,其分佈限於西海岸,北部優勢,南部稀少,以圓山貝塚為其代表遺址,其文化來源可能為福建省。⑸第五層為原東山文化層。所謂原東山文化指越南清化州未受漢文化影響前之土著文化。東山文化的年代可能在公元初乃至更早①,故原東山文化至少在公元前數世紀。原東山文化可能與銅器、鐵器乃至若干磨製石器相伴傳入臺灣。出土於臺灣先史遺址或傳承於土著族群間之可視為屬於此一文化層之器物,有:排灣群間所傳承之青銅劍柄,苗栗及圓山出土之青銅器,及具有十字文之青銅鈴等;石器遺存則有:石板棺、石環,附玦小石環,及剖面作T形之石鐲等。⑹第六層為巨石文化層,這一層次的文化很顯然的與中南半島的巨石文化具有關連,其在臺灣的分佈限於東海岸。巨石文化與原東山文化一樣,在導入臺灣時,亦與若干金銅器相伴。屬於這一層次的主要遺存為獨居石、石板牆、槽形石棺、石臼、石杵等。鹿野以臺灣的巨石文化與柬埔寨者有近緣關係,獨居石則可能與Louang-Drabang,進而與阿薩姆和印度者有關。巨石文化雖與原東山文化混淆,但其分佈並不完全一致。⑺最後的一層為菲律賓金屬器(鐵器)文化層。其分佈在東海岸及南部地區。出土於東海岸的紅陶及玻璃手鐲與菲律賓者有很大的類似。阿美族及卑南族所持有作為傳家之寶之倒鈎槍頭亦與菲律賓者在形式上相同。拜葉(Beyer)教授以為菲律賓鐵器文化,可以分為三期:早期自公元200年至300年;中期自300年至400年,而晚期自600年至900年。如果拜葉的年代可以採信,則此文化的導入臺灣,可以推定為公元

---

①Robert von Heine-Geldern以東山文化可能始源於公元前七世紀,而終了於公元前一世紀,參看其近著"Some Tribal Art Style of Southeast Asia"(收載Douglas Fraser所輯*The Many Faces of Primitive Art*, 1966)所論。

600年至900年之間。綜言之，鹿野的臺灣七個文化層次，前四個屬於中國大陸系，而後三個則與東南亞海島區有關連[2]。

　　鹿野氏的假說很值得我們的支持，只是他並未涉及先史文化與現存土著的關連。故筆者在本文擬藉關於玻璃珠的若干問題，試予探求。

一、瑠璃珠在東南亞的分佈

　　玻璃在中國的製造，雖可早至漢代[3]，但魏晉隋唐以後乃盛[4]，不過玻璃傳入中國，可以遠溯至東周[5]。戰國時代的墓葬中，有玻璃的出土，迨至漢代，其使用更見廣泛[6]且已東傳至朝鮮[7]和日本[8]。

---

②鹿野忠雄：《東南亞細亞民族學先史學研究》。第2卷，1952，pp.176-
　　181。

③請看後文之討論。

④《魏書・西域傳》：「世祖時，其（大月氏）國人商販京師，自云能
　　鑄石為五色瑠璃，於是採礦山中，於京師鑄之，既成，光澤乃美於西
　　方來者……自此中國瑠璃遂賤，人不復珍之」；《隋書・何稠傳》：
　　「時中國久絕瑠璃之作，匠人無敢厝意，稠以綠瓷為之，與真不異」。

⑤《中國田野考古報告集考古學專刊》丁種第二號《長沙發掘報告》1957，
　　p.66；William Charles White: *Tombs of Old Lo-Yang, A Record of the
　　Constraction and Contents of a Group of Royal Tombs at Chin-ts'un,
　　Honan, Probably Dating 550 B.C.*1934. Shanghai Section V. Pls CLXII-
　　CLXVI；原田淑人：〈夜光璧に就いて〉，收《東西古文化研究》，
　　pp.399-411。

⑥《長沙發掘報告》p.127；《中國田野考古報告集考古學專刊》丁種第
　　六號《洛陽燒溝漢墓》第八章；其他雜記所載，如《漢武故事》：「武

現在我們研究臺灣的瑠璃珠，想知道的問題，是：臺灣的瑠璃是從什麼地方傳入的呢？其傳入的年代又如何？茲分述之：

㈠文獻所載瑠璃傳入中國的經路

中國文獻中，記載瑠璃，雖有來自西域者⑨但亦有自海路傳入及南來之記載⑩。松本信廣⑪以為瑠璃自南方傳入中國的經路可能有兩條。一經中南半島東海岸之交趾，另一則由緬甸而入雲南。《後漢書・哀牢傳》記該地產瑠璃，可能意味著瑠璃自此經路傳入。《華陽國志・南中志》記身毒之民居住於哀牢故地之永昌郡，可推

帝好神仙，起祠神屋，扉悉以白琉璃作之，光照洞徹。」「成帝為趙飛鷰造湯殿，綠瑠璃為戶。」《西京雜記》：「武帝時身毒國獻連環羈皆白玉作之，瑙石為勒，白光瑠璃為鞍。」「趙飛鷰女弟居朝陽殿……窗扉多綠瑠璃，亦皆達照，毛髮不得藏焉。」其他《拾遺記》、《世說》、《洞冥記》等均記有玻璃之使用，可知漢代玻璃之應用頗為廣泛。

⑦樂浪遺址土出瑠璃頗多。又慶州金冠塚亦有玻璃之出土，見濱田耕作、梅原末治：《慶州の金冠塚》；濱田耕作：《金冠塚と其遺寶》。

⑧日本彌生式土器遺址，有玻璃珠之出土。

⑨《漢書・西域傳》：「罽賓國……有琥珀璧流離。」《三國志・魏略》：「大秦多金銀銅鐵……赤白黑綠黃金紺縹紅紫十種流離。」《魏書・西域傳》：「世祖時，其（大月氏）國人商販京師，自云能鑄石為五色瑠璃，於是採礦山中，於京師鑄之，既成光澤乃美於西方來者。」松本文三郎：《瑠璃考》，以為瑠璃一語詞乃由印度語之Veinriyain及梵語之Vaidurya轉入而得，故以為琉璃之傳入中國應經由印度。

⑩《漢書・地理志》：「黃支國……多異物，自武帝以來皆獻見，有譯長屬黃門，與應募者俱入海，市明珠璧流離奇石異物。」

⑪松本信廣：〈上代印度支那の考古學的研究に就いて〉，《印度支那の民族と文化》，1942, pp.182-183。

定印度文化很早便經過緬甸進入雲南。**Hirth**亦以為瑠璃乃自波斯灣自水道迂迴東傳者。

㈡瑠璃在東南亞的分佈及其年代

　　璃瑠珠的分佈遍及東南亞海島區各地——菲律賓[12]，婆羅洲[13]，蒂汶[14]，爪哇[15]，蘇門答臘[16]，馬來半島[17]，及中南半島[18]，但其發掘出土品有確定年代者：中南半島出土於寮國之鎮寧高原之巨石遺跡，廣義州之土甕遺址，安南東山、拉倫墓葬遺址，Colani女士[19]以其屬於相當於中國之漢代（206BC-AD220）；Janse[20]在安南

---

[12]三吉朋十：《南洋蕃人の頸飾玉珞珠》，日本探險協會發行；O. Beyer：*Pre-Historic Philippines, Encyclopedia of Philippines*, Vol. VIII, History; R. B. Dixon: "On the Archaeology of the Philippines"，*Proceedings of American Philosophical Society*, 1930.

[13]三吉朋十：《トンボ玉，一名珞珠》，南方土俗文化研究會；Charles Hose and Williams McDougall: *The Pagan Tribes of Borneo*, 1912, London, Vol. I, pp.226-228; Plate 130.

[14]八幡一郎：〈南洋の古文化〉，《南洋文化雜考》，創元社，pp.183-185。

[15]同上，pp.190-181。

[16]Van der Hoop: *Megalithic Remains in South Sumatra*, pp.48-51,170.

[17]Ivor Evans: *Papers on the Ethnology and Archaeology of the Malay Peninsula*, 1927. Cambridge University Press; H. D. Collings：*Recent Finds of Iron Age Sites in Southern Perak and Selangor Federated Malay States*, B. R. M. Series B. Vol. I, No. 2 pp.25-93，1937.

[18]Colani: *Megalithic du Haut-Laos*, Tome II, p.357; Olov R. T. Janse: *Archaeological Research in Indo-China*, Harvard University Press, 1947, Vol. I, pp.49-54.

[19]Colani: *Op. cit.*

[20]Olov R. T. Janse: *Op. cit.*

所發現亦出土於漢代墓葬；Collings在馬來半島Southern Perak和Selangor 之先史遺址發掘得多數瑠璃珠，經瑠璃珠的權威研究家H. C. Beck 斷定，以其為公元一世紀至四世紀之物[21]；出土於蘇門答臘Teguravangi 巨石遺址的石板棺墓葬的古玻璃珠，與青銅器共在[22]，其年代亦在 紀元後數世紀。

在上文中，我們已經指出，中國瑠璃珠的傳入，有海路的記載。瑠璃珠既然很早便在東南亞有廣闊的分佈，則臺灣土著所持有的瑠璃珠，其來源似乎以求諸南方比較妥當。

二、瑠璃珠化學成分的分析

研究瑠璃的權威學者C. G. Seligman和H. C. Beck曾企圖由珠的化學分析來確定中國古珠的來源問題，他們曾請Mellor Laboratory和P. D. Ritchie博士作了瑠璃珠的重量成分分析（Gravimetric analysis）和分光成分分析（Spectrographic analysis）。分析所得結果，知道中國古珠的特色在於含有大量的氧化鉛和相當量的氧化鋇[23]，比重

[21] H.D. Collings: *Op. cit.*

[22] Van der Hoop: *Op. cit.* pp.48-51, 170.

[23] 漢代無色玻璃蟬和可能在中國製造之古珠之分析結果：

	玻璃蟬		中國S19珠		Rhodes珠
Na_2O	4.32	M	M		
K_2O	1.02		4.4 O		1.0
CaO	0.12	T/M	T/M		trace
BaO	12.58	M	4.0	T/M	
PbO	43.20	L	29.5	M/L	69.6
Cu	——	T	trace	T/M	trace(CuO)
MgO	0.34	T			
Fe_2O_3	0.16	T	9.5	M	trace
Al_2O_3	0.76	T		T	

很大[24]，歐洲和近東的珠，只有Rhodes島者含有頗多量的鉛但無鋇[25]，其他多無鉛無鋇[26]，其比重亦較小[27]，因此以為含鉛鋇的瑠璃珠為中國製品[28]。不過，後來對亞洲其他若干地方的瑠璃珠作過分光分析，知道中國以外的若干地方，尤其東南亞一帶的瑠璃珠，其含鉛量亦頗多，但無鋇之成分。爪哇之一例，其比重為2.54，其含鉛率在10%以上[29]。出土於蘇門答臘 Teguravangi 巨石遺址的石板棺

SiO₃	34.42	L	42.5	L	29.0
TiO₂	0.10	O		O	
	97.02		89.9		99.6

上表中L, M, T, 表示分光成分分析之結果，L表示多量，約30%；M表示中量，約10%；T表示少量，約1%或不及1%。看C.G. Seligman and H. C. Beck: "Far Easten Glass: Some Western Origins", *The Museum of Far Eastern Antiquities, Bulletin,* No. 10, 1938. pp.7, 11.

[24]一般玻璃之比重為2.2至2.4；中國古玻璃之比重為4.0至5.0；玻璃蟬之比重為3.75。

[25]見[23]。

[26]君士坦丁堡B.2035珠之分析結果為：

Na₂O	18.5	M	Cu		trace	T
K₂O	0.8	O	Fe₂O₃	3.9		T
CaO	7.2	T	Al₂O₃			T
BaO	0	T	SiO₂		68.2	L
PbO	0	T	Co		Def. trace	T

上表中L, M, T, 亦表示分光成分分析之結果，L表示多量，約30%；M表示中量，約10%；T表示少量，約1%或不及1%。看C.G. Seligman and H.C. Beck: "Far Eastern Glass: Some Western Origins", *The Museum of Far Eastern Antiquites Bulletin,* No.10, 1938, p.7.

[27]比重2.17至2.55.

[28]其所以含鋇，因中國的鉛礦中含有鋇的成分。

[29]根據C.G. Seligman and H.C. Beck：上引書p.51 Table Ⅰ所示，得自爪哇之玻璃珠，其含鉛量為M,約為10%。

墓葬之古玻璃珠,其含鉛率很高,氧化鉛達32.7〜33.0%[30]。菲律
賓古珠的含鉛率亦達33%[31],由於中國唐代及其後的玻璃皆不含鋇
[32],故有以為東南亞的不含鋇的玻璃珠應屬於唐代以後之一類者。
但是,如果上面所引諸家推定的年代可以採信,則我們以為東南亞
的無鋇而重鉛的玻璃珠,似乎以視之為東南亞型為較妥當,其見於
唐代以後的中國,可視為另一個文化波瀾的影響所致。我們以為如
果印度的古玻璃珠有了化學分析,則此疑問可得解決。

　　臺灣排灣群諸族所持有的古玻璃,根據井村八藏氏的分析,含
有氧化鉛達46.34%[33]。則排灣群所持有的瑠璃珠含鉛率很高,但沒

---

[30]黃色珠之質量分析結果,知其氧化鉛佔 33%;藍綠色珠則含有氧化鉛

　　32.7%。見Van der Hoop: *Megalithic Remains in Southern Sumatra,* 1932,

　　pp.48-51, 170-171;亦見H. R. Heekeren: *The Bronze-Iron Age of Indonesia,*

　　1958, pp.70-72.

[31]O. Beyer: *Op. cit.*

[32]C.G. Seligman and H.C. Beck: *Op. cit.* p.56.

[33]井村八藏所分析之一例,其成分比率如下:

　　SiO$_2$(矽酸)······························ 34.46%

　　Fe$_2$O$_3$+FeO+Al$_2$O$_3$(氧化鐵及礬土)······ 1.62%

　　MgO(苦土)······························ 0.59%

　　PbO(氧化鉛)···························· 46.34%

　　CaO(石灰)······························ 7.87%

　　K$_2$O(加里)······························ 5.91%

　　Na$_2$O(曹達)···························· 2.75%

　　(引自佐藤文一:《台灣原住種族の原始藝術研究》, p. 190)

　　本文付排後,作者曾請中國玻璃工業研究所呂學俊先生就排灣族古瑠

　　璃珠作化學成分分析,其已做完之一例,結果與井村氏所得者大體相

　　同,PbO佔46.29%,SiO$_2$佔32.47%,呂先生所得結果,將另文發表。

有鋇的成分，可視為屬於東南亞系。

三、瑠璃珠傳入臺灣的年代

在上文中，我們曾經指出，近代的小玻璃珠雖見於各族，透明的筒型珠亦曾見於若干近平地地區，但瑠璃珠則只見於排灣群諸族。這個不見於他群的消極性文化特質（negative culture trait），給予我們以「瑠璃珠並非作為貿易品（trade object）而傳入臺灣」的一個堅強論點。如果瑠璃珠是排灣群移入臺灣後，始被導入臺灣，則不可能只見於排灣族，至少其他鄰近各族應有或多或少之分佈，其鄰近地區亦應有若干考古學的發現，又其分布之中心亦不應在偏北僻遠地區（指魯凱族及排灣族泰武鄉一帶）。所以我們以為排灣群的瑠璃珠應為其祖先移入臺灣時，同時帶入的愛好品。這種瑠璃珠不流入於他族，因為排灣群把它們當作傳家之寶和婚聘重禮，其流傳的區域可能為其婚域所限制。如果這個推定可以成立，則排灣群移入臺灣的年代，便可自瑠璃珠在東南亞的分佈年代予以推定。

我們在上文中所記述瑠璃珠在東南亞的分佈，其考古出土品，多被推定為相當於中國之漢代或西紀一世紀至四五世紀。這個年代似乎可能視為排灣族移入臺灣的年代的上限（upper time limit）。換句話說：排灣群持有多量不見於臺灣他族的東南亞型瑠璃珠，其移入的年代應不早於西曆紀元初瑠璃珠尚未在東南亞大量分佈的年代。至於其下限，我以為似乎可以用不見於排灣群而僅見於阿美族的黃銅線螺卷手鐲予以推定。

——本文原載《國立臺灣大學考古人類學刊》第28期，中華民國55年11月，頁 1-6。

第十三篇
臺灣土著藝術及其在太平洋區文化史上的意義

　　臺灣土著，在文化和語言上屬馬來‧玻利尼西亞系，可分成十個以上的族群。他們的藝術表現並不一致，最值得注意的是見於泰雅、巴則海、和排灣群諸族的織繡，和見於噶瑪蘭、雅美、和排灣群諸族的木彫。

　　臺灣北部山地的泰雅族是目前仍用水平背帶機織布的族群。泰雅族和臺灣山地其他族群相同，織布的主要材料是苧麻，但在和漢人接觸以後，則兼用絨線。在織用時，他們把得自漢人的絨線，解開而重新搓撚過，使較堅細。織布時，把有色的絨線夾織於麻線之間，構成花文。泰雅族喜愛紅、黑、藍三種顏色，但近年也用其他顏色。泰雅族主要的夾織文樣有：條文，曲折文，方格文，三角形文，和菱形文等（圖67：A-B）。

　　巴則海族以前居住在臺灣西岸的中部平原一帶，現在幾乎已經完全漢化。不過，臺灣的幾個重要人類學博物館，都有巴則海族衣飾標本的收藏，可以由之窺知巴則海族的優越織布技術。他們喜愛的顏色，除紅和黑外，有時也用藍色。巴則海族有時還將金黃色狀

圖67　臺灣土著織繡文樣　A.-B. 泰雅族夾織文樣；C.-F. 巴則海族夾
織文樣；G.-M. 排灣族貼飾文樣。（均採自國立臺灣大學收藏標本）

似稻藁的木斛草，以類似北美印第安人縫飾豪豬刺的方法（porcupine -quill work），做成文樣。巴則海族織布的文樣，主要的是：條文，曲折文，方格文，三角形文，和菱形文，但也有相當幾何形式化的人像文（圖67：C-F）。

所謂排灣群，乃居住於臺灣南部山地之魯凱族、排灣族，乃至於卑南族之合稱，其織繡文樣最為精美，技法也最為複雜，除夾織（in-weaving）外，有刺繡（embroidery）、貼飾（appliqué）、和綴珠（beadwork）。因為這些技法較不受織布之經線和緯線關係的限制，所以其表現比較自由，因之變化也就較為多樣。

常見於排灣群的各種十字繡（cross-stitch）、直線繡（lining-stitch）、緞面繡（satin-stitch）、和鎖鏈繡（chain-stitch）的花文，大多是幾何形文，但有時也見有以橙（或紅）、黃、和綠三色刺繡於黑色布地上之花葉形文。貼飾的分佈以排灣族之西區為主，多以紅色花文貼飾於黑色布地，或反之以黑色花文貼飾於紅色布地。但見於盛行刺繡之北區者，則多以白色花文貼飾於黑色、藍色、或綠色布地。貼飾的主要文樣是人頭文、人像文、和蛇形文。文樣有一些以布塊作對折或再對折而後剪成，所以作對稱或輻射狀。人像文以立像為主，一般其雙手高舉於肩側，雙腳略彎曲，足尖指向左右側。許多立像之雙手各執有一人頭，與人像之頭並排，看來甚似三頭人像（圖67：G-M）。綴珠的文樣和貼飾的文樣大體相同，但多為人像且多較瘦長。綴珠多選用橙、黃、綠三色小玻璃珠，綴飾於黑色布地上，其色調和十字繡相同。貼飾和綴珠技法的導入可能較遲，但其文樣與見於其木彫者相同，又類似於廣見於印度尼西亞區之綁染（ikat）花文，則可能具有相當長遠的源流。

噶瑪蘭族昔日居住於臺灣東北部的宜蘭平原，今日已經完全漢化。幸而國立臺灣大學考古人類學標本室和臺灣省立博物館收藏有頗多噶瑪蘭族彫刻木柱和壁板，從這些標本可以窺知該族木彫藝術的大概。噶瑪蘭族木彫文樣以淺浮彫和線彫為主，文樣有條文、波文、曲折文、竹節文、方格文、菱形文、和同心圓文等幾何形文，但也有若干寫實的人像文、動物文、和植物文。人像文和見於排灣群者在型式上相似，即一般多為正面立像，兩手舉在肩側，兩腳外撇。但卻多戴有類似阿美族在成年儀禮時所用的高大羽冠，且穿著附有垂飾之腰布。動物文多為鹿文，植物文則多為檳榔樹文。（圖68）

　　雅美族居住在孤懸海外的蘭嶼，所以時至今日仍比較原始。他們在屋柱、舷板、和舳艫上刻劃文樣。主要文樣有：鋸齒文、曲折文、菱形連續文、同心圓文、和人像文。雅美族的人像文稱為**Magamaog**，代表教導他們農耕和造舟的神話人物。**Magamaog**的形態是圓頭、寬肩、細腰、雙手舉於肩側，而兩腳相叉而立的相當式樣化人像。其頭上有時冠有一對螺卷形物或羽毛形物，其兩手有時也作螺卷或羽毛的形態。這種 Magamaog 人像，彫刻於立柱或舳艫上時，有時不只一個，相疊作圖騰華表式安排（ totem　pole arrangement ）；彫刻於船舷或橫楣上時，也常不只一個，則其肢體相連作攪手並立狀。文樣常更塗施以三種色料：白色用石灰、紅色用紅土，而黑色用墨炭（圖69）。

　　木彫在臺灣諸族間，以排灣群最為發達。排灣群貴族階級的家屋桁柱和木製器用多刻有文樣。最常見的文樣是人像文、人頭文、蛇形文、和鹿形文。其他動物文的飾用則可能較為晚近。幾何形文多用作邊飾，可能由人頭文和蛇形文演變而成。

　　排灣群的木彫人像均頗式樣化：圓頭、長鼻、小眼、細口、兩手舉於胸前或在肩側，雙腳直立或略彎，足尖多指向兩側，性別特徵明顯（圖70：A；72：A等）。式樣化之人像多為祖先像，限為

410・臺灣土著文化研究

圖68　噶瑪蘭族木彫文樣

A.-B.,F.-H. 國立臺灣大學收藏標本；C.-E.,I.-J. 採自新井英夫

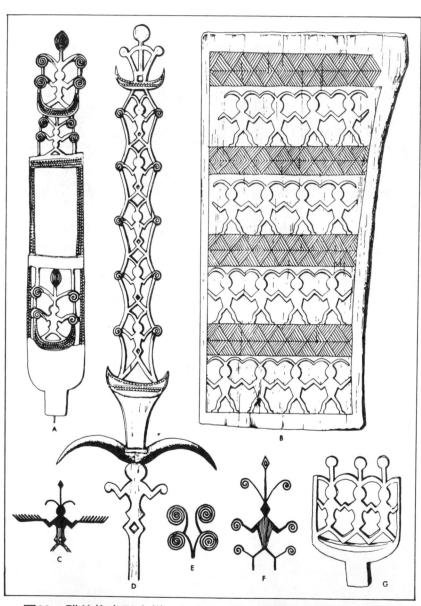

圖69　雅美族木彫文樣　（A.,D.,G.採自鹿野忠雄與瀨川孝吉；C.,E.,
F.,筆者田野照片；B.國立臺灣大學收藏標本）

貴族所享用。人頭文也代表祖先，但也可能和獵頭有關。排灣群和臺灣其他山地族群，昔日均有獵頭的風習。有些人像，身首分開（圖70：N），另有一些人像，手執人頭（圖74：A；80：A-C）。鹿形文為排灣群木彫的常見文樣（圖76：A-B），因其住地多產鹿。但蛇形文之應用特多則值得注意（圖70：A-N；73：B；77：C；79：A-E）。排灣群相信劇毒的百步蛇是貴族的祖先。他們虔敬百步蛇，並守多種禁忌。

　　現在我們討論臺灣原始藝術的類緣關係。我們的討論將以排灣群的藝術為主，因為在臺灣諸族間，排灣群的木彫和織繡最為發達。

　　太平洋區藝術的表現手法，如果和非洲黑人的藝術對照，可說是"平面的"。臺灣排灣群的木彫藝術，也顯著地示有這種傾向。排灣群的木彫中，雖見有若干圓刻木偶（figures carved-in-the-round）（圖80：D），但這些較具立體形式的彫刻，可能都是晚近的發展。屬於比較早期的傳統式樣的彫刻，多試在平面上將立體的形態表示出來。所以它們大多只有長度和闊度，而缺乏厚度。排灣群原始藝術家企圖顯示的形態，應由正面來了解；其彫刻可說是具有繪圖的特性。

　　平面的處理手法，也使排灣群的木彫，具有「裝飾的」特徵。排灣群雖有木偶和蛇形彫刻，但很少製作象形器物（effigy utensils），大部分文樣，多刻劃於器物的表面，最多也不過添附為執柄提耳等部分，又除煙斗外，未見有將全器刻作人像形、人頭形，或其他動物形者。

　　平面的和裝飾的特徵，使排灣群木彫的表現形式也有了「填充的」特徵。排灣群的木彫，除了具有代表祖先意義的立柱多刻以單像外，大部分都有在彫刻面填滿文樣的傾向。有時在立柱單像上，他們也試圖將文樣展開，或補接以其他文樣成分，以求填蓋整個平

M

N

圖70　排灣族木彫文樣（採自陳奇祿：臺灣排灣群諸族木彫標本圖錄）

面。在壁板彫刻和屏風、門板、彫刻板上，這種填充的特徵，表現得很明顯。以大型人像或人頭為主文，其間隙處滿填以人頭文、蛇形文、動物文，或其他幾何形文，有時更再填充以小型人像。在簷桁、橫樑和檻楣彫刻，則以單一文樣的排列，複合文樣的排列，不同文樣的錯列，人像橫置相接，不同文樣的連續排列，予以填充（圖70：M-N）。

器物的表面，如施有刻文，其處理方法也相同。木枕、木箱、連杯、刀鞘之一部分上的文樣排列類似簷桁（圖75：A-B）。另有若干木箱、筒杯器面、木桶器面、木臼器面、木盾器面，和占卜道具箱表面的文樣安排則類似壁板和彫刻板（圖73：B；74：A）。為方便文樣的安排，有時一個文樣可以分析為若干單位，有時幾個單位文樣連結構成複合文樣（圖70：B-M）。

蛇形文的變化最多，有一些曲折文、鋸齒文、影線三角形連續文、菱形連續文、竹節文、連杯形文、梳形連續文、梳形連杯形文複合文、梳形曲折文複合文、半同心圓連續文、金錢連續文、S形文、螺旋文、同心重圓文、太陽文，和花形文，均自蛇形文變化而成。

排灣群諸族居住在臺灣南部山地，年代已甚久遠。藝術的式樣，因時代而演變，排灣群諸族移入臺灣後分居於不及百方里的山地間，其各地的藝術式樣已不一致，所以我們今日所見者，不用說，自與他們的祖先們移入本島時者不盡相同。所以我們想在臺灣以外的其他地區找到與排灣群木彫完全相同的式樣，自是不可能的事。不過，藝術式樣雖時常演變，但其基本要素卻常能保存。因此比較藝術學的學者們纔能夠用復原的方法來追尋不同族群或不同地區間的諸藝術式樣的關係。我們在前文已指出排灣群藝術的表現手法實與太平洋區者相同，具有平面的、裝飾的，和填充的特徵。現在我們擬更進一步，比較若干共存於排灣群、太平洋區，和中國古代的藝術型式主題，並討論臺灣的原始藝術，尤其是排灣群的木彫的類緣關係。

一、蹲踞人像

在敷蓆和椅凳發明和普遍被應用以前，人類最自然的休憩狀態是蹲踞和坐地。臺灣土著諸族和太平洋區的土著民族雖已有敷蓆的使用，但仍未能稱為普遍，所以仍多作蹲踞。吳大澂謂：「東夷之民，蹲踞無禮義，別其非中國之人」[①]。中國之人，何時進入於禮是一個問題；但是，蹲踞的習慣，時至今日，仍殘留於此一廣大區域，所以這種形態，見於此區的木刻，無寧是很自然的事。

蹲踞為排灣群諸族木彫的一種主要主題（mofif）。我們檢查民族誌資料[②]，發現與排灣族蹲踞彫像型式相同的木彫廣見於整個太平洋地區。在臺灣的鄰接地區，見於菲律賓（Luzon）、婆羅洲（Borneo）、尼亞士（Nias）、恩加奴（Enggano）、蘇門答臘（Sumatra）、凱撒（Kisar）、勒蒂（Leti）、淡瑪（Damma）、巴巴爾（Babbar）、塔尼巴爾（Tanimbar）、新幾內亞（New Guinea）的很多地區、所羅門群島（Solomon Islands），然後點點相接，經密克羅尼西亞的多哥貝（Tokobei, Micronesia），和玻利尼西亞的紐西蘭（New Zealand）、柯克群島（Cook Islands）、大溪地（Tahiti），而及於美洲大陸，尤以西北太平洋岸（Northwest Pacific Coast）為普遍（圖71：A-O; 73：C-E; 75：B, K; 77：C, K）。

①吳大澂：《字說》第30頁，〈夷字說〉；《說文古籀補合刊本》，光緒七年辛巳刊。

②請看文末所附文獻目錄。

　　不過，最值得注意的是蹲踞人像亦見於中國古代。中央研究院民國十八年發掘殷墟，在大連坑中得到「一個半截抱腿而坐的〔石刻〕人像，膀腿均刻花紋；圖案與花骨刻紋一致。……身後有槽，槽寬七至九生的，深約四、五生的；下平，腳已失去。」③ 這件石像（圖71：R），後來李濟先生曾再作詳細的記述，同時討論它和侯家莊出土的另一件殷代跪坐人像所代表的意義，以為「蹲居與箕踞不但是夷人的習慣，可能也是夏人的習慣，而跪坐卻是尚鬼的商朝統治階級的起居法，並演習成了一種供奉祖先，祭祀神天，以及招待賓客的禮貌。周朝人商化後，加以光大，發揚成了'禮'的系統，而奠定了三千年來中國'禮'教文化的基礎。」④ 從物質文化發展的觀點看，我們更可以由此推測敷蓆在中國出現與應用的年代。這一文化特質在後來經韓國傳到日本而發揚，在中國則漸趨式微，是很有興味而值得考察的一個歷史事實。

　　見於排灣群、太平洋區和中國古代彫刻的蹲踞人像，依其形態，可分為四個型式：第一為兩手舉起於胸前的形態；第二為雙手抱膝的形態；第三為兩手相盤擱置膝上的形態；第四為未式樣化之形態。這四個型式，從它們的分佈和形態看，我們似乎可以推定前二者為較早的型式，而最後未式樣化者則為各地的獨立變化。

③李濟：〈民國十八年秋季發掘殷虛之經過及其重要發現〉，《安陽發掘報告》第二期，1930, 北平，pp. 249-250.

④李濟：〈跪坐蹲居與箕踞〉，《國立中央研究院歷史語言研究所集刊》，第24本，1953，臺北，pp. 285-299.

二、蛙形人像

上文中我們指出太平洋區的藝術家喜歡用平面的手法來處理其所要表現的題材。排灣群、太平洋區、和中國古代所常見的"蛙形人像"，也可視為用平面的處理手法而得來的一種式樣。如果我們把蹲踞人像舉置胸前的雙手移置肩側，向前彎屈的雙腿向兩側展開，則我們便可以得到蛙形人像。

蛙形人像為廣見於太平洋區的一種文樣。在太平洋區見於菲律賓（Luzon），婆羅洲（Borneo）、尼亞士（Nias），恩加奴（Engano），西里伯斯（Minahasa、Celebes），蒂汶（Timor）、羅蒂（Roti）、新幾內亞（New Guinea）、米奧柯（Mioko）、所羅門群島（Solomon Islands）、馬克沙群島（Marquesas），和奧斯托勞群島（圖68：F；72：B-P；73：B；74：K-M；80：I）；在美洲見於西北太平洋岸區（Northwest　Coast）和中南美地區（Manabí,Ecuador；Coclé,Panama）（圖73：H,K；76：O）。在中國古代，見於商代白陶，和周代與昆明東山文化期的銅器刻文（圖72：Q；73：L-M）。

三、關節標記人像

太平洋區的蹲踞和蛙形人像，常常在關節部分刻劃有圓點、眼睛、人面、或栓形物作為連接。舒思德先生（Dr. Carl Schuster）討論具有關節標記之人像在美洲、太平洋和亞洲的分佈，以其可能為美洲、太平洋與遠東地區文化接觸之一指標，其起源可能出自遠東地區[⑤]。關節標記人像的分佈大體上也和上記蹲踞和蛙形人像相

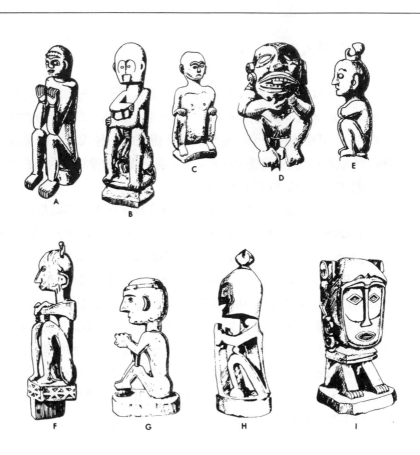

圖71　蹲踞人像　A. 排灣族（採自陳奇祿）；B. Ifugao（採自Schuster），
　　　　C. Borneo（採自Muensterberger），D. Engano（採自Modigliani），
　　　　E. Kisar（採自Riedel），F. Leti，G. Tanimbar，H., J. New Guinea
　　　　（採自Schuster），I. New Guinea（採自Muensterberger），K. New
　　　　Guinea（採自Linton and Wingert），L. Trobriand Islands（採自
　　　　Adam），M. Northwest Coast（採自Inverarity），N. Tokobei Island,

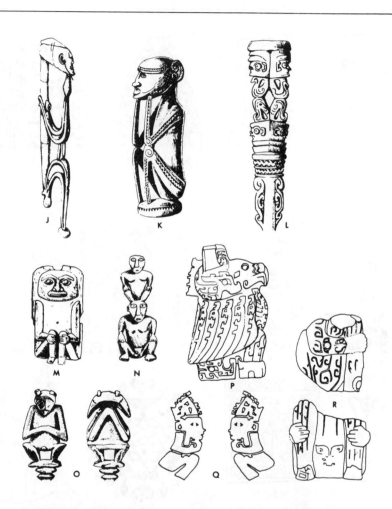

Micronesia（採自Kishimoto），O.　Tahiti（採自Linton　and
Wingert），P. 中國商代（採自高去尋）；Q., R. 中國商代（採自
李濟）。

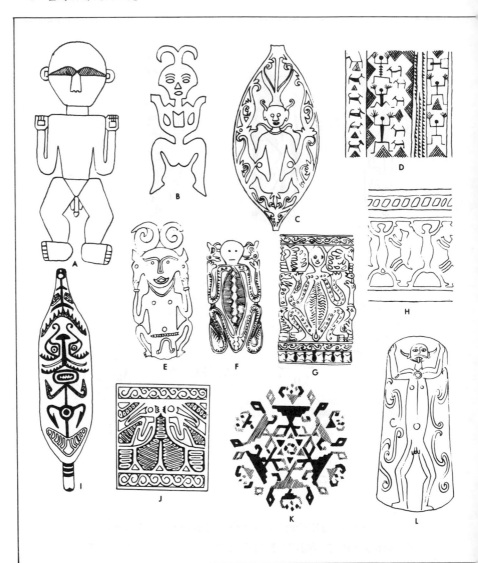

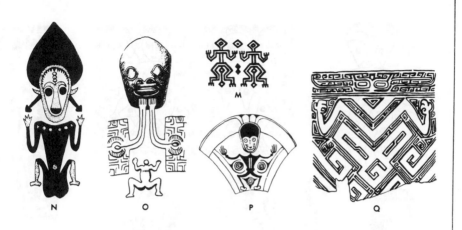

圖72　蛙形人像　A., B. 排灣族（國立臺灣大學標本），C. Borneo（採
　　　自Schuster），D. Luzon（採自Kroeber），E. Minahasa（採自
　　　Schwarz），F., G. Timor（採自Loeber），H. Nias（採自Fischer），
　　　I. South New Guinea（採自Heine-Geldern），J. Central Timor（採
　　　自Asia Institute），K. Flores（採自Bossert），L. Engano（採自
　　　Modigliani），M. West Borneo（採自Asia Institute），N. Solomon
　　　Islands（採自Linton and Wingert），O. Marquesas（採自Steinen），
　　　P. Roti（採自Schuster），Q. 中國商代（採自梅原末治）。

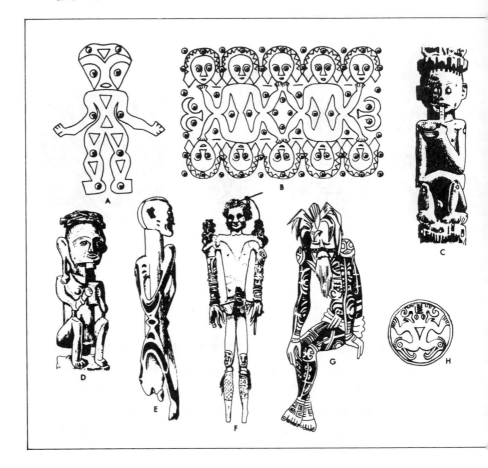

圖73　關節標記人像　A.-B.（採自陳奇祿），C. Borneo，D. Nias，
E. New Guinea，F. New Hebrides，G. Marquesas（採自Schuster），
H. Coclé, Panama（採自Covarrubias），I. Byron Strait Islands，
J. New Zealand（採自Schuster），K. Haide, Northwest Coast（採
自Covarrubias），L. 中國商代（採自Janse），M. 中國商代（採
自Hentze）。

同，見於巴則海族、排灣族、婆羅洲（Borneo）、尼亞士（Nias）、
西里伯斯（Minahasa, Celebes）、蒂汶（Timor）、羅蒂（Roti）、
勒蒂（Leti）、塔尼姆巴（Tanimbar）、新幾內亞（New Guinea）、
俾士麥群島（Byron Strait Islands, Bismark Archipelago）、所羅
門群島（Solomon Islands），新赫布里底群島（New Hebrides）、
紐西蘭（New Zealand）。關節標記在太平洋區不但見於雕刻人像
上，也為文身和繪身和疤瘢毀飾的主要文樣。婆羅洲（Borneo）、
新幾內亞（New Guinea）、托拉斯海峽（Torres Strait）和馬克沙
（Marquesas）（圖73：G）諸地的土人在雙肩或身體其他關節，
文繪盤狀、眼形、或人頭文樣，可知其與雕刻人像上之關節標記具
有同樣的意義。

　　關節標記的彫刻人像在美洲有很廣泛的分佈。舒思德先生（Dr.
Carl Schuster）記述甚詳⑤，本文未擬予以討論。我們在這裡擬指
出的是，它們和太平洋區所見者相當類似。關節標記人像也見於中
國古代遺物，前述周代銅鼓上的蛙形人像，其標記在於上臂和下腿
兩關節之間，略作眼形；而匕首上者則刻在膝蓋之上，作人面形（圖
73：L-M）。這種形態，均表示與太平洋區之同樣文樣，有相當的
近緣。

四、肢體相連人像

　　蛙形人像常作並列或重疊，而不同單位人像的手足相連，形成

---

⑤Carl Schuster: *Joint-Marks, A Possible Index of Cultural Contact between
America, Oceania, and the Far East,* 1951, Amsterdam.

⑥Carl Schuster: *Op. cit.*

裝飾文樣。這種文樣的形成，可視為平面處理文樣的進一步的展開。
在一個單獨的文樣不足以填滿其所欲裝飾的平面時，我們的原始藝
術家，便用並列或重疊的安排予以處理；同時為使文樣不陷於零落
散漫，便更將各單位人像的肢體予以相連，構成一複合文樣。這種
方法常見於太平洋區，尤為織繡之主要裝飾文。圖74所示為其若干
實例——有臺灣排灣族、蘭嶼雅美族、新幾內亞（New Guinea）、
亞米拉蒂群島（Admiralty Islands）的木刻，和海南島黎族、民大
諾島比蘭安族（Bilan-an of Mindanao）、西里伯斯（Celebes）、
凱撒島（Kisar）的編織。舒思德先生（Dr. Carl Schuster）且指出
日本法隆寺所藏之古代織布之文樣也為此種肢體相連人像[7]。這種
文樣的構成形態頗為複雜，但大體可別為二類：其一，人像作並排
相接；另一，則作網狀連結。見於臺灣的排灣族和雅美族的木彫文
樣屬第一形式。至於廣見於南北美洲各地之第二形式，舒思德先生
另稱之為「系譜文樣」（genealogical pattern）[8]。

五、圖騰華表式重疊人像

　　如果所要處理的是縱立而狹窄的平面或圓柱，則文樣單位多作
縱列重疊，即所謂圖騰華表式的安排。圖騰華表雖因其體積巨大而
聞名於美洲西北太平洋岸區（Northwest Coast），但亦為太平洋區
的一個主要的藝術式樣特質。其在太平洋區的分佈，見於臺灣的巴

---

[7]Carl Schuster: "Remarks on the Design of an Early Ikat Textile in Japan", *Festschrift Alfred Bühler,* 1965, Basel.

[8]Carl Schuster: Genealogical Patterns in the Old and New World", *Reista do Museu Paulista,* Nove Série, Vol. X, 1956-58, São Paulo.

圖74　肢體相連人像　A. 排灣族（採自陳奇祿），B. 雅美族（採自鹿
野忠雄與瀨川孝吉），C. 海南島黎族（採自Stübel），D. Davao,
Mindanao（採自Cole），E. Celebes（採自Schuster），F. Celebes
（採自Bossert），G. Kisar（採自Asia Institute），H. New Guinea
（採自Giglioli），I. New Guinea（採自Schuster），J. Admiralty
Islands（採自Bossert），K. Solmon Islands（採自British Museum），
M. Raivavae Island, Austral Group（採自Haddon）。

則海族和排灣群，蘭嶼的雅美族，菲律賓（Luzon），婆羅洲（Borneo），蘇門答臘（Batak, Sumatra），新幾內亞（New Guinea），新不列顛（New Britain），新愛爾蘭（New Ireland），新赫布里底群島（New Hebrides），多哥貝（Tokobei, Micronesia），馬克沙（Marquesas），和紐西蘭（New Zealand）（圖58：B；59：A，D；75：A-H）。

　　圖騰華表為北美洲西北太平洋區諸族的一種最重要文化特質，實例不勝舉述，我們在這裡只擬揭其一例，以見其一斑。圖75：K所示為頗屬大型的圖騰華表，為有名的「西雅圖城圖騰華表」（Seattle Totem Pole）[9]，刻於十九世紀中葉，原樹立於在阿拉斯加（Alaska）東南特林基德印第安人的童加斯村落（Tlingit Village of Tongass），為紀念「大鴉氏族」的基寧怒克家族（Kininook family）的一婦女而作，1899年移立於西雅圖城，1938年毀於火。這件圖騰華表，其所刻動物，自上而下為大鴉，抱子之母蛙，俯伏之公蛙，水貂，大鴉，鯨魚、其腹部有大鴉和水貂、口銜海豹，最下為代表大鴉氏族之祖之大鴉（ "Raven-at-the-head-of-the-Naas"）。這件圖騰華表，其所彫刻的動物形態，雖仍大部份可以辨認，但其第二層的母蛙，已變化而作人形，是值得注意的。這就是所謂動物的人形化（Anthropomorphosis）。

　　動物人形化為原始神話的重要題材，亦為常見於原始藝術的現象。美洲西北太平洋岸區的人形化動物，也許可以作為詮釋中國商代人形化動物的佐證。西北太平洋岸區的人形化動物代表圖騰，在中國古代是否有其平行發展？為一值得研究的問題。

[9] Viola E. Garfield. *The Seattle Totem Pole,* University of Washington Extension Series, 1940, Seattle.

　　中國古代曾否有圖騰華表的存在，因為未有遺物的發現，不能確言，但圖騰華表式的文樣重疊形式，卻曾見於商代。商代的花骨上的文樣其大部份屬於這種形式[10]。圖75：I-J[11] 所示為其二例。在形態上與圖75：L所示尤卡丹瑪耶人（**Maya of Yucatan**）的彫刻[12] 至為相似。李濟先生曾討論中國商代花骨的類緣關係，說：「殷商文化的真正基礎仍應在東亞尋求之，它同時還是整個太平洋區主要藝術式樣的源泉。這種式樣的原始可能存在於已失去的中國遠古木彫藝術中。」[13] 李濟先生在描述了圖版75：I所揭花骨之後，他又說：

　　　這五個本質上相同的裝飾文樣的單位，其縱列重疊的式樣，除了小屯骨柄的文樣構成比較細緻外，仍見於加拿大西北海岸區的圖騰華表的動物頭文的文樣安排[14]。

　　　上述的裝飾文樣和其配置提示了見於大部太平洋區藝術的三個基本原則；除了同樣的垂直重疊，有動物的側面像，剖為對稱之兩半，以其一端相接而配置於弧面或平面上，其對稱嚴格而排列均整。這三個原則在商代及其後的銅器中充分表出，同時亦廣見於太平洋區的木彫藝術[15]。

---

[10] William Charles White: *Bone Culture of Ancient China,* 1945, Toronto.

[11] William Charles White: *Op. cit,* pl. XLIX, Li Chi:*The Beginning of Chinese Civilization,* 1957. Seattle. p. 30.

[12] Miguel Covarrubias: *The Eagle, the Jaguar, and the Serpent, Indian Art of the Americas,* 1954, New York, p. 44.

[13] Li Chi: *Op. cit.,* pp. 29-30.

[14] Li Chi: *Op. cit.,* p. 31.

[15] *Ibid.*

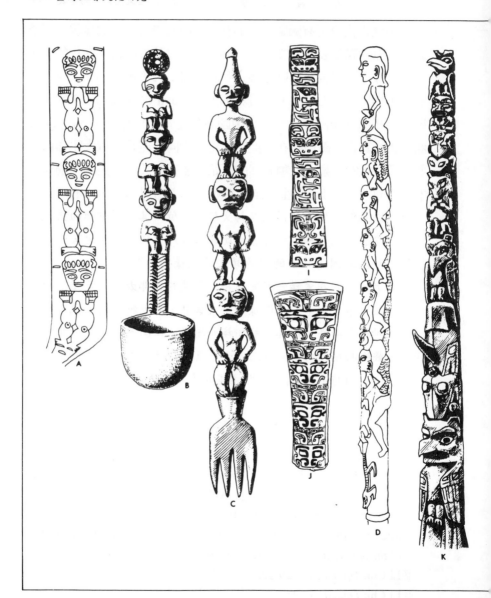

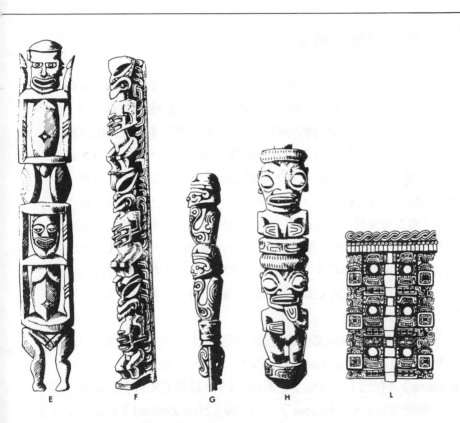

圖75　圖騰華表式重疊人像　**A.-B.**　排灣族（採自陳奇祿），**C.** Bon-
toc, Luzon（採自Covarrubias），**D.** Batak, Sumatra（採自天理參
考館），**E.** New Ireland（採自Covarrubias），**F.** New Zealand（採
自Covarrubias），**G.** Massim Area, New Guinea（採自Linton and
Wingert），**H.** Marquesas（採自Covarrubias），**I. -J.** 中國商代
（採自李濟與White），**K.** Northwest Coast（採自Garfield），**L.**
Yucatan（採自Covarrubias）。

六、動物剖裂文的重組

　　李濟先生在上面的一段話中，指出剖裂文樣的重組為共見於商代銅器和太平洋區木彫的一種文樣處理方法。中國傳統的文樣解釋，稱這種剖裂動物軀體為對稱的兩半而以其頭部相對銜接重組的文樣為「饕餮文」，而以饕餮為「有首無身，食人未咽，害及其身，以言報更也。」又謂「貪於飲食，冒於貨賄，侵欲崇侈，不可盈厭，聚斂積實，不知紀極」[⑯]，均不中肯綮。這種文樣，經仔細分析，可知其實為廣見於太平洋區的一種文樣特質，亦見於排灣群諸族的木彫（圖76：A-B）。在臺灣以北，見於中國古代（圖76：C-E），日本古代（圖76：F-G），赫哲族（圖76：M）。然後隔著兩大洲間的海峽，見於美洲西北太平洋岸區（圖76：P），和中南美洲（圖76：L, N-O）。

　　動物剖裂文的組成文樣在臺灣以南至於太平洋一帶，見於海南島黎族、婆羅洲（Borneo）（圖76：H），蘇門答臘（Kroë, Sumatra），松巴（Sumba）（圖76：I），羅蒂（Roti）（圖76：J），新幾內亞（New Guinea）、紐西蘭（New Zealand）（圖76：K），和復活節島（Easter Island）。

　　西方學者很早便注意到中國商周時代的「饕餮文」，對其意義曾作種種解釋：以其代表夔、牛、虎、龍、乃至於獅身鷲啄獸（Lion-griffin）和圖騰動物[⑰]，但是饕餮文實應視為一種文樣的處理法則，在上文我們經已指出其為一種剖裂動物的軀體為對稱的兩半而以其頭部相對銜接重組的文樣，所以我們稱之為動物剖裂文的組成文樣

---

⑯見《呂氏春秋‧先識覽‧先識》及《左傳》文公十八年。

（bilateral splitting of animal design）。它可以代表不同的動物，亦可為不同動物之文樣單位的組成文。生活在商周時代華北一帶的獸類，如鹿、牛、野牛、山羊、羚羊、虎、象等的形象，應均可自饕餮文中尋得⑱。

分佈於遠東地區，太平洋區和美洲的動物剖裂文的組成文樣，依其形態，可分為四個型式：第一型式，兩剖裂動物側面文頭部相向或相背，但未相接而形成頭文或面文；第二型式，兩相向動物側面文之中間有一人頭文或人像文，圖76：P兩動物文嘴端之圓環，可視為頭文之變化文；第三型式，兩剖裂動物側面文之頭部相接，略形成頭文或面文；第四型式，頭文或面文成為文樣之主文，而剖裂動物之身部成為輔文。在此四個型式中，依其型態演變的次序而言，我們以為第一型式最早，而第四型式最遲。第四型式的形成，"目文"佔很重要的地位，如圖76：C-D，G，L，P諸例，其目文均

⑰S. W. Bushell: *Chinese Art,* Vol. 1. 1904, London, p.81; Friedrich Hirth: *The Ancient History of China,* 1911, New York, pp.84-87; Berthold Laufer: *Jade: A Study in Chinese Archaeology and Religion,* 1912, Chicago, p. 185; Osvald Sirén: *Historire des Arts Anciens de la Chine,* Vol. I, 1929, Paris et Bruxelles, p. 23; M. Rostovtzeff: *The Animal Style in South Russia and China,* 1929, Princeton, p.70; B. Karlgren: *Yin and Chou Researches,* 1935, Stockholm, p. 93; Carl Hentze: *Objets rituelles, Croyances et dieux de la China antigue et de I'Amerigue,* 1936, Anvers, pp.18-21; H. G. Creel: *The Birth of China,* 1937, New York, p.117; F. Waterbury: *Early Chinese Symbots and Literature: Vestiges and Speculations,* 1942, New York, p.2.
⑱Lichi: "Hunting Records, Faunistic Remains and Decorative Patterns from the Archaeological Site of Anyang", *Bulletin of the Department of Archeology and Anthropology, National Taiwan University,* Nos.9-10, pp.10-20, 1957. Taipei.

圖76 動物剖裂文之組成文樣　A.-B 排灣族（採自陳奇祿），C.-
E. 中國商代（採自Covarrbias，容庚與梅原末治），F.-G. 日本（採
自原田淑人）；H. Borneo（採自Nieuwenhuis），I. Sumba（採
自Bossert），J. Roti（採自Bossert），K. Maori, New Zealand（採
自Linton and Wingert），L. N. Marajo, Brazil（採自Covarrubias），
M. Goldi, Amur River（採自Laufer），O. Cajamarquilla, Huaraz
（採自Covarrubias），P. Haida, Northwest Coast（採自Covarr-
ubias）。

至明顯。目文在排灣群的木彫中未佔重要的地位，故未能演出第四
型式；在南方諸例，則因多以鳥文對向（圖76：I-J），鳥文長啄細
眼，故亦不易形成頭文或面文。我們可以說，剖裂動物文，依其變
化的次序而言，在中國商代和北美西北太平洋岸區最臻發達，而在
臺灣和西南太平洋區則多僅具雛形。

　　中國古代和北美的動物剖裂文的形態相同，曾使西方學者考慮
及太平洋文化傳播的可能性，不過亞當氏（Leonhard Adam）以為
其形態雖至類似，但很難言及其間有傳佈的關係[19]。但是，從我們
在上面所舉述諸種藝術式樣主題及其他文化特質在環太平洋的分佈
和演變視之，我們可得到比較確定的推論：它們之間，雖可能沒有
直系的親緣，但很可能具有同祖的關係。

七、正反相對人像

　　正反相對人像的文樣組成方法雖與動物剖裂文相似而又不同。
動物剖裂文為兩動物側面文之頭吻相對的組合，正反相對人像則為
兩人像正面文之足底相對的組合。動物剖裂文多填刻於扁闊平面，
正反相對人像則多填刻於狹長平面，其填充和平面的文樣處理原則
是相同的。

　　正反相對人像常為一男像與一女像之組合。它們可以都是立像
或蹲踞像。如果所欲裝飾的平面縮短不足以容納整個人像時，有時
會略去足部，成為一身兩首的文樣；有時更會略去身部，形成兩頭
相連的形態。不同演變階段的正反相對人像的分佈，大體上與上述

[19]Leonhard Adam: "Northwest American Indian Art and its Early Chinese
Parallels", *Man,* 1936, no.3.

諸種藝術型式主題一致，即見於臺灣排灣群諸族，婆羅洲（Borneo），小巽他諸島（Lesser Sunda），哈馬希拉（Helmahera），阿魯島（Aru Island），新不列顛（New Britain），和紐西蘭（New Zealand）等地，（圖67：H，K；73：I；74：A，E，H，J；77：A-P）。

八、吐舌人像

吐舌人像亦為廣見於太平洋區的一文樣主題，凌純聲先生討論甚為詳盡[20]。吐舌人像在太平洋見於臺灣排灣群（圖78：A-B），婆羅洲（Borneo）（圖78：C-D），新幾內亞（New Guinea）（圖78：E），紐西蘭（New Zealand）（圖78：F-H）；在美洲見於北美西北太平洋岸區（Northwest Pacific Coast）（圖78：I）和墨西哥（Aztec of Mexico）等地。值得注意的是這種人像也見於長沙楚墓出土之繒帛[21]（圖78：K），同時長沙和信陽出土的木彫或石刻跪坐人形怪獸也多作吐舌形態（圖78：L-N）。

吐舌人像為頗普遍的文樣主題，但在環太平洋各地的分佈較為稠密。由於它常與其他文樣主題構成文樣複合體，且其分佈狀況亦與我們在上面所記述其他主題約略相同，這種文樣主題在形態上的相似，似乎不必全部歸諸獨立發生。

---

[20] 凌純聲：〈臺東的吐舌人像及其在太平洋區的類緣〉，《中央研究院民族學研究所集刊》，第3期，pp.137-152，1956，臺北。

[21] 關於長沙楚墓出土之繒帛，請參看 Noel Barnard (ed): *Early Chinese Art and it's Possible Influence in the Pacific Basin,* 3 vols, 1972，New York.

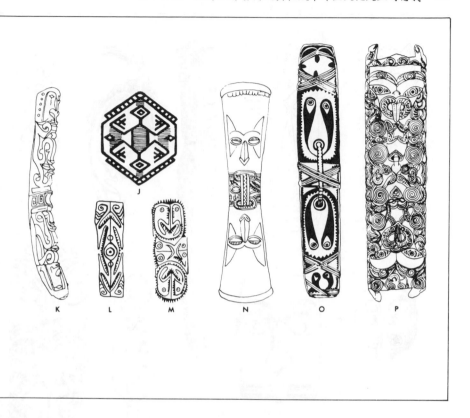

圖77　正反相對人像　A.-D. 排灣族（採自陳奇祿），E.Borneo（採
自Roth），F. Lesser Sunda（採自Fischer and Rassers），G. Halmahera
（採自Bossert），H. New Guinea（採自美術手帖），I. Aru Island（採
自Bossert），J. East Sumba（採自Langewis and Wagner），K. New
Guinea（採自岡正雄等），L.-N, New Guinea（採自Haddon，
Wingert），O. New Britain（採自美術手帖），P. New Zealand（採
自Hooper and Burland）。

圖78　吐舌人像　A.-B 排灣族（卑南族）（採自陳奇祿），C.-D Borneo
（採自Galestin與齊藤正雄），E. New Guinea（採自Christensen），
F.-H. New Zealand（採自凌純聲與Christensen），I. Northwest Coast
（採自Inverarity）J.-N. 中國楚文化（採自饒宗頤、梅原末治、杉村
勇造，與Badner），O. Aztec（採自Schuster）。

九、人面蛇身像

排灣群彫刻文樣中最引人注意的形態為人頭蛇身像（圖79：A
-E）。這種文樣，有二個主要的型式：第一型式為一個人頭和一對
蛇文所組成的文樣，如圖79：A-C所示；第二型式為人頭人身和蛇
足的式樣，如圖79：D-E所示。這兩個型式，何者為先，很難推斷，
但第二型式的變化徑路可自H圖、G圖、和D圖的次序察得。

《山海經》記載很多怪奇的生物，在〈北山經〉記「渾夕之山……
有蛇一首兩身，名曰肥遺」。這種神話裡的生物作何形態，是否與
排灣群的人頭蛇身文樣類似，不可稽考。但排灣群人頭蛇身文樣的
兩個主要型式，都可以在我國古代遺物中找到近緣。第一型式見於
侯家莊出土商代木器飾文（圖79：J）[22]，遼寧朝陽東胡墓葬出土
銅具（圖79：J）[23]。值得注意的是這種文樣亦見於長沙楚墓出土
之繒帛繪文（圖79：F）[24]。第二型式見於漢代武梁祠石刻（圖79：
G）和唐代和闐繪絹（圖79：H）[25]。

人首蛇身像的分佈並不限於排灣群和中國古代，所羅門群島

[22] Li Chi: *The Beginnings of Chinese Civilization,* Seattle, 1957, p.26；高
去尋：《侯家莊》，1962，圖版三十九。

[23] 杉村勇造：《新中國考古收穫》，1961, p.116, fig, 201。

[24] Jao Tsung-Yi: "Ch'ang-sha shih-chan shen-wu t'u-chuan k'ao-shih", *Journal
of Oriental Studies,* Vol. 1, No. 1, Hong Kong.

[25] 武梁祠石刻第一石。圖刻伏羲女媧像，均人首蛇身，其尾部相交。兩
圖中間之小像，可能表示兩大像配合所得之子裔，作人身蛇足。武梁
祠多此種人身蛇足像。A. Stein, 1928, pl. CIX載形態與武梁祠者相同。

（Solomon Islands）的木刻（圖79：K）在形態上與排灣群第一型
式完全相同；而墨西哥（Tzintzuntzan, Mexico）陶碗所繪文樣則
與排灣群第二型式相似。

十、三首人像

　　長沙楚墓繒帛繪文之最值得注意者為三首人像（圖80：E）。
陳槃先生和饒宗頤先生均指出這種人像即《山海經》中三首國之人
[26]。不過，在形態上和楚繒三首人像最相似者應推見於排灣群的木
彫或織布文樣（圖67：L-M，80：A-D）。排灣群的這種文樣，使
我們推想楚繒三首人像的原來形態可能也是雙手舉執著人頭的人像。
也許在反覆傳抄的過程中，描繪者誤解了文樣原來的意義，因而在
腋下另加繪雙臂，而形成這種三首怪像。雙手持執人頭的人像，也
見於太平洋其他地方[27]，但見於印尼區的綁染文（ikat）文樣，則
演變成為「首架」的形式（圖80：F）。

　　在前文中，我們雖然只討論十個比較明顯易見的藝術型式主題，
學者們還發現很多分佈於環太平洋區的文化特質的類似。例如常見
於美拉尼西亞一帶的頭飾（Kapkap）的輻射人像或人頭文（圖80：
I），也可以在排灣群的木彫找到相類的文樣（圖80：G-H）。如
此多項的藝術型式主題和文化特質的相同，且其分佈稠密連續，其
類緣關係自是不可否認的。我們應作進一步研究的，是其傳播經路
和接觸年代的問題。

---

[26]Jao Tsung-Yi: 1954, p.78.

[27]Carl Schuster: 1964, p.216.

圖79　人頭蛇身像　　A.-E 排灣族（卑南族）（採自陳奇祿），F. 楚繒，
　　戰國時代（筆者根據原標本照片複原），G. 武梁祠石刻，H. 中國唐
　　代（採自Stein），I. 中國，戰國時代（採自杉村勇造）；J. 中國商
　　代（採自李濟），K. Solomon Islands（採自原始藝術）。

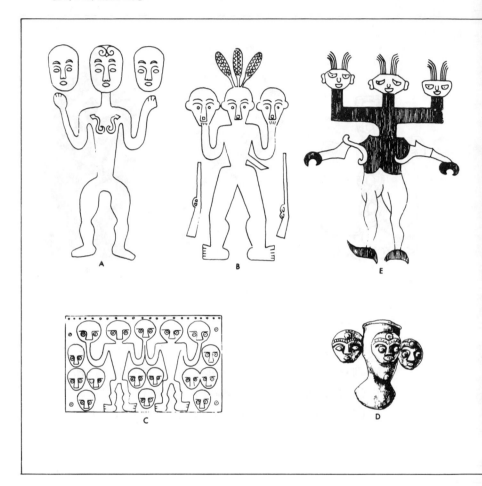

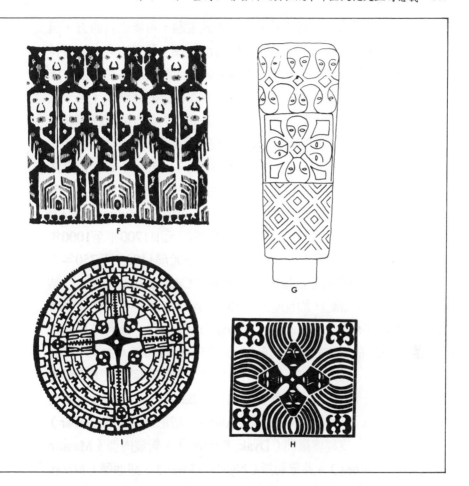

圖80　三首人像與人頭作輻射狀排列　A.-D., G.-H 排灣族（採自陳奇祿），E. 楚繪，戰國時代（筆者根據原標本照片複原），F. Sumba（採自Langewis and Wagner）,I. Solomon Islands（採自Schuster）。

　　我們以為環太平洋區的若干藝術型式主題，可能來自西方，但在抵達東亞或東南亞的若干地點，曾落地生根，孕育出具有地方特色的體裁，其後其若干部分續向東傳，或經北路之連島海峽區，或經南路之海洋島群區而進入於美洲大陸。在傳播的經路中，若干式樣停滯不進未作演變，若干式樣則與土著的或先傳入的式樣混合而成新的體裁，更有若干式樣因他文化的侵入或新材料的使用而失傳。海涅・格爾登博士（Dr. Robert von Heine-Geldern）研究太平洋區的藝術，稱本區最早的藝術式樣 「古太平洋式樣」（Old Pacific Style），這種式樣得到西方的影響（以Dniestro-Danubian Style為主）形成了「殷商式樣」，殷商式樣流存於紀元前1700年至1000年間。殷商式樣發展成了「前周式樣」，約自紀元前1100年至750年；而又再與西來的要素（以後期Danubian和Caucasian要素為主）結合，形成「後周式樣」，約自紀元前750年至200年。與後周式樣同時期，在中南半島有「東山式樣」（Dongson Style），為與後周式樣源流約略相同的地方式樣，約自紀元前750年至100年。古太平洋式樣、殷商式樣、後周式樣、和東山式樣曾分別向東南亞及太平洋推出，而進入於美洲，第一支經蘇門答臘（Batak, Sumatra）、西里伯斯（Toradja, Celebes）、阿魯爾（Alor）、塔尼巴爾（Tanimbar）傳入南美；其一支經婆羅洲（Dyak, Borneo）、新幾內亞（Massim Area, New Guinea）、弗羅勒斯（Ngada, Flores）、紐西蘭（Maori, New Zealand），抵達墨西哥（Tajin Style, Mexieo）和宏都拉斯（Ulua Style, Honduras）；另一支則以馬克沙（Marquesas）為跳板，傳至美洲西北太平洋岸區（Northwest Coast）、阿瑪遜流域（Amazon Basin），和巴拿馬（Cuna, Panama）等地[28]。

---

[28] Heine-Geldern: 1937, 1958A, 1958B, 1965; Covarvrubias: 1954．

海涅・格爾登博士的理論，有很多部分雖仍等待證據的發掘予以支持，但大體為我們所同意。我們在前面所臚列的十個式樣主題，除最後二個——人頭蛇身像和三首人像——的分佈比較疏鬆外，均遍見於全區，可以視為屬於「古太平洋式樣」。這十個式樣主題的最近乎原始的形式，均見於排灣群，可以說明排灣群木彫藝術的式樣演變遲緩，至於晚近，仍保存著相當近於原形的型式。新生或西來的殷商藝術式樣，除更進一步強化「填充的」和「裝飾的」處理原則外——即由裝飾面的填充進入空隙面的填充（在空隙面填充以渦文、雷文、竊曲文等）外——有「目文」的應用。目文的應用，促成原始的動物剖裂文變化成為饕餮文。美洲西北太平洋岸區的具有顯著目文的動物剖裂文組成文樣，可能為殷商式樣的直接傳播，其經路可能在北太平洋。原始動物剖裂文在中國仍一直流傳，見於後周銅器花文，亦見於漢唐織錦文樣。這種文樣今日廣見於南海諸島的織文布或綁染布（ Tie-dying或ikat ），其傳播可能較遲。跪坐人像亦為殷商式樣的新主題，繼傳於周代，洛陽金村頗多跪坐人像出土[29]，但未向太平洋區廣傳。商代的銅器和大理石刻像的式樣，提示在商代以前曾有相類於排灣群的木器時代的存在。

——初稿為民國51年出版之《臺灣排灣群諸族木彫標本圖錄》之一章，後經增訂改寫為英文稿，題作" The Aboriginal Art of Taiwan and Its Implication for the Cultural History of the Pacific"，載 Early Chinese Art and Its Possible Influence in the Pacific Basin(Edited by Noel Barnard)，1972, New York, 頁 395-430。今重譯為中文稿。

---

[29]梅原末治：《增訂洛陽金村古墓聚英》，1940，京都，pls. XLVIII－LIII。

參考書目

Adam, Leonhard

    1936 "North-west American Indian Art and its Early Chinese Parallels", *Man,* 36, No.3.

    1954 *Primitive Art,* London.

Arai Hideo   新井英夫

    1936 〈平埔蕃の木彫に就て〉,《科學の臺灣》,Vol. 4, No.4.pp. 1-6, 臺北。

Badner, Mino

    1966 "The Protruding Tongue and Related Motifs in Art Styles of the American Northwest Coast, New Zealand, and China", *Two Sudies of Art in the Pacific Area, Wiener Beiträge zur Kulturgeschichte und Lingustik,* Band XV, Wien, pp. 5-44.

Baltimore Museum of Art

    1956 *The Alan Wurtzburger Collection of Oceanic Art,* Baltimore.

Bassett-Smith, P. W.

    1894 "Damma Island and its Natives", *The Journal of the Royal Anthropological Institute of Great Britain and Ireland,* Vol. 23, pp. 134-41.

Bijutsu-techo   美術手帖

    1960 《原始藝術》（十月號）,東京。

Bossert, H. Th.

    1955 *Folk Art of Primitive Peoples,* New York.

British Museum

    1925 *Handbook to the Ethnographical Collection,* London.

Bushell, S. W.

    1904 *Chinese Art* , Vol. 1, London.

Chen Chi-lu　陳奇祿

　　1961　《臺灣排灣群諸族木彫標本圖錄》，臺北。

Christensen, E. O.

　　1955　*Primitive Art*, New York.

Cole, F. -C.

　　1913　*The Wild Tribes of Davao District, Mindanao*, Chicago.

Covarrubias, M.

　　1954 *The Eagle, the Jeguar, and the Serpent*, New York.

Fischer, H. W.

　　1909 "De Eilanden om Sumatra" *Catalogus van's Rijks Ethnographisch Museum*, No. 4, Leiden.

Fischer, H. W. and W. H. Rassers

　　1924 "De Oostelijke Kleine Soenda-Eilanden", *Catalogus van 'sRijks Ethnographisch Museum*, No. 17, Leiden.

Fraser, Douglas

　　1962 *Primitive Art*, London.

　　1966 "The Heraldic Woman: A Study in Diffusion", in *The Many Faces of Primitive Art*, Ed. Douglas Fraser, 1966 (pp. 36-99). Englewood Cliffs, N. J.

Galestin, Th.; L. Langewis, and Rita Bolland

　　1956 *Lamak and Malat in Bali and a Sumba Loom*, Royal Tropical Institute, Amsterdam.

Garfield, V. E.

　　1940 *The Seattle Totem Pole*, Seattle.

Gigioli, H. H.

　　1888 "Note on a Singular Mask", *Internationales Archiv für Ethnographie*, Band I (PP. 184-7), Leiden.

Haddon, A. C.

　　1910 *Evolution in Art: As Illustrated by the Life-Histories of Designs*, New York.

Hasebe, G. 長谷部言人

1938-39 《內外土俗品圖集》, 東京。

Harata, Y. 原田淑人

1951 《日本考古學入門》, 東京。

Heibonsha 平凡社

1951-53 〈世界美術全集〉, Vol. I & II., 東京。

Heine-Geldern, Robert von

1923 "Südostasien,"*Illustrierte Völkerkunde,* Ed. G. Buschan, Band II, Stuttgart.

1937 "L'art prébouddhique de la Chine et de 1 ' Asie du Sud-Est et son influence en Océanie", *Revue des Arts Asiatiques,* Vol. XI (pp.177 -206）.

1959a "Chinese Influence in Mexico and Central America：the Tajin Style of Mexico and the Marble Vases from Honduras", *Actas del XXXIII Congreso Internacional de Americanistas,* San José, 1958, Vol. 1(pp. 195-206）.

1959b "Representations of the Asiatic Tiger in the Art of the Chavin Culture", *Actas del XXXIII Congreso Internacional de Americanistas,* San José, Vol. I, （pp. 321-26.）

1966a "Some Tribal Art Styles of Southeast Asia：an Experiment in Art History ', in *The Many Faces of Primitive Art,* Edited by Douglas Fraser (pp. 165-221). Englewood Cliffs, N.J.

1966b "A Note on Relations between the Art styles of the Maori and of Ancient China", *Two Studies of Art in the Pacific Area, Wiener Beiträge zur Kulturgeschichte und Linguistik,* Band VX, Wien, pp. 45-68.

Hentze, Carl

1936 *Objets rituelles, croyances et dieux de la Chine antique et de l ' Amerique,* Anvers.

Hooper, J. T. and C.A. Burland

1953　*The Art of Primitive Peoples,* London.

Inverarity, R.B.

1950　*Art of the Northwest Coast Indians,* Berkeley.

Janse, Olov R. T.

1958　*Archaeological Research in Indo-China,* Vol. 3, Bruges.

Jao Tsung-yi

1954　"Ch'ang-sha ch'u-mu shih-chan shen-wu t'u-chuan k'ao-shih'" *Journal of Oriental Studies.* Vol. 1, No. 1, University of Hong Kong, pp. 69-84.

Jung keng　容庚

1941　《商周彝器通考》，北平。

Kano, T. and K. Segawa　鹿野忠雄，瀨川孝吉

1956　*An Illustrated Ethnography of Formosan Aborigines,*Vol. 1, *The Yami,* Tokyo.

Kao Ch'u-hsun　高去尋

1962　《侯家莊》, Vol. Ⅱ. Part Ⅱ.中央研究院歷史語言研究所，臺北。

Karlgren, B.

1936　"Yin and Chou in Chinese Bronzes",*Bulletin of the Museum of Far Eastern Antiquities,* Vol.8.

Kishimoto, S.　岸本彩星童人

1943　《南方共榮圈の民藝》東京。

Kroeber A.L.

1943　*Peoples of the Philippines,* New York.

Langewis, L. and F.A. Wagner

1964　*Decorative Art in Indonesian Textiles,* Amsterdam.

Laufer, B.

1902　*The Decorative Art of the Amur Tribes,* New York.

Lichi 李濟

1930 〈民國十八年秋季發掘殷虛之經過及其重要發現〉,《安陽發掘報告》第2期,pp.294-350,北平。

1953 〈跪坐蹲踞與箕踞〉,《中央研究院歷史語言研究所集刊》第24本,pp.283-301,臺北。

1957a *The Beginning of Chinese Civilization,* Seattle.

1957b "Hunting Records, Faunistic Remains and Decorative Patterns from the Archaeological Site of Anyang", *Bulletin of the Department of Archaeology and Anthropology, National Taiwan University,* Nos. 9-10, Taipei, pp.10-20.

Ling Shun-sheng

1956 〈臺東的吐舌人像及其在太平洋區的類緣〉,《中央研究院民族學研究所集刊》第2期,pp.137-152,臺北。

Linton, R. and P. Wingert

1946 *Arts of the South Seas,* New York.

Loebèr Jr., J. J. A.

1903 *Timoreesch Snijwerk en Ornament,* 's-Gravenhage.

Modigliani, E.

1894 *L'Isola delle Donne, Viaggio ad Engano,* Milano.

Muensterberger, W. and W.

1955 *Sculpture of Primitive Man,* London.

Nieuwenhuis, A. W.

1907 *Quer durch Borneo,* Vol. 2, Leiden.

Oka, Masao *et al.* 岡正雄等。

1937 《ニューギニア土俗品圖集》,2卷,東京。

Riedel, Joh. Gerard Fried

1886 *De sluik-en kroesharige Rassen tusschen Selebes en Papua,* 's-Gravenhage.

Roth, H. L.

1898 *The Natives of Sarawak and British North Borneo,* London.

Saito, Masao　齋藤正雄

　　1940　《東印度の文化》，東京。

Schwarz, J. Alb. T.

　　1908　"Ethnographica uit de Minahassa", *Internationales Archiv für Ethnographie,* Vol. 18, pp. 44-63.

Schuster, Carl

　　1951　"Joint-marks, A Possible Index of Cultural Contact Between America, Oceania and the Far East", *Royal Tropical Institute*（Koninklijk Instituut voor de Tropen）Mededeling No. XCIV, Afdeling Culturele en Physische Anthropologie No. 39, Amsterdam.

　　1956/58　"Genealogical Patterns in the Old and New Worlds", *Reista do Museu Paulista,* Nove Série. Vol. X, São Paulo.

　　1964　"Kapkaps with Human Figures from the Solomon Island", *Acta Ethnographica,* Academiae Scientiarum Hungaricae, Tomus 8, Fasciculi 1-4, Budapest.

　　1965　"Remarks on the Design of an Early Ikat Textile in Japan", *Festschrift Alfred Bühler, Basel.*

Stein, A.

　　1928　*Inner-most Asia,* Oxford.

Steinen, Karl von den

　　1928　*Die Marquesaner und Ihre Kunst,* Vol. 3, Berlin.

Stübel, H.

　　1937　*Die Li-Stämme der Insel Hainan,* Berlin.

Sugimura, Y.　杉村勇造（譯）

　　1961　《新中國の考古收穫》，美術出版社，北京。

Tischner, H.

　　1954　*Oceanie Art,* London.

The Asia Institute

　　1948　*Indonesian Art,* New York.

Umehara, Sueji 梅原末治

　　1932　殷墟出土白色土器の研究〉，《東方文化學院京都研究報告》第
　　　　　1冊，京都。

　　1936　〈戰國式銅器の研究〉，《東方文化學院京都研究報告》第7冊，
　　　　　京都。

　　1938　《支那考古學論考》，弘文堂書房，東京。

　　1940　《洛陽金村古墓聚英》，京都。

White, W. C.

　　1945　*Bone Culture of Ancient China*, Toronto.

Wingert, P. S.

　　1949　*American Indian Sculpture*, New York.

　　1953　*Art of the South Pacific Islands*, San Francisco.

第十四篇

中國民族學研究的回顧和前瞻

　　學問的發展，正像樹的成長，種子掉落在地上，萌芽、茁壯，繼又分枝繁茂。有的分枝得天優厚，有充分的水分、空氣、和陽光，長得粗壯；但也有一些分枝長了蟲子，或被風雨打折，枯萎了，最後園丁來了，連枯枝都被剪去了。中國的學問園地裡，原來沒有民族學。早期到國外遊學的前輩，先後從外國的花圃裡，剪下民族學的枝條，移接到中國學問的枝幹上，一枝接在歷史學的分枝上，一枝接在文學的分枝上，一枝接在社會學的分枝上，另一枝接在醫學的分枝上。這些接枝，現在成長的情形如何呢？我們現在作一番檢視：如果它長得又粗又壯，自然值得欣慰；如果它已著了蟲害，那麼我們是不是該早點想個辦法，予以補救呢！

　　民族學一詞，我想採較廣闊的定義，民族學這門學問初導入我國的時候，它所包含的內容本來也是較廣闊的。所以在這裡我們所謂民族學，除了以研究文明主流之外諸族群文化的一般所謂民族學（ethnology）和以研究基層社會文化瞛留的民俗學（folklore）外，有時也兼包括研究人類本身的體質人類學（physical anthropology）和研究史前文化的考古學（archaeology）。這也就是國立臺灣大學考古人類學系的課程內容。採用這樣廣闊的定義，則民族學在我國，雖未被視為一門專門學問，其歷史卻可追溯到相當古遠的年代。《山海經》、《水經注》、歷代文人史家所撰寫史書雜記方志，如司馬遷的《史記》、班固的《漢書》、范曄的《後漢書》、……張華的《博物志》、常璩的《華陽國志》、宗懍的《荊楚歲時記》、周處的《風土記》……樊綽的《蠻書》、范成大的《桂海虞衡志》、趙汝适的《諸蕃志》……等等，均富有民族誌材料（ethnographic data），也即人類學資料，汗牛充棟，真是不勝舉述。

不過，一個國家有沒有某一門學問，通常都以該國有無有關學會的組織和大學裡有無有關學系的設立來衡量。學會的組織，表示這門學問已不是一、二個人唱獨角戲，至少已有十個、八個，乃至於數十個、成百個這一門學問的專家或同好的存在。民族學會的組織以法國為最早。1800年有人類觀察學會（Société des observateurs de l'homme）、1839年有巴黎民族學會（Société ethnologique de Paris）、1859年有Pierre Paul Broca所組織的巴黎人類學會（Société d'Anthropologie de Paris）的成立，所以我們可以說法國是民族學的先驅。比諸法國，英美稍遲。紐約美國民族學會（American Ethnological Society, New York）成立於1842年，倫敦民族學會（Ethnological Society of London）則成立於其翌年1843年。德國又更遲，到了1869年纔有R. L. K. Virchow和P. W. A. Bastian所組織的德國人類學民族學古代史學會（Deutsche Gesellshaft für Anthropologie, Ethnologie, und Urgeschichte）。1871年倫敦民族學會改組成為不列顛愛爾蘭人類學會（Royal Anthropological Institute of Great Britain and Ireland），這個機構，到第二次世界大戰，一直是世界民族學人類學（民族學一詞因時間和地區用法不同，晚近多改稱「人類學」，下文中，以民族學人類學指廣義的民族學）研究的中心。

　　亞洲有這門學問的學會，以日本為最早。日本的民族學人類學者於1884年在東京帝國大學內組織東京人類學會，也就是說，日本有民族學人類學比我國要早到半個世紀。這個學會一直很活躍，但在第二次世界大戰期間，衰萎了。戰後，它的機關雜誌《東京人類學會雜誌》時出時停，難以為繼。代之而起的是日本民族學會。日本民族學會結成於1934年，有發起會員二十三人，推選白鳥倉吉為理事長，理事有關屋貞三郎、澁澤敬三、桑田芳藏、新村出、和移川子之藏。移川子之藏其時在臺北帝國大學任教授，主持土俗人種學研究室，為日本學制中最早之民族學人類學研究機構。日本民族學會因為是一個全國性的學會，所以聲勢比較浩大，出版《民族學研究》季刊，內容也比較廣泛，今年已出版到第四十二卷，但數年來，其篇幅也漸漸縮小，似乎也在困難中。不過，近年日本的民族學卻在另一方面有長足的進展，就是民族學博物館的設立。其較具規模的有國立民族學博物館，有陣容相量堅強的研究人員，出版研究報告，內容相當充實。

　　也許只是巧合，在日本民族學會組成的同一年，我國也成立了中國民族學會。中國民族學會是民國二十三年十二月成立於南京的。成立時，國內有民族學者四十餘人參加，可見當時民族學人類學研究在我國已蔚成風氣，其地位也已確立。在中國民族學會成立當時，中國民族學者，可以舉出的至少有下列諸人：蔡元培（中國民族學的提倡者，民國十五年在《一般》雜誌第一卷第四期發表〈說民族學〉一文，創用《民族學》一詞）、商承祖（調查廣西凌雲一帶傜人，著有《廣西凌雲傜人調查報告》）、林惠祥（調查臺灣土著，著有《臺灣番族調查報告撮要》、《臺灣番族之原始文化》、凌純聲（調查松花江赫哲族和湘西苗族，著有《松花江下游赫哲族調查報告》、芮逸夫（調查湘西苗族、浙江畬民、雲南夷人、佧佤、倮黑、栗粟、山頭、和擺夷等）、陶雲逵（調查雲南擺夷、麼些、栗粟、曲子）、楊成志（調查川滇的倮儸、廣東北江傜人，著有《西南民族調查報告》、〈雲南羅羅族的巫師及其經典〉、〈從西南民族說到獨立羅羅〉、〈廣東北江傜人的文化現象與體質型〉等）、王興瑞（調查廣東北江傜人與海南島黎苗，著有《廣東北江傜人的經濟社會》、《海南島黎人調查報告》、〈海南島的苗人〉、〈海南島的苗民生活〉等）、容肇祖、岑家梧、黃文山、衛惠林、徐益棠（調查象平傜人，著有〈廣西象平間傜民之經濟生活〉、〈廣西象平間傜民之生死習俗〉、〈廣西象平間傜民之法律〉等）、胡鑑民（調查理番汶川一帶的羌民，著有〈羌族之信仰與習俗〉、〈羌民的經濟活動型式〉）、何聯奎（調查浙東畬民，著有〈畬民問題〉、〈畬民的圖騰崇拜〉等）、吳文藻、費孝通（與其妻王同惠調查廣西象縣傜人，著有〈廣西省象縣東西鄉花藍傜社會組織〉）、楊堃、劉咸（調查海南島黎人，著有〈海南黎人刻木為信之研究〉、〈海南黎人文身之研究〉、〈海南黎人口琴之研究〉、〈海南黎人面具考〉等）、龐新民（調查廣東廣西傜人，著有〈廣東北江傜山雜記〉、〈廣西傜山調查雜記〉）、姜哲夫（調查廣東北江傜人，著有〈記廣東北江傜山荒洞傜人之建醮〉、〈拜王〉等）等人。有這麼多人在我國西南諸省從事少數民族的調查研究，在短短的幾年間，有許多論文和報告出版，民族學的分枝，可以說成長得很快速。

　　民國二十六年對日抗戰開始，中國的民族學研究轉入了另一個時期。在記述抗戰期間民族學發展以前，我們且回顧一下另一分支民俗學成長情形：

　　民俗的記述，在我國有長遠的歷史，前述史籍筆記即為其例，但有系統的探究，則以北京大學的歌謠蒐集為其嚆矢。民國七年劉半農開始徵集歌謠，五月底起陸續刊載〈歌謠選〉於《北大日刊》，前後計一四八首。民國九年北大成立歌謠研究所，十一年創刊《歌謠週刊》，斷斷續續出版了九十七號，至二十四年六月停刊。《歌謠週刊》在發刊詞裡指明它是一個民俗學的刊物，以歌謠是民俗學研究的重要資料，為了備供專門研究，希望在收集時不要加以甄別，儘量錄寄，因為在學術上是無所謂卑猥和粗鄙之分的。這正是民族學人類學的態度。民國十三年北大成立風俗調查會，《歌謠週刊》也擴大資料的收集範圍，除歌謠外，包括童話、寓言、笑話、英雄故事、地方傳說等，其範圍可說與今日歐西各國之所謂民俗學無異了。

我國早期民俗學研究的另一個中心在廣州。在時間上，廣州比北平晚，但比諸北大傾向於文學處理方式（ Literature approach ）而言，中山大學著重於基層文化（ Populace culture ）的探討，對我國民俗學的建立，似具更大的貢獻。中山大學在民國十七年創刊《民俗週刊》，由董作賓和鍾敬文負責編務，在二年餘的時間中，出版至一一〇期而停止，二十三年容肇祖將它恢復，但只出了十三期（一一一期至一二三期）又告停頓。再過三年於民國二十五年，楊成志把它改做季刊，擴大範圍，加入了民族學研究，但未幾，則又因抗戰而未得繼續。不過，中山大學民俗學會更重要的成績，是民俗叢書的出版，從民國十七年起短短三年間，出版了三十四種之多，包括崔載陽：《初民心理與各種社會制度之起源》，顧頡剛、劉萬章：《蘇粵的婚喪》，劉萬章：《廣州兒歌甲乙集》、《廣州謎語》、《廣州民間故事》，陳元柱：《臺山歌謠集》，張乾昌：《梅縣童歌》，吳藻汀：《泉州民間傳說》，謝雲聲：《閩歌甲集》，魏應騏：《福州歌謠甲集》、《福建三神考》等等。這叢書包括論述和資料，且大多冠有顧頡剛和容肇祖的序文，其業績是不可忽視的。這部民俗叢書，現在因婁子匡先生的努力，在臺北重刊，對民俗學界而言，是一個值得高興的消息。

中山大學所播下民俗學研究的種子，未及茁壯即趨衰萎，所幸東南中國各地——杭州、寧波、福州、廈門、汕頭——的熱心人士，相繼移植，還是值得安慰的。民國十九年，江紹源、鍾敬文、和婁子匡在杭州西湖發起組織中國民俗學會，把中國民俗學研究的命脈延續下來。杭州的中國民俗學會，自民國十九年至二十四年，出版了《民俗週刊》七十期，《民俗學集鐫》二冊，叢書八種。此外還有一本月刊《民間》，由婁子匡、陶茂康、和鍾敬文主編，不過只出了二卷。杭州的中國民俗學會，因婁子匡先生移居臺灣，在臺北復會，到現在還有很多活動。

如果沒有日本的侵略，中國的民俗學也許早就枝葉繁茂了。民國二十五年四月北京大學《歌謠週刊》復刊。胡適先生在復刊詞這樣寫：「《歌謠週刊》停辦，正當上海五卅慘案震盪全國人心的時候。從此以後，北京教育界時時受了時局的震撼，研究所國學門的一班朋友不久也都散在各地了。歌謠的徵集也停頓了，《歌謠週刊》一停就停了十多年。民國二十四年，北大文科研究所決定恢復歌謠研究會，聘請周作人、魏建功、羅常培、顧頡剛、常惠、胡適諸先生為歌謠研究會委員。因時局不安定，這個委員會直到今年二月才能召集第一次會議。會議的結果，有這樣幾項決議：㈠重辦《歌謠週刊》；㈡編輯《新國風》叢書，專收各地歌謠專集，由北大出版組印行；㈢發起組織一個風謠學會；㈣整理《歌謠週刊》前九十七期的材料，分類編纂印行。根據第一項決議，我們現在請徐芳、李素英兩位女士編輯《歌謠週刊》。從九十八期（改稱第二卷第一期）起，這個中斷了十年半的刊物又可以和世人相見了。」中斷了十年多的《歌謠週刊》又和世人見面了，但不幸的是它只出到第三卷第十三期，便因對日戰爭於民國二十六年七月停刊了。正待復甦的中國民俗學又再次枯乾了。

　　民國二十六年，抗戰軍興，我國的學術機構相繼遷移，民族學者也多跟隨內徙。以民族學而言，我國邊區為無盡寶藏。既得地利之便，學者們自更努力。自民國二十六年至三十四年的八年間，活躍於西北西南諸省的民族學者，除前舉的凌純聲、芮逸夫、衛惠林、岑家梧、王興瑞、徐益棠、陶雲逵等人外，有吳定良（調查貴州苗民，著有《水面苗調查紀要》）、吳汝康、馬學良（調查雲南武定黑夷，著有〈茂蓮社區的男女夜會〉、〈黑夷風俗〉、〈從保儸氏族名稱所見的圖騰制度〉）、胡慶鈞（調查川滇一帶苗民，著有〈敍永苗民的生活程度〉、〈川南敍永苗民人口調查〉）、李霖燦（調查麼些，研究麼些的象形文字）、江應樑（調查雲南擺夷和山頭，著有《雲南西部邊疆之漢人與山頭民族》）、李安宅（研究藏族）、林耀華（調查大小涼山儸儸，著有《涼山夷家》、吳澤霖（調查貴州定番安順等地苗仲，著有《安順縣苗民調查報告》、《定番縣苗民調查報告》等）、陳國鈞、李有義（調查路南儸民，著有《路南儸儸之研究》）、莊學本（調查西康寧屬各地夷族，著有《西康夷族調查報告》）。總之，在八年抗戰的困苦環境中，我國的民族學有了更進一步的成長。

　　民國三十四年，抗戰勝利，各學術機構和大學都致力復員，遷回舊地，民族學的實地調查研究工作，難免受到影響而中斷，未幾，共黨倡亂，所以自三十四年至三十八年是中國民族學發展的停滯時期。

　　民國三十八年政府遷臺，中國民族學會會員隨來者甚多。臺灣和我國其他邊區一樣，是民族學人類學研究的佳良園地。來臺的民族學者，很快的展開田野研究的工作。民國三十八年李濟、董作賓、芮逸夫、石璋如、陳紹馨、林衡立、和陳奇祿，在林熊徵學田的支持下，調查臺中縣仁愛鄉力行村瑞岩泰雅族。參加這次調查的還有何廷瑞、宋文薰、和劉枝萬。這已是二十九年前的事了。光復以來，山地改變甚多，經濟進步，交通發達，瑞岩已不再算是僻遠之地。當年到瑞岩，從車程可到的霧社，要翻山越嶺，至少走八小時的山路，所以山胞們還保存不少原有的生活狀態。調查團在山裡滯了約二個星期，時間雖短，但其成果構成了七十九頁的報告，另附有系譜表三十六表，圖版二十四版，可算是難能可貴的。這是我國民族學者在臺灣從事研究工作的一個良好的開端。

民國三十八年至四十三年，中國民族學者在臺灣的調查研究工作，除上述瑞岩的調查外，有凌純聲、何聯奎、衛惠林、林衡立調查臺灣中部諸族（仁愛泰雅、和平布農、吳鳳鄒族）；衛惠林、林衡立調查雅爾鄒族、大隘賽夏、東埔布農、馬蘭阿美、多納魯凱；凌純聲、衛惠林率領臺大考古人類學系學生調查南勢阿美；余錦泉、蔡滋浬、蔡錫圭在各族間作體質觀測；陳奇祿調查霧台魯凱；林宗義、林憲在阿美間作比較精神病學調查，其所得材料，有助於民族學研究；衛惠林、芮逸夫調查大安泰雅；衛惠林、陳奇祿率領臺大考古人類學系學生調查南王卑南；芮逸夫、楊希枚、董同龢、趙榮琅、唐美君調查南庄賽夏；陳國鈞在花蓮阿美間的長期觀察研究。這些調查研究，大部分都有調查報告和研究論文的發表。這短短五年間中國民族學者在臺灣所作努力的成果，幾乎可以和初期（即自民國十六年蔡元培先生創設中央研究院，在社會科學研究所內設民族學組起至二十六年對日抗戰時止的十年間）和抗戰八年內遷期間相比擬而無遜色。所以乃有同仁們倡議將中國民族學會在臺復會之舉。民國四十三年一月十七日舉行復會之成立大會暨第一次會員大會於國立臺灣大學法學院會議室，出席會員四十六人（其時會員總數六十六人，部分會員因在國外，或因故未能出席），選出理事十

五人（衛惠林、李濟、芮逸夫、陳奇祿、凌純聲、何聯奎、陳紹馨、
陳荊和、石璋如、林朝棨、蔡滋浬、林宗義、鄭發育、戴炎輝、宋
文薰）、監事五人（李宗侗、董作賓、吳克剛、林衡道、董同龢）。
在復會成立大會中，並決議編行學報。《中國民族學報》一共出版
了三期：第一期民國四十四年八月出版，第二期四十七年六月出版，
第三期五十二年四月出版，刊載有相當分量的論文。這十年，是中
國民族學會的極盛時期，是特別值得我們追憶的。以後中國民族學
會又發行了十五期的《中國民族學通訊》（民國五十四年三月至六
十六年三月），篇幅都比較狹少了。

　　中國民族學會的活動消沉下來，但是中國的民族學並未萎縮，
相反的，它正日繼一日的在發展進步中。民族學會工作的停滯，也
許正表示業餘民族學家的減少和專業民族學家的增多。民國三十八
年八月，國立臺灣大學以歷史學系的部分教授為基礎，成立了考古
人類學系。這個學系的成立，在中國民族學人類學的發展史上，具
有很重要的意義。在臺大考古人類學系成立以前，我國雖有若干大
學（如北京大學、中山大學、清華大學、燕京大學、輔仁大學、中
央大學、金陵大學、大夏大學、滬江大學、華西大學、雲南大學、
西南聯大、西北大學）有人類學或民族學的講授，但均為其他學系
中之一課程。民國三十六年暨南大學、三十七年清華大學、浙江大
學設立人類學系，但因旋踵大陸變色，所以在四十二年臺大考古人
類學系有第一屆畢業生以前，國外留學歸來者不計，國內的畢業生，
縱然修過民族學或人類學課程，因為出身的學系不是歷史學系便是
邊政學系或社會學系，所以很少自稱為民族學者或人類學者的。我
國有自己教育出來的民族學者或人類學者，以臺大考古人類學系的
畢業生為最早。這也就是我在前面說一個國家有沒有某一門學問，
以該國的大學裡有無這門學問的學系的設置來衡量的原因。

　　大學裡的科系，有的偏重於教學，例如工、農、醫學院的諸科系，法學院的法律系和商學系，文學院的圖書館學系等；有的則兼重研究，例如理學院的諸科系。考古人類學系屬於後者，所以研究工作為考古人類學系的一重要部分，在過去二十餘年中，曾獲有不少成績。《考古人類學刊》創刊於民國四十二年五月，為臺大以系為單位出版學刊之最早而且繼續最久者，年出二期，現出至第四十期；專刊有五種：第一種《日月潭邵族調查報告》（著者陳奇祿、李亦園、唐美君、余錦泉、鄭聰明、李方桂）、第二種《臺灣排灣群諸族木彫標本圖錄》（著者陳奇祿）、第三種《臺灣土著各族近年人口增加與聚落移動調查報告》（著者衛惠林、王人英）、第四種和第五種是《臺灣研究研討會紀錄》。這兩本紀錄所包含的文章並不完全是民族學人類學的，但是民族學人類學與區域研究和鄉土研究有密切關連，因此臺大考古人類學系也便擔負起推動這種研究的任務。

　　我國大學的科系和民族學人類學有關的，還有國立政治大學的民族社會學系。政大民族社會學系的前身是邊政學系，其原有課程側重邊疆政治和語文的研究。民國五十九年，由於客觀條件和學術發展的要求，改名為民族社會學系，民族學人類學方面的課程也隨之加強，與社會學及邊疆研究並列為該系主要教學目標。該系每年均進行社區研究實習、山地社會考察、及其他研究專題，研究報告見於該系出版的《民族社會學報》，如第十五期所載文崇一等的〈臺東縱谷土著族的群體與社區權力結構〉即其一例。

　　大學的學系雖兼重研究，但究以教學為其首要目的。所以就中國民族學研究而言，中央研究院民族學研究所的設立，最為重要。民國四十四年，中央研究院為了加強臺灣地區土著民族的研究，並從事中國民族文化史的探討，著手籌辦民族學研究所。十年後，即民國五十四年，該所正式成立，積極展開調查研究工作。調查研究工作的表現，在於其成果的刊行。民族學研究所自籌設以來，出版《民族學研究所集刊》，為半年刊，至今已出至第四十三期，從未間斷，共計刊登論文三百零四篇。《民族學研究所集刊》外，自民國五十一年起，有專刊之出版，已有二十三本。自民國六十一年起，並另出版專刊乙種，已出八本。其成績可謂斐然。

臺大考古人類學系和中研院民族學研究所為我國主要民族學人類學研究機構，為了明瞭我國民族學人類學研究情形，我們把這兩個機構的刊行物作一分析。

在這裡筆者想再予指出的是臺大考古人類學系和中研院民族學研究所的設立，其主旨之一都在於加強臺灣地區土著民族的研究。《考古人類學刊》四十期，共計刊登論文六十七篇，報告四十四篇，圖說三十一篇，及資料十六篇，合計一五八篇。其中關於土著各族者為論文二十六篇（佔39%），報告三十篇（佔68%），圖說十八篇（佔58%），資料十三篇（佔81%），合計八十七篇（佔55%）。《考古人類學專刊》五種，題名前面經已舉述，前三種為臺灣土著研究，後二種也包括臺灣土著研究，可見臺大考古人類學系的研究活動，臺灣土著實為其主要對象。

《民族學研究所集刊》四十三期的三百零四篇文章中，九十二篇為臺灣土著研究論文，佔30%，另利用臺灣土著資料作比較研究者十八篇，只佔6%，換言之，與臺灣土著有關論文總計為一百一十篇，佔36%。不過，《民族學專刊》二十三本，與臺灣土著有關者則有十二本——《蘭嶼雅美族的社會組織》（衛惠林、劉斌雄合著，民國五十一年）。《馬太安阿美族的物質文化》（李亦園等著，民國五十一年），《南澳的泰雅人》（上、下）（李亦園、徐人仁、石磊合著，民國五十二、五十三年），《布農族卡社群的社會組織

》（丘其謙著，民國五十五年），《秀姑巒阿美族的社會組織》（劉
斌雄等著，民國五十四年），《臺灣高山族的人口變遷》（王人英
著，民國五十六年），*Taiwan Aboriginal Groups: Problems in Cultural
and Linguistic Classification*（Raleigh Ferrell, 1969），《大港口
的阿美族》上、下（阮昌銳著，民國五十八年），《筏灣》（石磊
著，民國六十年），《臺灣土著血族型親屬制度》（石磊，民國六
十五年）——超過半數，但專刊乙種八本，則均與臺灣土著無關。

　　筆者以為對《民族研究所集刊》三百零四篇文章的內容作進一
步的分析，可以更明白的看出現階段中國民族學研究的趨向。茲以
四年為一段：第一期至第八期之四年間有論文三十八篇，其中臺灣
土著研究二十篇（佔53%），有關研究九篇（佔24%）；自第九期
至第十六期之四年間有論文五十六篇，其中臺灣土著研究二十三篇
（佔41%），有關研究三篇（佔5%）；自第十七期至二十四期之四
年間有論文五十八篇，其中臺灣土著研究十六篇（佔28%），有關
研究一篇（佔2%）；自第二十五期至三十二期有論文八十一篇，
其中臺灣土著研究十六篇（佔20%）；有關研究二篇（佔2%）；自
三十三期至四十期之四年間有論文五十五篇，其中臺灣土著研究十
五篇（佔27%），這一段時間包括《高山族研究回顧與前瞻座談會
》的七篇通論性文章，刊載於第四十期為專輯，否則臺灣土著研究
所佔的比例便已相當降低了。自第四十一期至四十三期的三期有論
文十八篇，其中臺灣土著研究只有一篇（不及6%）。由上面所示
的數字，可以看出臺灣土著研究在比例上正在逐漸遞減中，何況從
民國六十一年以後出版的專刊乙種八本均與臺灣土著研究無關，更
顯示出中研院民族學研究所的專家們（也許應說是中國民族學人類
學界）已漸漸遠離了當初設所的主要目的了。這也就是我國民族學
人類學研究當前的趨向。

　　民族學人類學到底應該是一門人文學（the humanities）或者
應該是一門科學（Science），還是一個意見分歧，未趨一致的問題。
前面我們提到臺大考古人類學系是從歷史學系分出，而且又置屬於
文學院，則在設立當時自然是以之為人文學的一門的。不過晚近，
民族學人類學似乎正向科學的一端滑動。這個趨向雖與客觀條件相
應，但也有其主觀的因素。幾年前，李亦園先生回顧民族學研究所
十六年來的研究工作，他說：最近一兩年來民族學研究所強調的二
個原則，那就是：㈠趨向於行為科學的科際合作或科際綜合研究，
㈡著重於現實社會問題的分析探究。（〈十六年來的民族學研究所
〉，載《民族學研究所集刊》第三十一期，民國六十年，頁2）。
民國六十一年，李先生又說：所以從開始到現在，把這種偏向於人
文學的研究轉向於行為科學時，在人類學界是經過一個很長久艱苦
的奮鬥。現在讓我們以《民族學研究所集刊》為例作一說明：它是
年出二期，至今已有十六年，在這三一期中有二一三篇文章，而從
第一期至十期的第一個五年中，以嚴格的方法來算，只有二篇是屬
於行為科學的文章。從第十一期至第二十期有六篇，從二十一期至
三十期，也只有十五篇。由此可知，以民族學研究所這個最純粹的
刊物來看，真正合乎行為科學標準來分類時，是從第一個五年的二
篇，到第二個五年的六篇，到第三個五年的十五篇，可以說慢慢的
進步並趨向於行為科學。我們所裡的同事，近幾年來的確想把人類
學推向於行為科學，比較遠離人文學的這個方向。（〈廿年來我國
人類學的發展與展望〉，原載《思與言》第十卷第四期，民國六十
一年十一月，轉載於《人類學與現代社會》，頁213～215）。
　　李亦園先生建立中國民族學人類學理論架構的努力，值得我們
敬佩。筆者對民族學人類學引進科學——社會科學和行為科學——
的嚴格方法，認為有必要；但對將民族學人類學移置於其他科學——

社會科學或行為科學——的傘腋下,則未敢完全同意。筆者以為民族學人類學應有其獨特的方法論——全體性、普遍性、深入性——足以異於其他社會科學和行為科學。民族學人類學的幾個支門——體質人類學、考古學、民族學、民俗學、和語言學——應平衡發展,不可偏廢,且應緊密連繫,相互發明。民族學人類學應仍持有其整體性,再行分支的時候似乎尚未來臨。

筆者想到英國人類學家E. E. Evans-Pritchard在排斥文化歷史學派時曾經舉例謂:要明白一架飛機或一個人的身體如何運作,自然應從機械的原理或生理的原理來了解。知道航空學的歷史或生物的進化是和題目無關的。歷史的了解也許不是最要緊的,但是筆者以為對研究對象本身,即飛機各部分的形態、質料、⋯⋯人身器官的各種屬性的了解,仍然是非常重要的。筆者的意思是說:民族學人類學的研究,實地的調查工作,仍然是應予推崇的。我們的理論應建立在我們自己材料上。回顧中國民族學人類學的發展,筆者衷心對遺留給我們堅實的民族誌資料的諸前輩,表示無上的敬意。

末了,筆者想提出一、二個問題來自省並提請同仁們指教:臺灣土著文化作為民族學人類學的研究對象,其學術價值是否因時而不同,是否低於漢人社會?有形文化,即一般所謂物質文化的研究,和基層文化,即一般所謂民俗學的研究,是否已嫌不合時宜?民族學人類學既以文化的研究為其主旨,在文化急速變遷的年代,是否應為維護文化而努力?

——本文原載《中華文化復興月刊》第11卷第6期,中華民國67年6月,頁1-6。

第十五篇

「臨時臺灣舊慣調查會」與臺灣土著研究

一、臺灣高山族研究的幾個時期

　　臺灣高山族的研究，約略可分為五個時期。第一期起自十七世紀至於臺灣割讓於日本的1895年。三百年的悠長時期，可分為二段：一是荷蘭人的佔據時期，一是明鄭時代和清代。荷蘭佔據時期所遺留的文獻，如宣教士George Candidius的〈臺灣島要略〉（其英譯收於甘為霖（William Campbell）的《荷蘭治下的臺灣》（*Formosa Under the Dutch*）中，是關於臺灣南部平埔族最早的重要紀錄；又如 Robert Junius 和 Daniel Gravius 等人所譯聖書和土語資料，則為研究平埔族語言的最重要資料。清人所撰寫的地方志、遊記、雜記等，如《裨海紀遊》、《蕃境補遺》、《臺海使槎錄》、《番社采風圖考》，及康熙末年至乾隆中葉所修諸府縣志中的番俗章，以現在的學術觀點看來，雖然不能算是科學的或嚴謹的，但仍不失為有價值的資料。

　　第二期自1896年至1909年。這前後十三年，正值新學術引入日本的明治三十年代，也正是成立於明治十七年（1884年）的東京人類學會謀求向外拓展的時期。在這個時候,臺灣為日本所佔據,自然便成為東京人類學會的會員們的最好的新場地。1896年便有一位入江其的地圖測繪師,進入了臺灣山區,著了一本《臺灣蕃俗圖會》,載於《風俗畫報》第一二九號。這本書有相當篇幅,附圖豐富,在這麼短短的一年中,便有這樣的一本著作,作者的努力是值得敬佩的。這一期的臺灣土著研究,是以東京人類學會為其中心的。東京人類學會會長坪井正五郎在該會十三週年紀念的致詞中,舉出結語四點,便有二點是關於臺灣研究的。他說:「(一)伊能嘉矩氏之《臺灣通訊》繼續不輟,對南方人類學事實的介紹,功績宏大;(二)鳥居龍藏氏在臺灣的種種探究,其結果的一部分投稿於本雜誌(指《東京人類學會雜誌》),深表敬意。我們對鳥居氏之忠於斯學,嘆佩不置。」(坪井正五郎:〈東京人類學會創立第十三年會演說〉,《東京人類學會雜誌》第十三卷第百四拾號,明治三十年,頁45)。日人初期的臺灣土著文化研究,伊能和鳥居二人的功績是最值得注意的。伊能氏除了發表於《東京人類學會雜誌》的通訊和論文外,其《臺灣蕃人事情》(與粟野傳之丞合著,明治三十年),《臺灣蕃政誌》(明治三十年)均為日人從事臺灣土著文化研究早期的重要著作。鳥居龍藏雖然沒有久居臺灣,也沒有和伊能氏一樣以臺灣研究為其一生的事業,但在日本據臺的翌年即來臺灣作民族學調查,其《紅頭嶼土俗調查報告》(明治三十年)和 *Etudes Anthropologiques les Aborigénes de Formose*(1910)為本期的重要著作。

　　但是,有計畫有規模的調查臺灣高山族,卻是臨時臺灣舊慣調查會蕃族科成立以後開始的。我們以蕃族科成立至臺北帝國大學土俗人種學研究室成立,即自1909年至1928年的這個時期為臺灣高山族研究的第三期。這一期,如我們將在下文詳述,臺灣高山族的調查研究有了專責的臨時臺灣舊慣調查會第一部的蕃族科（大正八年以後改稱臺灣總督府蕃族調查會），參加這個機構從事調查研究工作的人員，多達三十餘人，出版關於高山族的報告書二十七巨冊。實為臺灣高山族研究的一個重要時期。

第四期起自日本昭和三年（1928年）臺北帝國大學土俗人種學研究室成立至臺灣光復。土俗人種學研究室的成立，把臺灣的人類學引入了一個新的時期。因為經過了前兩期的努力，人類學在臺灣已有了一個很好的基礎，更深入的研究是自然的要求。這一期的工作人員約有二十人之多：移川子之藏（重要著作有《高砂族系統所屬之研究》，與宮本延人、馬淵東一合著，1935年）、宮本延人（臺北帝國大學民族學標本的主要採集人）、馬淵東一（論著散見《南方土俗》和《民族學研究》等雜誌）、岡田謙（《未開社會之家族》，1942年）、古野清人（《高砂族之祭儀生活》，1945年）、增田福太郎（《南方民族之婚姻》，1942年）、小川尚義、淺井惠倫（小川與淺井合著《原語高砂族傳說集》，1935年）、鹿野忠雄（《東南亞細亞民族學先史學研究》二卷，1946年、1952年；*An Illustrated Ethnography of the Formosan Aborigines,* Vol. I, *The Yami*，與瀨川孝吉合著，1956年）、瀨川孝吉、奧田彧（〈臺灣蕃人之燒畑農業〉，載《農林經濟論考》第一輯，1933年）、千千岩助太郎（《高砂族住家研究》，1959年）、佐藤文一（《臺灣原住種族之原始藝術研究》，1944年）、金關丈夫（體質人類學及考古學）、國分直一（《祀壺之村》，1945年，考古學調查研究）等人。這一時期調查研究的環境條件，馬淵氏在其〈關於高砂族之社會人類學〉（載日本《季刊民族學研究》第十八卷第一、二號，1953年）謂未盡如理想。但上述諸人的著作，在臺灣人類學研究史上，均為值得重視的業績，其評價，馬淵氏在上引文中以局內人的身分，有很坦率和詳細的記述和討論，這裡不贅。總而言之，這一期的特色，是臺灣人類學的研究，已進入了純學術研究的範圍內，而不再是只因政治上的需要而進行的一種工作（如臨時臺灣舊慣調查會）。其研究中心也自東京（東京人類學會）移到臺灣。又對土著的研究工作，也自業餘而變成專業了。

臺灣光復，將臺灣高山族研究帶進了一個新的時期。但是第五期的真正開始卻是民國三十八年國立臺灣大學創設考古人類學系以後的事，但也已經過了二十五年。其後民國四十四年，中央研究院成立民族學研究所籌備處，民國五十四年，民族學研究所正式成立，臺灣高山族的研究更趨活躍。考古人類學系和民族學研究所早期的研究和調查工作，都以臺灣高山族為其主要對象。關於考古人類學系和民族學研究所所從事的臺灣高山族研究，筆者在本書所收另文〈中國民族學研究的回顧和前瞻〉中有詳細記述，這裡從略。

本文的目的在於舉述臨時臺灣舊慣調查會的業績，對臺灣高山族研究經過，只作簡略介紹。下節記述舊慣會蕃族科的成立經過。

二、舊慣會蕃族科的成立經過

臺灣被日本佔據當初，日本的法律思想已受到歐洲大陸法律思想的影響，經過了法典論爭後，歷史學派得到勝利，臺灣的舊習慣調查，可視為其一證明。因為歷史學派認為法律和生活之間不能有太大的距離，如果把日本法律毫不更改的施行於臺灣，勢將無法有效推行，乃有「臨時臺灣舊慣調查會」設立之議。明治三十二年（1899年）臺灣總督府聘請京都大學教授岡松參太郎和愛久澤直哉開始計畫臺灣舊有習慣調查，翌年二月著手工作，同年十一月刊行《臺灣舊慣制度調查一斑》，明治三十四年（1901年）四月舊慣會組成。

同年十月勅令第百九十六號公布〈臨時臺灣舊慣調查會規則〉。

　　舊慣會以民政長官後藤新平任會長。成立之初，設二部：第一部以調查有關法制的固有習慣為其主要工作，以岡松參太郎任部長；第二部以調查有關農工商經濟的固有習慣為其主要工作，以愛久澤直哉任部長。第一部於明治三十六年（1903年）添設行政科，聘帝國大學教授織田萬主其事，第一部遂有二科：法制科和行政科。明治四十二年（1909年）因法制科的調查事項近於完成，乃更著手於高山族方面的調查。同年二月先以部中人員一人進行高山族固有習慣之調查，遂有法制科之第二次事業的開始，也即蕃族科之成立。

　　蕃族科雖為法制科的第二次事業，但其調查範圍則不僅限於關於法制的固有習慣而已，舉凡衣食住、生產方式、宗教信仰等均予調查。因為他們以為要知悉其固有習慣，應同時充分明瞭其生活狀態。

　　《臺灣舊慣調查事業報告》（大正六年，1917年）記載蕃族科調查工作之方針和方法如左（頁63-64）：

　　　　㈠蕃族可分為若干不同種族，其言語、風俗、習慣各不相同，故本科之調查應依族別進行之。各族調查工作完畢後，應分別編述報告書。

　　　　㈡本科之調查，在工作著手時，製作調查綱目，以為工作之準據，但因實地情況有出入而難於達成時，可作權宜變通。

　　　　㈢蕃族多強梁自恃，非有武力之支援不能達成調查工作，本科之調查，應常與總督府蕃務本署及當地駐在警察官吏連繫，以取得其助力。

　　　　㈣蕃族古來無文字，一切均以口傳，調查時應了解其用以敘述其風俗習慣等諸般事項之言語之真義。又各族之語言不同，同族也有方言之差異，除泰雅族外，通譯人員以在當地臨時雇用為原則。又警察官吏通曉當地語言者，應予借重。

㈤蕃族之風俗習慣，尤以其服裝、住居、器用等之記述，圖說尤易使人明瞭，在調查之際，宜予照像或寫生，添附於報告書中。

從事此項調查工作的人員，據《臺灣舊慣調查事業報告》，載有下列三十六人（頁79-81）：

補助委員四人：小島由道、平井又八、河野喜六、佐山融吉。

囑託三十人：森丑之助、大浦元三郎、淺岡誠、伊能嘉矩、李花鹿、江口良三郎、前田勇吉、長谷川照雄、緒方正基、松田定吉、大野勝衛、原豬治、江田榮二、吉田貫六郎、中村喜十郎、池端要之進、大場善太郎、高橋保、松浦尚次郎、小城忠次郎、石田實、岩村慎吾、青木文三郎、有馬源太郎、清水清、照島彪、脇田義一、石田常平、平峰武二、渡邊榮次郎。

雇員二人：安原信二、小林保祥。

三、舊慣會蕃族科的出版物

臨時臺灣舊慣調查會蕃族科的工作人員，如上節所指出，有三十六人之多，計補助委員四人，囑託三十人，雇員二人。在囑託中，警察方面的兼職人員有十九人，公學校教員及其他職業者的兼職人員有五人。這些兼職人員的在任期間，均非常短暫，大多數僅一年又九個月而已，所以人員實不能算多，但他們竟有二十餘巨冊的報告和論著的出版，其成績可謂燦然。

茲列其出版物之名稱、主編者、及發行年月如下：

表15-1

出版物名稱			編著者	發 行 年 月
1.臨時臺灣舊慣調查會第一部	蕃族調查報告書	阿眉族南勢蕃馬蘭社卑南族卑南社	佐山融吉	大正二年1913
2.臨時臺灣舊慣調查會第一部	蕃族調查報告書	阿眉族奇密社馬太鞍社太巴塱社海岸蕃	佐山融吉	大正三年1914
3.臨時臺灣舊慣調查會第一部	蕃族調查報告書	曹族阿里山蕃四社蕃簡仔霧蕃	佐山融吉	大正四年1915
4.臨時臺灣舊慣調查會第一部	蕃族調查報告書	紗績族霧社蕃韜佗蕃卓犖蕃太魯閣蕃韜賽蕃木瓜蕃	佐山融吉	大正六年1917
5.臨時臺灣舊慣調查會第一部	蕃族調查報告書	大么族前篇	佐山融吉	大正七年1918
6.臨時臺灣舊慣調查會第一部	蕃族調查報告書	武崙族前篇	佐山融吉	大正八年1919
7.臺灣總督府蕃族調查會	蕃族調查報告書	大么族後篇	佐山融吉	大正九年1920
8.臺灣總督府蕃族調查會	蕃族調查報告書	排　　彎　　族獅　設　族	佐山融吉	大正十年1921
9.番族慣習調查報告書		第　一　卷	小島由道	大正六年1915
10.番族慣習調查報告書		第　二　卷	河野喜六	大正四年1915
11.番族慣習調查報告書		第　三　卷	小島由道	大正六年1917
12.番族慣習調查報告書		第　四　卷	小島由道	大正七年1918
13.番族慣習調查報告書		第五卷之一	小島由道	大正九年1920
14.番族慣習調查報告書		第五卷之三	小島由道	大正十一年1922
15.番族慣習調查報告書		第五卷之四	小島由道	大正十年1921
16.番族慣習調查報告書		第五卷之五	小島由道	大正九年1920
17.-18. 臺灣蕃族圖譜		第一卷・第二卷	森丑之助	大正四年1915
19.臺灣蕃族誌		第　一　卷	森丑之助	大正六年1917
20.-27. 臺灣番族慣習研究		第一卷至第八卷	岡松參太郎	大正十年1921

四、《蕃族調查報告書》與《番族慣習調查報告書》 內容舉要

上揭表中所列臨時臺灣舊慣調查會蕃族科的出版物可分為五組，即㈠《蕃族調查報告書》，八冊；㈡《番族慣習調查報告書》，八冊；㈢《臺灣蕃族圖譜》，二冊；㈣《臺灣蕃族誌》，一冊；及㈤《臺灣番族慣習研究》，八冊。

茲先記述《蕃族調查報告書》內容。

《蕃族調查報告書》，八冊，編著者佐山融吉，十六開本（四六倍版），紙面平裝。依照上節表中順序所列，前六冊書面於《蕃族調查報告書》之上冠以臨時臺灣舊慣調查會第一部，而後二冊則冠以臺灣總督府蕃族調查會，其所以相異的理由，因於大正八年（1919年）臨時臺灣舊慣調查會結束，而工作未竟之蕃族科改名為臺灣總督府蕃族調查會，名異而實同，故此調查報告書八冊成一單位，固無須討論。

第一冊（依上節表中順序，下同）卷首有花蓮廳管內圖一，足跡圖三，本文分三部，即(A)阿眉族南勢蕃（91頁，附錄言語集42頁），(B)阿眉族馬蘭社（77頁，附錄言語集12頁），(C)卑南族卑南社（57頁，附錄言語集11頁）；第二冊卷首有「阿眉族婦女」彩色圖版一，本文分九部，即(D)阿眉族奇密社（85頁），(E)奇密分社（25頁），(F)阿眉族太巴塱社（61頁），(G)阿眉族馬太鞍社（55頁），(H)阿眉族馬里勿社（4頁），(I)阿眉族知伯社（2頁），(J)阿眉族鯉魚尾社（4頁），(K)阿眉族海岸蕃（36頁），(L)阿眉族南勢蕃追加（14頁），又本冊末尾附錄各社言語集（52頁）；第三冊卷首有曹族分佈圖一，本文分三部，即(M)曹族阿里山蕃（124頁），(N)曹族四社蕃（57頁）。

⑾曹族簡仔霧蕃（35頁）；第四冊卷首有紗績族分布圖一及圖版一三，本文分二部，即(P)紗績族前篇（90頁），(Q)紗績族後篇（184頁）；第五冊卷首有大么族分布圖一及圖版一八，本文作一部，即(R)大么族前篇（361頁），卷末附錄言語集（36頁）；第六冊卷首有北部武崙族分佈圖一及圖版一〇，本文作一部，即(S)武崙族前篇（250頁），卷末附錄言語集（12頁）；第七冊卷首有圖版四，本文作一部，即(T)大么族後篇（182頁），卷末附錄言語集（24頁）；第八冊卷首有圖版一七，本文分二部，即(U)排灣族（360頁）和(V)獅設族（51頁），卷末也附言語集（57頁）。

上文所列舉本報告八冊，除卷首之地圖、圖版及卷末之言語集等外，共分二十三部。此二十三部，除（H）、（I）、（J）、（L）四部甚為簡略外，其餘十九部之綱目大體相同，包括內容如下所示：

㈠總說——名稱、區域、支族、社名、由來的口碑等。

㈡社會狀態——社會組織、階級制度、氏族、家族等。

㈢季節行事——分部族記述之，如開墾祭、播種祭、收穫祭，獨樂（陀螺）等。

㈣宗教——神明、惡魔、生死的觀念、祭典、夢卜、厭勝等。

㈤戰鬥和媾和——出師、媾和、出草、首祭等。

㈥住居——家屋、豚寮、雞舍、建築、移轉等。

㈦生活狀態——日常生活、農耕、牧畜、狩獵、漁撈、鍛冶、手工、買賣、機織、裁縫、烹飪、釀酒、喫煙、沐浴、用具、武器、休息、就眠、排泄、禮法等。

㈧人事——結婚、離婚、男女關係、家族、夫婦關係、生產、命名、喪葬、醫療、自殺、兇死等。

㈨身體裝飾——包括頭髮、衣服、裝飾品、缺齒、穿耳、刺墨、除毛等。

㈩遊戲及玩具——遊戲及玩具分別記述。

㈡歌謠及舞蹄，附樂器——歌謠、舞蹈、及樂器分別記述。

㈢教育，附數目及色彩觀念——教育、文樣、計數、色彩、雜記、隱語等。

㈣口碑及童話——記述各種傳說童話，如征服太陽的傳說，洪水的傳說，馘首的由來的傳說，等等。

《番族慣習調查報告書》，八冊，小島由道及河野喜六主編，十六開本，紙面平裝，分五卷，第一、第二、第三、第四各佔一冊；第五卷應有五冊，但其第二冊迄未出版，只有四冊。書面前四卷於《番族慣習調查報告書》之上冠以臨時臺灣舊慣調查會第一部等字；第五卷各冊，則僅書《番族慣習調查報告書》而已，因為第五卷出版時，舊慣會已經結束其工作。

本報告八冊，共分七編，包括六族。如下表所示，前四卷包括六編五族，阿眉族佔二編，其餘大么族、賽夏族、卑南族、和曹族各佔一編。

表15-2

卷　　　次		編　　　　　次	族　　　別
第　一　卷		第一編	大　么　族
		第二編（原文作第一編）	花蓮廳　阿眉族
第　二　卷		第三編（原文作第二篇）	臺東廳
		第四編（原文作第三編）	臺東廳　卑南族
第　三　卷		第五編	賽　夏　族
第　四　卷		第六編	曹　　　族
第五卷	之一	第七編	第　一　門	排　彎　族
	(之二)		（第一門續）	
	之三		第　一　門　續	
	之四		第二門、第三門	
	之五		第　三　門　續	

各編均分為總說（第三編作風俗）、人、親族、財產、相續（第五、六兩編無此章）、社會等六章。第七編分三門：第一門序說分二節，㈠種族之名稱，分佈，沿革及傳說；㈡種族之體貌、心性、言語、宗教、及生活狀態（本節之前半納於第五卷之二中，因該冊未出版，缺）。第二門種族之社會狀態，分三節，㈠總說，㈡社會團體，㈢社會團體相互之關係。第三門種族之法制狀態，分六節，㈠慣習，㈡人，㈢親族，㈣財產，㈤相續，及㈥罪與罰。第一門序說之第一節收第五卷之一中，第二節後半收第五卷之三中；第二門種族之社會狀態收第五卷之四中；第三門種族之法制狀態之親族一項收第五卷之五中，其餘收載於第五卷之四中。

在上文中我們把蕃族科（包括蕃族科結束以後所成立的蕃族調查會）所出版的兩部報告書的內容予以列舉，從所列出的章節，我們可以見出各報告書的異同。《蕃族調查報告書》和《番族慣習調查報告書》，正如其書名所示，內容前者偏重於物質文化和生活習慣方面，而後者則偏重於社會組織和親屬關係方面。前者除社會狀態和人事之二章外，其餘各章所包括範圍約略與後者之總說一章相同。前者對於住居、生活狀態、身體裝飾之報告較為詳盡，插圖也較豐富；後者則著重於個人、親族、財產、相續、社會等方面，所費篇幅較多。

五、《臺灣蕃族圖譜》與《臺灣蕃族誌》

《臺灣蕃族圖譜》，二卷，38.5cm×27.5cm，厚紙漆布面。第一卷除圖版100頁外，卷首有臨時臺灣舊慣調查會會長臺灣總督府民政長官內田嘉吉緒言（大正四年七月），著者例言，臺灣蕃族梗概（14頁），卷末附圖解（12頁）。第二卷則於圖版100頁外，卷首有臨時臺灣舊慣調查會例言，卷末也附有圖解（11頁）。

　本圖譜所包括族別有六，即大么族、武崙族、曹族、排灣族、阿眉族、雅美族，其圖版之分配如下：

　　　大么族——第一卷第一版至四十五版（共四十五版）。
　　　排灣族——第一卷第四十六版至第百版（共五十五版）。
　　　武崙族——第二卷第一版至第二十八版（共二十八版）。
　　　曹族——第二卷第二十九版至第六十版（共三十二版）。
　　　阿眉族——第二卷第六十一版至第八十版（共二十版）。
　　　雅美族——第二卷第八十一版至第百版（共二十版）。

　《臺灣蕃族志》第一卷，一冊，十六開本，為《臺灣蕃族圖譜》之姊妹篇。著者〈凡例〉裡說："本志為據總括調查臺灣蕃族之結果所編修之紀錄，第一卷記述大么族，第二卷以下則記述武崙族、曹族、排灣族、阿眉族、雅美族、及平埔蕃，另輯錄以上各族之體質人類學研究、考古學探究所得之先史狀態、蕃語、及全卷索引，都十卷。"可知此卷僅為此大著之一部分而已，只可惜第二卷以下各冊均未梓行，實為憾事。

　如上所說，本志為《圖譜》之姊妹篇，所以除了第二編體質部分附有圖版以作說明外，其他圖版均予省略。全卷分六編，其要目如次：

　　　第一編種族——第一章種族之名稱及地理分佈，第二章蕃地
　　　　探險之順序及踏查地域，第三章部族，第四章蕃社。
　　　第二編體質——第一章序說，第二章身體觀察，第三章身體
　　　　計測，第四章考說。
　　　第三編社會狀態——第一章蕃社組織，第二章頭目及社民，
　　　　第三章制裁慣例，第四章家族，第五章出生，第六章婚姻，
　　　　第七章喪葬。

第四編土俗——第一章衣飾，第二章飲食，第三章住居。

第五編信仰及心的狀態——第一章祭祀，第二章傳說，第三章巫術，第四章迷信，第五章首狩，第六章音樂。

第六編經濟——第一章經濟智能，第二章生產能力。

《臺灣蕃族志》在材料的整理和問題的研究上，可說是比前述二報告書更為進步而有系統。第二編體質，尤為特色。在下文略加詳記。

在本志出版以前，臺灣高山族的體質研究，做得並不多。可舉述的雖有前記鳥居龍藏的著作和發表於《東京人類學會雜誌》的一些簡略報告，但多屬斷片記述，未若本編項目之多與記述之詳。本編共佔四十二頁（pp.103-144），附有圖版十二版（四十二圖），分序說，身體觀察，身體計測，及考說四章。被計測者有五十七人，內男子五十人，包括二部族：Taroko（太魯閣）部族二十人，Toroko（卓犖）部族三十人。太魯閣部族之二十人平均年齡（推定）為三十五歲，卓犖部族三十人平均年齡（推定）為三十八歲。觀測（即身體觀察）部分之項目有二十項，測量（即身體計測）及其相關數值部分之項目則達四十六項之多，可謂比鳥居龍藏做得更為完全。

《臺灣蕃族圖譜》和《臺灣蕃族志》二書都是森丑之助（森丙牛）所著。森丑之助在臺灣高山族研究史上，是一個相當特殊的人物。他是日本熊本中國語學校的學生，畢業後被派到臺灣任軍隊譯員，後於明治四十一年（1908年）四月至四十三年（1910年）九月轉任舊慣會囑託，再後又轉職臺灣總督府博物館（即今臺灣省立博物館前身），因資格所限，在博物館只能任雇員，深為不滿。森氏研究高山族，幾乎入迷，據謂每次入山調查，都幾乎忘記歸來，有一次不知去向二年之久，故為博物館主管川上瀧彌所不喜。大正十三年（1924年）離開博物館，昭和元年（1926年）失踪，或謂

乃投水而死（《臺灣總督府博物館創立三十年紀念論文集》，1939
年，頁388-394），但其時服務於博物館之林心匏先生則謂「森氏與
川上氏不睦，憤而辭職，乘船返日本，但船抵神戶，船上只有森氏
之行李而未見森氏本人，有謂森氏在基隆未上船」。森氏的失踪，
對高山族的研究而言，為一甚大的損失，因為「作為博物館基礎的
蕃人土俗品，幾乎可說全部都是森氏所蒐集的」。（上引《論文集
》，頁391）森氏多年出入於山地各族間進行調查研究，勤習土語，
認真工作，採集資料甚多，本來計畫寫作《臺灣蕃族志》十卷，他
的突然失踪，使得志業沒能完成，對於他自己和高山族研究都是不
能彌補的損失。

六、《臺灣番族慣習研究》內容舉要

《臺灣番族慣習研究》八卷，岡松參太郎著，也為十六開本，
紙面平裝。

全卷分番族概況，父系之義、母系之義，和親族、家族、家族
制、婚姻制等三編。第一卷至第四卷為第一編；第五卷為第二編；
第六卷至第八卷為第三編。

本書出版於《蕃族調查報告書》與《番族慣習調查報告書》之
後，其著者又為舊慣會的主要主持人岡松參太郎，此一後來居上的
著作對舊慣會之統一性和重要性自不待言。關於本書之所由作，岡
松在他的序言裡說得很清楚，他說：

> 大正五年，當研究法律上的妻之地位時，想起嘗有告余謂
> 番族中有行母系主義者，豈非為關於妻之地位沿革之參考
> 歟？乃詳閱讀該報告書，發現其為此一慣習在法制史上之
> 不可多得之材料。悔前此對該慣習報告之輕視，乃再涉獵

京都法科大學之圖書，而知泰西學者之研究尚未及此，聊
以自慰。嗣於大正六年晚夏，余所從事之他方面研究告一
段落時，將番族慣習加以研究，其結果於同年草成有關母
系主義論文一篇，寄稿於《法學新報》，並再著手撰寫本
書，週來二年有半，成此三編，公之於世。

　　從上面所引岡松序言，可知本書之材料，悉取自《報告書》，
故本書之第一編內容，與《報告書》無甚差異。岡松複述此等材料，
旨在引其父系主義、母系主義及親族、家族、家族制、與婚姻制之
主題。關於第二編及第三編之內容，岡松說：

　　第二編為本研究之主眼。吾人信以為番族之慣習實為法制
　　史上與社會史上不可忽視之貴重材料，有供作解決千古疑
　　問之價值者也。第三編補足第一編之記述，同時敷衍第二
　　編之結論。即一方面可作為第二編親系、婚姻及其他主義
　　之議論根據，另一方面表示與各種主義同時並存或由各種
　　主義所生出之親族、家族及婚姻制度之組織和內容等而究
　　明成為此等制度之基礎之東洋族制的真相。（《臺灣番族
　　慣習研究》第一卷，頁2-5）

七、「臨時臺灣舊慣調查會」在學史上的意義

　　十九世紀末年至二十世紀初年殖民主義者在殖民地間進行舊有
習慣之調查，足與臨時臺灣舊慣調查會之工作比擬者，應推荷蘭於
1909年在其本國來登（Leiden）所設立的「習慣法委員會」（Commissie
voor het Adatrecht）和在印尼巴達維亞所設立的"習慣法輔助委員
會"（Commissie van Bijstand voor het Adatrecht）。這兩個委員
會是經由習慣法大家C. van Vollenhoven教授的建議而設立的，前

者附設於皇家荷蘭東印度語言學地理學民族學研究所（Koninklijk Institut voor de Taal-, Land-, en Volkenkunde van Nederlandsch-Indië），後者則隸屬於巴達維亞藝術與科學協會（Bataviaasch Genootschap van Kunsten en Wetenschappen）。這兩個委員會都聘請習慣法學者和民族學者若干人擔任委員。其設立目的為收集荷蘭東印度地區官吏專家所提供之關於當地風習及法院判例等資料，予以整理編纂出版。到現在已刊行了《習慣法集成》（Adatrechtbundel）達四十四巨冊。

荷蘭政府在設立這兩個習慣法委員會的當時，曾經由其外交當局致書英、法、比、美、德諸國，查詢是否有類似的計畫可資借鏡。據謂各國都有覆信，但是除了德國有柯樂教授（Professor Josef Kohler，岡松參太郎之師）所主持的殖民地習慣法調查計畫外，其他各國所進行的都不過是一些零星的工作。因此馬淵東一教授，於戰後回顧日人之高山族社會人類學研究時（馬淵東一：〈關於高砂族之社會人類學〉，《民族學研究季刊》第十八卷第一、二號合刊，1953年，頁86-104），很驕傲的指出日本早在1899年，比荷蘭設立委員會的1909年還要早十年，便開始這項事業，這自然是未有先例的了。而且荷蘭的習慣法委員會的工作乃以刊行出版之報告或選輯既刊書物之精華為主，而舊慣會則對未開拓之園地作新的探查，且同時刊印其報告，自更值得我們的重視。

—— 本文原載《臺灣風物》第24卷第4期，頁7-24，中華民國63年12月。

　　附記：這篇稿子，原題作〈臨時臺灣舊慣調查會有關高山族出版物內容舉要〉，民國四十年七月二十七日、八月十日、八月二十四日，分三次刊登在《公論報・臺灣風土》第一四〇至一四二期上。高山族近年由於與外界接觸頻繁和政府的積極輔導，其生活改善頗多，文化改變甚速，昔日形貌幾不可復見。在文化變遷的探討上，舊慣會的業績益感重要，甚望研究高山族的學者能多予利用，所以目前翻讀舊作時，重新把這篇稿子抄錄下來，並予增添補充，改用一個題目，寄給《臺灣風物》。

第十六篇
我和臺灣研究

　　臺灣研究是一種「區域研究」（area studies）。區域研究在歐美和日本雖然已很風行，在我國的大學裡還是很少有這類課程，二、三十年前更是如此，所以我的臺灣研究是從自習得來的。

　　我的臺灣研究也許應從主編《臺灣風土》的工作說起。民國三十六年，李萬居先生辦《公論報》，那個時候臺灣剛剛返回祖國的懷抱。日本人據臺五十年，在表面上，臺灣免不了遺留有許多日本人的影響，但是臺灣的居民，百分之九十八是漢人，他們的祖先移居臺灣時所帶來的開疆闢土堅韌不拔的精神，正是中華文化的菁英。李先生以為這個事實，應予究明，且作闡揚，這也許就是《公論報·臺灣風土》副刊創刊的原因。我承李先生的付託擔任主編，自民國三十七年五月十日創刊，至四十四年五月三日終刊，一共刊出了一九五期。四十年九月至四十二年二月我到美國進修，編務由方豪先生主持（自四十年十月五日出版的第一百四十三期至四十一年五月十六日出版的第一百五十七期，計共十五期），這也是我和方先生訂交的由來。《臺灣風土》每期所佔篇幅約為報紙的半頁，字數通常在八千字左右。

　　替《臺灣風土》撰稿的人很多，我並不個個認識，也無法在這

裡一一介紹。我只想提到幾位對《臺灣風土》的發展方向有重大影
響的人。先提首二期的作者：楊雲萍、藍蔭鼎、陳紹馨、戴炎輝、
金關生。

　　我仔細翻查《臺灣風土》各期，發現楊雲萍先生一共替這刊物
寫了五十九篇文章。其中連載於二期者九篇，連載於三期者八篇，
連載於四期者四篇（〈關於W. Campbell的臺灣書誌〉，〈關於劉
銘傳的一資料及其他〉，〈蔣雪谷先生紀念〉，〈無悶草堂詩存未
收作品舉略〉），連載於五期（〈臺灣考及其他〉）及十期（〈臺
灣研究必讀書十部〉）者各一篇，可以說半數以上的各期都刊載有
楊先生的文章。楊先生寫給《臺灣風土》的，大多數是關於臺灣的
書誌或歷史人物的文章，我獲得先讀之快，得益匪淺。我想這些文
章對有志從事臺灣研究的人，也會是很有幫助的。但是文章登載在
報紙的副刊上，雖然可以有很多讀者，只是報紙保存不易，過時便
不容易找到。所以我曾有將刊載於《臺灣風土》上的文章，分別編
輯成為專集的計畫，可惜至今沒有成為事實，是我最引為遺憾的事。

　　藍蔭鼎先生是名畫家，對山地民俗和原始藝術很有研究。他刊
載於《臺灣風土》介紹臺灣土著和名蹟勝景的圖文，使這份刊物的
內容和外表，都增添了不少魅力。

　　陳紹馨先生和戴炎輝兩位先生各寫了四篇。戴先生寫的是關於
法制和民事習慣的文章；陳先生則除民俗外，兼及民族學的研究，
都使《臺灣風土》具有學問的深度。《臺灣風土》創刊不久，政府
於民國三十七年十月為慶祝臺灣光復，在現總統府的介壽大樓舉辦
了一次規模盛大的博覽會。博覽會設有風土館和文獻館。風土館的
第一室介紹山地文化，由陳紹馨先生策劃；文獻館展示臺灣文物，
則由楊雲萍先生指導。陳先生要我替這兩個館作一番介紹。作為引
文，陳先生寫了一篇〈臺灣山地同胞生活情形之民族學的展觀〉，

連同宮本延人先生所撰〈臺灣山地工藝一瞥〉，和金關丈夫和國分直一兩位先生解說，立石鐵臣先生專為博覽會所繪製的〈臺灣先史時代人生活復原圖〉二篇，構成了《臺灣風土》第二十四期《臺灣省博覽會風土館第一室介紹專號》的內容。《臺灣風土》第二十五期和第二十六期則連載楊雲萍先生的〈臺灣簡史〉和〈博覽會文獻館舉要〉二文，介紹文獻館。

　　金關生就是上面所提金關丈夫先生的筆名。金關先生和宮本延人、國分直一、立石鐵臣三位先生在光復以後，繼續留在國立臺灣大學教了幾年書。立石先生是一個畫家，上面提到他替博覽會畫了一張「臺灣先史時代人生活復原圖」，這是根據金關和國分兩先生的考證而繪製的。這幅畫很大，現在仍存臺大人類學系。立石先生還另外替《臺灣風土》寫了幾篇附有插圖的文章，如〈七爺八爺〉、〈臺灣最古的基督教建築〉，都很有趣味。金關先生替《臺灣風土》寫稿不多，只有兩篇關於傳說的短稿，但是金關先生是開啟臺灣體質人類學、考古學、和民間藝術研究的學者，光復前主持《民俗臺灣》雜誌，發行了四卷另一期，對臺灣研究有很大的貢獻。《臺灣風土》的編輯方式很受《民俗臺灣》的影響。

　　這幾位日本學者，對《臺灣風土》最熱心的，要算國分直一先生。他除了撰寫有關考古學的專文，還和立石先生合作，在《臺灣風土》上開闢了一個〈臺灣原住民族工藝圖譜〉的專欄，由立石先生繪製插圖，國分先生撰寫解說。自三十七年九月六日的第十八期至十一月十五日的第二十七期，共刊登了七次，為《臺灣風土》的一個特色。其間立石先生回日本去，我用陳麒的名字接替他繪製插圖，一直繼續到三十九年四月二十九日的第九十五期，共再刊登了三十一次。這個代替立石先生和國分先生合作的工作，沒有想到卻成為我以後研究臺灣土著器用藝術文化的開端。

　　《臺灣風土》的繼續刊行，得到讀者的愛護和支持，鄉土研究
專家開始不吝賜稿。首先有吳槐先生和廖漢臣先生，接著有王詩琅
（王剛）、莊松林（朱鋒）、石暘睢、林衡道、和妻子匡諸先生。
朱鋒先生自四十三期至一百九十五期共寫了十二篇，林衡道先生自
五十二期至一百五十七期共寫了五十七篇。一南一北，介紹臺灣的
民間習俗和名勝古蹟，是最饒興味且為讀者喜愛的。到了民國三十
八年，由於更多撰稿者的加入，《臺灣風土》的內容更見豐富充實：
劉茂源、宋文薰、石璋如、張光直、和孫家驥諸先生的史前考古；
方豪、劉枝萬二先生的地方史料；呂訴上先生的地方戲劇；陳荊和
先生的臺灣古地圖；賴永祥和賴翔雲二先生的文獻目錄，等等。

　　但是在《臺灣風土》上寫得最多的恐怕要算我自己了。在一百
九十五期中，我除了用本名外，也用陳麒、麒、子彬、或彬等名字，
或寫或譯，共刊出了九十五篇，包括自撰的十七篇，翻譯的四十六
篇、和圖譜三十二篇。這些文稿，有的很短不及千字，但也有近萬
字（如：〈來臺西洋人肖像列傳〉，〈關於赤嵌樓故址〉，和〈關
於安平城址〉，乃至於數萬字的（如：〈臨時臺灣舊慣調查會有關
高山族出版物內容舉要〉，〈三百年前臺南地方的住民〉等）。譯
稿的最主要部分是日人對臺灣土著的研究，如，移川子之藏：〈相
當於姓名之高山族個人、家族、氏族名〉，鹿野忠雄：〈紅頭嶼雅
美族之與粟有關之農耕儀禮〉，馬淵東一：〈高山族的系譜〉，山
中樵：〈臺灣蕃俗圖譜〉，宮川次郎：〈關於臺灣原住民族的藝術
〉，宮本延人：〈關於排灣族的土俗品〉，伊能嘉矩：〈清朝時代
之高山族研究〉、伊能嘉矩：〈臺灣平埔族的一支族巴則海之舊俗
〉，古野清人：〈高山族的宗教生活〉，等等。

　　前面曾提到我和國分直一先生合作〈臺灣原住民族工藝圖譜〉，
國分先生回日本後，我們還書信往返，撰寫續稿，只是未能在《臺

灣風土》上刊登。本來還計畫輯成專集，可惜至今未能出版。不過
在《臺灣風土》上，作為這圖譜的延續，我邀得張才先生以同樣的
方式，合作〈山地采風圖〉，由張先生攝影，我撰寫文字。與〈圖
譜〉不同的是，〈圖譜〉以器物為主，而〈采風圖〉則以風俗習慣
為主。不幸的是，因為我出國，〈采風圖〉只刊登了五期。

　　現在我想應提起二本刊物：《臺灣文化》季刊和《臺灣研究》。
《臺灣文化》由臺灣省文化協進會出版，創刊於民國三十五年九月，
原為月刊，雖然登載有關臺灣的文章，但並不是一本臺灣研究的雜
誌。三十八年陳紹馨先生邀我參加編輯工作，並且由我負責實際編
務，它變成了一本臺灣研究的刊物。下面是三十八年改組以後至三
十九年終刊的〈臺灣文化〉季刊各期的目次：

　　第五卷第一期（民國三十八年七月一日）
　戴炎輝：〈五十年來的臺灣法制〉
　楊雲萍：〈鄭成功之沒〉
　金關丈夫・國分直一：〈臺中縣營埔遺跡調查豫報〉
　國分直一・陳奇祿・何廷瑞・宋文薰・劉斌雄：〈關於最近
　　踏查之新竹縣及臺北縣之海邊遺跡〉
　國分直一：〈關於臺灣先史遺址散布圖〉
　陳奇祿・國分直一：〈排灣族的占卜道具箱〉
　國分直一：〈關於紅頭嶼的埋葬樣式〉
　　第五卷第二期（民國三十八年十月一日）
　方　豪：〈臺灣方志中的利瑪竇〉
　陳菊仙：〈臺灣初期抗日運動紀實〉
　陳紹馨：〈從諺語看人的一生〉
　顏晴雲：〈泰耶魯諺語初輯〉
　陳奇祿・張　才・宋文薰：〈泰耶魯族的陷機〉

第六卷第一期（民國三十九年一月二十五日）

芮逸夫：〈瑞岩泰耶魯的親子聯名制與俫儸麼些的父子聯名
　　制比觀〉

金關丈夫・國分直一（陳奇祿・宋文薰譯）：〈臺灣考古學
　　研究簡史〉

方　豪：〈日人著作中臺灣漢文文獻糾謬述例〉

方　豪：〈恆春縣志的發現〉

戴炎輝：〈臺中縣大村鄉調查報告〉

陳棋炎：〈臺中縣大村鄉的家族制度報告〉

第六卷第二期（民國三十九年五月二十五日）

方杰人：〈臺灣文獻的散佚與今日的迫切工作〉

石璋如：〈臺灣有肩石斧與有段石斧的經濟階段〉

戴炎輝：〈臺中縣草屯鎮調查報告書〉

陳紹馨：〈從諺語看中國人的天命思想〉

朱介凡：〈略論顏晴雲的「泰耶魯諺語初輯」〉

方　豪：〈臺灣通史藝文志訂誤述例〉

戴炎輝・陳棋炎・曾瓊珍：〈有關臺灣基督教兩件資料〉

第六卷第三、四期合刊（民國三十九年十二月一日）

芮逸夫：〈瑞岩泰耶魯族的親屬制初探〉

衛惠林：〈阿里山曹族的部落組織及年齡分級制〉

林衡立：〈阿里山曹族獵首風俗之革除〉

黃得時：〈關於臺灣歌謠的搜集〉

石璋如：〈鶯歌的陶瓷業〉

　　民國四十年我到美國進修。也許因為經費的關係，臺灣省文化
協進會沒有找人接編《臺灣文化》，這份刊物也就停刊了。我在四
十二年從美國回來。這時候，國立臺灣大學考古人類學系編行《考

古人類學刊》，中國民族學會編行《中國民族學報》，我參加這兩個刊物的編務工作。這兩個刊物所刊載的文章雖大多數與臺灣有關，但卻只限於人類學和考古學方面。所以許多人都希望能見到一份以臺灣研究為其主要內容的綜合性雜誌，而希望《臺灣文化》季刊的復刊。終於由陳紹馨先生的努力，得到游彌堅先生的支持，發行了《臺灣研究》（ *Studia Taiwanica* ）年刊，實際編務仍然由我負責。《臺灣研究》因兼收英文文稿，甚得國內外學界的重視。可惜只發行了二輯便告停刊。現在將這兩期的內容臚列如次：

第一輯（民國四十五年六月三十日）

張才・陳奇祿（圖與文）：〈臺北縣新莊大眾爺廟的"遊境"行列〉（ "An Annual Procession of Tai-chion-ya-bio（A Taoist Temple）of Hsin-chuang, Taipei Prefecture" ）

Chen Shao-hsing:"Social Change in Taiwan"（陳紹馨：〈臺灣的社會變遷〉）

Chen Cheng-siang:"The Geographical Regions of Taiwan"（陳正祥：〈臺灣之地理區域〉）

楊雲萍：〈鄭成功焚儒服考〉（Yang Yun-ping:"On Koxinga's Burning of his Confucian Scholar's Robes" ）

方豪：〈臺灣地震史〉（Fang Hao:"Earthquakes in Taiwan Recorded in Historical Documents before Japanese Occupation" ）

Chen Chi-lu:"The Agricultural Methods and Rituals of the Budai Rukai"（陳奇祿：〈臺灣屏東霧台魯凱族的農耕方法和農耕儀禮〉）

賴永祥：〈明鄭藩下官爵表㈠〉

顏晴雲輯：〈泰雅族諺語〉

　　第二輯（民國四十六年六月一日）

Shao-hsing Chen:"Diffusion and Acceptance of Modern Western
Artistic and Intellectual Expression in Taiwan"（陳紹馨：
〈新學藝之傳播與接受在臺灣〉）

Hsien Rin:"The Alcoholism Problem in Nan-shih Ami People"
（林憲：〈花蓮縣南勢阿美族的飲酒問題〉）

陳奇祿：〈臺灣屏東霧台魯凱族的家屋和木彫〉（Chen Chi
-lu:"Houses and Woodcarving of the Budai Rukai"）

唐美君：〈阿美族里漏社的巫師制度〉（Tang Mei-chun:"An
Investigation of Lilao Ami Shamanism"）

賴永祥：〈明鄭藩下官爵表(二)〉

　　我推動臺灣研究的另一項工作，是主持了一連串的「臺灣研究
研討會」。

　　民國五十四年十一月十五日是國立臺灣大學二十周年校慶，臺
大文學院諸先生倡議舉行一次小型學術座談會，以「臺灣研究在中
國史學上的地位」為主題。選用這個主題的理由是：㈠歷史文化的
探討應以實地研究為其基礎，所以區域研究在歷史文化的探討上具
有重要地位；㈡臺灣為一理想的區域研究的園地，臺灣地域雖小，
歷史雖短，但它保有相當完備的文獻和統計資料，又因移民入臺先
後，更形成相當複雜的層次，所以詳盡的臺灣研究，可為我國歷史
文化發展變遷的最好印證；㈢臺灣雖有很多地方人士從事鄉土研究，
但在大學裡未有其地位，因之亦便未受到社會一般之適當注意，臺
灣大學雖然是全國教育首府，但也是一所地方性的大學，區域研究
之倡導為其職責之一，所以特別在校慶的時候，提出這個問題。我
受命主持這個座談會。座談會於校慶前二天的十一月十三日舉行於
臺大文學院，宣讀論文十三篇，其作者和題目：凌純聲：〈中國大

陸與臺灣及太平洋〉，林朝棨：〈第四紀之臺灣〉，夏德儀：〈臺灣史料舉隅〉，方豪：〈修志專家與臺灣方志的纂修〉，楊雲萍：〈南明鄭氏時代的臺灣在中國史上的地位〉，許倬雲：〈臺灣墾殖與中華民族的擴展〉，陳紹馨：〈中國社會文化變遷研究的實驗室——臺灣〉，黃得時：〈臺北地區之發展〉，賴永祥：〈臺灣基督教的發展〉，戴炎輝：〈臺灣的法制〉，衛惠林：〈臺灣土著社會研究與中國古史印證〉，唐美君：〈臺灣土著的涵化問題〉，陳奇祿：〈臺灣土著研究與中國的人類學〉。

　　臺大校慶學術座談會的經驗，使與會人士感到這種方式是促進臺灣研究的有效方法。臺大歷史系乃決定繼續舉辦，並把參加者的範圍予以擴大，使它真正擔負推動區域研究的功能。這就是「臺灣研究研討會」的緣起。歷史系邀我參加策劃並主持這個研討會，所以它也就成為臺大歷史系和考古人類學系的合辦計畫。「臺灣研究研討會」自民國五十四年十二月八日至五十六年五月七日，共集會十四次。每次有二、三十人參加，二人至五人作研究報告。下面是各次集會的主題和報告人：

　　　第一次（民國五十四年十二月八日）「方志學和臺灣研究」（方豪、毛一波）

　　　第二次（民國五十五年元月十二日）「臺灣的社會學和民族學田野調查工作」（陳紹馨、林衡道、李亦園、王崧興、唐美君）

　　　第三次（民國五十五年二月九日）「臺灣的民間宗教信仰」（黃得時、劉枝萬、陳漢光、林衡道）

　　　第四次（民國五十五年二月二十八日）「臺北南郊文獻及古蹟採訪」（參加者二十八人，由林衡道率領，上午先在臺灣省文獻委員會集合，聽取該會文獻保藏情形之說明，即乘車至中和鄉牛埔仔參觀省文獻會日據時期檔案保管室，再轉至石壁湖圓通寺。下午經枋寮、漳和、秀朗、安坑、景美、木柵、溝子口等地，沿途探訪史蹟名勝。）

第五次（民國五十五年三月十六日）「明末清初的臺灣」（楊雲萍、莊金德、夏德儀、林衡道）

第六次（民國五十五年四月二十日）「清代中葉的臺灣」（毛一波、王詩琅、曹永和）

第七次（民國五十五年十月五日）「清末的臺灣」（王世慶、黃得時、方豪、廖漢臣）

第八次（民國五十五年十一月八日）「臺灣的近代化」（林衡道、賴永祥、黃得時）

第九次（民國五十五年十二月十日）「臺北近郊鄉土資料採訪旅行」（參加者四十一人，由林衡道率領，採訪地區為淡水河下游新莊鎮、泰山鄉、八里鄉、蘆洲鄉等地，包括新莊之三山國王廟、慈佑宮、武聖廟、地藏庵、文昌祠、福德祠、保元宮、新庄舊港及「德政去思碑」、泰山岩下廟、連雅堂墓、明志書院、八里天后宮、大眾爺廟、八里禮拜堂、蘆洲禮拜堂、湧蓮寺、和八里史前遺址等處。）

第十次（民國五十五年十二月十四日）「考古學上的臺灣」（黃士強、宋文薰）

第十一次（民國五十六年一月二十日）「南明鄭氏時代的史蹟和遺物」（包遵彭、楊雲萍、林衡道、黃得時）

第十二次（民國五十六年三月四日）「臺灣的皮影戲」（除研討會會員外，並邀請「中國學會」（The China Society）會員及省立博物館研究人員出席，由高雄縣大社鄉東華皮影戲團（團主張德成）實演。劇目為西遊記之一段《收獨角青牛》及《桃花過渡》。）

第十三次（民國五十六年三月二十六日）「臺灣的民間文藝」
（朱介凡、黃得時、吳槐）

第十四次（民國五十六年五月七日）「南部臺灣之研究」（黃
典權、曹永和、莊松林）

上記臺大校慶「臺灣研究在中國史學上的地位」座談會和十四
次研討會的研究報告，都曾詳細記錄下來，並請報告人重寫或校訂，
編輯成為《臺灣研究研討會紀錄》（《國立臺灣大學考古人類學專
刊》第四種，民國五十六年一月出版）和《臺灣研究研討會紀錄續
集》（《國立臺灣大學考古人類學專刊》第五種，民國五十七年五
月出版）二書，可以參閱。

臺大的「臺灣研究研討會」結束後，大家都感覺這個研討會不
但提供同仁們互相切磋的機會，也造就了不少後進，當年參加的年
輕一輩，許多都卓然有成，所以都希望再有這類研討會的舉辦。時
間過得很快，轉瞬十載，同仁中老成凋謝的有陳紹馨、蘇維熊、包
遵彭、呂訴上、陳漢光、莊松林、莊金德諸先生，真使人不禁有零
落的感觸。民國六十六年林柏壽先生捐款設立「林本源中華文化教
育基金會」，林崇智先生任董事長，倡議恢復集會，邀我主持。我
們乃依成規，於六十六年四月十日舉行復會之第一次研討會，參加
者幾達七十人，確為盛事。

林本源基金會所舉辦的「臺灣研究研討會」將繼續舉行，截止
現在已舉行八次，茲將各次的主題和報告人列下：

第一次（民國六十六年四月十日）「史家連雅堂先生」（楊
雲萍、方豪）

第二次（民國六十六年六月十二日）「荷據時期的歷史文獻」
（胡月涵〔J. Huber〕、曹永和）

　　　　第三次（民國六十六年八月二十一日）「臺灣民藝和臺灣原
　　　　始藝術」（顏水龍、陳奇祿）

　　　　第四次（民國六十六年十一月六日）「考察參觀新竹地區文
　　　　化古蹟」（由林衡道領隊解說）

　　　　第五次（民國六十七年三月十九日）「臺灣土著音樂」（呂
　　　　炳川）

　　　　第六次（民國六十七年六月四日）「臺灣的民謠」（許常惠、
　　　　林二）

　　　　第七次（民國六十七年七月二十三日）「臺灣的民間信仰」
　　　　（劉枝萬）

　　　　第八次（民國六十七年九月二十四日）「臺灣研究文獻資料」
　　　　（王世慶、楊緒賢）

　　現在且談談我自己的臺灣研究工作。我的臺灣研究工作，主要
包括二方面：一是臺灣土著研究；另一是臺灣漢人研究。

　　我雖然曾經在泰雅、布農、卑南、阿美、和雅美間做過短暫的
調查工作，寫成若干初步報告（〈瑞岩民族學調查初步報告・衣食
住部分〉（與石璋如合著，《文獻專刊》第二號，民國三十九年），
"An Investigation of Ami Religion"（with Michael D. Coe, *Quarterly
Journal of the Taiwan Museum*, Vol. 7, Nos. 3-4, 1954），〈臺東
縣卑南鄉南王村民族學調查簡報〉（與衛惠林、何廷瑞合著，《考
古人類學刊》第三期，民國四十三年），〈蘭嶼雅美族人類學資料
〉（《考古人類學刊》第四期，民國四十三年），〈猫公阿美族的
製陶、石煮和竹煮〉（《考古人類學刊》第十三、十四期，民國四
十八年）等，但是比較詳細的民族誌工作（ethnographical work）
是在魯凱族和邵族間做的，其結果寫成〈屏東霧台村民族學調查簡
報〉（《考古人類學刊》第二期，民國四十二年），〈臺灣屏東霧

台魯凱族的家族和婚姻〉(《中國民族學報》第一期,民國四十四年),〈日月潭邵族民族學調查初步報告〉(與李亦園、唐美君合著,《考古人類學刊》第六期,民國四十四年),〈邵語記略〉(與李方桂、唐美君合著,《考古人類學刊》第七期,民國四十五年),"The Agricultural Methods and Rituals of the Budai Rukai"(*Studia Taiwanica, No. 1, 1956*),〈日月潭的邵族社會〉(《考古人類學刊》第八期至第十期,民國四十五年至四十六年),〈臺灣屏東霧台魯凱族的家屋和木彫〉(《臺灣研究》第二輯,民國四十六年),"Basketry of the Budai Rukai"(*Bulletin of the Department of Archaeology and Anthropology,NTU, No. 11, 1958*),"Houses and Woodcarving of the Budai Rukai"(*Bulletin of the Ethnological Society of China, Vol. 2, 1958*),和《日月潭邵族》(南投縣文獻委員會出版,民國六十年)等報告。

　　我喜歡藝術,而我的田野工作地區排灣群諸族(包括魯凱、排灣、和卑南三族)又恰是臺灣土著中最具藝術才能的族群,他們的木彫和織繡深深吸引了我的注意,使我暫時放下了其他文化面的探討,而專心於其藝術的研究。民國四十六年和四十七年間,得到美國亞洲協會的資助,和唐美君先生的協力,我在屏東縣和臺東縣山地進行了多次木彫和織繡的實地調查,同時又在臺大考古人類學標本室、臺灣省立博物館、和日本天理參考館作此類標本的研究,先後完成下列專書報告或論文:《臺灣排灣群諸族木彫標本圖錄》(《國立臺灣大學考古人類學專刊》第二種,民國五十年十一月一日出版),〈臺灣的原始藝術〉(《臺灣文獻》第十三卷第三期,民國五十一年),"Formosan Aboriginal Art, the Art of the Paiwan Group of Southern Taiwan"(*Journal of the China Society, vol. 2, 1962*),*Woodcarving of the Paiwan Group of Taiwan and Its Affinities*

（ Proceedings of the 2nd Biennial Conference of the International Association of the Historians of Asia, 1962 ），"The Aboriginal Art of Taiwan and Its Implication for the Cultural History of the Pacific" （ *Early Chinese Art and Its Possible Influence in the Pacific Basin,* Intercultural Arts Press, 1972 ）, "Primitive Art of East Asia—A Cultural Historical Interpretation" （ *International Symposium Commemorating the 30th Anniversary of Korean Liberation, Proceedings, National Academy of Sciences,* Republic of Korea, 1975 ），〈臺灣的原始藝術〉（《國魂》第三九〇期，民國六十七年）。

為了探究臺灣土著藝術的類緣關係，我曾同時把它和臺灣周圍地區——包括史前的東亞地區，東南亞大陸和海島區、大洋洲，乃至於美洲——的藝術作比較研究。值得注意的是，廣大環太平洋區的藝術，在表現方式上，與非洲黑人的藝術，呈現著明顯的對比。那就是說，非洲藝術的表現方式，一般都是立體的，而太平洋區則多具有平面的、裝飾的，和填充的特徵。太平洋區的藝術，不但在表現方式上相似，其所用的文樣主題（ motifs ）也多雷同，如蹲踞人像、蛙形人像、關節標記人像、肢體相連人像、圖騰華表式文樣安排、動物剖裂文之組成文樣、正反相對人像、吐舌人像、人頭蛇身像、三首人像⋯⋯均見於全區各地。不過這些主題，在各地所見者，型式繁簡不盡相同。使我們感到興趣的是，見於古代和邊區者不一定較為簡單粗野。例如，見於北美西北海岸區（ The Northwest Coast ）和中國商代的饕餮文（ 即動物剖裂文之組成文樣 ）在型式上遠比見於現代排灣族者複雜而具變化。這一事實表示廣大環太平洋區之相同藝術式樣，並非得自傳播而係來自共同祖型。海涅洛爾登博士（ Dr. Robert von Heine-Geldern ）在很早以前便假設在公元前三千年乃至於更早的時期，在東亞及其鄰近地區有「古太平洋藝術式樣」的廣泛分佈。排灣群諸族因在移入臺灣以後，一直到晚近，曾長期孤立，所以他們的藝術式樣較近古型，而殷商和美洲西北海岸諸族則因和他文化接觸頻仍，所以式樣甚為繁複。

　　我的臺灣土著研究的另一部分工作是博物館和標本的研究。前文曾經提到我在主編《臺灣風土》時，便和國分直一先生合作〈臺灣原住民族工藝圖譜〉，也就是說，在那時候，我便已接觸臺大所藏人類學標本。後來我到臺大考古人類學系教書，在這方面花的時間也就更多。關於博物館和標本研究的文章，除了部分器物、裝飾品，和織繡方面的已完成而尚未發表，以及前述《臺灣排灣群諸族木彫標本圖錄》外，主要的有：〈臺灣高山族長盾與東南亞各地長盾的比較研究〉（《文史哲學報》第二期，民國四十一年），〈臺灣高山族的編器〉（《考古人類學刊》第四期，民國四十三年），〈臺灣的博物館和人類學的發達〉（《臺灣省立博物館科學年刊》創刊號，民國四十七年），〈本系所藏臺灣土著竹木器與天然器標本圖說〉（《考古人類學刊》第二十一期至二十四期，民國五十二年至五十三年），〈臺灣排灣群古瑠璃珠及其傳入年代的推測〉（《考古人類學刊》第二十八期，民國五十五年），"Old Glass Beads Possessed by the Paiwan Group of Taiwan"（ *Archaeology of the Eleventh Pacific Science Congress, Social Science Research Institute,* University of Hawaii, 1967）。

　　博物館標本至少可從兩方面來研究，一種是技術工藝的，例如研究一件銅器或一件漆器如何製作，其形態和製作方法的關係等，是工藝家所著重的研究；另一種是文化史的，例如研究一件器物的製作方法或形態和文樣的來源，是由外文化傳入或在當地演進發明等，是人類學家所著重的研究。我兩種研究並用。在編器、竹木器、織繡、裝飾品的研究上，我都仔細記述分析它們的製作法。但是人類學的標本研究偏向於文化史的，所以在研究長盾時，我和在研究木彫時一樣，試圖尋求它們的文化類緣；在研究古瑠璃珠時，我希望由其化學成分的分析比較，推測排灣群移入臺灣的年代。探討臺灣土著的文化關係，我還做了東南亞主食農作物的分佈研究，寫成〈東南亞區的主食區和主食層〉（《包遵彭先生紀念論文集》，民國六十年）一文，討論臺灣土著諸族農作物的來源。關於臺灣土著文化的類緣關係的一般討論，我有"A Cultural Configuration of the Island of Formosa"（ *Bulletin of the Ethnological Society of China,* Vol. 2,1958），〈臺灣高山族的文化及其源流〉（《新時代》第一卷第四期，民國五十年），〈關於臺灣土著文化的幾個問題〉（《臺灣文獻》第二十四卷第一期，民國六十二年），《臺灣土著文化》（《臺灣文獻》第二十六卷第四期、第二十七卷第一期，民國六十五年），〈臺灣是中華民族文化的寶庫〉（《幼獅月刊》第四十四卷第五期，民國六十五年），和〈臺灣山地文化的特質〉（《中央月刊》第十卷第五期，民國六十七年）諸文。

關於臺灣土著社會的研究，我做得較少，除前記阿美族、魯凱族、和邵族的諸文外，綜合的研究，已有版的只有："Age Organization and Men's House of the Formosan Aborigines"（ *Bulletin of the Department of Archaeology and Anthropology, NTU,* Nos. 25-26, 1965）和"The Family and Marriage of the Formosan Aborigines"（ *Journal of the China Society,* Vol. 4, 1965））二文。

上面所記，是我從事臺灣土著文化研究的大概。民國五十五、六年間，因為工作的關係，我開始從事臺灣漢人的文化人類學研究，我想我應該把臺灣土著的研究工作暫時做一個結束，乃用英文寫成《臺灣土著物質文化的研究》和《臺灣土著社會組織的研究》兩本書。前書 *Matarial Culture of the Formosan Aborigines*（xiv, 422 pp.）

已於民國五十七年由臺灣省立博物館出版。我希望後書*Social Organization of the Formosan Aborigines* 也能夠早日付梓。

　　這幾年來，我從事臺灣文化人類學的研究，成績不多，已出版的有下列幾篇文章："A Brief History of Taiwan"（*Journal of the China Society,* Vol, 5, 1967），"The Taiwan Family"（*Journal of the China Sociely,* Vol. 7, 1970），〈中華民族在臺灣的拓展〉（《中原文化與臺灣》，臺北市文獻委員會，民國六十年），"History of Chinese Immigration into Taiwan"（*The Bulletin of the Institute of Ethnology, Academia Sinica,* No. 33, 1973），〈中華文化的特質〉（《國魂》第三八七期，民國六十七年），"Lineage Organization and Ancestral Worship of the Taiwan Chinese"（*Studies and Essays in Commemoration of the Golden Jubilee of Academia Sinica,* 1978），〈文化的保存和發揚〉（《教育部文化講座專集》之一三三，民國六十七年），〈中華民族在臺灣的拓展與中華文化的宏揚〉（《時報周刊》第三十一期，民國六十七年十月）。臺灣漢人的研究工作，現在尚在進行中，在這裡不多贅述。

　　　　　　——原載《新時代》第15卷第7期，頁16-22，民國64年7月；
　　　　　　民國67年10月增補。

臺灣研究叢刊

臺灣土著文化研究

1992年10月初版　　　　　　　　　　　　　　定價：新臺幣450元
2012年10月初版第五刷
有著作權・翻印必究
Printed in Taiwan.

著　者	陳　奇　祿
發 行 人	林　載　爵

出　　版　　者	聯經出版事業股份有限公司
地　　　　　址	台北市基隆路一段180號4樓
台北聯經書房	台北市新生南路三段94號
電話	(0 2) 2 3 6 2 0 3 0 8
台中分公司	台中市北區健行路321號1樓
暨門市電話	(0 4) 2 2 3 7 1 2 3 4　e x t . 5
郵政劃撥帳戶第	0 1 0 0 5 5 9 - 3 號
郵撥電話	(0 2) 2 3 6 2 0 3 0 8
印　　刷　　者	世和印製企業有限公司
總　　經　　銷	聯合發行股份有限公司
發　　行　　所	新北市新店區寶橋路235巷6弄6號2F
電話	(0 2) 2 9 1 7 8 0 2 2

行政院新聞局出版事業登記證局版臺業字第0130號

國家圖書館出版品預行編目資料

臺灣土著文化研究 / 陳奇祿著 .
--初版 . --臺北市：聯經，1992年
518面；14.8×21公分 . -- (臺灣研究叢刊)
含參考書目
ISBN　978-957-08-0791-2(精裝)
〔2012年10月初版第五刷〕

Ⅰ.臺灣原住民-文化-論文，講詞等

536.2907　　　　　　　　　　81002235